365일 깊이 있는 성경통독

교회: 성경통독새벽기도회로 성경통독
직장: 신우회 · 선교회에서의 성경통독
개인: 매일 3장 전후 읽기로 성경통독

전교인 성경통독대학 (1년 과정)

성경통독 365일 3

제3권(3개월분) / 전4권

구약 : 시가서(욥~아)
신약 : 누가, 갈~벧후

기독교문사

성경통독 365일 3

1판 1쇄 인쇄 2008년 7월 10일
1판 1쇄 발행 2008년 7월 15일

지은이 신현주
발행인 한동인

펴낸곳 (주)기독교문사
등 록 제1-c0062호
주 소 서울 종로구 충신동 5-13
출판부 T. 741-5184-5 F. 744-1634
특판부 T. 744-1633 F. 744-1635
도매부 T. 741-5181-3 F. 762-2234
직영서점 기독교문사
서울 종로구 종로5가 412-2
T. 2266-2117-9 F. 2266-6397

책값은 뒤표지에 있습니다.
ISBN 978-89-466-0946-4 94230
ISBN 978-89-466-0945-7 94230(세트)

Web www.kclp.co.kr
e-mail kclp@kclp.co.kr

기독교문사는 독자와 함께 기독교 출판문화를 이끌어 가겠습니다.
공급처 기독교문사 도매부 T. 741-5181-3 F. 762-2234

전교인 성경통독대학(1년 과정)

성경통독 365일 3

제3권(3개월분) / 전4권

구약 : 시가서(욥~아)
신약 : 누가, 갈~벧후

머 리 말

이 책은 우여곡절 끝에 출판되어 독자들을 만나게 되었습니다. 탈고는 수년 전에 했으나 기독교 출판계의 2천년대 분위기가 성공과 감동에만 얽매여 있어서 성경 말씀에 대한 교재들 출판은 출판사의 기대를 충족시키지 못했습니다. 그러던 중 기독교문사의 전통적인 성경에 대한 자세와 저희 실로암성경학교의 의식이 같아서 출판을 하게 되었습니다. 여러 출판사의 거절에도 불구하고 이 책을 기쁨으로 출판해 주신 기독교문사에 감사드립니다.

제1권, 제2권이 출간되면서 초판들이 짧은 기간 안에 매진이 되어 재판을 내야 하는 상황을 만들어 주신 독자들의 의식에도 감사드립니다. 전 교회적으로 이 책을 사용하는 몇몇 큰 교회들만으로도 초판이 매진되었지만 더 많은 교회나 개인들이 이 책을 통하여 매일 성경을 읽고 통독하기를 기대하고 있습니다.

실로암성경학교는 지난 20여 년 간의 사역 중에 특히 한국 교회의 성경 읽기 운동에 힘써 오며 성경을 깊이 있고 체계 있게 통독하는 〈주간성경공부〉(5년 과정)와 〈성경통독 오십주간〉(1년 과정), 〈성서연대표〉, 〈성서대지도〉 등의 교재를 개발하였습니다. 그동안 국내외 650여 교회 5만 5천여 성도들이 실로암의 교재를 사용했으며, 해외의 교포교회들도 교재를 수입하여 사용하고 있습니다.

금번의 전체적인 개정 작업 중에 〈성경통독 365일(1년 성경통독)-신간〉은 〈성경통독 이백주간(4년 성경통독)-<주간성경공부>의 개역개정판〉과 연계하여 기존의 주간 단위의 교재 개념을 넘어서 시대의 변화에 따라 '성경통독 새벽기도회'나 개인이 매일 성경을 읽어 1년에 통독(1~2회)하는 교재로 새롭게 집필되었습니다. 기본을 잃어버리는 감이 있는 2천 년대에 말씀으로 돌아와서 성경을 통독해야 함을 인식하고 사명감으로 이 책을 발간합니다.

이 책의 진정한 저자는 늘 배려해 주신 시무하는 교회이며, 협력해 주신 제1-2권에서 언급한 여러 동역자들, 또한 시를 주신 시인들께도 감사드립니다. 특별히 사진 자료를 제공해 주신 이원희 목사님과 시험 사용과 교정 봉사에 힘써 주신 조남용・신정임・유경준・박성은 목사님의 정성스런 노고에 감사합니다.

미흡한 면이 많음에도 저희의 성경통독 사역과 이 책의 가치를 인정해 주셔서 추천해 주신 신학자와 목회자들께, 그리고 출판을 기꺼이 맡아 주신 출판사 관계자 여러분께, 또한 이 교재를 사용해 주시는 독자 여러분께 감사드립니다.

오직 성경을 붙잡고 기도하며
실로암성경학교 대표저자 신현주 목사와 협력저자 일동

<성경통독 365일> 안내

〔**성경통독 365일**〕 교재로 성경을 공부하며 통독하는 이 프로그램에 참가하신 여러분을 환영하며 축하합니다. 하나님께서 여러분의 눈을 열어 주셔서 주의 기이한 법을 보며(시 119:8), 마음이 뜨거워지며(눅 24:32) 말씀의 조명 아래서 살 수 있게 되기를 바랍니다.

이 과정은 매일 일정한 분량을 읽어서 **365일, 즉 1년 동안** 성경 전체를 체계 있고 깊이 있게 통독하며 공부합니다. 누구나, 언제든지 참가할 수 있으며, 시간이나 공간적인 제한을 받지 않습니다. 아울러 신앙연륜에 관계없이 성경을 통독하며 공부할 수 있어 교회적으로 폭넓게 활용되는 장점이 있고 연계된 자료(〈성경통독 365일 가정예배・새벽기도회〉, 4권 완간 후 발간)를 참고하여 새벽기도회의 활용도 가능합니다.

4권으로 한 것은 구약성경의 4구분(율법, 역사, 시가, 예언)을 기준으로 하고, 신약은 복음서 4권에 서신서를 4구분한 것입니다. 매 분기 구약성경을 먼저 읽고 이어서 신약성경을 읽습니다.

커리큘럼에 복습 문제를 두어 읽은 것을 종합적으로 다시 보게 하는 일정도 들어 있습니다.

아래의 일정은 연초에 시작하는 것을 기준(1월 1일~12월 31일)으로 했으나, 연중에 시작해도 매 권이 3개월씩 커리큘럼이 되어 있으므로 1년간에 마치는 것은 같습니다.

구분 권수	기간	구약 읽기		신약 읽기		합계
제1권	1월~3월 (1~90일)	창~신 (율법서)	5권	마, 행, 롬	3권	8권
제2권	4월~6월 (91~181일)	수~에 (역사서)	12권	막, 고전, 고후	3권	15권
제3권	7월~9월 (182~273일)	욥~아 (시가서)	5권	눅, 갈~벧후	15권	20권
제4권	10월~12월 (274~365일)	사~말 (예언서)	17권	요, 요일~계	6권	23권

◘ 공부에 앞서

새벽기도회에 활용하거나, 성도들이 교회의 지도로 가정에서 공부할 때의 순서

1. **기도** - 먼저 기도를 하여 하나님께서 주시는 말씀을 들을 수 있는 귀가 열리게 해야 합니다. 성령의 조명하심이 있어야 말씀을 바르게 볼 수 있습니다.
2. **정독** - 문제에 답을 달려고 하지 말고, 먼저 주어진 성경본문을 열린 마음으로 읽어서 전체적인 내용을 파악하고 하나님께서 주시는 말씀을 듣고자 하는 자세를 가집시다.
3. **해설** - 해설은 "오늘의 말씀", "말씀 묵상", "깊은 연구"의 3단계로 되어 있으므로 본문에 대한 해설을 읽으면 성경을 더욱 입체적으로 볼 수 있습니다. 고고학이나 최신 자료들은 성경연구에 많은 도움을 줄 것입니다.
4. **문제** - 성경을 읽으면 답이 눈에 보일 정도로 쉽지만 그러나 아무리 성경을 많이 아는 사람도 성경을 읽지 않고는 답을 쓸 수 없으므로 성경을 몇 번 정독하게 됩니다. 또한 지루함이 없도록 문제의 형식을 다양화했습니다.
5. **묵상** - 공부한 후에는 그 말씀을 다시금 마음에 새기고 그 말씀대로 살기 위하여 묵상을 합니다. 말씀의 적용만이 성경공부의 진정한 보람이 될 것입니다.

<서시>

새 벽 이 슬

詩人 최 선 남

1 풀 위에 내린 이슬을 보았나요
그 맑음에 햇볕조차 맴돌아 영롱해지더이다
토란잎에 구르는 초록이슬은 어떤가요
연꽃에 물든 이슬의 수줍음은 빨리 보아야 해요

2 다윗은 청년들을 새벽이슬이라 부르고
야곱은 이슬을 하늘의 보물이라 하네요
맺히는 이슬은 여호와의 말씀이라고 모세가 전합니다
주의 이슬은 빛난 이슬이며
풀 위에 이슬은 하나님의 은택이랍니다

3 이슬이
모여 모여 하나 되면
온 땅이 덮이고
온 땅을 덮으면 땅도 잠든 자를 깨우겠고
나뭇가지는 실과를 내겠고
들의 곡식은 풍성하리이다

4 이슬이 하늘에서 왔어도
노하심을 입은 자에게는
몸을 적시는 추위가 되고
이스라엘에게 내린 하늘의 이슬은
들의 백합화를 꽃피우고
레바논 백향목을 뿌리 내리게 합니다

5 이슬은 새벽이슬은
여호와가 광야의 백성에게 만나를 보낸
축복의 통로지요

* 시인 최선남은 〈계간 포스트모던〉의 시부문 당선으로 문단에 나왔다. 한국문인협회 회원이며 하동문학작가회 회원, e시인회의 동인이다. 저서로는 소시집 〈광고 1, 2〉 외 동인지 다수가 있다. 일산의 아름다운교회 전도사로 사역하고 있다.

◀ 목　차 ▶

♣♣♣♣♣♣♣♣♣♣♣♣♣♣♣♣♣♣♣♣♣♣♣♣♣♣♣♣

성경통독 365일 3

(세 번째 3개월)

♧♧♧♧♧♧♧♧♧♧♧♧♧♧♧♧♧♧♧♧♧♧♧♧♧♧♧♧♧

♣♣♣♣♣♣♣♣♣♣♣♣♣♣♣♣♣♣♣♣♣♣♣♣♣

교재 활용 10대 지침

2천 년대의 한국 교회는 '성공과 감동' 두 가지 마인드가 주류를 이루고 있으나, 실제 더 중요한 그 바탕인 교과서, 즉 성경을 읽어 기초를 든든히 해야 함에도 불구하고 성경 읽기를 무시하고 당장 눈앞의 결과만 기대하는 문제가 있습니다. 힘들어도 기초를 든든히 세워야 합니다.

보고 듣는 것에 익숙한 디지털 시대에 읽고 써야 하는 아날로그 방식의 성경통독이 부담스러운 것은 사실이지만, 성경통독에는 왕도가 없으므로 몸과 마음과 시간을 미련하게 투자해야 합니다.

오랜 신앙생활에도 불구하고 성경통독을 하지 못한 분들이 많습니다. 교회의 성경공부 프로그램들이 성경의 일부분만을 공부하도록 짜여져 있을 뿐 아니라 일부 특정한 사람들만 참여하므로 전체적이지 못한 한계점이 있습니다. 그나마 최근에는 성경공부를 소홀히 하기까지 합니다.

이러한 문제의 해결 방안인 이 교재는 매일 성경을 체계 있고 깊이 있게 365일 동안 읽어서 1년에 성경통독을 하는 데 목표를 두었습니다. 그냥 해설만을 위한 교재가 아니라, 일정한 분량의 성경을 읽고, 읽은 것에 대한 해설을 참고하며 핵심적인 부분들을 다시 문제로 풀어 보면서 말씀을 되새깁니다. 그리고 매일 본문에 맞는 예화를 함께 넣어 적응점을 높였습니다.

교회는 공동체로서 작은 모임도 전체와 연결 지으며, 전체적인 것도 소외되는 개인이 없으면 이상적이라 할 수 있는데, 이런 면에서 〈성경통독 365일〉은 전 교인을 대상으로 할 수 있기에 특정한 요일에 모여서 일부 교인만 하는 성경공부와는 달리 이상적입니다.

1. 전 교인 가정 성경통독과 새벽기도회 진도를 맞추세요.

교회의 지도로 전 교인이 교재를 구입하고 교회의 주보에 매 주간 읽을 범위를 안내합니다.

① **'개인 성경통독'**으로 개인이 집에서 정해진 날짜대로 성경을 읽고 문제풀이를 합니다.

② **'성경통독 새벽기도회'**에 활용할 때 매일 정해진 본문을 읽으면 1년에 1번 통독이 되지만 2일분을 하루에 읽으면 1년에 2번 통독이 됩니다. 요즘엔 금요기도회 후에 토요일 새벽기도회나 주일 새벽기도회를 모이지 않는 경우가 있는데, 보충은 다른 날에 하루분을 더 읽으면 됩니다. 또는 주일 저녁에 지난 월~금(토)요일의 분량과 당일(토, 일)분을 읽어 종합할 수도 있습니다. 새벽기도회에 나올 때마다 이 교재의 커리큘럼 난에 공부(문제)한 것에 대해 확인하셔도 좋습니다.

그러나 굳이 365일에 맞추지 않고 모일 때마다 날짜를 기록(□월 □일)하면서 통독을 하면 실제 400일 이상 걸릴 수도 있습니다. 첨부된 커리큘럼은 1월 1일에 시작하여 3개월 단위로 책 한 권씩을 떼면서 12월 31일에 통독을 마치는 것을 기준으로 하였으므로 참고하시고 응용하십시오.

목회자는 '성경통독 새벽기도회'를 통하여 매일의 본문 중에서 한 단락을 간단한 설교로 하여 교인들과 진도를 같이 나갑니다(참고. 〈성경통독 365일 가정예배 · 새벽기도회〉, 4권 완간 후 발간).

③ **'성경통독반'**을 교회에서 구성하여 교인들이 집에서 3~7일분을 예습해 오고, 교회에서 매 주간에 한 번씩 목회자가 지도해 주면 매일 성경통독에 도움이 됩니다.

위의 ①②③을 적절히 조정하여 사용하세요. 주간 교재로는 〈성경통독 이백주간〉을 권합니다.

④ **'주보성경공부'**를 위하여 주보에 싣기를 원하시면 저작권자인 실로암성경학교와 계약하에 사용하셔야 합니다. 무단 복사 복제 시에는 '저작권법'의 제재를 받습니다.

2. 본서와 연결된 교재들도 활용하세요.

365일간 매일 성경을 읽어서 통독하는 데 중심을 두었고 한정된 지면에서 최대한 중요한 자료를 제공했습니다. 따라서 매일 성경 읽기를 위한 해설을 읽고 문제에 답을 달면서 재검토하는 과정에서 전체적인 읽기에 관심을 가지십시오. 〈성서연대표〉는 성경 전체를 보게 도와줍니다. 이 과정을 마친 후에는 주간 개념의 4년간 통독 프로그램인 〈성경통독 이백주간〉(전 4권)이나 50일(또는 50주간)에 통독하는 〈성경통독 오십일〉도 있습니다.

3. 복사해서 사용하거나 주보에 문제를 그대로 내지 마세요.

교재를 복사하거나 또는 문제만을 주보에 베껴 내는 것은 이 교재의 성격과 다르며 정당한 방법도 아닙니다. 성경을 통독하려는 목적이 좋은 만큼 방법도 좋게 해야 합니다. 어떤 문제들은 해설을 꼭 읽어 보아야 답을 달 수 있으며, 성경통독을 할 때에도 해설을 함께 공부해야 효과적입니다.

4. 하루에 평균 3장씩을 읽어 1년에 통독하는 과정입니다.

1년에 통독하기 위해서는 매일 성경을 읽는 습관이 중요합니다. 물론 마음만 먹으면 매일 30분 정도를 투자하여 주어진 분량을 읽고 문제에 답을 다는 것은 어려움이 없습니다.

답을 쉽게 달도록 해당 구절을 적어 놓았지만 일단 성경을 다 읽고 나중에 답을 달도록 하여 해당 범위를 통독하는 데 마음을 쓰도록 해야 합니다.

5. 어느 교단이나 사용할 수 있습니다.

신학적으로나 신앙적으로 차이가 나면 어쩌나 염려하실 필요가 없습니다. 이 교재는 목회자의 입장에서 쓰였고 이미 초교파적으로 시험 사용해 왔습니다. 해설은 늘 보편적인 입장을 견지했으며 첨예한 신학적인 문제나 논쟁이 될 만한 것들은 다루지 않았습니다.

또한 신·구약성경학자들과 중진 목회자들로부터 감수와 추천을 받아 검증된(〈성경통독 이백주간〉: '주간성경공부'를 개정) 교재로부터 파생되었으므로 교단에 관계없이 사용할 수 있습니다.

6. 어느 때든지 시작할 수 있습니다.

매년 1월 1일을 기점으로 시작하여 연말에 마치도록 계획해도 좋지만 도중에 시작해도 이듬해 그 날짜로 돌아오면 통독을 하게 되는 것은 마찬가지입니다. 3개월 단위로 교재가 발행되므로 교회가 이 프로그램을 시작하면서 어느 때든지 통독 1일째를 기점으로 커리큘럼을 작성할 수 있습니다.

교회가 이 공부를 진행하는 중에도 개인이 도중에 시작할 수 있으며, 특히 새로운 권으로 들어갈 때에 함께 시작하면 1년 후에는 처음으로 돌아오게 되므로 수료하는 시간적인 차이만 있지 성경을 통독하는 것은 같습니다. 그러나 같이 시작하여 같이 끝내야 관리가 쉽습니다.

7. 전 교인을 대상으로 하세요.

이 교재는 청장년을 위한 성경통독 과정이긴 하지만, 초·중·고등학생 모두 사용할 수 있습니다. 그러므로 교회에서는 전 교인을 대상으로 실제 성경통독에 참여할 교인들을 모집해서 교재 대금(등록금)을 받고 운영하되, 새로운 교인들이 동참하도록 개방하고 홍보해야 합니다.

세례교인은 의무적으로 참여하도록 하고, 구역장(속장)들로 하여금 전 구역원(속원)들이 함께 공부하도록 격려하되 어려운 교인이나 새신자는 교재 대금을 구역(속)에서 부담해도 좋습니다. 본인이 교재 대금을 부담해야 책임 있게 공부를 합니다. 시간을 내어 교회에 모여 공부하는 것이 아니므로 70~80퍼센트의 교인들이 참여하여 전 교인 성경통독의 붐이 일어납니다.

8. 다음 것들을 준비해야 합니다.

1) 세미나 참석 - 실로암성경학교의 세미나에 참석하여 교재의 성격과 운영지침, 공부 방법, 성경역사 강의(성서연대표 활용법)를 듣고 실시하는 것이 남의 말만 듣고 시작하는 것보다 유리합니다. 세미나에 참석을 하지 못하더라도 실로암성경학교에 전화로 상담하시고, "교재 활용 10대 지침"을 읽고 시도하십시오. 또는 지역 목회자 모임에 강사를 초빙하여 준비할 수도 있습니다.

2) 홍보 및 설득 - 이 프로그램을 도입하기로 결정을 하면 교회적인 공감대를 얻는 것이 중요합니다. 당회와 제직회, 구역회 등에 설명도 하고 다짐도 받아야 합니다. 중직들은 성경을 잘 안다는 착각에 빠지는데, 실제는 그렇지 않습니다. 전 교회적인 성경통독의 분위기가 되도록 주보에 광고를 하며 홍보를 합니다. "매일 30분 투자로 성경 1년 1독!", "성경통독, 당신도 할 수 있다!"

3) 교재와 자료 활용 - 각자의 교재를 갖도록 필요한 수량만큼 주문하면 됩니다. 단체로 실로암성경학교로 주문 시에는 교재와 별도로 〈관리명부〉가 파일로 제공됩니다(전 4권 사용, 40명분). 이 자료를 활용하면 공부하는 교인들의 상태를 담임목사가 한눈에 보게 되어 목회적인 자료(격려 및 심방대상)가 됩니다. 계속 공부하던 교인이 성경 읽기를 중단했다면 심방을 해야 할 대상입니다.

9. 성경통독반 모임을 가지십시오.

'개인 성경통독' 교재로만 사용할 경우 집에서 읽는 것으로 끝내지 말고 별도의 모임(성경통독반)을 갖습니다. 물론 이 교재로 '성경통독 새벽기도회'를 하더라도 3개월 단위로 전 4권이므로 각 권을 마칠 때마다 전체 모임을 가지면 좋습니다. 이 모임에 성경통독을 하다가 며칠 밀려 포기한 교인, 새로 시작하기를 원하는 교인들을 함께 참석시켜서 동기유발을 해 주십시오. 이런 모임에 성경통독의 전문가(이 책의 저자)나 성서신학자를 강사로 초빙해서 말씀을 들으면 유익할 것입니다.

10. 설교에 활용하십시오.

적어도 출석 교인의 반 정도, 또는 70~80퍼센트 이상이 성경통독에 참여하는 것을 보게 되는데, 그렇다면 이는 전 교회적인 프로그램이므로 목회자의 설교 마인드가 공부하는 교인들과 같아야 합니다. 주일 낮이나 저녁 예배 설교, 또는 수요성서 강해나 새벽 설교를 이 교재의 진도와 맞추면 성경 전체를 살펴보는 설교 계획을 갖는 장점도 있습니다. 그러나 설교 범위로는 넓기 때문에 그 중에 한 본문을 선정하여 설교를 해야 합니다.

결론적으로 이런 운영에 대해 아이템과 이끄는 일은 담임목사의 마인드와 연결됩니다. 부교역자를 통하여 운영할 때에도 마음을 쏟아야 전 교인 성경통독에 성공합니다.

한국 교회는 성경을 읽으라고만 강조했지 적절한 자료를 제시하지 못했습니다. 이 교재는 쉽게 사용하도록 커리큘럼화 되었으므로 전 교회적인 프로그램으로 수용하면 큰 효과를 거둘 것입니다.

교재 구입이나 활용에 대한 문의는 언제든지 저희 실로암성경학교로 연락하십시오. 목회자 한 사람 뒤에는 은혜를 사모하는 여러 성도들이 있다는 사실을 기억하고 연구 결과를 나누기 원합니다.

(www.sbs66.net / 실로암성경학교 대표 신현주 목사, 016-354-5554)

교과과정

성경통독 365일 (세 번째 3개월) 계획표

구약: 시가서 〈욥기~아가〉, 신약: 〈누가복음, 갈라디아서~베드로후서〉

7월	전체	책	장 수	제 목	8월	전체	책	장 수	제 목	9월	전체	책	장 수	제 목
1	182	욥기	1-3	욥의 고난.	1	213	시편 IV	90-94	덧없는 인생의 피난처(90편)	1	244	누가복음	1-3	예수님의 탄생과 어린 시절
2	183		4-7	1차: 엘리바스의 공박과 욥의 변론	2	214		95-100	경배와 순종(95편)	2	245		4-7	제자들을 부르심
3	184		8-10	1차: 빌닷의 공박과 욥의 변론	3	215		101-106	모범적인 통치 선언(101편)	3	246		8-11	제자들을 파송함
4	185		11-14	1차: 소발의 공박과 욥의 변론	4	216	시편 V	107-112	근심 중에 부르짖음(107편)	4	247		12-15	예수님의 비유
5	186		15-17	2차: 엘리바스의 공박과 욥의 변론	5	217		113-118	할렐루야 시편(113편)	5	248		16-18	예수님의 교훈들
6	187		18-21	2차: 빌닷, 소발의 공박과 욥의 변론	6	218		119	하나님 말씀의 영광(119편)	6	249		19-21	예루살렘에서의 가르침
7	188		22-24	3차: 엘리바스의 공박과 욥의 변론	7	219		120-126	거짓된 입술(120편)	7	250		22-24	십자가의 고난과 부활
8	189		25-27	3차: 빌닷의 공박과 욥의 변론	8	220		127-133	무신론자의 헛수고(127편)	8	251		1-24	누가복음 복습
9	190		28-31	욥의 변론	9	221		134-139	밤에 여호와를 찬송(134편)	9	252	갈	1-3	그리스도 안에서의 자유
10	191		32-34	엘리후의 연설 (1)	10	222		140-145	구원과 복수를 기도(140편)	10	253		4-6	그리스도를 통한 자유의 삶
11	192		35-37	엘리후의 연설 (2)	11	223		146-150	신실하신 하나님(146편)	11	254	엡	1-3	그리스도 안의 연합
12	193		38-39	하나님의 말씀	12	224		90-150	시편 IV V 권 복습	12	255		4-6	그리스도 안의 생활
13	194		40-42	다시 받은 갑절의 복	13	225	잠언	1-3	청년에 대한 잠언	13	256	빌	1-4	그리스도 안에서의 기쁨
14	195		1-42	욥기 복습	14	226		4-6	결혼에 대한 지혜	14	257	골	1-4	그리스도의 복음을 지킴
15	196	시편 I	1-6	의인의 길, 악인의 길(1편)	15	227		7-9	지혜와 어리석음	15	258	살전	1-5	그리스도의 재림 (격려)
16	197		7-12	무죄한 자의 기도(7편)	16	228		10-12	의인과 악인	16	259	살후	1-3	주의 날 (설명)
17	198		13-18	절망에서 소망으로(13편)	17	229		13-15	악을 떠나 정직으로	17	260	딤전	1-3	직분을 맡기심
18	199		19-24	자연과 율법의 계시(19편)	18	230		16-18	인생과 경영자	18	261		4-6	교회를 다스림
19	200		25-30	고난 당하는 자의 기도(25편)	19	231		19-21	인자와 진리	19	262	딤후	1-4	믿음을 전파함
20	201		31-36	시련 속에서의 신뢰(31편)	20	232		22-25	지혜자들의 잠언	20	263	딛	1-3	믿음을 실천함
21	202		37-41	의인과 악인(37편)	21	233		26-29	솔로몬의 잠언(2)	21	264	몬	1	형제를 용서함
22	203	시편 II	42-46	하나님을 사모함(42편)	22	234		30-31	아굴, 르무엘의 잠언	22	265	갈 - 몬		바울 서신 복습
23	204		47-51	하나님을 찬양하라(47편)	23	235		1-31	잠언 복습	23	266	히브리서	1-3	모세보다 뛰어난 그리스도
24	205		52-56	악인의 운명(52편)	24	236	전도서	1-3	인생의 허무함	24	267		4-6	대제사장 그리스도
25	206		57-61	원수 앞에서의 기도(57편)	25	237		4-5	인간 노력과 부의 허무	25	268		7-10	새언약의 제사장
26	207		62-66	하나님만 바라라(62편)	26	238		7-9	지혜는 가치 있는 것	26	269		11-13	믿음을 굳세게
27	208		67-72	추수 감사(67편)	27	239		10-12	인생의 본분	27	270	약	1-5	역사하는 믿음
28	209	시편 III	73-78	불공평한 이 세상(73편)	28	240	아가	1-3	구애와 결혼	28	271	벧전	1-5	고난 중의 인내
29	210		79-84	돌무더기가 된 예루살렘(79편)	29	241		4-6	신랑과 신부의 마음	29	272	벧후	1-3	거룩한 성도
30	211		85-89	새로운 축복을 구함(85편)	30	242		7-8	칭송과 의지	30	273	히 - 벧후		공동서신 복습
31	212		1-89	시편 I II III 권 복습	31	243	전 - 아		전도서, 아가 복습					

일자는 1월 1일을 기점으로 했을 때의 표준 예입니다.

성경의 장절(章節)에 대한 이해

성경이 기록된 때에는 성경 구절이 오늘날처럼 장절로 나뉘어 있지 않았다. 성경의 '장'은 약 800년 전에, '절'은 약 500년 전에 구분되어 대중화되었다. 연대가 일치하지 않으나 대략적인 연대는 비슷하다.

1. 성경 '장'의 구분(Chapter Divisions)

◇ 프랑스 파리 대학의 랑똥(E. Langton) 학장이 성경의 어느 한 부분을 쉽게 찾을 수 있도록 하는 방법을 모색하던 중, 1226년 드디어 성경의 '장'을 구분하였다.

◇ 또 다른 문헌에 의하면 1205년에 영국 캔터베리의 대주교인 랭튼(Stephen Langton, 1150년경-1228)은 라틴어 성경 불가타(Latin Vulgate)의 '장'을 구분하였다. 먼저는, 라틴역 불가타(Vulgata)의 성구사전을 작성하기 위해 이것을 이용한 추기경 후고(Cardinal Hugo, 1263)가 이것을 창시했다고 생각한 적도 있었다.

랍비 솔로몬 벤 이스마엘은 불가타의 '장' 구분을 히브리어 성경에 받아들였다.

◇ 영어 성경의 '장' 구분은 당시 라틴어로만 번역되어 있던 성경을 영어로 번역한 위클리프(John Wycliffe, 1329/30?-1384, 영국 종교개혁의 선구자) 역의 영어 성경에서 시작되었다.

자료 간의 차이가 있으나 대략 1200년대 정도로 이해를 하면 좋겠다.

2. 성경 '절'의 구분(Verse Divisions)

◇ 1551년 파리의 인쇄업자 에띠엔느(R. Etienne)가 1226년의 '장'의 구분을 근거로 하여 '절' 구분을 연구 발표하여 오늘날 대부분의 성경에 그대로 사용하는 것이다.

◇ 또 다른 문헌에 의하면 1563년에 시편에 적용하였으며, 1571년에는 구약 전체에 적용하였다. 히브리어 성경에서는 절을 구분할 때에 소프 차스크(:)로 표기한다.

따라서 하나님께서 직접 사람에게 '장'과 '절'을 구분하여 그대로 사용하도록 명령한 것은 아니다.

3. 성경 절수에 대한 차이

히브리어 성경과 기독교의 성경에서 시편의 절수에 차이가 있다. 즉 히브리어 성경의 시편은 그 제목(표제)을 1절로 쓰지만 기독교 성경의 시편은 이를 절수로 계산하지 않기에 히브리어 성경 시편의 2절이 기독교 성경에서는 1절이 되므로 주석서나 원전을 사용할 때에는 유의해야 한다.

시편 150편 중 116개의 시편에 제목(표제)이 붙어 있다. 예를 들면 3편의 "다윗이 압살롬을 피할 때에 지은 시"처럼 시편과 관련이 있는 이름이나 시편이 만들어진 상황을 간략하게 언급한다. 또는 4편의 "다윗의 시, 영장으로 현악에 맞춘 노래"처럼 작곡의 형태와 음악적 사용법에 관한 정보를 제공한다.

자료 보너스 7 시가서란 어떤 책인가?

1. '시가서'(詩歌書)란?

기독교의 성경은 **율법서**(토라 : 모세 5경, 창~신)와 **역사서**(수~에) 다음에 **시가서**(詩歌書)로서 〈욥기〉, 〈시편〉, 〈잠언〉, 〈전도서〉, 〈아가〉가 나오고 다음에 **예언서**(사~말)가 나온다.

여기서 기독교의 시가서들은 히브리 성경에서는 **토라(율법서)**, **네비임(예언서)** 다음에 나오는 셋째 부분인 **케투빔(성문서 ; 聖文書, Holy Writings)**에 속한다. 히브리 성문서에는 기독교의 시가서 외에도 여러 권이 더 들어 있다. 〈아래 "2. 유대인의 성문서" 참고〉

〈욥기〉~〈아가〉를 기독교에서 '시가서'라 함은 시문체(詩文體)로 되어 있기 때문인데, 이를 다시 '지혜문서'와 '시문서'로 나눈다. '지혜문서'는 〈욥기〉, 〈잠언〉, 〈전도서〉이며 '시문서'는 〈시편〉, 〈아가〉이다.

2. 유대인의 성문서

유대인의 히브리 성경에서 **'케투빔'**은 크게 셋으로 나눈다. 〈104쪽, "자료보너스 8" 참고〉

1) 시가서 - 〈시편〉, 〈욥기〉, 〈잠언〉

히브리 책 이름인 이요브(욥기), 미쉴레(잠언), 트힐림(시편)의 첫 자를 따서 '에베드'(진리)라는 말로 불린다. 히브리 시는 세 종류의 독특한 평행법(平行法)의 운율을 갖는다. 즉 동의적(同意的) 평행법(예, 시 19:1-2), 반의적(反意的) 평행법(예, 시 1:6), 종합적(綜合的) 평행법(예, 시 25:16) 등이 있다.

2) 다섯 두루마리(Megilloth) - 〈아가〉, 〈룻기〉, 〈(예레미야)애가〉, 〈전도서〉, 〈에스더〉

유대교에 의하면 이 다섯 두루마리(메길로트)는 유대인의 명절 때마다 한 권씩 읽혔다.
즉 〈아가〉는 유월절에, 〈룻기〉는 오순절에, 〈애가〉는 아빕월 제9일(예루살렘이 파괴되었다는 날)에, 〈전도서〉는 장막절(초막절)에, 〈에스더〉는 부림절에 각각 읽었다고 한다. 〈애가〉를 '예레미야애가'라 하는 것은 후대의 산물로서 히브리어 원전에는 다만 〈애가〉(히, 에카: 슬프다)로 되어 있다.

3) 역사서 - 〈다니엘〉, 〈에스라〉-〈느헤미야〉(원래는 한 권), 〈역대기〉(상하는 후대에 나눔)

이 책들은 〈에스라-느헤미야〉, 〈역대기〉를 단일 작품으로 보기도 한다. 이는 성전과 제사직을 중심으로 같은 종교적 입장을 가졌고, 통계학적인 기록과 족보에 대한 편중이 나타나고, 두 책의 어휘와 문체가 비슷하며, 〈역대기〉의 결론과 〈에스라〉의 시작에서의 유사점은 이 책들이 원래는 하나였음을 보여 준다.

위에서 보듯이 유대교의 성문서는 기독교가 역사서로 보는 〈룻기〉와 〈에스라〉, 〈느헤미야〉, 〈역대상〉, 〈역대하〉를 포함하고 있으며, 예언서인 〈다니엘〉, 〈(예레미야)애가〉도 포함하고 있다. 이것은 유대교가 역사를 보는 관점이 기독교와 차이가 있으며, 또한 기록 연대순(시대 배경과는 다름)으로 편집한 데 따른 것으로 해석된다.

아울러 기독교의 **'시가서'**와 유대교의 **'성문서'**는 서로 다르므로 같은 용어로 혼동해서는 안 된다.

3. 지혜문서에 대하여

'지혜서'는 〈욥기〉, 〈잠언〉, 〈전도서〉이며, 외경으로는 〈집회서〉와 〈지혜서〉가 있다. 이 지혜에 담긴 지식과 전통은 이스라엘이 이웃 민족들과 관련되어 있음을 보여 주며, 이 지혜는 애굽의 여러 지혜문서를 통해서도 알려져 있다. 옛 중동의 이러한 국제적인 '처세훈'(處世訓)을 지혜라는 개념으로 표시하고 이에 상응하는 문서들을 '지혜문서'라고 한다.

옛 중동에 공통된 지혜에서는 삶 및 세상의 질서를 알고 자신의 삶을 거기에 맞추는 사람이 지혜로운 사람으로 통했으나, 이스라엘에서는 인생의 성공이란 사람의 영리함에 달린 것이 아니라 근본적으로는 하나님의 뜻을 따르는 데에 달렸다는 깨달음을 통해서 깊어졌으며(잠 1:7), 지혜는 위로부터 오는 것임을 강조했고 신약에서도 그 영향을 받았다(약 3:15-18).

4. 〈시편〉은 언제 수집 편집되었나?

〈시편〉은 여러 시대를 거치면서 여러 사람에 의해 형성되어 왔고, 그 최종 편집은 후대까지 이어졌다. 다윗 73편, 아삽 12편, 고라의 자손 9편, 솔로몬 2편, 헤만, 에단, 모세 각 1편, 저자 미상 51편으로 되어 있다. 기록 연대에 있어서는, 모세는 주전 13세기(또는 15세기)이며, 다윗과 솔로몬은 주전 1000년경의 인물이다. 이것이 체계 있는 시편집으로 편집된 것은 훨씬 후대인 포로 후기까지로 본다. 현재의 시편이 어떻게 그 형태를 갖추게 되었는지를 분명하게 말하기는 어렵다. 현재의 5권으로의 구분은 70인역(LXX, 주전 3세기-268년, 혹은 주전 150년경-의 구약성경의 헬라어 역)보다도 더 일찍 된 것으로 추측한다.

5. 〈시편〉 저자와 형식에 따른 분류

저자 / 내용	제1권(1-41편)		제2권(42-72편)					제3권(73-89편)				제4권(90-106편)			제5권(107-150편)		
	다윗	미상	다윗	아삽	솔로몬	미상	고라자손	아삽	다윗	고라자손	에단	모세	다윗	미상	다윗	솔로몬	미상
감사경배시	8, 29	33	65, 68			67		81					103	91, 98, 100,104, 105	124,131, 133,145		107,111,113,114,115, 117,123,134,135,136, 146,147,148,149,150
개인찬미시	11,18,23,,30, 32,34,40,41					66	46 48	75		84 85				92, 106	108,138, 139		116, 118
개인탄원시	3,4,5,6,7,13, 17,22,25,26, 27,28,31,35		51,54,55,56, 57,59,61,62, 63,64,69,70			43 71	42	76 77	86	88				94, 102	140,141, 142,143		120, 130
민족탄원시			60				44	74,79 80,83				90					
신 정 시							47							93,95,96, 97,98,99			
시 온 시						43	42			87					122		121,125,126,129
제 왕 시	18, 20, 21	2			72		45				89		101		110,114		132
참 회 시	6,32,38,39		51											102	143		130
저 주 시	35		58, 69					83							109		137
메시아시	16,22,24	2			72		45								110		
지 혜 시	9,12,14,15, 19,36,37	1,10	52, 53	50			49	73,78 82								127	112, 119, 128

◇ 이 도표는 존 월턴(John H. Walton)의 《구약의 역사 연대기》에서 인용한 것임.

〈욥기〉를 소개합니다

제목에 대한 해설

기독교의 성경은 토라(모세 5경)와 역사서 다음에 시가서(詩歌書)로서 욥기, 시편, 잠언, 전도서, 아가가 나온다. 그러나 히브리 성경에서는 셋째 부분인 '케투빔'(성문서; 聖文書, Holy Writings)에 속한다. 〈욥기〉부터 〈아가서〉를 '시가서'라 함은 시문체(詩文體)로 되어 있기 때문인데, 이를 다시 '지혜서'와 '시편'으로 나눈다. 지혜서는 욥기, 잠언, 전도서, 아가이며 시편은 말 그대로 시편이다.

본서의 제목은 주인공 '욥'의 이름을 따라 〈욥기〉(Job)라 정해졌다. 히브리 성경의 '이요브'라는 3음절을 70인역과 불가타역에서는 단음절인 '욥'이라 했다. 한글 성경도 이런 전통을 따라 '욥기'라 하였다. '욥'이라는 이름의 뜻은 '하나님께 돌아온다'(회개), '원한다'라는 뜻이 있으나 그 뜻의 근거에 대해서는 의견이 다양하다.

저자 및 저작 연대

욥을 역사적인 실재 인물로 보지만(겔 14:14, 약 5:11), 문학작품으로 보아 역사성을 부정하는 학자들의 견해도 강하다.

기록 연대와 〈욥기〉의 배경 연대와는 다르다. 구전되었다가 후대에 기록되면 그 당시의 언어로 기록되기에 사건과 기록 연대의 차이는 클 수밖에 없다. 욥을 족장 시대 인물로 보고 그 시대로부터 전승되어 오다가 지혜문헌들이 발전한 솔로몬 시대에 기록했다는 설이 있다. 저자를 시편 88편과 본서의 유사성을 들어 시편 88편의 저자인 헤만이라고도 하고, 또는 탈무드를 근거로 모세라고 주장하기도 한다. 또는 예레미야, 욥 자신, 또는 포로 이후의 어느 누구 등 여러 사람을 언급하지만 어느 누구도 단정할 수 없다.

다만 추정할 수 있는 것은, 욥의 고향인 우스 땅을 살펴보면, 렘 25:20에 우스는 블레셋, 에돔, 암몬, 모압 등지와 함께 언급되고 있으며, 애 4:21은 에돔이 우스 지역을 점령한 것으로 묘사하고 있다. 이 두 구절과 욥을 동방 사람으로 묘사하고 있는 욥 1:3로 볼 때 우스 지역은 에돔 지역으로 추정할 수 있다.

교훈 및 메시지

1) 욥이 당하는 고난

하나님의 허락을 받은 사단은 네 차례에 걸쳐 욥의 모든 소유물과 자녀들을 완전히 앗아 간다. 그러나 욥은 이런 재난과 절망 가운데서 하나님을 원망하지 않으므로 욥의 신앙은 사단이 말한 대로 만사가 형통할 때에만 갖는 타산적이고 거짓된 신앙이 아니었음을 보여 준다. 욥의 경건은 환경의 영향을 받지 않듯이, 고통과 절망에 빠진 신자가 취할 바른 신앙의 모습을 보여 준다.

2) 친구들과의 논쟁

욥기의 대부분을 차지하는 욥과 세 친구의 논쟁에서 결백함을 주장하는 욥에게 친구들은 욥이 무엇인가 숨긴 죄가 있기에 고통을 당한다고 주장하여 고통을 가중시키고 있다(4:7-8, 8:4). 세 친구의 이러한 변론은 고통이나 재난을 죄의 결과로 보는 이스라엘의 전통적인 신앙을 보여 준다(8:8). 도덕주의나 교조주의가 보상적인 공의의 교리를 통해 하나님의 순전하심을 보존하고는 있지만 상대적으로 욥의 순전함은 증명하지 못하고 있다.

3) 논쟁의 중단과 엘리후의 말

세 차례의 논쟁은 해결점이 없이 중단되고 이들보다 젊은 엘리후가 등장한다. 엘리후는 갑자기 나타나서 연설을 하고 사라진다. 그의 말은 전체적으로 보아 하나님의 공의를 강조하고 있으며, 다음에 나오는 하나님의 답변을 예비하는 성격을 갖는다. 엘리후의 등장은 인간의 지혜에는 한계가 있음을 보여 주고, 전통적인 인과율의 신학이나 인간의 지혜로 설명할 수 없는 고난이 존재함을 보여 준다.

4) 하나님을 만남으로 문제 해결

두 차례에 걸친 하나님과 욥의 답변 속에서 하나님은 의문문의 형태로 답하며, 창조 세계의 신비와 하나님의 창조 주권에 대해 말하고 있다. 그리하여 욥은 인과율을 초월하여 우주를 통치하시는 창조주 하나님을 직접 눈으로 보는 새로운 신앙의 경지에 이르게 되고, 또한 잃어버린 모든 것의 갑절의 축복을 받는다.

[오늘의 말씀] 욥기 1장~3장 : 욥의 고난 → 먼저 성경 읽기

(1장) 동방의 의인 욥은 사단의 시험으로 모든 재산과 자식을 잃었지만 하나님을 찬양한다.
(2장) 사단은 욥의 건강을 가지고도 시험을 하지만 욥은 입술로 범죄치 않는다.
(3장) 고난 중의 욥은 자신의 생일을 저주한다(3:1-42:6은 시문으로서 문학적으로도 가치가 크다).

[말씀 묵상]

1. 욥은 고난 중에도 "내가 모태에서 적신이 나왔사온즉 또한 적신이 그리로 돌아가올지라 주신 자도 여호와시요 취하신 자도 여호와시오니 여호와의 이름이 찬송을 받으실지니이다 이 모든 일에 욥이 범죄하지 아니하고 하나님을 향하여 어리석게 원망하지 아니하니라"(1:21-22) 하였다. 모든 것의 근원을 하나님으로 보고 하나님을 원망하지 않는 욥의 신앙은 모범이 된다. 고난이 아무리 크다 할지라도 욥의 고난보다 크겠는가?(1:13-20, 재산과 자식 잃음; 2:7-10, 몸의 악창과 아내의 비방; 4-37장, 친구들의 공박 등) 야고보 기자는 "욥의 인내를 들었고"(약 5:11)라 하였다.
2. 욥의 고난은 더욱 심해져서 몸에 악창이 난데다가 아내마저 욥을 비방하니(2:7-10) 그의 마음이 얼마나 아팠겠는가? 그럼에도 불구하고 "이 모든 일에 욥이 입술로 범죄치 아니하니라"고 했다(2:10). 우리가 입술로 범죄한다면 많은 것을 잃고 말 것이다. 광야의 이스라엘은 죽었고(민 13-14장), 모세를 비방한 미리암은 문둥병이 들기도 했다(민 12장). 야고보서 3장도 묵상하라.

[깊은 연구]

1. 사단은 욥을 시험한 실존이다. (욥 1:6-12, 2:7)

1) 기원: 하나님의 피조물로 천사였다가(겔 28:14), 하나님과 동등하게 되고자 하는 교만함으로 하나님의 정죄를 받았다(사 14:12-15). 그 결과 그는 하나님의 자녀들까지도 미혹하려 한다(마 24:24).

2) 활동: 사단은 영적 존재이므로 능력이 있다(욥 1: 13-19). 예수님을 시험하기도 했고(마 4:1-11), 불신자들을 복음의 진리에 눈이 멀게 하고, 하나님의 사역을 방해한다(고후 4:4, 요 13:2). 심지어 광명의 천사로 가장하여 성도들을 미혹하기도 한다(고후 11:14-15). 하나님의 백성에겐 사단을 제압하는 권능을 주셨다(마 10:1).

3) 운명: 사단의 활동은 하나님의 허용 한도 내에서다(욥 1:12, 2:6, 계 2:10). 그리스도께서 재림하실 때에 천 년간 옥에 갇히게 되고(계 20:1-3), 그 후 잠시 놓였다가 최후에는 불못에 던져져 영원토록 괴로움을 당하게 된다(계 20:10).

■ 행복했던 시절의 욥

욥은 경건하였으며 많은 재산을 가졌다(욥 1:1-3). 그러나 사단의 시험으로 이 모든 것을 잃었으나 그는 하나님을 원망하지 않고 오히려 찬송하였다(욥 1:20-22).

통독	182
확인	

공부

욥기 1장~3장 : 욥의 고난

1. 욥은 어떤 성품을 가진 사람인가?(1:1, 8, 2:3) -
2. 1) 욥의 소생은?(1:2) - , 2) 욥의 소유물은?(1:3) -
3. 생일 잔칫날이 지난 후 번제를 드린 이유는?(1:4-5) -
4. 사단은 욥을 어떻게 하면 하나님을 욕할 것이라고 했나?(1:11) -
5. 다음을 통하여 욥이 당한 시험과 관계된 곳에 줄로 연결하세요(1:13-19).

1) 스바 사람	가) 약대를 빼앗고 칼로 종을 죽임
2) 하나님의 불	나) 소와 나귀를 빼앗고 칼로 종을 죽임
3) 갈대아 사람	다) 양과 종을 불살라 버림
4) 대풍	라) 맏형 집에 있을 때에 집이 무너져 소년들이 죽음

6. 이러한 고난 중에 욥의 고백은 무엇인가?(1:21) -
7. 하나님께서 사단에게 욥을 시험하게 허락하시되 오직 금한 것은?(2:6) -
8. 사단은 욥에게 어떻게 했나?(2:7) -
9. 1) 욥의 아내의 반응은?(2:9) - 2) 욥의 대답은?(2:10) -
10. 재앙을 당한 욥에게 찾아온 욥의 친구 세 사람은?(2:11-13) -
11. 욥이 입을 열어 자기의 ( )을 저주하니라. - (3: 절)
12. 기기서는 악한 자가 ( )를 그치며 거기서는 곤비한 자가 ( )을 얻으며. - (3: 절)
13. 나는 먹기 전에 ( )이 나며 나의 앓는 소리는 ( )이 쏟아지는 것 같구나. - (3: 절)

▲▼△▽ -----≪입만 참으면 된다!≫----- ▽△▼▲

▷ 김백두 목사가 신학대학원 동기인 정훈아 목사네 집엘 갔다. 큰딸이 대학을 졸업하고 직장을 다니기 시작했는데 비만을 염려하며 늘 경계한다고 했다. 마침 딸의 컴퓨터에 이상이 있다며 봐달라기에 정 목사 딸의 방에 들어갔더니 책상 위에 이런 표어가 적혀 있었다.

"비만탈출: 입만 참으면 된다!"

▷ 이한라 사모가 친구 이봉순 권사네 집에 갔다. 한 동네에서 성장하여 초등학교와 대학 과정에서 같은 학교를 다닌 친분이 있다. 이 권사는 교회일에 늘 열심이지만, 입바른 소리로 인하여 마음의 상처를 주고는 자신도 마음의 상처를 받는다. 다 좋은데 말이 문제였기에 벽에 이렇게 써 주었다.

"인간관계: 입만 참으면 된다!"

♧ ♧ ♧

그대여! 입만 참으면 필요 없는 음식을 과도하게 섭취하지 않아 건강도 좋아지고, 함부로 말하지 않아 인간관계도 좋아진다. 입만 참으면 된다. 그러면 건강과 인간관계의 반은 성공한 셈이다. 욥의 아내는 욥에게 '하나님을 욕하고 죽으라'고 악담을 한다. 욥은 고난 후에 갑절의 재물을 얻었지만(42:10) 다행히 골치 아픈 아내는 갑절로 받지 않았으니 오히려 큰 복이다.

(욥기 2:9-10) 그 아내가 그에게 이르되 당신이 그래도 자기의 순전을 굳게 지키느뇨 하나님을 욕하고 죽으라 그가 이르되 그대의 말이 어리석은 여자 중 하나의 말 같도다 우리가 하나님께 복을 받았은즉 재앙도 받지 아니하겠느뇨 하고 이 모든 일에 욥이 입술로 범죄치 아니하니라

신현주, 〈좌충우돌 예화〉 〈시시콜콜 예화〉, www.sbs66.net

[오늘의 말씀] 욥기 4장~7장 : 엘리바스의 공박과 욥의 변론(1차) → 먼저 성경 읽기

(4장) 욥을 조문하러 온 세 친구 중에 첫 번째로 엘리바스가 욥의 고난을 죄의 결과라며 정죄한다.
(5장) 더 나아가 욥이 하나님께 징계받음을 전제로 그 경책을 업신여기지 말라며 충고한다.
(6장) 욥은 자기의 슬픔을 이야기하고 결백을 주장한다.
(7장) 욥은 불행한 운명을 탄식하며 그 불행이 곧 사라질 것을 기대하지 못한 채 하나님께 호소한다.

[말씀 묵상]

1. 〈욥기〉 4장부터는 욥의 친구들이 욥을 공박하면 욥은 대답을 하는 형식의 긴 논쟁이 전개된다. 욥기를 공부함에 있어서 '**욥의 인내**'를 배우지만(약 5:11), 이 지루한 논쟁을 공부하는 '**독자의 인내**'도 필요하다. 욥기를 읽으면서 그대의 인내를 시험하게 될 것이다.
2. 욥이 친구들에게 자신을 동정하기는커녕 **정죄자**가 됨에 대하여 비난한다(6:15, 27). 그들은 욥과 함께 앉았으나 그의 고통은 진정 아랑곳하지 않았다. 교회가 남의 고통에 대하여 입으로만 판단하기에 앞서 진정 고난에 참여하는 자세를 가져야 한다. 배고픈 사람에게 배부르게 하라는 말만 하면 무슨 소용이 있는가? 야고보 기자는 "**행함이 없는 믿음은 죽은 것이라**" 했다(약 2:14-17).
3. 욥은 잠을 자지 못했고, 육체적으로 고생하는데다가 불투명한 미래로 인해 괴로워한다(7:4-6). 오늘의 고통이 내일의 성공을 보장할 때는 참아도 보람이 있고 인내하기 쉬우나 미래가 어두울 때는 참기가 힘들다. 그러나 욥은 인내하고 하나님의 섭리 아래 있음을 인식하고 있다. 내 눈에 미래가 보이지 않아도 하나님을 경외함이 곧 내일에의 보장이다(잠 24:17-18).

[깊은 연구]

1. 엘리바스의 공박은 세 번 나온다.

1) 엘리바스의 공박은 ① 4-5장, ② 15장, ③ 22장에 나오며 주로 '경험'에 근거하여 욥을 공박했다. 〈통독 186일째 참고〉

2) 욥의 세 친구의 말 속에서 그들의 성품이 나타난다. 엘리바스는 관대한 마음을 가진 연장자로서 경험과 상식이 풍부하며, 또 욥에 대하여 비교적 동정심을 가진 모습으로 나온다.

2. 성문은 특별한 장소였다. (욥 5:4)

"그 자식들은...성문에서 눌리나 구하는 자가 없으며"라 하였다. 여기서 '성문'은 '법정'을 가리킨다. 성문에 광장이 있어 그 광장에서 재판이나 정치가 행해졌다(신 25:7, 시 127:5, 잠 31:31). 즉 엘리바스는 욥의 자녀들까지도 고난을 당하는 것이 당연하다고 하며, 욥이 하나님과 논쟁을 하는 것은 어리석음을 드러내는 것이고 이길 수 없고 생명을 위태롭게 한다고 지적한다.

■ 욥의 시련 : 3세기경 카타콤의 벽화
재산과 자손을 잃은 욥은 자신도 악창에 걸려 재에 앉아 신음하였다. 더 큰 고통은 아내의 비방과 친구들의 정죄였다.

통독	183
확인	

공부

욥기 4장~7장 : 엘리바스의 공박과 욥의 변론(1차)

1. 욥이 전에 사람들에게 한 일과 관계가 먼 것은?(4:1-5)
   1) 여러 사람을 교훈하였다　　2) 손이 늘어진 자를 잡아당겼다
   3) 넘어져 가는 자를 말로 붙들어 주었다　　4) 무릎이 약한 자를 강하게 하였다
2. (4:7) 생각하여 보라 ~
3. "인생이 어찌 하나님보다 의롭겠느냐"는 누가 누구에게 한 말인가?(4:17) -
4. 엘리바스는 인생은 무엇을 위하여 났다고 했나?(5:7) -
5. 전능자의 경책을 업신여기지 말아야 하는 이유는?(5:17) -
6. 5장 18절과 가장 유사한 구절은? - 1) 시 50:22　2) 신 32:39　3) 렘 50:4　4) 호 6:1-2
7. 욥은 자신의 무엇이 바다의 모래보다 무거울 것이라고 했는지 두 가지를 고르세요(6:1-7).
   1) 바다　2) 독　3) 분한　4) 저울　5) 재앙　6) 두려움
8. 무정한 고통 가운데서도 욥이 오히려 기뻐할 것은 무엇 때문인가?(6:10) -
9. 욥이 형제(친구)들에 대한 불만을 토로한 말이 아닌 것은?(6:14-27)
   1) 성실치 아니하다　2) 허망한 자다　3) 재물을 주지 않는다　4) 고아를 제비뽑고 벗을 매매할 자
10. 욥이 친구들에게 "너희는 돌이키라"라고 한 이유는?(6:29) -
11. (7:　절) 내 살에는 ~
12. (7:　절) 나의 날은 ~
13. (7:　절) 주께서 내게서 ~

▲▼△▽ -----≪맹인이 쓴 8천 편의 찬송시≫----- ▽△▼▲

찬송가 204장 "예수로 나의 구주 삼고...세상도 없고 나도 없고 사랑의 주만 보이도다"의 작사자인 크로스비(Fany Crosby, 1820-1915)는 생후 6개월 만에 시력을 잃고 맹인이 되었다. 그녀는 일생 동안 8천여 편의 찬송시를 썼는데, 우리 찬송가에도 24편이 수록되어 있다.

어느 날 친구가 그녀에게 "하나님은 왜 너같이 착하고 재주 많은 사람을 맹인이 되게 하셨을까?"라고 했다. 크로스비는 웃으며 대답했다.

"만일 하나님께서 내가 태어나는 순간 '네 소원이 무엇이냐'고 물으셨다면 나는 '맹인이 되게 해 달라'고 부탁했을 거야. 천국에서 눈을 뜨면 맨 처음 주님을 볼 수 있기 때문이야."

♧ ♧ ♧

우리의 현실은 두 눈을 뜬 사람도 있고 감은 사람도 있다. 문제는 '마음의 눈이 열렸느냐'이지 육체나 환경은 그 다음의 문제임에도 환경에 얽매여 사는 한계가 있다.
크로스비는 불편한 환경 속에서도 그것을 극복하고 8천여 편의 감사와 감격의 찬송시들을 써서 그 시와 함께 그의 삶이 주는 메시지도 찬송시 못지않게 크다. 사람들은 몰라줘도 하나님은 그대의 눈물과 고통을 아신다. 욥은 고통 가운데서도 하나님 안에서 기뻐하였다.

(욥기 6:10) 그러할지라도 내가 오히려 위로를 받고 무정한 고통 가운데서도 기뻐할 것은 내가 거룩하신 이의 말씀을 거역지 아니하였음이니라

신현주, 〈좌충우돌 예화〉 〈시시콜콜 예화〉, www.sbs66.net

[오늘의 말씀] 욥기 8장~10장 : 빌닷의 공박과 욥의 변론(1차) → 먼저 성경 읽기

(8장) 이어서 빌닷의 첫 번째 공박이 시작되어 그는 전통에 근거하여 욥이 죄인임을 입증하려 한다.
(9장) 그러나 욥은 하나님의 공의를 인정하면서도,
(10장) 자신의 형편을 생각하고 비탄한다.

[말씀 묵상]

1. "네 시작은 미약하였으나 네 나중은 심히 창대하리라"(8:7)라는 빌닷의 말은 액자나 서각을 통하여 많이 보고 들어서 익숙한 구절이다. 예수 믿고 사는 삶이 이러한 점진적인 발전이 있는 것은 당연하다. 그렇다고 남의 어려운 일에 대고 '예수 잘못 믿어서 당신은 어려움을 당하고 창대해지지 못한다'고 남의 고난을 함부로 해석하는 자가 되어서는 안 된다.
2. 욥의 친구들의 잘못은 욥을 향해 교리적인 질책에 치중한 것에 있다. 나는 어떤가? 자신도 모르는 사이에 상대방의 아픔에 귀 기울이기보다는 교리나 이론으로 설복시키려 하지는 않는가? 또한 욥은 변론을 통하여 고난의 문제에서 이제는 논쟁에 빠지고 있다. 문제 해결은커녕 점점 복잡해져서 혼란을 초래하게 되는 것이다. 그러기에 어려울 때일수록 단순해지는 지혜를 가져야 한다.

[깊은 연구]

1. 욥의 친구들의 말이 원칙론으로는 맞지만 욥에게는 적합하지 않다.

"생각하여 보라 죄 없이 망한 자가 누구인가"(4:7), 또는 "하나님은 순전한 사람을 버리지 아니하시고 악한 자를 붙들어 주지 아니하신즉"(8:20)이라는 말들이 보편적인 진리이지만 실제 욥에게 적합하지 않은 것은 욥의 고난이 죄의 결과가 아니기 때문이다. 이런 말씀을 오늘의 우리는 어떻게 할 것인가? 예수님은 바리새인들을 들어 "저희의 말하는 바는 행하고…"(마 23:3)라며 전하는 자가 누구든 간에 말씀 자체의 권위를 인정하셨다. 즉 욥의 친구들의 원론적인 말은 우리가 배우되 말씀의 칼로 다른 사람의 모든 상황에 휘둘러서는 안 된다는 사실도 기억하자(요 9:1-11 참고).

2. 욥의 논쟁은 합법적인 재판 형식이다. (욥 9-10장)

욥은 논쟁을 통하여 자신의 순전을 입증할 기회를 갖고 싶어한다. 그 방법이 하나님을 법정에 모셔 놓고 합법적인 재판을 하는 형식이다. 그래서 욥기에는(호세아에도) 법적인 용어가 많이 나온다.

쟁변 = 소송 개시(9:3, 10:2) / 대답 = 법적 증언(9:3, 16) / 심판하실 그 = 원고, 고소인(9:15) / 호출 = 법적 소환(9:19) / 판결자 = 중재자, 재정인(9:33) / 변론 = 주장(13:3) / 내 사정을 진술 = 소송 준비(9:18) / 다툼 = 법적 공방(9:19, 23:6) / 변백을 들음 = 법정에서 내 진술을 청취함(31:35) / 대적 = 법정 고소인(31:35)

■ 사단과 아내에게 시련당하는 욥
사단은 욥을 쳐서 악창이 나게 했고, 아내는 '하나님을 욕하고 죽으라'며 욥을 비방하였다(욥 2:6-10). 이 그림은 '인간 구원의 거울' 사본의 삽화이다. 샹티이 콩데 미술관 소장.

공부 욥기 8장~10장 : 빌닷의 공박과 욥의 변론(1차)

1. (   ) 사람 빌닷이 대답하여...하나님이 어찌 (   )을 굽게 하시겠으며 전능하신 이가 어찌 (   )를 굽게 하시겠는가. - (8:   ,   절)
2. 네가 만일 (   )을 부지런히 구하며 전능하신 이에게 (   ) 또 청결하고 (   )하면 정녕 너를 돌아보시고 네 의로운 집으로 (   )하게 하실 것이라 네 시작은 (   )하였으나 네 나중은 심히 (   )하리라. - (8:   -   절)
3. 빌닷이 욥의 패망을 비유로 말한 세 가지는?(8:11-19, 왕골과 갈대는 하나로 봄) -
4. (9:   절) 사람이 하나님과 쟁변하면 천 마디에 한 마디도 대답할 수 없다. - (O, X)
5. (9:   절) 내 앞으로 지나시나 내가 보지 못하며 내 앞에서 나아가시나 깨닫지 못한다. - (O, X)
6. (9:   절) 내가 하나님을 부르므로 내게 대답하셨으면 내 음성을 들으셨다고 믿는다. - (O, X)
7. (9:   절) 하나님이 순전한 자는 멸망시키지 않고 악한 자는 멸망시키신다. - (O, X)
8. (9:   절) 하나님은 사람이 아닌즉 대답함도 불가하고 대질하여 재판할 수도 없다. - (O, X)

◇ 다음 말씀이 이어지도록 줄로 연결하세요(10장).

9. 내 영혼이 살기에 곤비하니	가) 쏟으셨으며	a) 이제 나를 멸시하나이다
10. 주의 손으로 나를 만드사	나) 원통함을 발설하고	b) 마음의 괴로운 대로 말하리라
11. 주께서 나를 젖과 같이	다) 백체를 이루셨거늘	c) 엉긴 젖처럼 엉기게 하지 아니
12. 내 날은 적지 아니하나이까	라) 죽음의 그늘이 져서	d) 저으기 평안하게 하옵시되
13. 이 땅은 어두워서 흑암 같고	마) 나를 버려두사	e) 광명도 흑암 같으니이다

▲▼△▽ -----≪엉뚱하게 시작하였으나 창대한 나중≫----- ▽△▼▲

출발은 별났으나 지금은 정착하여 유용한 것들이 많다.

〈1〉 키스: 고대에 남자가 사냥을 다녀온 후에 여자가 혼자서 양식을 축냈는지를 확인하는 절차였다.

〈2〉 하이힐: 유럽 도시에서 2층 집에 사는 사람들이 오물을 밤 사이에 길거리에 내던졌으므로 아침에 여인들이 거리를 다닐 때 발에 X이 묻지 않게 하기 위해서 굽은 높고 바닥은 좁게 개발된 신발이다.

〈3〉 와이셔츠: 처음엔 아주 길게 만들어서 팬츠 대신 아랫도리를 감싸게 하는 용도를 겸하였다.

〈4〉 마취약: 치과 의사에 의해 개발되었는데, 마취약이 있기 이전에는 망치로 머리를 쳐서 기절시킨 후에 치료했다. 정말?

〈5〉 자전거: 유럽에서 부자들의 놀이기구로 개발됐는데, 나중에는 교통수단으로 발전했다.

♧ ♧ ♧

출발은 모두 웃기지만, 발전을 거듭하여 현재에 다 유용한 것들이다. 남 놀리느라 "이쁘다."고 자꾸 했더니 정말 예쁘게 보여 사랑을 하게 되고, "넌 목사감이야." 했더니 헌신하여 평생 사역자로 산다. 당신의 인생의 출발이 어떻게 되었든 그것을 극복하는 자만이 미래에 보장이 있고 행복을 꿈꿀 수 있다. 현재를 살면서 과거에 얽매이면 출애굽하고도 종 되었던 추억을 갖고 사모하는 어리석은 이스라엘 백성들과 같다. 욥의 친구 빌닷은 나중의 창대함을 말하였다.

(욥기 8:6-7) 또 청결하고 정직하면 정녕 너를 돌아보시고 네 의로운 집으로 형통하게 하실 것이라 네 시작은 미약하였으나 네 나중은 심히 창대하리라

신현주, 〈좌충우돌 예화〉 〈시시콜콜 예화〉, www.sbs66.net

[오늘의 말씀] 욥기 11장~14장 : 소발의 공박과 욥의 변론(1차) → 먼저 성경 읽기

(11장) 소발은 욥이 죄가 있고 하나님에 대해 무지하다고 하며, 회개해야 소망이 있다고 한다.
(12장) 이에 대하여 욥은 자신이 하나님께 대하여 무지하지도 않고
(13장) 죄가 없으며 순결하고
(14장) 자신의 소망이 거의 사라져 버렸다고 한다.

[말씀 묵상]

1. "강도의 장막은 형통하고 하나님을 진노케 하는 자가 평안하니 하나님이 그 손에 후히 주심이니라"(12:6)라는 욥의 말은 분명 모순이다. 그런데도 현실 속에서 이 문제에 부딪히고 해결되지 않는 아픔을 가지고 살 때가 있다. 그리스도인은 인과응보, 권선징악, 우연으로는 설명되지 않는 많은 문제에 대해 어떤 상태에서도 하나님의 긍휼을 잃지 않는 것이 최종 승리의 길이다.
2. 복잡한 이 세상에서 쉼은 얼마나 중요한가? 욥은 인생이 빠르게 지나가고 덧없다고 탄식할 뿐 아니라(7:6-10) 인생이 하나님의 지속적인 감시 때문에 견딜 수 없게 된다고도 탄식한다(7:19). 그러면서 욥은 정해진 짧은 인생일지라도 쉬기를 원한다. "그 날을 정하셨고 그 달 수도 주께 있으므로 그 제한을 정하여 넘어가지 못하게 하셨사온즉 그에게서 눈을 돌이켜 그로 쉬게 하사 품군같이 그 날을 마치게 하옵소서"(14:5-6). 낮에 힘써 일하고 밤에 깊이 쉬는 품꾼처럼 자신도 그런 쉼이 필요함을 고백한다. 스트레스를 극복하고 그대 인생이 하나님 안에 쉼이 있기를!
3. "사람이 죽으면 어찌 다시 살리이까"(14:14)라는 욥의 회의적인 질문은 오직 예수 그리스도의 부활로만 설명된다. 그러기에 무덤가에서도 소망으로 찬송을 부른다. 기독교 신앙의 핵심 중에 하나는 그리스도의 부활을 전하며 성도들은 그 사실을 믿는 것이다. 〈사도행전〉에서 보면 초대교회는 예수님의 '부활과 그리스도이심'을 복음 증거의 중심으로 삼았다. 〈제1권 통독 74일째 참고〉

[깊은 연구]

1. 소발의 첫 번째 공박에 대해 욥의 변론은 다음과 같은 구조로 되어 있다. (11-14장)

소발의 공박(11장)	연결	욥의 변론(12-14장)
11:1-4 - 욥은 죄가 있다	⟶	13장 - 나는 죄가 없고 순전하다
5-12 - 하나님에 대해 무지하다	⟶	12장 - 나는 지혜와 총명이 있다
13-20 - 회개해야 소망이 있다	⟶	14장 - 나는 소망이 거의 사라졌다

2. 〈욥기〉에는 크게 세 번의 주기와 엘리후의 이야기가 나온다.

1) 세 번의 주기 중에 첫 번째 주기인 4-14장의 말씀을 오늘까지 공부하게 되었다. 첫 번 주기에는 욥의 친구인 엘리바스, 빌닷, 소발의 공박이 한 번씩 나오고 공박마다 욥의 변론이 나온다.

2) 이제 욥기 전체를 보는 눈이 뜨여야 하므로 자신의 성경에 누구의 공박과 변론이 나오는지 표시해 두면 성경 읽기 및 이해에 크게 도움이 될 것이다. 〈통독 186일째 참고〉

통독	185
확인	

공부

욥기 11장~14장 : 소발의 공박과 욥의 변론(1차)

1. (11:　절) 너는 알라 ~
2. (11:　절) 네가 하나님의 오묘를 ~
3. (11:　절) 네 손에 죄악이 있거든 ~
4. 〈4-6문, (　) 안에서 틀리는 말 =줄로 지우기〉. 나도 너희같이 (지혜가, 총명이) 있어 너희만 못하지 아니하니 그 같은 (일, 말)을 누가 알지 못하겠느냐. - (12:　절)
5. 생물들의 (영, 혼)과 인생들의 (영, 혼)이 다 그의 (손, 말)에 있느니라. - (12:　절)
6. 늙은 자에게는 (지식이, 지혜가) 있고 장수하는 자에게는 (명철이, 명예가) 있느니라. - (12:　절)
7. 욥은 친구들이 어떻게 하는 것이 지혜일 것이라 했나?(13:5) -
8. 욥이 자신의 어려운 처지를 비유한 것들은?(13:20-28)
   1) 25절에 두 가지 -　　2) 28절에 두 가지 -
9. 다음 (　) 안에 들어갈 말을 보기에서 찾아 적으세요(14장).
   {보기} 나무 / 소멸 / 산 / 꽃 / 사람 / 그림자 / 다시 살리이까 / 소망
   1) 욥은 자신이 쇠하여질 (　)과 같고, 머물지 아니하는 (　)와 같은 자라고 했다.
   2) (　)는 소망이 있는데 찍힐지라도 움이 나고 가지로 자라기 때문이며, (　)은 죽으면 (　)되므로 기운이 끊어져 나무만도 못한 존재라고 욥은 생각하고 있었다.
   3) 욥은 하나님께 "사람이 죽으면 어찌 (　)" 하면서 부활에 대해 말했다.
   4) 욥은 무너지는 (　)의 비유를 통하여 주께서는 사람의 (　)을 끊으신다고 했다.

▲▼△▽ -----《절망감에 죽은 청년》----- ▽△▼▲

1953년의 어느 날, 미국 샌디에이고 근교에 있는 화려한 저택에 전화벨이 울렸다. 한국전쟁에 참전했던 아들이 돌아와 해군본부에서 "어머니, 제가 돌아왔습니다." 하고 전화한 것이다. 어머니는 반가운 나머지, 빨리 올 것이지 웬 전화냐고 다그쳤다. "사랑하는 친구를 데리고 가려 합니다." 하는 아들의 말에 어머니는 물론 데리고 오라고 말했다.

"그런데 이 친구는 부상으로 눈을 하나 잃었고 팔과 다리도 하나씩 밖에 없는 불구입니다. 부모가 없어서 함께 살려고 합니다." "암, 그래야지. 얼마나 데리고 있을 생각이냐?" "일생 동안 같이 살려고 합니다." "너, 군에 갔다 오더니 감상주의자가 되었구나. 사랑이란 그렇게 쉬운 것이 아니란다. 처음에는 몰라도 점점 지겨워지고 짐이 될 거야." 어머니의 이 말을 들은 아들은 덜커덕 전화를 끊어 버렸다. 그로부터 몇 시간 뒤, 고향집으로 그 아들이 죽었다는 연락이 왔다.

♧ ♧ ♧

깜짝 놀란 어머니, 울며불며 한걸음에 달려가 보니 죽은 아들은 눈이 하나가 없고 팔과 다리가 각각 하나씩 없었다. "점점 지겨워질 것이고 짐이 될 거야."라는 어머니의 말을 듣고, 아들은 호텔 12층에 올라가 투신자살을 하고 말았다. 어머니는 "잠깐 동안만 함께 지내기로 하거라." 했으니 아들은 발붙일 곳이 없다고 생각했고 절망감에 죽음을 선택했다.

희망은 사람을 일어나게 하지만 절망은 죽음으로 인도한다. 욥은 고난 중에 죽음의 잠을 생각한다.

(욥기 14:12) 사람이 누우면 다시 일어나지 못하고 하늘이 없어지기까지 눈을 뜨지 못하며 잠을 깨지 못하느니라

신현주, 〈좌충우돌 예화〉 〈시시콜콜 예화〉, www.sbs66.net

[오늘의 말씀] 욥기 15장~17장 : 엘리바스의 공박과 욥의 변론(2차) → 먼저 성경 읽기

논쟁의 두 번째 주기에 들어서서, 먼저 엘리바스로부터 논쟁은 계속되고 있다.
(15장) 엘리바스는 욥이 불경건하고 인간답지 못하며 하나님은 악인을 심판하실 것이라고 한다.
(16장) 욥은 친구들에게 오히려 번뇌케 하는 위로자라고 비꼰다.
(17장) 욥은 무덤이 자신을 기다리며 하나님이 자신을 백성의 이야깃거리가 되게 했다고 한탄한다.

[말씀 묵상]

1. 하나님께서 악인들에게 내리는 가장 큰 심판은 각자의 길을 가도록 내버려 두시는 것이다. 예수님께서는 "저희는 자기 상을 이미 받았느니라"(마 6:2, 5, 16) 하셨다. 욥의 친구들이 욥에게 하는 행위가 악의적이라는 사실을 그들도 알았을까? 아니면 진정 말씀으로 권면하려 한 것일까?

2. 1) 《그리스도를 본받아》로 사람들에게 알려진 토마스 아켐피스는 "우리 자신을 저울로 달 때 쓰는 것과 똑같은 저울로 이웃을 다는 일이 얼마나 드문가?"라고 했다. 욥의 친구들은 욥에 대해 혹독할 만큼 비방을 일삼으면서도 자신들은 특별한 존재로 부각하려 한다.
 2) 욥은 친구들의 혹독한 비판에도 불구하고 "내 손에는 포학이 없고 나의 기도는 정결하니라"(16:17), "내 눈은 하나님을 향하여 눈물을 흘리고"(16:20)라는 신앙적인 자세를 견지했다.
 3) 신앙은 슬픔과 고통의 말들을 상쇄하는 믿음의 말을 한다. 19장 23-29절의 그러한 말에서 우리는 한 구속자를 기다리는 신앙을 본다. 절망의 수렁에서 다시 믿음의 정상으로 올라왔다가 다시 수렁을 향하는 욥처럼 고통을 겪는 사람들이 종종 체험하는 것이다(시 44:17).

[깊은 연구]

1. 〈욥기〉에 나오는 네 인물의 분석 (욥의 세 친구와 엘리후)

구분	데만 사람, 엘리바스	수아 사람, 빌닷	나아마 사람, 소발	부스 사람, 엘리후
공박 내용	4-5장, 15장, 22장	8장, 18장, 25장	11장, 20장	32-37장
욥의 변론	6-7장, 16-17장, 23-24장	9-10장, 19장, 26-31장	12-14장, 21장	
공박 근거	경험(4:8, 12-16)	전통(8:8-10)	교리(11:6, 20:4)	교훈과 젊음(32:6-10)
공박 결론	너는 죄 때문에 고통 받고 있다(4:7-8, 15:6).	너는 죄 때문에 고통 받고 있다(8:20).	너는 죄 때문에 고통 받고 있다(1:4-6, 20:4-5).	자신이 바로 욥의 문제에 대한 하나님의 대답이라고 생각했다.
주장 내용	하나님은 온전, 순전, 의로우심. 인간은 스스로 문제를 일으킨다.	하나님은 공의로우시다. 욥을 불경건하다고 공박하고 있다.	하나님은 욥의 불법을 아신다. 자랑하는 욥을 공박하고 있다.	하나님은 선하시다. 하나님은 고난을 통해서도 연단하신다.
나의 조언	회개하고 하나님께 돌아오라(22:21-28).	회개하고 하나님께 돌아오라(8:5-6).	회개하고 하나님께 돌아오라(11:13-15).	하나님의 영광과 위대함을 생각하라(37:14-24)

◇ 〈욥기〉 각 장의 첫 절을 보면 누구의 말인지를 알 수 있으므로 자신의 성경에 표시를 해 보라.

통독	186
확인	

공부 욥기 15장~17장 : 엘리바스의 공박과 욥의 변론(2차)

1. 엘리바스는 무엇이 욥을 정죄하고 증거하였다 했나?(15:6) -
2. 욥의 세 친구 중에는 욥의 부친보다 나이가 많은 자도 있다는 구절은?(15:1-10에서 찾아 쓰세요.)
   -(　　절) :
3. "무엇이관대 깨끗하겠느냐...의롭겠느냐"는 것은 누구를 예로 들어 욥에게 말했나?(15:14) -
4. "그가 어두운 데서 나오기를 바라지 못하고 칼날의 기다림이 되느니라...그 얼굴에는 살이 찌고 허리에는 기름이 엉기었고"에서 '그'는 누구인가?(15:20-28) -
5. 15장은 (　　　　)의 두 번째 공박이고, 16-17장은 (　　　)의 변론이다.(각 1절 참고)
6. 이런 (　　)은 내가 많이 들었나니 너희는 다 (　　　　　　)로구나. - (16:　절)
7. (　　　) 나를 시들게 하셨으니 이는 나를 향하여 (　　　)를 삼으심이라. - (16:　절)
8. 그러나 내 손에는 (　　)이 없고 나의 (　　)는 정결하니라. - (16:　절)
9. 나의 (　　　)는 나를 조롱하나 내 눈은 (　　　)을 향하여 눈물을 흘리고 사람과 (　　) 사이에와 인자와 그 (　　　) 사이에 (　　　)하시기를 원하노니. - (16:　-　절)
10. 다음 말씀이 이어지도록 줄로 연결하세요.(17장, 욥의 변론 계속: 음부의 집)

1) 나의 기운이 쇠하였으며	가) 이야기 거리가 되게	a) 무덤이 나를 위하여 예비되었구나
2) 하나님이 나로 백성의	나) 어디 있으며	b) 내 얼굴에 침을 뱉는구나
3) 의인은 그 길을	다) 나의 날이 다하였고	c) 손이 깨끗한 자는 힘을 얻느니라
4) 나의 소망이	라) 독실히 행하고	d) 나의 소망을 누가 보겠느냐

▲▼△▽ -----≪초보운전자의 수모≫----- ▽△▼▲

나이 사십이 넘어 운전을 배운 이한라 집사는 차를 가지고 길에 나설 때마다 별별 이야기를 다 듣는다. 그런데 얼마의 기간이 지나 나름대로 어느 정도 운전을 하는데도 여자라고 깔본다.

"얼쩡거리지 말고 집에 가서 애나 봐라!", "밥이나 하지 왜 돌아다녀!"로 시작하여 "아줌마 막가파야? 왜 막 밀어붙여!" 등 수없는 말을 들어야 했다. 차에 〈초보운전〉이라고 써 붙였으면 배려를 해 줘야 하건만 오히려 조롱거리가 되었다. 그래서 차에 무려 세 장에다 추가까지 써 붙였더니 문제가 해결되었다.

"애는 다 컸다", "밥 해 놓고 나왔다", "막가파 조심하라"

* 추가: 강력한 것이 새로 나왔다. 감히 누가 건들랴!

"운전은 초보, 가슴은 터보, 건들면 개"

♧ ♧ ♧

개구리 올챙이 시절 모르는 것이 운전자들이다. 초보에게 이러쿵저러쿵 떠드는 사람도 초보 때는 다 벌벌 기던 운전 실력이었음을 생각하고 양보를 해 주어야 한다.
운전을 잘 못하는 것도 그 분야의 약자이므로 잘 대해 주고 배려를 해 주어야 한다.
교회에서도 나의 자유함이 남의 신앙에 손상을 주지 않아야 하며, 다른 사람의 신앙도 소중히 여겨야 한다. 욥은 친구들의 조롱으로 고통의 크기가 더해 갔다.

(욥기 17:1-2) 나의 기운이 쇠하였으며 나의 날이 다하였고 무덤이 나를 위하여 예비되었구나 나를 조롱하는 자들이 오히려 나와 함께 있으므로 내 눈이 그들의 격동함을 항상 보는구나

신현주, 〈좌충우돌 예화〉 〈시시콜콜 예화〉, www.sbs66.net

[오늘의 말씀] 욥기 18장~21장 : 빌닷·소발의 공박과 욥의 변론(2차) → 먼저 성경 읽기

(18장) 빌닷도 욥은 악인이기에 하나님께서 불의한 자에게 내리는 벌에 대해 말한다.
(19장) 욥은 제발 자신을 불쌍히 여겨 줄 것을 호소한다. 그는 구속자를 기다렸다.
(20장) 소발의 마지막 공박(세 번째는 없음)은 가혹하여 욥의 고난을 죄의 결과로 알고 악인의 운명을 말한다.
(21장) 욥은 죄의 결과로 자신이 고난을 당하는 것이 아니라며 악인의 형통도 말한다.

[말씀 묵상]

1. 빌닷은 욥의 말에 **"우리를 짐승으로 여기며 부정하게 보느냐"**(18:3)며 '자신(욥의 친구)들을 고루하게 여기지 말라'고 욥에게 일침을 가한다. 빌닷은 오히려 욥에게 **"너 분하여 스스로 찢는 자야 너를 위하여 땅이 버림을 당하겠느냐 바위가 그 자리에서 옮기겠느냐"**(18:4)며 욥 때문에 하나님의 질서가 얼마간 달라지도록 요구하는 것이냐며 비웃는다. 남이 내 진심을 몰라주면 답답한 일이다.
2. 욥의 세 친구 중에 소발은 가장 어리고 나중에 말을 한다. 욥은 자기를 불쌍히 여겨 달라고 간청했음에도(19:21), 소발은 욥에게 가장 혹독하게 대한다. 악인의 두려운 운명을 말하면서 욥이 바로 그런 자로서 **"악인의 이기는 자랑도 잠시요 사곡한 자의 즐거움도 잠간이니라"**(20:5)라며 정죄를 한다. 심지어 그 결과가 자녀들에게 어떻게 나타나는지를 말한다(20:10). 그러나 욥의 경우는 의인의 고난이다. 우리가 남의 고난을 함부로 죄의 결과로 판단하는 어리석음을 범해서는 안 된다.
3. 욥은 **"어찌하여 악인이 살고 수를 누리고 세력이 강하냐"**(21:7)며 의외의 말을 한다. 자신의 결백을 설득했지만(16, 17, 19장) 좋은 반응이 없자 오히려 응수를 하여 하나님은 온갖 의심을 넘어서서 일하심을 말한다. 상식으로 다 이해 못 해도 의로운 결과로 이루신다는 '신정론' 정신을 가져야 한다.

[깊은 연구]

1. 〈욥기〉에서 말하는 '구속자'는 무엇을 말하나? [욥 19:25-26]

1) 욥은 친구들에게 이해를 구했으나 실망하고(19:21, 22), 자신의 결백을 후대가 정당하게 평가해 주기를 바란다. 즉 그의 눈을 '구속자'에게 향하여 명예를 회복시켜 줄 분으로 굳게 믿었다.

2) **'구속자'(고엘)**란 인간의 경우엔 피의 복수(삼하 14:7)나 죽은 자를 위하여 자손을 얻게 하고, 또한 재산을 속량할 의무가 있는 근친자(신 25:5-10, 룻 2:20, 3:9, 4:4 이하, 레 25:25, 민 5:8)를 뜻한다.

3) 하나님인 경우는 출애굽(출 6:6, 15:13, 시 74:2)이나 포로(사 41:14, 43:1)에서의 구속주를 말한다. 또한 개인적으로는 압박(시 119:154, 잠 23:11, 렘 50:34)이나 재앙(창 48:16)이나 죽음(시 69:18, 72:14, 103:4, 애 3:58, 호 13:14)에서의 구속주로서의 하나님을 말한다.

4) **"육체 밖에서 하나님을 보리라"**(19:26)라는 말을 구약의 부활사상으로 보는 것은 무리이다. "육체 밖에서"를 "육체 안에 있는 동안에"로도 번역한다. 히브리어 본문도 불분명하다. 욥이 기대하는바 무죄 입증의 실현이 '그가 아직 살아 있는 동안'인지, 아니면 '그가 죽어서 없을 때'인지 확실하지 않다. 후자가 19장 23-24절에 암시되어 있는 것과 일치한다. 〈세계성서공회연합회판, 《Good News Study Bible》 해설, 1997〉

통독	187
확인	

공부

욥기 18장~21장 : 빌닷•소발의 공박과 욥의 변론(2차)

1. 빌닷은 욥이 자신들을 무엇으로 여긴다고 생각했나?(18:3) -
2. 악인이 베푼 꾀에 스스로 빠질 것에 대한 비유로 들은 다섯 가지 장애물은?(18:8-10)
   1) 2) 3) 4) 5)
3. 악인의 자손은 어떻게 되나?(18:13-21을 읽고 답은 19절에서) -

◇ 다음 말은 누구를 상대로 한 것인가? {보기} 하나님 / 어린 아이들 / 아내 / 욥의 친구들 / 형제들 / 나의 친구야

4. (19:   절) 너희가 내 마음을 번뇌케 하며 말로 꺾기를 어느 때까지 하겠느냐. - (   )
5. (19:   절) 나의 영광을 벗기시며 나의 면류관을 머리에서 취하시고. - (   )
6. (19:   절) 나를 멀리 떠났다. - (   )
7. (19:   절) 내 숨을 싫어한다. - (   )
8. (19:   절) 나를 업신여기고 내가 일어나면 나를 조롱하는구나. - (   )
9. (19:   절) 너희는 나를 불쌍히 여기라 하나님의 손이 나를 치셨구나. - (   )
10. (20:   절) 악인의 이기는 ~
11. (20:   절) 하늘이 그의 죄악을 ~
12. 욥이 "어찌하여"라며 의문을 가진 내용은?(21:7) -
13. 악인들은 하나님께 무엇이라고 말하나?(21:14-15) -
14. 누구나 같은 죽음을 맛보지만(26절), 사는 동안 다른 모습은?(21:22-26)
    1) 어떤 사람은(23-24절) - 2) 어떤 사람은(25절) -

▲▼△▽ -----≪물 한 방울을 맞고도 죽는다≫----- ▽△▼▲

농담을 즐기는 왕이 광대를 곁에 두고 왕에게 농담을 할 수 있도록 허용했다. 어느 날 광대가 지나친 농담을 하자 왕은 화가 치밀어 그에게 사형을 선고했다. 그러나 광대는 왕의 사형 선고가 농담이라 생각하고 있다가 정작 단두대에 끌려나가 시퍼런 칼을 보고서야 사태를 파악했다.

아차 싶어 용서를 빌었으나 왕의 굳은 얼굴은 펴지지 않았고, 광대는 목을 내밀고 운명의 시각을 떨림으로 기다렸다. 그러나 왕은 죽일 마음은 없고 그저 겁이나 주자는 뜻이었기에 미리 집행관에게 "내가 '목을 쳐라!' 하면 차가운 물 한 방울 떨어뜨려라." 하고 일러두었다. 이윽고 "목을 쳐라!" 하는 왕의 음성이 들렸고 계획대로 광대의 목에 한 방울의 물이 떨어졌다.

순간 왕은 크게 웃으며 소리쳤다. "네 이놈, 다시는 그런 농담을 하지 말아라. 하하하, 이제 그만 일어나거라." 그러나 광대는 영영 일어나지 못하고 말았다.

♧ ♧ ♧

우리를 가장 슬프게 하는 것은 가장 소중한 사람이 내뱉는 차가운 말 한 마디다.
한 마디의 격려와 이해의 말이나 미소를 머금은 표정은 죽을 사람을 살리며 용기를 주어 새롭게 사는 능력이 된다. 반대로 쓸모없는 놈이라든가, 필요 없는 놈 같은 막말은 그의 인생을 전혀 다른 길로 가게 만들며 망하게 한다. 욥의 친구들도 말로 욥을 괴롭게 하였다.

(욥기 19:2-3) 너희가 내 마음을 번뇌케 하며 말로 꺾기를 어느 때까지 하겠느냐 너희가 열 번이나 나를 꾸짖고 나를 학대하고도 부끄러워 아니하는구나

신현주, 〈좌충우돌 예화〉 〈시시콜콜 예화〉, www.sbs66.net

[오늘의 말씀] 욥기 22장~24장 : 엘리바스의 공박과 욥의 변론(3차) → 먼저 성경 읽기

(22장) 엘리바스의 세 번째 공박은 욥의 죄를 가상적으로까지 추정하여 공박하며 회개를 촉구한다.
(23장) 욥은 하나님을 만나 법정에서 자신의 순전을 변론하고 싶어한다. 고난은 인생을 정금처럼 만든다.
(24장) 욥은 악인들에게 임하는 저주에 대해 말하고 있다.

[말씀 묵상]

1. 욥의 고난, 즉 의인의 고난에 대해서 유일한 대답은 아닐지라도 "그가 나를 단련하신 후에는 정금같이 나오리라"(23:10) 한 것처럼 하나님께서 당신의 사람들을 연단하기 위하여 용광로를 사용하신다는 것이다. "보라 내가 너를 연단하였으나 은처럼 하지 아니하고 너를 고난의 풀무에서 택하였노라"(사 48:10)라고 했다. 훌륭한 대답으로 고통당하는 하나님의 백성들에게 위로가 된다. 이스라엘이 애굽에서 당한 고난은 '쇠풀무에 들어간 쇠의 연단'이며(신 4:20), 이스라엘이 훗날 당한 징계도 '풀무에 들어간 경험'이었다. 시편 66편 10절, 베드로전서 1장 6-7절, 4장 12절에서도 하나님의 연단을 보여 주고 있다. 용광로의 시간과 온도를 재는 것은 내가 하는 일이 아니라 하나님의 자율권이다.
2. 악이란 농촌이나 도시나 타락한 속성을 가진 사람들이 사는 곳이면 이 세상 어디에나 있다. 24장 11절은 시골의 사악한 행위들을, 12-17절은 성읍(도시)의 악행들을 지적하고 있다. 살인, 도적, 간음, 탐욕(24:1-16), 이런 일은 오늘의 신문 사회면을, 또한 사건을 보도하는 텔레비전 뉴스를 보는 것 같다. 그러기에 우리는 이들을 바르게 인도하는 사명을 가져야 한다.

[깊은 연구]

1. 지계표(地界標, 욥 24:2)

지계표(경계표)는 고대 근동 지방에서 국가들 간의 경계나 또는 개인의 전답을 구분하는 땅의 경계를 나타내는 표다. 지계표는 존중되었고(신 19:14, 잠 22:28, 23:10), 지계표를 옮기는 자는 저주를 받는다(신 27:17). 〈제1권 통독 54일째 참고〉

2. 음부(陰府, 욥 24:19)

음부(헬라어: 하데스, 히브리어: 스올, 24:19)는 죽은 자의 영혼이 가는 땅 밑의 세계를 가리키는 말이다. 히브리인은 우주를 '하늘, 땅, 땅 밑' 3층의 관념으로 생각했다. 구약의 '스올'이 신약에서 '하데스'로 11회 나오는데 모두 '음부'로 번역됐고 일본 개역 성경 신약에는 '황천'(黃泉)으로 번역되었다. 아가 8장 6절을 영어나 일본어 역은 '무덤'으로, 한글은 '음부'로 번역했다. 음부를 히브리인의 우주(宇宙) 이해에서 살펴보라(옆의 그림).

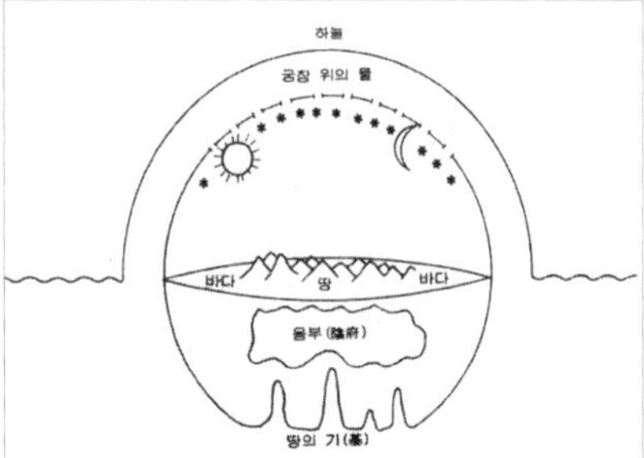

■ 히브리인의 우주관(宇宙觀)
성경에는 우주의 구조에 대한 상세한 기술은 없다. 그러나 구약성경 곳곳에 나타난 구절들에서 히브리인의 우주관을 도해 형태로 표시해 볼 수 있다. 본문(욥 24:19)에 나온 음부(陰府)는 사자(死者)의 세계다. 《The Cambridge Bible Commentary》 총서 보유. pp. 23-25.

공부 욥기 22장~24장 : 엘리바스의 공박과 욥의 변론(3차)

1. 엘리바스가 욥의 죄라며 지적한 것 6가지를 쓰세요(22:1-11).
   1) 까닭 없이 형제의 물건을 볼모 잡으며 2)
   3) 4)
   5) 6)
2. "하나님이 무엇을 아시며 흑암 중에서 어찌 심판할 수 있으랴"를 누가 말했다고 했나?(22:13) -
3. "전능자가 우리를 위하여 무엇을 하실 수 있으랴"는 누구의 말을 엘리바스가 했나?(22:17) -
4. 너는 하나님과 ( )하고 평안하라 그리하면 ( )이 네게 임하리라(22:21).
5. 네가 낮춤을 받거든 ( )고 말하라 하나님은 ( ) 자를 구원하시느니라(22:29).
6. 욥은 하나님 보좌 앞에 나가서 변백하기 위하여 무엇을 알기 원하였나?(23:3-5) -
7. 그(하나님)가 나(욥)를 단련하신 후에는 내(욥)가 무엇과 같이 나오리라 했나?(23:10) -
8. 욥은 하나님의 명령과 말씀을 어떻게 했나?(23:12) -

◇ 다음 질문에 대한 답을 보기에서 골라 쓰세요(9-10문, 24장).
{보기} 시골(농촌) / 성읍(도시) / 6계명 / 7계명 / 8계명 / 10계명

9. 다음은 어디에서 행해지는 죄인가? - 1) 1-11절 ( ), 2) 12-17절 ( )
10. 다음 각 절에는 어느 계명(몇째 계명)을 어기는 것을 말하고 있나?(16절에는 두 가지)
    1) 14절 - 사람을 죽이는 자 ( ), 2) 14절 - 밤에는 도적같이 되며 ( )
    3) 15절 - 간음하는 자 ( ), 4) 16절 - 밤에 집을 뚫는 자 (,)

▲▼△▽ -----≪잘못된 비교≫----- ▽△▼▲

김백두 선생은 속도위반으로 경찰이 차를 세웠으나 달아났다. 경찰이 오토바이로 금방 따라와서 딱지를 떼고 훈계까지 들었다. 화가 난 김백두 선생은 작심하고 시속 250km를 내는 외제차를 샀다. 80km 구간에서 정속으로 달렸는데 경찰 오토바이가 따라 붙으며 '서라'는 것이다. 그는 냅다 속력을 내어 경찰 오토바이를 떼어놓았다가 서서히 속도를 줄이니까 오토바이가 뒤쫓아 와서 자동차와 오토바이가 같은 속도로 달리는 듯하자 다시 속력을 높이며 경찰을 약올렸다.

그런데 갑자기 약올라 하는 경찰의 모습이 백밀러에서 보이지 않자 걱정이 되어 차를 돌려 오토바이를 찾아 나섰다. 잠시 후 길옆 도랑에 처박힌 오토바이에서 경찰이 기어 나오면서 말했다.

"아, 자네를 막 따라 붙었을 때, 글쎄 내 오토바이가 자네 차 뒤에 정지되어 있는 줄 알고 오토바이에서 내리지 않았나?"

♧ ♧ ♧

인간은 언제나 비교개념 속에서 살다 보니까 자신의 속도감각을 잊어버리고 넘어질 때는 큰 문제를 일으킨다. '남들도 다 그러는데' 라는 말은 인생에서 무책임한 태도이며 그 보조에 맞추면 스포츠카와 오토바이의 속도가 같아 착각을 하고 오토바이에서 내리는 것과 같은 실수를 한다.
겸손한 사람은 남과 비교함으로 되는 것이 아니고, 남과 상관없이 절대자 앞에서 자신을 비추어 보아야 한다. 욥의 친구들은 욥에 대하여 언제나 비교우위 개념으로 접근하였다.

(욥기 22:29) 네가 낮춤을 받거든 높아지리라고 말하라 하나님은 겸손한 자를 구원하시느니라

신현주, 〈좌충우돌 예화〉〈시시콜콜 예화〉, www.sbs66.net

[오늘의 말씀] 욥기 25장~27장 : 빌닷의 공박과 욥의 변론(3차) → 먼저 성경 읽기

(25장) 빌닷은 마지막 공박을 통하여 사람이 하나님 앞에서 완전한 삶은 하나도 없다는 명백한 진리를 되풀이하므로 실제적으로 욥에게 아무런 도움도 주지 못한다.

(26장) 욥의 마지막 긴 변론이 시작된다(26-31장). 창조된 우주에서 하나님의 무한한 권능을 본다.

(27장) 욥의 친구들은 욥이 순전을 부인하기 원하지만 욥은 자신의 의와 악인이 받을 분깃에 대해 말한다.

[말씀 묵상]

1. 빌닷의 세 번째 공박을 끝으로 친구들의 말은 더 이상 없다. 빌닷은 인생의 무가치성을 말하면서 "벌레인 사람 구더기 인생"이라 했다(25:6). 이 표현이 겸허한 것 같으나 실제는 '자학'이다. 하나님은 인간을 벌레처럼 취급하지 않으신다. 하나님의 형상대로 지음을 받은 인간이며(창 1:27-28), "내가 거룩하니 너희도 거룩할지어다"(벧전 1:16)라고까지 대접을 받는 인간이다. 종교적 겸손이라는 이름으로 자학을 하는 것은 하나님께서 원하시는 태도가 아니다.

2. 인간이 아무리 정결하게 살아 왔다 해도 하나님 앞에 내세울 수는 없다. 욥은 자신의 순전함을 내세웠다(27:5-6). 인간이 선한 것, 악한 것에 대한 기준을 어디에 두고 사는가? 황인종이 아프리카에 가면 희게 보이고, 백인들 사이에 가면 황인종임을 확실하게 느낀다. 내 빚을 갚아 준 사람 앞에서 돈 자랑을 할 수 없듯이 죄 문제를 해결해 주신 하나님 앞에서 의를 자랑할 수는 없다.

[깊은 연구]

1. 욥 25-31장에 대한 견해

학자들에 따라 25-31장을 모두 욥의 말이라고 하지 않고 26장 5-14절을 빌닷의 말, 27장 8-23절은 소발의 세 번째 공박이라고 주장하는 경우도 있다. 그러나 이 교재는 성경 본문에 이들의 이름이 등장하지 않으므로 전통적인 입장에서 모두 욥의 말로 취급하였다. 즉 소발의 세 번째 공박은 없다고 본다. 이미 앞에서 보인 화자(話者)들에 대한 도표를 다시 보라. 〈통독 186일째 참고〉

2. 라합과 뱀 (욥 26:12-13, 리워야단)

이런 괴물들은 다른 곳에서도 등장한다. 9장 13절에도 "라합을 돕는 자들이"라는 말이 나온다. 창조자인 하나님에 의해 정복된 악어(리워야단, 3:8)와 용(바다 괴물, 7:12)과 같은 혼돈한 원시의 괴물(욥 7:12, 26:12, 시 89:10, 사 30:7, 51:9)인 '라합'은 그들의 수령이다. 바벨론의 창조설화 〈에누마 엘리쉬〉에는 '마르둑'과 싸우는 신들이 '데아맛드'(창 1:2의 깊음-테홈)를 도와주는 자들'이라고 부른다. 이사야 27장 1절에는 '뱀 리워야단'에 대한 기록도 나온다.

■ 욥과 그의 세 친구
욥의 고통은 가족과 재산을 잃고 병이 들은데다가 친구들이 욥의 고난을 죄의 결과라며 정죄한 것이다(욥 4:7-9 외). 프랑스의 화가 구스타브 도레(1832-1883)의 판화로서 성경을 주제로 241개의 성화를 제작했다.

통독	189
확인	

공부 욥기 25장~27장 : 빌닷의 공박과 욥의 변론(3차)

1. 하나님은 (   )과 위엄을 가지셨고 지극히 높은 곳에서 (   )을 베푸시느니라. - (25:   절)
2. 하나님 눈에는 (   )이라도 명랑치 못하고 (   )도 깨끗지 못하거든 하물며 (   )인 사람 (   )인 인생이랴. - (25:   -   절)
3. 욥이 친구들에게 비꼬는 투로 한 다음 말을 이어 쓰세요(26:1-4).
   1) 힘없는 자를 -   2) 지혜 없는 자를 -
   3) 큰 지식을 -   4) 뉘 신이 -
4. 하나님의 권능을 나타내는 다음의 말을 완성하세요(26:5-14).
   1) 물을 빽빽한 구름에 싸시나 ~
   2) 이런 것은 그 행사의 시작점이요 ~
5. 다음 욥의 확신에 대한 말 중에 ( ) 안에서 틀린 것은 =줄로 지우세요(27:1-12).
   1) (절) 나의 의를 (베푸신 / 빼앗으신) 하나님, 나의 영혼을 (괴롭게 / 즐겁게) 하신 전능자.
   2) (절) 결코 내 입술이 (불의 / 정의)를 말하지 아니하며 내 혀가 (궤변 / 궤휼)을 말하지 아니하리라.
   3) (절) 죽기 전에는 나의 (순종함 / 순전함)을 버리지 않을 것이라.
6. 다음 악인이 얻을 분깃에 대한 말에서 관계있는 것을 찾아 줄로 연결하세요(27:13-23).

1) 자손이 번성	가) 염병으로 묻힘	4) 부자	라) 박장하며 비소함
2) 남은 자	나) 칼을 위함	5) 동풍	마) 악인을 날려 보냄
3) 의복 예비	다) 의인이 입음	6) 사람들이	바) 조상에게로 못 감

▲▼△▽ -----≪까닭 없는 배신에 대처≫----- ▽△▼▲

유대인들의 육아법 가운데는 이런 것이 있다.

어린 자녀가 차츰 자아의식을 형성하면 아이들과 놀던 아빠가 어느 날 갑자기 그 아들을 확 던져 버리고 냉정하게 돌아선다. 꼬마는 처음 당하는 엄청난 쇼크로 감당하기 어려운 이런 절망과 배신을 딛고 또다시 아빠 품으로 돌아오면 사랑하고 믿음직스럽던 아빠가 다시 한 번 호되게 밀쳐내 버린다.

그들은 이런 경험을 통하여 '인간에게는 까닭 없는 배신이 있다'는 것과 '인간은 이렇게 변화무쌍한 존재'라는 것을 몸으로 체험하게 된다. 이럴 때 아빠는 자기 아들에게 말한다.

"아들아, 사람을 믿지 말아야 한다. 심지어 이 아빠까지도 너를 배신할 수 있다는 사실을 명심해야 한다. 인간이 영원히 믿을 수 있는 대상은 오직 하나님 한 분 뿐이다."

♧ ♧ ♧

유대인들이 나라도 없이 2천년 동안 민족성을 굳게 지키고 1948년 독립을 한 힘은 이와 같은 육아법도 크게 영향을 미쳤을 것이다. 우리나라 사람들은 "아들아, 너는 나만 굳게 믿어라. 나는 너를 위하여 모든 것을 준비해 놓았단다." 하며 그 증거로 자녀를 치맛바람으로 교육하고 유산과 엄청난 혼수를 장만해 줌으로 자녀를 남을 의지하는 졸장부로, 무기력한 인간으로 만든다.

욥에게 있어서 친구들은 도움이 아니라 대적이며, 치는 자와 같았으나 욥은 믿음을 지켰다.

(욥 27:7-8) 나의 대적은 악인같이 되고 일어나 나를 치는 자는 불의한 자 같이 되기를 원하노라 사곡한 자가 이익을 얻었으나 하나님이 그 영혼을 취하실 때에는 무슨 소망이 있으랴

신현주, 〈좌충우돌 예화〉 〈시시콜콜 예화〉, www.sbs66.net

[오늘의 말씀] 욥기 28장~31장: 욥의 변론(3차 계속) → 먼저 성경 읽기

(28장) 지혜는 어떤 보석보다도 귀한데, 주를 경외함이 지혜요, 악을 떠남이 명철이라 했다.
(29장) 빌닷에 대한 답변(26-28장)에 이어 욥의 마무리 말(29-31장)로서 지난날의 행복을 추억한다.
(30장) 그리고 이어서 현재 겪는 고난을 진술한다.
(31장) 또한 자신의 순전함을 실례를 들어 주장하고 하나님께 호소한다.

[말씀 묵상]

1. **'지혜의 찬가'**라고도 불리는 28장에서 욥은 인간의 능력과 노력으로 귀중한 보석을 얻을 수는 있으나 지혜를 발견할 수는 없다고 한다. "주를 경외함이 지혜요 악을 떠남이 명철이라"(28:28)라는 말씀은 28장 12, 20절에 대한 답이면서 모든 인간의 지혜 추구에 대한 분명한 답이기도 하다. 하나님을 향한 마음이 곧 지혜요 명철이다.

2. 하나님이 언제나 함께하는 삶이 진정한 신앙이다. 유치원에 입학한 아이가 처음 급식 시간을 맞이했다. 모두들 "잘 먹겠습니다." 하고 그냥 먹는데 대하여 깜짝 놀라 종종걸음으로 앞으로 나가서 "선생님 기도는요?" 하고 물었다. 식전 기도 없이 식사를 해 본 적이 없는 이 아이에게 그저 "잘 먹겠습니다"라는 말만으로는 부자연스러웠다. 선생님은 당황해서 "그러면 기도는 한나가 해 주세요."라고 했다. 이처럼 생활 구석구석에 '하나님을 경외함'(28:28)이 배어 나오는 삶이 진정한 신앙이다.

[깊은 연구]

1. 욥은 의를 내세울 만했다. (욥 31장)

1) 개인의 삶에서 **"진지하게"**(31:1-12) - 정욕(1-4절), 거짓(5-8절), 간음(9-12절)죄를 짓지 않았다.
2) 이웃에 대해 **"의롭게"**(13-23절) - 종들(13-15절), 가난한 자, 과부, 고아들(16-23절)을 돌보았다.
3) 하나님에 대해 **"경건하게"**(24-34절) - 재물을 의지하지 않았고 우상 숭배도 하지 않았다.

2. 욥의 말이 그치니라 (욥 31:40)

욥의 친구들은 욥을 정죄했으나 욥 자신은 하나님이 변호해 주시리라는 확신을 가지고 있었다. 욥의 마지막 진술로 지난날의 행복과 권위를 추억하고(29장), 현재의 고난을 토로한다(30장). 그럼에도 하나님께 기대하며 "나의 변백을 들을지어다" 하며 호소를 한다(31장). 욥은 자신의 결백을 주장했고 "욥의 말이 그치니라"(31:40)라고 한다. 결국은 하나님께서 욥의 편이 되어 주셔서 엘리바스나 그의 두 친구보다 욥의 말이 정당하다는 말씀을 하신다(42:7). 16장 19-21절, 19장 25-26절을 음미하라.

■ 약대(낙타)를 타는 사람들
욥의 많은 재산 중에는 약대도 삼천 마리나 있었다. 사진은 애굽에서 관광객들에게 낙타를 임대해 주는 현지인들의 모습이다.

통독	190
확인	

공부

욥기 28장~31장 : 욥의 변론(3차 계속)

1. "그 값을 사람이 알지 못하나니 사람 사는 땅에서 찾을 수 없구나"는 무엇을 말하나?(28:13) -
2. "정금으로 바꿀 수 없고 은을 달아도 그 값을 당치 못하리니"는 무엇을 말하나?(28:15) -
3. 결국 지혜와 명철은 무엇인가?(28:28) -
4. 욥이 성문에 나가면 다음 사람들은 어떻게 했나?(29:7-11)
   1) 소년들 - 2) 노인들 -
   3) 방백들 - 4) 귀인들 -
5. 욥은 과거에 다음 사람들에게 어떤 역할을 했나?(29:12-17)
   1) 빈민과 고아 - 2) 과부 -
   3) 소경과 절뚝발이 - 4) 빈궁한 자 -
6. 본문을 셋으로 구분하고 각 단락에서 "이제는"으로 시작되는 구절을 쓰세요(30장).
   1) (- 절) - 1절:
   2) (- 절) - 9절:
   3) (- 절) - 16절:
7. 다음 단락은 누구에 대해 말하고 있나?(31장) {보기} 이웃(종들, 과부 등 가난한 자를 보살핌) / 자신(정욕, 거짓, 간음죄가 없다) / 하나님(재물에 소망을 두지 않고 진정으로 예배) / 마지막 항의
   1) 1-12절 - 2) 13-23절 -
   3) 24-34절 - 4) 35-40절 -

▲▼△▽ -----≪먼저 자신을 깨끗이 해야≫----- ▽△▼▲

이한라 권사는 딸 셋을 키워 시집을 보냈는데, 막내딸을 시집보내면서는 마음이 편하지 못했다. 남을 헐뜯고 시기하는 습관을 고쳐 주지 못했기 때문이다.

결혼 후 두어 달 만에 막내딸의 집에 가 보았다. 아니나 다를까 막내는 이웃을 헐뜯고 있었다. 이한라 권사는 마음이 아파 거실에서 밖을 내다보고 있었다. 막내딸이 그 옆에 서서 그의 특기를 발휘했다.

"엄마, 저 옆집 빨래 해 놓은 것 좀 보세요. 온통 얼룩이 그대로 있네요. 원 저것도 빨래라고 했나?"

그러자 엄마가 한 마디 했다.

"얘야, 네 집 창문이 더러워서 남의 집 깨끗한 빨래가 더럽게 보이는 것을 모르겠니?"

♧ ♧ ♧

나한테 문제가 있어서 남을 바르게 보지 못한다. 색안경을 끼었든, 굴절된 안경을 끼었든 간에, 그것을 인식하고 벗지 않는 한 바르게 볼 수가 없다.

우리 민족은 배고픈 것은 잘 참아도 배 아픈 것은(남이 잘 돼서) 못 참는다고 한다.

한 손가락이 남을 지적할 때, 세 손가락은 나를 지적하고 비판하듯 자신을 먼저 보아야 한다. 욥은 친구들의 비난에 자신을 변호한다.

(욥기 28:27-28) 그 때에 지혜를 보시고 선포하시며 굳게 세우시며 궁구하셨고 또 사람에게 이르시기를 주를 경외함이 곧 지혜요 악을 떠남이 명철이라 하셨느니라

신현주, 〈좌충우돌 예화〉 〈시시콜콜 예화〉, www.sbs66.net

[오늘의 말씀] 욥기 32장~34장 : 엘리후의 연설(1) → 먼저 성경 읽기

(32장) 엘리후가 등장하여 욥과 세 친구에게 참고 있다가 노를 발하며 긴 연설(32-37장)을 시작한다.
(33장) 세 친구와는 달리 욥에게서 들은 것만 인용하여 잘못된 변론을 수정하려 애쓴다.
(34장) 하나님의 공의를 매도한 자로 욥을 공박한다. 인류와 우주를 다스리는 하나님의 공의를 변호하며 욥을 저주받을 자로 정죄한다.

[말씀 묵상]

1. 엘리후는 욥이 "사람이 하나님을 기뻐하나 무익하다"(34:9)라고 했다 한다. 즉 '하나님을 섬겨본들 이익이 무엇인가?'라는 회의적 태도로 보인다. 이원론적인 생활 구조를 가지고 한 발은 세상에 한 발은 천국을 향한 자에게서 나오는 말이 아니다. 처절한 신앙의 싸움 속의 절규와도 같다. 주일에 예배를 드리고 하나님의 일에 봉사하는 것이 주일에도 자기 출세를 위한 일을 하는 것보다 무익하다고 보는가? 선택은 늘 자신이 하는 것이고 거기에 따르는 상급이 있다.

[깊은 연구]

1. 엘리후는 여섯 장에 걸친 긴 연설을 한다. (욥 32-37장)

엘리후는 말하지 않았던 이유를 두 가지로 설명한다. 즉 ① 연소하여서 연륜과 경험을 존중했기 때문이다(32:6-7). ② 변론이 끝날 때까지 다 듣고 싶었고 변론의 내용을 다 파악하고 싶었기 때문이다(32:11-12, 잠 18:13 참고). 엘리후는 이 연설을 통하여 하나님의 특성을 설명하고 이 진리를 욥에게 적용했다.

1) 하나님은 나를 통해 말씀하신다(32장, 요절 32:8).
2) 하나님은 자비하시다(33장, 요절 33:24).
3) 하나님은 공의로우시다(34-35장, 요절 34:10-12).
4) 하나님은 위대하시다(36-37장, 요절 36:5, 26).

2. 엘리후는 문제 접근 방법이 다르다. (욥 32-37장)

1) 욥의 세 친구가 욥의 고난을 죄의 결과라고 주장하는 반면, 욥은 자신의 무고를 주장해 왔다(4-31장). 그때 젊은 엘리후가 등장하여 긴 연설(32-37장)을 하고 사라진다. 엘리후는 욥의 세 친구와는 다르게 욥이 죄인임을 입증하려 하지 않고 하나님에 대한 욥의 시각이 잘못되었음을 증명하려고 했다. 엘리후는 고통에 대해서도 반드시 죄를 벌하기 위함이 아니라 죄를 짓지 못하게 하고(33:18, 24), 더 나은 사람으로 만들기 위해서 그렇게 하신다는 것이다(36:1-5).

2) 엘리후의 이름의 뜻은 '그는 나의 하나님'이며, 그의 부친 바라겔은 '하나님이 축복하신다'라는 뜻이다. 그가 속한 부스 사람이란 아브라함의 형제인 나홀의 둘째 아들 부스의 자손이다(창 22:21). 욥의 세 친구는 모두 이방인(데만, 수아, 나아마 사람)인 데 반해 엘리후는 이스라엘의 직속은 아닐지라도 아브라함과 가까운 인물이다. 즉 엘리후의 논리는 고난에 대해 히브리적 신학을 나타내는 것이라 할 수 있다. 그는 "나는 결코 사람의 낯을 보지 아니하며 사람에게 아첨하지 아니하나니"(32:21)라며 공정하게 말한다.

공부 욥기 32장~34장 : 엘리후의 연설(1)

1. 엘리후의 신상(출신이나 나이)은?(32:1-5) -
2. 엘리후가 노를 발한 이유는? - 1) 욥에게: 2) 세 친구에게:
3. 엘리후가 다른 친구들보다 늦게 말한 이유 두 가지는?(32:1-14, 전면의 "깊은 연구" 참고)
   1) 4, 6절을 참고 - 2) 11-12절을 참고 -
4. 엘리후가 사람의 낯을 보지 아니하고 또 무엇을 하지 않는다고 했나?(32:15-22) -
5. "욥이여"로 시작하는 구절은 (절), (절)로서 '내(엘리후) ( )을 들으라'는 것이다(33장).
6. 나와 네가 하나님 앞에서 ( )이니 나도 ( ) 지으심을 입었은즉. - (33: 절)
7. 사람이 ( )과 ( )의 징계를 받나니...생명이 ( )에게 가까워지느니라. - (33: , 절)
8. 하나님께 ( )하므로 하나님이 ( )를 베푸사 그로 자기의 얼굴을 ( ) 보게 하시고 사람에게 그 의를 ( )시키시느니라. - (33: 절)
9. 엘리후는 욥의 말(5-6절)을 어떻게 비판했나?(34:1-9)
   -
10. 엘리후가 말하는 하나님은 어떤 분인가?(34:10-12) -
11. 엘리후는 전능하신 자가 어떻게 하신다고 했나?(34:16-20)
    1) 왕 - 2) 귀인들 - 3) 왕족 - 4) 부자 -
12. 하나님은 무엇을 주목하시며, 무엇을 감찰하시나?(34:21-30) -
13. 징계를 받은 사람이 해야 하는 말은?(34:31-37) -

▲▼△▽ -----≪철면피(鐵面皮)≫----- ▽△▼▲

중국 송나라 때에 왕광원(王光遠)이란 사람이 학재가 뛰어나 진사(進士)시험에도 합격했으나 출세욕에, 고관의 습작시를 보고도 '이태백(李太白)도 감히 미치지 못할 신운(神韻: 신비롭고 고상한 운치)이 감도는 시'라고 극찬할 정도의 아첨꾼이 되었다. 아첨할 때 주위를 의식하지 않았고, 상대가 무식한 짓을 해도 웃곤 했다. 한번은 고관이 취중에 매를 들고 말했다.

"자네를 때려 주고 싶은데, 맞아 볼 텐가?" "대감의 매라면 기꺼이 맞겠습니다. 자, 어서..."

동석했던 친구가 집으로 돌아오는 길에 질책했으나, "하지만 그런 사람에게 잘 보이면 나쁠 게 없지." 했다. 당시 사람들은 그를 가리켜 말하기를 "광원의 낯가죽은 두껍기가 열 겹의 철갑(鐵甲)과 같다(철면피, 鐵面皮)"고 했다.

♧ ♧ ♧

철면피(鐵: 쇠 철, 面: 낯 면, 겉 면, 皮: 가죽 피)
① 얼굴에 철판을 깐 듯 수치를 수치로 여기지 않는 사람, ② 뻔뻔스러워 부끄러워할 줄 모름. 또는 그런 사람, ③ 낯가죽이 두꺼워 부끄러움이 없음. 후안무치(厚顔無恥).
철면피의 목적은 출세와 영리에 있으므로 체면 따위는 버렸다지만, 그런 아첨꾼은 살려고 그러는 것보다 체질 같다. 물론 선한 뜻의 순종과 화합, 타협과는 구분해야 한다.

(욥기 32:21-22) 나는 결코 사람의 낯을 보지 아니하며 사람에게 아첨하지 아니하나니 이는 아첨할 줄을 알지 못함이라 만일 그리하면 나를 지으신 자가 속히 나를 취하시리로다

신현주, 〈좌충우돌 예화〉 〈시시콜콜 예화〉, www.sbs66.net

[오늘의 말씀] 욥기 35장~37장 : 엘리후의 연설(2) → 먼저 성경 읽기

엘리후는 32-35장에서 욥의 하나님에 대한 태도가 잘못되었음을 공박하고, 36-37장에서는 실제적인 권면을 한다.
(35장) 경건이 아무 유익이 되지 않으며 고통으로부터 해방시키지 못한다는 욥의 말에 대해 공박한다.
(36장) 하나님의 섭리를 말하며 욥의 모든 부정적인 고백을 그치고 하나님께 영광 돌리라고 한다.
(37장) 절대적 하나님의 능력을 말하며 인간의 나약함은 하나님의 완전하심 앞에 굴복해야 함을 호소한다.

[말씀 묵상]

1. 욥이 "범죄한 것보다 내게 이익이 무엇인고"(35:3)라고 말한 데 대한 엘리후의 비난이 있다.
 1) 헨리 헤세의 이러한 글이 있다. "두 순례자가 도시에 물건을 구입하러 갔다가 한 수사는 여인의 미혹을 받고 죄를 짓게 되지만 돌아와서 큰 회개와 함께 참믿음의 경지에 이르게 되고, 다른 한 수사는 유혹을 뿌리치고 수도원으로 돌아왔으나 그냥 돌아온 것을 후회하며 여인 생각에 제대로 수도생활을 할 수 없었다."
 2) 인생의 고민이 여기에 있다. 한번쯤 눈감으면 내게 돌아오는 이익과 희락을 믿음 때문에 잃는 경우, 갈등이 심하다. 욥은 "범죄한 것보다 내게 이익이 무엇인고"(35:3)라고 했다. 이 말은 욥의 믿음이 흔들렸다기보다는 자기의(自己義)에 빠져 있지만 그래도 하나님을 붙잡고 있는 욥의 인내를 보게 되는 고난 가운데의 믿음의 표현이다.
2. 우리 인간은 하나님의 일을 다 측량할 수는 없다(37:23). "어떤 때는 궁창의 광명을 볼 수 없어도 바람이 지나가면 맑아지느니라"(37:21)라고 했다. 어두운 후에 빛이 오고 바람 분 후에 잔잔하다(찬송가 535장). 내가 부족해서 하나님의 섭리에 대해 변증, 설명, 설득을 못 해도 하나님의 능력은 동일하므로 하나님을 바라보아야 한다. 사랑하는 자의 급작스러운 죽음을 어떻게 설명하겠으며, 새벽기도회에 가던 신실한 교인의 교통사고사(交通事故死)를 어떻게 다 설명하겠는가? 그러나 하나님은 밤중에도 노래하게 하시는 분이다(35:10).

■ 도서관의 장서
엘리후는 자의식이 강한 사람으로 "내 말을 들으라"(욥 32-37장)고 한다. 성경은 "여호와를 아는 것이 지식의 근본"(잠 1:7)이라 했다.

[깊은 연구]

1. 엘리후는 자의식이 강한 사람이다. (욥 32, 34, 37장)
 1) 엘리후는 여덟 번이나 욥과 그의 친구들에게 "내 말을 들으라"고 요청한다(32:10, 33:1, 31, 33, 34:2, 10, 16, 37:14).
 2) 진정한 상담자는 자신의 지식과 경험으로 상대의 문제를 풀어 주려고 하기 전에 먼저 상대의 이야기를 잘 들어주는 자이어야 한다. 내담자를 이해하려고 해야지 욥의 세 친구나 엘리후처럼 상대를 향한 정죄자가 되어서는 안 된다.

통독	192
확인	

공부 욥기 35장~37장 : 엘리후의 연설(2)

◇ 엘리후의 말에는 '엘리후', 욥의 말에는 '욥'이라 쓰세요(인용은 원래 말한 자, 35장).

1. 유익이 무엇인고 범죄한 것보다 내게 이익이 무엇인고. -
2. 네가 범죄한들 하나님께 무슨 영향이 있겠으며 네 죄악이 관영한들 하나님께 무슨 관계가... -
3. 헛된 부르짖음은 하나님이 결코 듣지 아니하시며 전능자가 돌아보지 아니하심이라. -
4. 하나님은 뵈올 수 없고 일의 시비는 그 앞에 있으니 나는 그를 기다릴 뿐이라. -

◇ 다음 말씀의 뒤를 이어서 성구를 완성하세요(해당 절만, 36장).

5. (36:　절) 악인을 살려 두지 않으시며 ~
6. (36:　절) 그들이 청종하여 섬기면 ~
7. (36:　절) 하나님이 너를 곤고함에서 이끌어 내사 ~

8. (36:　절) 너는 하나님의 하신 일 ~

◇ 다음 성경 말씀과 다른 단어에 밑줄을 긋고 맞게 고치세요(37장).

9. 하나님의 음성...그 소리를 천지에 퍼치시며 번개불로서 땅 끝까지 이르게 하시고. →
10. 하나님의 기묘하신 일을 궁금하라 하나님이 어떻게 이런 것들에게 맹세하셔서 그 구름의 번성함으로 번쩍번쩍하게 하시는지 네가 아느냐. →
11. 사람이 어떤 때는 궁궐의 광명을 볼 수 없어도 사람이 지나가면 맑아지느니라. →

▲▼△▽ -----≪남을 위한 배려≫----- ▽△▼▲

어느 시골 오지에는 하루에 네 번 읍내에서 시내버스가 들어오며 시간도 철저히 지켜지지 않는다. 종점에서 버스 기사가 시동을 걸고 막 출발하려는데, 승객 한 사람이 버스를 타려는 사람을 발견하고 말했다. "저기 웬 할머니가 오십니다." 버스 기사가 바라보니 제법 떨어진 거리에서 한 할머니가 무언가 머리에 인 채 버스를 향해 종종걸음으로 오고 있었다.

"어서 출발합시다. 언제까지 기다릴 거요?" 어떤 승객이 바쁘다면서 서둘러 떠나기를 재촉했으나 한 청년은 할머니의 짐을 받으려고 달려갔고, 버스 기사는 차분한 목소리로 말했다.

"저기, 우리 어머니가 오십니다. 기다렸다 같이 가시지요. 이번 차를 못 타면 세 시간을 기다려야 합니다."

♧ ♧ ♧

물론 그 할머니는 버스 기사의 어머니가 아니었다. 그를 자기 어머니라 한 것은 모든 사람을 가족처럼 대하는 친절한 기사의 배려에서였다.
약자에 대한 배려는 주님 앞에서도 칭찬을 들으며 사람들을 편하게 대해 주는 좋은 자세다.
강자에겐 약하고 약자에겐 강한 비굴한 삶을 사는 사람들일수록 옳고 그름이 아닌 대세를 보고 강한 쪽을 선택한다. 그런 사람일수록 정의를 외칠 때 더러운 침을 더 많이 튀긴다.

(욥기 37:23) 전능자를 우리가 측량할 수 없나니 그는 권능이 지극히 크사 심판이나 무한한 공의를 굽히지 아니하심이니라

신현주, 〈좌충우돌 예화〉〈시시콜콜 예화〉, www.sbs66.net

[오늘의 말씀] 욥기 38장~39장 : 하나님의 말씀 → 먼저 성경 읽기

욥을 향한 엘리후의 연설(32-37장) 후에 하나님은 욥에게 직접 말씀하신다(38-41장).
(38장) 하나님의 섭리와 광대함을 논하여 욥에게 네가 내 창조(무생물의 세계)를 '설명'할 수 있느냐,
(39장) 또 하나님은 욥에게 생물의 세계를 '감독'할 수 있느냐고 묻는다.

[말씀 묵상]

1. 드디어 욥이 오랫동안 기다려 온 **'하나님께서 말씀'**하신다. 욥과 그의 친구들의 논쟁, 그리고 엘리후의 긴 연설 후에 하나님께서 폭풍우 가운데서 말씀하셨다. 하나님의 첫 말씀은 "무지한 말로 이치를 어둡게 하는 자가 누구냐"(38:2)였다. 이 말씀처럼 욥의 친구들은 물론이고 욥까지도 이치를 어둡게 하는 어리석은 자들이었다. 그대는 무지로 인하여 하나님의 섭리의 이치를 깨닫지 못하고 어둡게 하지는 않는가?

2. 하나님의 광대하심을 자연의 여러 현상이나(무생물, 38장) 짐승들을(생물, 39장) 예로 들어 말한다. 하나님은 욥에게 네가 이것들을 '설명'할 수 있으며, '감독'할 수 있느냐고 묻는다. 인간은 자연 앞에 서면 미미한 존재이지만, 하나님의 형상대로 지음 받았기에 존귀하다.

[깊은 연구]

1. 하나님이 욥에게 주신 말씀 (욥 38-41장)

1) 욥과 세 친구의 논쟁의 요지는 고난에 관한 문제였으나 하나님은 의외로 욥에게 고난에 대해서는 전혀 말씀하지 않으신다. 그것의 요점은 38장 2절의 "무지한 말로 이치를 어둡게 하는 자가 누구냐"에 나타나 있듯 하나님은 지혜로우시며 욥은 어리석다는 것이다.

2) 하나님의 지혜는 우주 전체를 망라하는 시로서(38-39장) 자연현상(무생물)을 통하여(38:4-38), 그리고 하나님의 두 피조물(생물, 즉 하마와 악어)이 살고 있는(40:15-24, 41장) 동물의 세계에서(38:39-39:30), 하나님의 지혜와 권능을 드러낸다.

2. 하마나 악어는 우리가 알고 있는 짐승인가? (욥 40:15-24, 41장) 〈통독 194일째 자료〉

1) '하마'(40:15-24, בְּהֵמוֹת, 브헤모트)는 다음의 이유로 적합하지 않은 번역으로 보기도 한다.

① 하마의 꼬리는 백향목처럼 점잖게 흔들리지 않는다(17절). ② 하마는 산으로 기어 올라간다고도 알려져 있지 않다(20절). ③ 하마는 요단강에서 산다고도 알려져 있지 않다(23절). ④ 하마로 번역된 원문 '브헤모트'(성경에 40:15에 1회만 기록)의 문자적 의미는 '큰 짐승'이다.

2) '악어'(41:1-34, לִוְיָתָן, 리워야단)는 '고래'라고 주장하는 학자도 있다.

오늘날의 어떤 짐승에 해당하는지는 정확히 알 수 없다. 그럼에도 적절한 번역이 없기에 원문을 그대로 쓰지 않고 굳이 번역을 하려면 보편적으로 '하마'(브헤모트)와 '악어'(리워야단)는 좋은 번역으로 본다. 한글뿐 아니라 다른 번역들도 대개 이 번역을 채택했다. 〈통독 189일째 참고〉

통독	193
확인	

공부 욥기 38장~39장 : 하나님의 말씀

◇ 다음 단락의 제목을 보기에서 골라 (　　) 안에 쓰고 이어지는 말씀을 한 절씩 쓰세요(38장).
(교재의 여백만큼만 쓰세요) {보기} 바다 통치 / 땅의 기초 / 날(해), 새벽 / 깊은 물 밑(스올) / 기상(폭우, 비, 얼음) / 천체(묘성) / 구름, 번개 / 광명과 흑암

1. (4-7,　　　　) 땅의 기초를 ~
2. (8-11,　　　　) 바닷물이 태에서 ~
3. (12-15,　　　　) 네가 나던 날부터 ~
4. (16-18,　　　　) 네가 바다 근원에 ~
5. (19-24,　　　　) 광명의 처소는 ~
6. (25-30,　　　　) 누가 폭우를 위하여 ~
7. (31-33,　　　　) 네가 묘성을 매어 ~
8. (34-38,　　　　) 네 소리를 구름에 ~

◇ 다음 성구의 (　　) 안에 해당 짐승을 쓰고 관계 구절을 줄로 연결하세요(2종류도 있음, 38-39장).

9. (　　　) 38:39-40	가) 먹을 것이 없어서 오락가락할 때에 그것을 위하여
10. (　　　) 38:41	나) 새끼 치는 때를...새끼 낳을 기한을 네가 알 수 있느냐
11. (　　　) 39:1-4	다) 식물을 사냥하겠느냐...식량을 채우겠느냐
12. (　　　) 39:5-8	라) 그것이 어찌 골짜기에서 너를 따라 쓰레를 끌겠느냐
13. (　　　) 39:9-12	마) 내가 들로 그 집을, 짠 땅으로 그 처소를 삼았느니라
14. (　　　) 39:13-18	바) 알을 땅에 버려두어 모래에서 더워지게 하고
15. (　　　) 39:19-25	사) 날개를 펼쳐 남방으로...낭떠러지에 집을 지으며
16. (　　　) 39:26-30	아) 싸움 냄새를 맡고 장관의 호령과 떠드는 소리를 듣느니라

▲▼△▽ -----≪노래하는 새≫----- ▽△▼▲

전 세계에 약 8천6백 종의 새가 있고 한국에는 약 431종의 새가 서식하고 있는 것으로 알려져 있다.
현존하는 가장 큰 새는 북아프리카산 타조인데, 큰 놈은 키가 2.7m이고, 체중이 150kg을 넘는 것도 있다. 날 수 있는 새 중에 가장 큰 것은 아프리카산 기러기로 18kg이고, '캘리포니아 독수리'는 10kg이나 된다. 반면에 가장 작은 새는 '콩벌새'로서 평균 몸길이는 5.7cm이지만 그 중에서 절반은 부리와 꼬리의 길이이며 체중은 1.6g이다(타조의 10만 분의 1).
그러나 새에게 있어서 중요한 '노래하는' 새들은 모두 덩치가 작다. 독수리의 노래나 타조의 노래, 칠면조의 노래가 아름답던가? 오히려 참새, 카나리아, 종달새, 휘파람새, 뻐꾸기 같은 작은 새들의 노래가 아름답고 달콤하다.

♧ ♧ ♧

하나님이 작은 새의 노래 뿐 아니라 까마귀의 소리도 즐겨 들으실 것은 당신의 창조물이기 때문이듯이, 역시 아름다운 목소리의 찬양과 함께 음치의 찬양도 기뻐 들으신다.
언제나 큰 자보다 작은 자들의 노래가 귀히 들렸던 것은, 그곳에는 남보다 더한 노력이 들어 있기 때문이다. 낮아지고 섬기는 자들은 하나님을 찬양했으며, 비천한 자들은 주님의 자비를 사모하며 기다리는 겸손함이 있었다. 하나님은 창조자로서 많은 새들도 창조하셨다.

(욥기 39:27-28) 독수리가 공중에 떠서 높은 곳에 보금자리를 만드는 것이 어찌 네 명령을 의지함이냐 그것이 낭떠러지에 집을 지으며 뾰족한 바위 끝이나 험준한 데 거하며

신현주, 〈좌충우돌 예화〉 〈시시콜콜 예화〉, www.sbs66.net

[오늘의 말씀] 욥기 40장~42장 : 다시 온 갑절의 복 → 먼저 성경 읽기

(40장) 38장부터 시작된 하나님의 광대하심을 말씀하며 네게 내 창조를 '굴복'시킬 수 있느냐고 물으신다. 인간은 하나님의 피조물인 '하마'보다 약하고,
(41장) '악어'보다 약하다. 그래서 인간은 철저히 하나님 아래 있어야 복이다. 〈통독 193일째 참고〉
(42장) 욥은 크게 깨달았으며 하나님은 욥의 편을 들어 주셨다. 모든 것은 회복되어 갑절의 복을 받는다.

[말씀 묵상]

1. 욥기의 마지막 장을 볼 때에 우리는 위로를 받는다. 의인 욥에게 다가온 고난(1:13-19)은 실로 엄청난 것이었음에도 욥은 하나님을 향하여 원망하지 아니하고 오히려 여호와의 이름을 찬송하였다(1:20-22). 더구나 욥의 친구들의 잔인한 율법적인 판단에도 불구하고 욥은 믿음을 지켰고, 끝내 하나님의 인정을 얻었다(42:7). 하나님께 인정받는 믿음을 끝까지 지켜야 한다.
2. 욥은 이전보다 갑절이나 많은 복을 받게 되어(42:10) 욥의 자녀는 스무 명이 되었다. 열 명은 하나님과 함께 있었고 열 명은 욥과 함께 있었다. 욥을 욕하던 아내와도 재결합했을 것이며 친구들과 친척들이 '회복 자금'을 가져왔다. 욥은 전보다 두 배나 많은 가축을 갖게 되었다. 만약 갑절의 공식이 그의 나이에도 적용되었다면, 그의 이야기가 시작될 때의 나이가 일흔이었을 것이며(시 90:10), 두 배의 수(壽)를 누리도록 복을 받아 일백사십 년을 살게 하셨을 것이다(42:16).

[깊은 연구]

1. 욥의 세 딸 [욥 42:13-15]

아름다운 딸에 대하여 자부심을 갖는 것은 당연한 일인데, 욥은 그런 딸을 셋이나 두게 되었다(42:13-15). 이름도 아름다워서 여미마(비둘기)는 정숙함을, 긋시아(계피)는 향기를, 게렌합북(눈 화장품)은 아름다움을 가졌다. 욥은 딸들로 인한 감사도 남달랐을 것이다.

2. 〈욥기〉를 전체적으로 이해하기 위하여 정리하자.

1-2장: 까닭 없는 욥의 고난
3-41장: 앞 호들을 참고하여 각 장마다 화자(話者)가 누구인지를 확인하여 성경에 표시하라. 〈통독 186일째 참고〉
42장: 갑절의 복을 받는 욥

3. 〈욥기〉의 주제 확인

〈욥기〉를 통해 "욥의 인내"를 배우고(약 5:11), '여전히 찬송받으실 하나님이심'을 배운다. 재미난 것은 〈욥기〉를 읽는 사람도 논쟁부분(4-31장)에서 읽기에 지치므로 욥처럼 '독자의 인내'도 필요하다. 〈욥기〉를 통독한 것만으로도 그대는 인내를 배웠다.

■ 광야에 사는 베두인의 양(羊) 시장
욥기는 족장 시대를 배경으로 하고 있는데, 그의 부(富)는 양과 소, 약대 등 가축으로 계수되었다. 욥은 잃었던 재산을 갑절로 다시 찾게 되었다(욥 42:10-17). 사진은 현재 양을 거래하는 베두인의 모습이다.

통독	194
확인	

공부 욥기 40장~42장 : 다시 온 갑절의 복

1. 다음 ( ) 안을 채우고 누구의 말인지(여호와, 욥)를 쓰세요(40:1-14).
   1) (절) 변박하는 자가 ( )와 다투겠느냐 하나님과 ( )는 대답할지니라. -
   2) (절) 나는 ( )하오니 무엇이라 주께…내 ( )을 가릴 뿐이로소이다. -
   3) (절) 모든 ( ) 자를 발견하여 낮추며 ( )을 그 처소에서 밟아서. -
2. '하마보다 약한 인간'을 묘사한 하나님의 가르침에 대한 구절을 완성하세요(40:15-25).
   1) (절) 이제 소같이 ~
   2) (절) 그것은 하나님의 창조물 ~
   3) (절) 그것이 정신 차리고 있을 때에 ~
3. 어찌 어부의 떼가 그것으로 (식품, 상품)을 삼아 상고들 가운데 (나눌, 묶을) 수 있겠느냐. - (41: 절)
4. 그 입에서 (횃불, 등불)이 나오고…그 콧구멍에서는 (입김, 연기)가 나오며. - (41: - 절)
5. 모든 높은 것을 (높게, 낮게) 보고 모든 교만한 것의 (왕, 적)이 되느니라. - (41: 절)
6. 악어의 강대함은 인간의 무기로도 다루지 못한다 했는데 여덟 가지 무기에 속한 것에 O표(41:26-29).
   - 칼, 낫, 창, 작살, 장대, 살(화살), 금, 은, 동, 철, 놋, 물매 돌, 바위 돌, 몽둥이, 화약
7. 하나님께 대한 욥의 변화는?(42:5) -
8. 욥은 친구를 위하여 무엇을 했나?(42:8, 10) -
9. 욥의 소유는 어떻게 되었나?(42:10) -
10. 욥은 아들 ( )과 딸 ( )을 낳았는데 세 딸의 이름은? -

▲▼△▽ -----≪나의 얼굴, 당신의 미모≫----- ▽△▼▲

미모의 한 여인이 어느 철학자에게 청혼을 하였다. 철학자가 왜 청혼하는지 그 이유를 묻자 여인이 이렇게 말했다. "나는 매우 아름다운 육체를 가지고 있어서 얼굴, 눈, 몸매는 완벽합니다. 그리고 당신은 못생겼지만 세상에 둘도 없는 지성과 지혜를 갖고 있습니다. 우리가 아이를 낳는다면 당신의 두뇌와 나의 육체를 합한 완벽한 아기가 태어날 거예요."

지혜로운 철학자가 대답했다.

"눈이 올라간 아가씨가 있었소. 눈이 내려간 남자와 결혼해 아기를 낳으면 눈이 정상인 아이가 태어나리라 믿었소. 그러나 웬걸, 한쪽 눈은 올라가고 한쪽 눈은 내려간 아이가 태어났지. 우리도 아이를 낳으면 나의 얼굴, 당신의 두뇌를 닮은 아이가 태어나지 않겠소?"

♧ ♧ ♧

현명한 사람은 배우자를 고를 때에 눈(외모)이 아니라 이성(理性)에 근거하므로 실패율이 적다. 단순히 외견상 나타나 보이는 것만으로 인생을 걸기에는 너무 무모함에도 현대인들은 눈에 좋은 대로 결정한다. 그런데 성경의 인물들도 보면 '아리따운' 여인들을 말하고 있으며(사라, 리브가, 아비삭, 에스더), 이름 있는 남자들은 대부분 아리따운 아내들을 맞았다.

욥의 세 딸의 아름다움은 욥에게 큰 자랑거리였을 것이다.

(욥기 42:14-15) 그가 첫째 딸은 여미마라 이름하였고 둘째 딸은 긋시아라 이름하였고 세째 딸은 게렌합북이라 이름하였으며 전국 중에 욥의 딸들처럼 아리따운 여자가 없었더라

신현주, 〈좌충우돌 예화〉 〈시시콜콜 예화〉, www.sbs66.net

[오늘의 말씀] 욥기 복습 : 1장~42장 → 먼저 성경 읽기, 단숨에...

〈욥기〉를 통해서 '의인의 고난'과 남을 함부로 판단해서는 안 됨을 깨달아야 한다. 〈욥기〉의 끝없는 논쟁 부분을 인내로써 공부했으니 이미 욥의 인내를 배운 것이다. 〈화자(話者)를 확인, 통독 186일째를 보라〉

〈1〉 까닭 없는 욥의 고난 (욥 1-2장)

1. 욥은 어떤 사람인지 써 보세요(1:1-5).
   1) 사는 곳 - 2) 신앙(1:1, 8, 2:3) -
   3) 소생 - 4) 소유물 -
2. 욥을 시험한 자는 누구인가?(1:6-19) -
3. 고난 중에 욥의 기도는?(1:21) -

4. 욥에게 온 사단의 2차 시험은?(2:7) -
5. 욥의 세 친구의 출신지와 그 이름은?(2:11) -

〈2〉 세 친구와 욥의 논쟁 (욥 3-31장)

6. 욥은 고난이 너무 심하여 차라리 나지 않았더라면 생각하고 ( )을 저주했다(3:1).
7. 생각하여 보라 ( )가 누구인가 ( )이 어디 있는가(4:7).
8. 인생이 어찌 하나님보다 ( ) 사람이 어찌 그 창조하신 이보다 ( )(4:17).
9. 인생은 ( ) 났나니 불티가 위로 날음 같으니라(5:7).
10. 하나님께 ( )에게는 복이 있나니 그런즉 너는 전능자의 ( )을 업신여기지 말지니라(5:17).
11. 욥은 엘리바스에게 무엇이라 했나?(6:27) -
12. 욥이 말한 자신의 육체적 고난은?(7:5) -
13. 8:7을 쓰세요. -
14. 인생이 하나님과 쟁변(변론)하면?(9:3) -
15. 욥이 하나님의 인간 창조의 재료로 말한 두 가지는?(10:9-10) -
16. 욥은 자신에 대해 어떻게 말했음을 소발이 비난했는가?(11:4) -
17. 주를 향하여 손을 들 때에 네 손에 ( )이 있거든 멀리 버리라(11:13-14).
18. 생물들의 ( )과 인생들의 ( )이 다 그의 ( )에 있느니라(12:10).
19. 욥은 친구들이 어떻게 하기를 원하였나?(13:5) -
20. 사람이 ( ) 어찌 다시 ( ) 나는 나의 싸우는 모든 날 동안을 ( ) 놓이기를...(14:14).
21. 욥의 세 친구 가운데는 나이가 많아 심지어 욥의 부친보다 많다는 구절은? - (15: 절)
22. 욥은 자신에게 고난을 주는 자를 누구라 했나?(16:6-17) -
23. (16:20) 나의 친구는 나를 조롱하나 ~

24. 나의 친구야 너희는 나를 불쌍히 여기라 나를 불쌍히 여기라 하나님의 손이 나를 치셨구나. - (19:　　절)
25. 19:26-27을 쓰세요. -

26. 하나님이 그의 (　　)을 쌓아 두셨다가 그 (　　)에게 갚으신다 하거니와 그 (　　)에 갚으셔서 그로 (　　) 하셔야 할 것이라(21:19).
27. 죽도록 윤택한 자와 복을 맛보지 못한 자의 죽음(흙 속에 눕고)의 차이는?(21:23-26) -
28. 너는 하나님과 (　　) 그리하면 복이 네게 임하리라(22:21).
29. 나의 가는 길을 오직 그가 아시나니 그가 나를 (　　)하신 후에는 내가 (　　)같이 나오리라(23:10).
30. 하나님 앞에서 사람이 어찌 (　　)하며 부녀에게서 난 자가 어찌 (　　) 하랴(25:4).
31. 결코 내 입술이 (　　)를 말하지 아니하며 내 혀가 (　　)을 발하지 아니하리라. - (27:　　절)
32. 28장 12절과 같은 말은 (　　)절에 나오고, 그 대답은 (　　)절에 나온다(힌트: ~이 지혜, ~이 명철이라).
33. 내가 언제 금으로 내 (　　) 정금더러 (　　) 하였던가(31:24).

〈3〉 엘리후의 연설 (욥 32-37장)

34. 엘리후가 노를 발한 이유는? - 1) 욥에게(32:2) -
2) 욥의 세 친구에게(32:3) -
35. 그는 하나님께 (　　)하므로 하나님이 (　　)를 베푸사 그로 자기의 얼굴을 (　　) 하시고 사람에게 그 의를 (　　)시키시느니라(33:26).
36. (　　)은 하나님이 결코 듣지 아니하시며 (　　)가 돌아보지 아니하심이라(35:13).
37. 너는 하나님의 하신 일 (　　)를 잊지 말지니라 인생이 그 일을 (　　)하였느니라(36:24).
38. 사람들은 그를 (　　) 그는 마음에 (　　) 하는 자를 돌아보지 아니하시느니라(37:24).

〈4〉 하나님의 말씀(욥 38-41장)과 욥의 회복(42장)

39. 38-41장은 누구의 말씀인가? -
40. 욥의 답변을 쓰세요(40:4-5). -

41. 인간은 하나님의 지은 (　　)보다, (　　)보다 약하다. 두 짐승의 이름은?(40:15, 41:1)
42. 욥의 믿음 성장을 나타내는 구절을 쓰세요(42:5). -

43. 욥은 친구를 위하여 무엇을 했나?(42:8, 10) -
44. 욥의 모년에 (　　)을 주사 처음 복보다 (　　)하시니...또 아들 (　　)과 딸 (　　)을 낳았으며...그 후에 욥이 (　　)년을 살며 아들과 손자 (　　)를 보았고 나이 많아 늙고 기한이 차서 죽었더라(42:12-17).

◆ 그동안 〈욥기〉를 공부하느라 수고하셨습니다. 내일부터는 〈시편〉을 공부합니다. 기대하세요.

〈시 감상〉

아침 기도

詩人 박 성 은

나에게 하루 주심을 감사합니다.
이 하루 안에 만남 주시고
이 만남 안에 사랑 주시고
이 사랑 안에 희망과 기쁨 주심을

나에게 할 일 주심을 감사합니다.
이 하루 안에 햇볕과 바람 주시고
이 하루 안에 다정한 눈빛과 대화 주시고
이 하루 안에 할 일과 배울 것 주심을

나에게 평안 주심을 감사합니다.
이 하루 안에 가족과 친구들이 함께 있게 하심을
이 하루가 저물 때 평안히 잠자리에 들게 하심을
이 하루가 지나면 새로운 하루를 동쪽에 준비하심을

나에게 예배의 은총 주심을 감사합니다.
지난날들에도
죄 많은 영혼들을 택하셔서 사랑으로 구원주심을
당신의 몸이신 교회를 통하여 결실 맺음을
풍성함이 넉넉한 마음과 믿음으로 승화되어
주님께 드릴 수 있음에 감사합니다.

* 시인 박성은 목사는 강원도 영월 출생으로 중앙총신 신학과를 졸업했고 중앙총신 대학원에서 신학을 전공했다. 중앙총신에서 목사 안수를 받았고, 현재 강릉모세교회 담임목사이다. 영동성서연구회 회원 및 실로암성경학교 교정위원으로 봉사한다.

〈시편〉(詩篇)을 소개합니다

제목에 대한 해설

〈시편〉의 히브리 원전의 이름은 '세펠 트힐림', 즉 '찬양들'이며, 70인역(LXX)에서는 '프살모이'(찬양, 성가)로서 히브리 명칭이나 헬라어 명칭 모두 '현악기를 연주한다'는 뜻을 내포하고 있다.

히브리 원전의 제목인 '트힐림'은 145편(다윗의 찬송시)에 있으며 그 밖에 다른 시들도 다양한 이름을 가지고 있다. 신약에서도 '시편'이라고 불렀다(눅 20:42, 행 1:20). 우리말 성경 제목인 '시편'(詩篇)은 중국역의 영향이며 일본역도 같다. 〈시편〉은 하나님과 자연과 역사적인 일들을 찬양하고 노래한 것이며, 찬양과 함께 많은 기도가 나온다.

구조 및 분류

1) 〈시편〉은 다섯 권으로 분류되며, 각 권은 '송영'으로 마무리된다. 유대교에서는 〈시편〉을 다섯 권으로 엮은 것이 본서의 편집자가 모세 오경의 다섯 권을 모방한 것으로 이해했다.

제1권(1-41편)
제2권(42-72편)
제3권(73-89편)
제4권(90-106편)
제5권(107-150편)

2) 〈시편〉은 내용상 다섯 가지로 분류할 수 있다.

(1) 국가적 시 - 국가적인 행사에서 낭송되는 시들로 국가에 대한 교훈을 주는 시다. 대표적인 것은 14, 44, 46-48, 53, 66, 74, 76, 79, 80, 83, 87, 108, 122, 124-126, 129편 등이다.

(2) 역사적 시 - 이스라엘 민족의 역사적 사건이나 거기에 대한 해설을 보여 주는 시다. 대표적인 것은 78, 81, 105, 114편 등이다.

(3) 왕적인 시 - 이스라엘 왕들의 통치에 대한 것으로, 메시아의 통치를 상징적으로 가리킨다. 대표적인 것은 2, 8, 20, 21, 45, 72, 89, 110, 132편 등이다.

(4) 회개의 시 - 죄에 대한 슬픔과 하나님의 용서를 바라보고 악한 길에서 돌아서는 소망이 교차하는 시로서 대표적인 것은 6, 32, 38, 51, 130편 등이다.

(5) 저주의 시 - 특이한 주제로 이스라엘 원수를 향한 저주의 시다. 대표적인 것은 35, 69, 105, 137편 등이다. 〈14쪽에서 또 다른 분류법을 보라〉

저자 및 저작 연대

〈시편〉은 여러 시대를 거쳐 여러 사람에 의해 형성되어 왔고, 그 최종 편집은 후대까지 이어졌다. 다윗 73편, 아삽 12편, 고라의 자손 9편, 솔로몬 2편, 헤만, 에단, 모세 각 1편, 저자 미상 51편으로 되어 있다. 기록 연대에 있어서는, 모세는 주전 13세기(또는 15세기)이며, 다윗과 솔로몬은 주전 1000년경의 인물이다. 이것이 체계 있는 시편집으로 편집된 것은 훨씬 후대로 포로 후기까지로 본다.

시편에 대한 해설

1) 표제 - 후대에 붙여진 것이지만 일반적으로 표제는 그 시의 기원과 제의적 사용, 곧 의식적이고 음악적인 용례에 대한 정보를 제공하고, 그 시의 유형과 용도 및 목적 등을 알려 준다. 표제가 사람 이름인 것이 100개이고, 사람 이름이 아닌 것이 16개, 표제를 갖지 않은 것이 34개이다.

2) 히브리 시의 운율 - 히브리 시는 세 종류의 독특한 평행법(平行法)의 운율을 갖는다. 즉 동의적(同意的) 평행법(예, 19:1-2), 반의적(反意的) 평행법(예, 1:6), 종합적(綜合的) 평행법(예, 25:16)이 있다.

3) 신약 인용 - 〈시편〉은 신약성경에서 가장 많이 인용하고 있다. 율법서나 역사서, 예언서 등이 하나님의 구원 행동 내지는 인간을 향한 하나님의 뜻을 선포하는 책들이라면, 〈시편〉은 그에 대한 사람 편의 응답, 곧 이스라엘 백성의 응답으로 이해되기 때문이다.

4) 수집 - 현재의 시편이 어떻게 그 형태를 갖추게 되었는지를 분명하게 말하기는 어렵다. 현재의 5권으로 구분된 것은 70인역(주전 3세기)보다도 더 일찍 된 것으로 추측된다. 다윗 자신이 시편을 일부 수집하고 배열했음은 가능하다. 다윗은 일부 시편을 예배용으로 택했으며, 성전에서 찬송 예배제도를 수립했다(대상 6:31, 16:4). 히스기야가 〈시편〉의 첫 3권을 배열한 것으로 생각할 수도 있다. 적어도 그의 시대에는 다윗이 수집한 것과 아삽이 수집한 시편들이 있었다(대하 29:30). 제4권이 언제 어떻게 수집되었는지를 말하기는 불가능하지만, 에스라가 최종 편집자였다는 주장이 강하다.

[오늘의 말씀] 시편 1편~6편 : 의인의 길, 악인의 길(1편) → 먼저 성경 읽기

= 시편 1편부터 41편은 〔제1권〕에 해당하며 대부분 다윗의 시들이고, 작자 미상의 시들도 있다. =

제1편 〔의인의 길 악인의 길〕 시편의 총론이자 제목이다. 두 길을 대비시킴으로 의인의 형통과 악인의 멸망을 대비시켰다. 복 있는 사람은 여호와의 율법을 즐거워하여 주야로 묵상한다.

제2편 〔여호와의 기름 부음 받은 자〕 세계에 미치는 메시아의 통치를 말한다(행 4:25-27).

제3편 〔위기 중에 기도〕 삼하 15-17장의 다윗이 압살롬을 피했을 때를 배경으로 한다.

제4편 〔밤을 위한 기도〕 험난한 세파 속에서도 믿음의 마음이 누리는 평온을 노래한다.

제5편 〔아침 희생제 기도〕 4편이 저녁기도라면, 5편은 아침기도로서 하나님께 보호를 호소한다.

제6편 〔병상에서의 참회기도〕 하나님께 생명을 구하고 응답을 확신한다.

[말씀 묵상]

1. 시편 1편은 예수님께서 말씀하신 "넓은 문과 좁은 문"을 연상시킨다(마 7:13-14). 복 있는 사람과 그 반대되는 악인은 그 삶의 결과가 전혀 다르다. 시냇가에 심은 나무처럼 되느냐(1:3), 바람에 나는 겨와 같으냐(4절)의 선택은 오늘 나에게 있다. 복 있는 사람이 되라(마 5:3-12).
2. "하나님이여 저희를 정죄하사 자기 꾀에 빠지게 하시고"(5:10)라는 시인의 고백은 현실에서 많이 나타난다. 하만은 모르드개를 달아 죽이려고 만든 장대에 자신이 달려 죽었다(에 7:9-10). 또한 로마의 발렌스 황제가 기독교인 80명을 배에 싣고 바다에서 불태워 죽였다. 후에 그 자신은 고드족에게 패하여 한 장막에 숨었다가 거기서 산 채로 태워 죽임을 당하였다. 모두 제 꾀에 빠졌다.

[깊은 연구]

1. 〈시편〉은 일반적으로 다음과 같이 다섯으로 나눈다.

1) 국가적 시 - 국가적인 행사에서 낭송되는 시들로 국가에 대한 교훈을 주는 시다. 대표적인 것으로는 14, 44, 46-48, 53, 66, 74, 76, 79, 80, 83, 87, 108, 122, 124-126, 129편 등이 있다.

2) 역사적 시 - 이스라엘 민족의 역사적 사건이나 거기에 대한 해설을 보여 주는 시다. 대표적인 것으로는 78, 81, 105, 114편 등이 있다.

3) 왕적인 시 - 이스라엘 왕들의 통치에 대한 것으로, 메시아의 통치를 상징적으로 가리킨다. 대표적인 것으로는 2, 8, 20, 21, 45, 72, 89, 110, 132편 등이 있다.

4) 회개의 시 - 죄에 대한 슬픔과 하나님의 용서를 바라보고 악한 길에서 돌아서는 소망이 교차하는 시다. 대표적인 것으로는 6, 32, 38, 51, 130편 등이 있다.

5) 저주의 시 - 특이한 주제로 이스라엘 원수를 향한 저주의 시다. 대표적인 것으로는 35, 69, 105, 137편 등이 있다.

■ 우르(Ur)에서 출토된 수금

이 수금(lyre)은 약 주전 2500년 전 우르의 왕의 무덤에서 출토된 것을 복원한 것이다.

통독	196
확인	

공부 시편 1편~6편 : 의인의 길, 악인의 길(1편)

1. 죄인의 길에 서지 않는다. (의인, 악인)
2. 오만한 자의 자리에 앉지 않는다. (의인, 악인)
3. 율법을 주야로 묵상한다. (의인, 악인)
4. 행사가 다 형통하리로다. (의인, 악인)
5. 바람에 나는 겨와 같다. (의인, 악인)
6. 심판을 견디지 못한다. (의인, 악인)
7. 2편 7절을 인용한 곳들의 절수는? - 마 (3:　　), 행 (13:　　), 히 (1:　　, 5:　　)
8. 여호와를 의지하는 자에게는 무엇이 있는가?(2:10-12) -
9. 여호와여 주는 나의 (　　　)시요 나의 (　　　)이시요 나의 (　　　　　)니이다(3편).
10. (　　　　)이 나를 둘러치려 하여도 나는 (　　　　) 아니하리이다(3편).
11. 구원은 (　　　　)께 있사오니 주의 (　　)을 주의 백성에게 내리소서(3편).
12. (4:　　절) 의의 제사를 드리고 ~
13. (4:　　절) 주께서 내 마음에 두신 ~
14. (4:　　절) 내가 평안히 ~
15. 시인이 아침에 하는 일은?(5편) - 1) 주께 기도하고 바람, 2) 심사를 통촉함
16. 주의 성품에 해당되는 것은?(5편) - 1) 오만한 자를 세우심, 2) 거짓말하는 자를 멸시함
17. 주께 피하는 자는?(5편) - 1) 주의 보호로 인하여 영영히 기뻐 외친다, 2) 배역한다
18. (6:2) -
19. (6:4)
20. (6:9) -

▲▼△▽ -----≪리플리 병을 아시나요?≫----- ▽△▼▲

정신병리학자들은 자신이 바라는 세계만을 진짜라고 믿고, 현실을 오히려 허구라고 믿는 것을 '리플리 병' 혹은 '리플리 효과'라고 부른다.(물론 영화계에서 리플리 효과는 '에이리언'의 여주인공인 리플리처럼 여성들이 자신의 운명을 개척하려 하는 경우에 쓰이기도 한다.) 〈태양은 가득히〉(1960년)에서 알랭 들롱(1999년 리메이크된 '리플리'에서는 맷 데이먼)이 연기한 리플리 역에서 따온 이름이다.

리플리는 사소한 거짓말 때문에 아이비리그 출신 재벌가의 아들인 디키 그린리프를 만나게 된다. 그 후 그의 삶을 동경하게 된 리플리는 점점 더 대담한 거짓말과 신분 위장으로 새로운 삶을 꿈꾼다. 〈태양은 가득히〉의 원작 소설은 패트리샤 하이스미스의 《재능 있는 리플리 씨》(*The Talented Mr. Ripley*)다. 리플리가 주인공인 이 연작소설은 1955년부터 1991년까지 모두 5편이 출간됐다.

♧ ♧ ♧

리플리 병 환자들은 개인의 사회적 성취욕은 크지만 사회적으로 꿈을 실현할 수 있는 통로가 봉쇄돼 있는 경우 자주 발생한다. 마음속으로 강렬하게 꿈꾸는 것을 현실에서 이룰 수 없으면 가공의 세계를 만들어 그곳에서 살게 된다는 것이다. 〈태양은 가득히〉 '리플리'가 다루고 있는 1960년대 미국이나 2000년대의 한국이나 그런 점에서 마찬가지인지 학력이나 경력을 위조하여 사회 속에 진출했다가 망신을 당하고 낙하하는 것을 본다. 거짓은 결국 망하게 만든다.

(시편 1:5-6) 그러므로 악인이 심판을 견디지 못하며 죄인이 의인의 회중에 들지 못하리로다 대저 의인의 길은 여호와께서 인정하시나 악인의 길은 망하리로다

신현주, 〈좌충우돌 예화〉 〈시시콜콜 예화〉, www.sbs66.net

실로암성경학교 *1년과정 성경통독*	**성경통독 365일** ♠찬송/기도/성경정독/해설읽기/문제풀이/말씀묵상♠	□월 □일 **통독 197일째**

[오늘의 말씀] 시편 7편~12편 : 무죄한 자의 기도(7편) → 먼저 성경 읽기

제7편 〔무죄한 자의 기도〕 하나님의 공의를 구하는 시로서 다윗이 사울에게 쫓길 때인 삼상 19-26장을 배경으로 한다. 3절은 삼상 24:12-15, 16절은 삼상 25:39과 연결된다.

제8편 〔사람이 무엇이관대〕 하나님의 창조를 나타내는 시로서 창세기 1장을 노래로 나타낸 듯하다. 19편과 함께 자연계에 나타난 하나님의 창조의 권능과 영광을 찬양하고 있다.

제9편 〔승리에 대한 감사〕 각 절의 첫 글자가 히브리 알파벳 22자 순서대로 되어 있는 이합체시(통독 218일째 참고)로서 여기에는 11자가 사용되고 있다. 하나님께 감사와 찬송을 한다.

제10편 〔악인의 교만을 꺾으소서〕 불완전하게 9편의 이합체시가 이어진다. 찬양과 탄식을 겸한 노래다.

제11편 〔성도가 피할 곳〕 악인들의 시험하는 말을 듣고 여호와께서 피할 곳이 되셨음을 증거한다.

제12편 〔하나님의 도우심을 구함〕 신뢰할 수 없는 말을 하는 자들에 싸였으나 시인은 하나님을 의뢰한다.

[말씀 묵상]

1. **"사람이 무엇이관대...인자가 무엇이관대 주께서 저를 권고하시나이까"**(8:4)에서 **"사람"**(에노쉬)은 '죽어야 할 자', '연약한 자'이며, **"인자"**는 '아담', '죄의 아들'이라는 뜻이다. 반면에 **"권고하시나이까"**는 '잃어버린 것을 찾다'라는 의미다. 인간은 외형적인 면은 허약하지만 **"하나님의 형상"**으로 지음을 받았기에 타락함으로 잃어버린 하나님의 형상을 회복해야 한다(갈 4:19).

[깊은 연구]

1. *주의 장막에 유하며 주의 성산에 거할 자 (시 15편)*

15편에서 **"주의 장막에 유하며 주의 성산에 거할 자"**의 조건을 11가지로 제시했다.
〈해야 할 것〉 - 정직, 공의, 진실, 〈하지 말 것〉 - 참소, 벗에게 행악, 이웃을 훼방, 〈대인관계〉 - 망령된 자 멸시, 하나님을 두려워하는 자 존대, 〈서원〉 - 해로울지라도 지킴, 〈금전관계〉 - 고리대금업 하지 말 것, 뇌물 받지 말 것 등이다. 그러면 실제 이렇게 살고 있는가?

2. *〈시편〉의 구조*

시편 150편은 에스라 시대부터 다섯 부분으로 나누어져 있다. '해석'이라는 의미를 가지고 있는 '미드라쉼'(Midrashim)은 당시의 주석이며, 성경을 설명해 주는 '주해서'였다. 유대인의 주석인 미드라쉬(Midrash)의 첫 편에 "모세가 이스라엘에게 다섯 권의 율법책을 주었는데, 다윗은 그것에 대응하여 다섯 권으로 된 시편을 주었다."라고 기록되어 있다. 즉 "모세 오경이 이스라엘 회중에게 주신 **5권의 여호와의** 책이라면, 이 시편은 여호와께 드린 **5권의 이스라엘 회중의 책**"이라고 할 수 있을 것이다.

	1권 1-41편	2권 42-72편	3권 73-89편	4권 90-106편	5권 107-150편
송영가	41:13	72:18-19	89:52	106:48	150:6
예배의 주제	찬양으로 예배	놀라우심을 예배	영원한 예배	복종하는 예배	완성된 예배
모세 오경과의 유사점	창세기 (이스라엘, 인간)	출애굽기 (이스라엘, 구원)	레위기 (성소)	민수기 (모세와 광야)	신명기 (율법과 약속의 땅)
저 자	주로 다윗	다윗과 고라 자손	주로 아삽	주로 미상	주로 다윗

통독	197
확인	

공부

시편 7편~12편 : 무죄한 자의 기도(7편)

1. 자신이 어떤 경우라면 5절의 원수로 인한 고난을 받겠다고 했나?(7편, 이어지는 말을 쓰세요.)
   1) 이것을 ~ 2) 내 손에 ~ 3) 화친한 자를 ~ 4) 내 대적에게 ~
2. 나(시인)의 방패는 어디에 있는가?(7:10) -
3. 인생들이 여호와의 의와 이름에 한 일은?(두 단어를 쓰세요)(7:17) -
4. 주의 손가락으로 만드신 것과 주의 베풀어 두신 것은?(8편) -
5. 누가 천사보다 조금 못하며 영화와 존귀로 관을 씌움을 얻었나?(8편) -
6. 내가 주를 기뻐하고 즐거워하며 주의 이름을 찬송하겠다(9:). - (O, X)
7. 주께서 나의 의와 송사를 변호하셨으나 부당하게 심판하셨다(9:). - (O, X)
8. 여호와는 압제를 당하는 자의 산성이시요 환난 때의 산성이시다(9:). - (O, X)
9. 나는 요동치 아니하며 대대로 환란을 당치 아니하리라(10:). - 〈악인〉, 〈의인: 시인〉
10. 하나님이 잊으셨고 그 얼굴을 가리우셨으니 영원히 보지 아니하시리라(10:). - 〈악인〉, 〈의인〉
11. 여호와여 일어나옵소서 하나님이여 손을 드옵소서(10:). - 〈악인〉, 〈의인: 시인〉
12. (11: 절) 여호와께서 그 성전에 ~
13. (11: 절) 여호와는 의로우사 ~
14. 악한 세대의 특징 세 가지는?(12:1-2) -
15. 여호와께서 무엇을 끊으시나?(12:3) -
16. 여호와의 말씀은 무엇과 같은가?(12:6) -

▲▼△▽ -----≪언 음식을 가슴으로 녹인 어머니≫----- ▽△▼▲

1990년 인천에서 건달로 지내던 박 모(끌레, 45) 씨는 어느 날 밤 연안부두에서 동료들과 강도행각에 가담하고 말았다. 전과가 없었음에도 박씨는 '징역 20년 6월 보호감호 7년'이라는 중형을 선고받았다. 교도소에 들어가기 전 '어떡하든 건강하게 살아서만 나오라'는 어머니의 말이 의지가 됐다.

아들 때문에 심장병을 얻은 어머니는 불편한 몸으로 인천에서 청송교도소까지 면회를 갔다. 아들이 평소 즐겨 먹던 삶은 꽃게를 가져왔으나 한겨울이라 얼어 버렸다. 어머니는 가슴으로 그것을 녹여 손에 쥐여주며 눈물만 흘렸다. 아들은 비로소 어머니의 깊은 사랑을 깨달았다. 그러나 어머니는 자식의 석방을 끝내 보지 못하고 2002년 세상을 떠났다. 어머니 살아생전 효도 한번 제대로 못 한 게 두고두고 한으로 남았다. 어머니 임종을 지킨 사람은 수사 출신인 민들레 국수집 서영남 씨였다.

♧ ♧ ♧

가슴으로 꽃게를 녹여 먹인 어머니를 잊을 수 없는 아들은 민들레 국수집을 후원하며 못다한 효도를 대신한다. 군에서 신병들에게 '어머니~'를 세 번만 외치게 하면 모두들 운다. 중년의 남자들도 돌아가신 어머니 이야기를 하면 눈물이 고인다.

박 모 씨는 노역금을 모아 민들레 국수집의 후원금으로 보냈고 출소 후 노점상을 하며 국수집을 후원하고 싶단다. 인간의 내면은 이처럼 존귀함이 내재해 있는 것이다.

(시편 8:4-5) 사람이 무엇이관대 주께서 저를 권고하시나이까 저를 천사보다 조금 못하게 하시고 영화와 존귀로 관을 씌우셨나이다

신현주, 〈좌충우돌 예화〉 〈시시콜콜 예화〉, www.sbs66.net

[오늘의 말씀] 시편 13편~18편 : 절망에서 소망으로(13편) → 먼저 성경 읽기

제13편 〔절망에서 소망으로〕 "어느 때까지니이까"를 반복하는 시인은 과거의 체험으로 하나님을 소망한다.
제14편 〔하나님이 없다 하는 어리석은 자〕 악한 세대는 무신론을 주장하나 하나님은 그들을 비웃으신다.
제15편 〔주의 장막에 유할 자〕 하나님과 교제를 나누는 자의 개인적인 삶에 요구하시는 면을 노래한다.
제16편 〔믿음의 길〕 '주 밖에는 나의 복이 없다'는 성도는 존귀한 자요, 주께서 생명의 길을 보이신다.
제17편 〔맑은 양심의 호소〕 특이한 주제로 자기의(自己義)와 복수를 언급한다. 눈동자같이 보호하시는 하나님의 손길과 날개 그늘 아래 숨기시는 하나님의 보호가 있다.
제18편 〔나의 힘이 되신 여호와여〕 나는 하나님을 어떻게 고백하고 사는가? 사랑한다고 고백해 보라.

[말씀 묵상]

1. 자신의 삶에서 주님을 어디에 모시고 사는가? 〔뒤〕- 자신이 우선이고 하나님은 도와주시는 분에 불과하다. "하나님, 제발 그렇게 해 주세요." 〔위〕- 하나님을 받들어 모실 뿐 생활 중심에 주를 영접하지 않는다. 말과 생각에 그치는 신앙이다. 〔밑〕- 하나님을 일상생활에서 매몰시켜 버리는, 밑에 놓는 신앙은 위험하다. 〔옆〕- 상대적인 세계 속에서 하나님을 생각하는 것으로 언제까지나 참믿음이 생겨나지 않는다. 그러기에 시편의 주인공은 **"여호와를 항상 내 앞에 모심이여"**(16:8)라고 말한다.
2. 인생에서 고난의 때에 시인처럼 **"여호와여 어느 때까지니이까 나를 영영히 잊으시나이까"**(13:1)라고 고난을 호소하게 된다. 이 표현은 불신처럼 들리지만, 시인의 **"나는 오직 주의 인자하심을 의뢰하였사오니..."**(13:5)라는 고백처럼 결국 하나님을 의지하는 자의 최종 승리를 내다본다.

[깊은 연구]

1. 저자와 내용에 따른 〈시편〉 분류

이 책의 14쪽 시가서 자료에서 존 월턴(John H. Walton)의 《구약의 역사 연대기》에서 인용한 분류를 살펴보라. 분류에 따라 두 곳에 겹치기도 한다(예, 2편은 '제왕시'이며 '메시아 예언시'이다).

2. 〈시편〉 표제들의 비교 분류(시적 형식을 나타내는 표현들)

명칭(히브리어)	개역한글	의 미	사용된 시들
쉬르(쉬르)	**노래**	노래	30, 46, 48, 65-68, 75, 76, 87, 88, 92, 108, 120-134
미즈모르(미즈모르)	**시**	시	19-24, 29-31, 38-41, 47-51, 62-64, 66-68, 73, 75-77, 79, 80, 82, 84, 86-88, 92, 98, 100-102, 108-110, 139-141, 143
마스길(마킬)	**마스길**	교훈의 시	32, 42, 44, 45, 52-55, 74, 78, 88, 89, 142
믹담(미크탐)	**믹담**	황금시, 금언시	16, 56-60
식가욘(쉬까욘)*	**식가욘**	애통의 시(?)	7
테필라(테필라)	**기도**	기도	17, 86, 90, 102, 142
테힐라(테힐라)	**찬송시**	찬양	145

통독	198
확인	

공부 시편 13편~18편 : 절망에서 소망으로(13편)

1. 시인은 무엇을 두려워했나?(13:3-4에서 3가지) -
2. 내가 여호와를 ( )하리니 이는 나를 ( )하심이로다(13:6).
3. ( )는 그 마음에 이르기를 하나님이 ( ) 하도다. - (14: 절)
4. 여호와께서 그 백성의 ( ) 된 것을 돌이키실 때에 ( )이 즐거워하고 ( )이 기뻐하리로다. - (14: 절)
5. 다음 주의 장막에 거할 자의 행위를 간단히 쓰세요(15편).
   1) 정직 - 행함 2) 공의 - 3) 마음 - 4) 혀 - 5) 이웃 -
   6) 벗 - 7) 눈 - 8) 서원한 것 - 9) 변리 - 10) 무죄한 자 -
6. (16: 절) 나를 훈계하신 ~
7. (16: 절) 주께서 생명의 길로 ~
8. 기도의 끝 부분 4가지를 쓰세요(~소서). - (17:1-2) -
9. 주께서 나를 어떻게 하셨으나 흠을 찾지 못했나?(17:3) -
10. 하나님의 보호 방법을 비유한 두 가지는?(17:8) -
11. 세상 사람들은 분깃을 어떻게 하나?(17:14) -
12. 여호와는 나의 (반석), 나의 ( ), 나를 ( ), 나의 ( ), 나의 ( ), 나의 ( ), 나의 ( ), 나의 ( )이시다. - (18: 절)
13. 여호와께서 그 ( )에게 큰 구원을 주시며 ( )에게 인자를 베푸심이여. - (18: 절)

▲▼△▽ -----≪행복을 깨는 불신≫----- ▽△▼▲

한 고목나무 위에는 매가 둥지를 틀고 새끼들을 기르고 있었고, 나무 밑에는 산돼지들이 새끼를 기르고 있었다. 매들이 떨어뜨리는 나뭇잎은 돼지들의 먹이가 되었고, 돼지들의 음식 찌꺼기는 매의 먹이가 되었다. 이들의 평화에 샘이 난 여우가 매에게로 가서 "나무 밑의 돼지들은 너희 새끼들을 잡아먹으려고 매일 나무 밑동을 갉아먹고 있단다. 이따금 나무가 심하게 흔들리는 것이 바로 밑동이 넘어지려는 징조야." 그러고는 또 돼지에게로 가서 "어미돼지가 먹이를 구하러 멀리 가면 그때 새끼들을 잡아먹기 위해 어미 매가 내려와서 너희 집을 기웃거린단다."

그리하여 매와 돼지는 서로를 믿지 못하게 되었다. 매는 모이를 구하러 나갈 수 없었고, 돼지 또한 먹이를 구하러 나가지 못하고 새끼들만 지키고 있었다. 결국 매도 돼지도 굶어 죽고 말았다.

♧ ♧ ♧

여우의 이간질은 '시기심'의 발로다. 남이 잘되거나 친하게 지내면 시기를 하며 거짓을 지어 말하는 사람들이 있다. 그대의 시기심으로 이간을 하는 일은 없는가?
압살롬은 망명에서 돌아온 후 부왕 다윗이 불러 주지 않자 불만을 품고 부왕 다윗과 백성들 사이를 이간질하였다. 백성들의 마음을 도적질하던 압살롬은 반역을 했으나 요압 장군의 창에 심장이 찔려 죽임을 당한다(삼하 13-18장). 시인은 주의 장막에 거할 자의 조건을 이렇게 말한다.

(시편 15:1-3) 여호와여 주의 장막에 유할 자 누구오며 주의 성산에 거할 자 누구오니이까 정직하게 행하며 공의를 일삼으며 그 마음에 진실을 말하며 그 혀로 참소치 아니하고 그 벗에게 행악지 아니하며

신현주, 〈좌충우돌 예화〉 〈시시콜콜 예화〉, www.sbs66.net

[오늘의 말씀] 시편 19편~24편 : 자연과 율법의 계시(19편) → 먼저 성경 읽기

제19편 〔자연과 율법의 계시〕 하나님은 자연을 통하여 말씀하시며 율법을 통하여 말씀하신다. 금보다도 귀한 말씀이며 꿀보다 더 단 말씀이다(19:10). 7-9절을 다시 음미하라.

제20편 〔왕의 승리를 위한 기도〕 왕은 눈에 보이는 병거나 말보다 하나님 여호와를 의지해야 승리한다.

제21편 〔왕 승리에 대한 감사〕 하나님의 선하신 은혜를 기뻐하며 하나님의 도우심이 적을 제압한다.

제22편 〔고난 중에서도 찬양〕 유명한 메시아 예언시로서 그리스도의 고난이 잘 나타나 있다. 고난 중에도 하나님을 찬양한다. 찬송 중에 거하시는 그 하나님은 거룩하시다.

제23편 〔양과 목자〕 가장 애송되는 시로서 하나님을 목자로 모시고 사는 인생의 평안을 노래한다.

제24편 〔영광의 왕〕 다윗이 언약궤를 예루살렘으로 옮길 때에 찬양대에 의해 불리도록 저작되었을 것으로 보인다(삼하 6:12-15, 대상 15:16-24). 여호와는 왕 중의 왕이시다.

[말씀 묵상]

1. 나는 무엇을 의지하고 자랑하며 사는가? 시인은 "혹은 병거, 혹은 말을 의지하나 우리는 여호와 우리 하나님의 이름을 자랑하리로다"(20:7)라고 하였다. 고대의 전쟁에서 병거나 말은 전쟁에 필수적인 힘이었다. 그러나 시인은 한결같이 여호와의 이름을 의지한 것이다. 다윗은 만군의 여호와의 이름을 의지하여 골리앗을 쓰러뜨렸다(삼상 17:45). 처음 제자들은 그물도, 배도 버리고 오직 예수님을 따르고 의지하였다(마 4:18-22).

2. "내 하나님이여 내 하나님이여 어찌 나를 버리셨나이까"(22:1, 마 27:46 참고). 극심한 고통 중에 부르짖는 이 고백은 하나님을 부정하는 것이 아니다. 3절에는 시인의 신앙이 잘 드러난다. "(그러나) 이스라엘의 찬성 중에 거하시는 주는 거룩하시니이다"라는 대명제를 인정하는 한 하나님을 믿는 믿음은 흔들리지 않는다. 원전에는 이 말씀 앞에 '그러나'라는 단어가 들어 있다.

3. 23편은 시편 중에서 가장 많이 애송된 노래다. "여호와는 나의 목자"라고 고백하는 성도들은 수천 년 동안 불안, 결핍, 유혹, 막다른 길에 섰음에도 커다란 위로와 용기를 얻었다. 부족함 중에서도 주에 의해 공급을 받고, 목마를 때 쉴 만한 물가로 인도해 주신 경험을 통하여 이 시에 대한 애착은 더 커 간다. 이 시가 나의 신앙 고백이어야 한다.

[깊은 연구]

1. 〈시편〉의 자기의(自己義)에 대한 두 가지 설명 *[시 19, 51편]*

1) 시편 기자는 절대적인 의가 아닌 상대적인 의(하나님의 표준에 따른 의가 아닌, 다른 사람들과의 비교에서 나타나는 의)를 주장하고 있다. 세상에서 의를 행하려는 사람과 고의적으로 죄를 짓는 사람들과는 다르다. 다윗은 부족을 아는 사람이었다(시 19:11-13, 51편).

2) 시편 기자는 자신을 심판자이신 하나님께 소송을 제기하는 '분노한 원고'로 자주 묘사하고 있다. 시편 기자가 '자기의'를 싫어한다 하더라도 이러한 관점에서 볼 때는 분명히 그가 '옳다'고 하게 된다.

통독	199
확인	

공부 시편 19편~24편 : 자연과 율법의 계시(19편)

1. 각 단락의 제목으로 적합한 것을 보기에서 찾아 적으세요(19편).
   {보기} 여호와의 율법의 말씀 / 말씀을 지킴으로 상 / 자연이 하나님을 찬양
   1) 1-6절: 2) 7-10절: 3) 11-14절:
2. (20: 절) 성소에서 너를 ~
3. (20: 절) 네 마음의 소원대로 ~
4. (20: 절) 혹은 병거 혹은 말을 의지하나 ~
5. 왕이 무엇을 인하여 기뻐하고 즐거워하는가?(21:) -
6. 우리가 주의 권능을 어떻게 해야 하는가?(21:) -
7. 다음의 절수와 그리스도의 고난과 관계있는 신약은? {보기} 마 27:43 / 마 27:46 / 막 15:24
   1) 내 하나님이여 내 하나님이여 어찌 나를 버리셨나이까(22:). -
   2) 저가 여호와께 의탁하니 구원하실 걸, 저를 기뻐하시니 건지실 걸(22:). -
   3) 내 겉옷을 나누며 속옷을 제비 뽑나이다(22:). -
8. 시편에서 가장 애송되는 시인 23편을 암송해 보세요.
   1) 암송했음 ( ) 2) 암송하는 중임 ( ) 3) 암송하지 않을 것임 ( )
9. "다 여호와의 것이로다" 한 것은 무엇인가?(24편) -
10. 여호와의 산에 오르며 거룩한 곳에 설 자의 조건 4가지는?(24편) -
11. "영광의 왕"은 구체적으로 누구인가?(24편) -

▲▼△▽ -----《자연이 치료한 사람》----- ▽△▼▲

미국 서부의 요세미티 국립공원은 우람한 폭포, 큰 바위, 사람과 친근한 다람쥐, "만약 곰을 만난다면"이란 주의사항의 신비가 있고, 수령이 삼천 년이나 된다는 '세콰이어' 나무들이 우거져 있다. 이 요세미티를 처음 발견한 사람은 폐결핵 말기 환자였다. 약물로는 도저히 치료가 불가능하여 그는 가족들에게 피해를 주지 않고 깊은 산속에 들어가 조용히 삶을 정리하려 했다. 그는 힘이 다할 때까지 산속으로 발걸음을 옮겼다. 가다가 목이 마르면 흐르는 계곡의 물을 마셨고, 배가 고프면 나무 열매들을 먹으며 운명의 발걸음을 계속했다. 놀라운 것은 시간이 지날수록 생기가 나고 회복이 되어 새로운 힘이 솟아나는 것이었다. 죽으려고 찾아갔던 심산유곡에서 완전히 건강을 되찾았다.

필자가 그 먼 곳으로 여행을 갔을 때 이렇게 말했다. "에이, 설악산만도 못하네..."

♧ ♧ ♧

요세미티 국립공원의 규모는 말로 설명이 안 되고 가 보는 수밖에 없다. 건강에는 따뜻한 햇볕, 맑은 물, 신선한 공기가 좋다고 한다. 즉 '자연치유력'을 이상구 박사 등 여러 전문가들이 강조한다. 필자는 강원도 출신으로 요세미티가 설악산에 비하면 규모가 크지만 아기자기하고 아름다운 것은 설악산이 앞선다는 자부심을 가지면서도 일 년에 한두 번 가는 것도 쉽지 않다.

하나님의 창조의 선물인 자연을 누릴 줄 알아야 한다.

(시편 19:1-2) 하늘이 하나님의 영광을 선포하고 궁창이 그 손으로 하신 일을 나타내는도다 날은 날에게 말하고 밤은 밤에게 지식을 전하니

신현주, 〈좌충우돌 예화〉〈시시콜콜 예화〉, www.sbs66.net

[오늘의 말씀] 시편 25편~30편 : 고난당하는 자의 기도(25편) → 먼저 성경 읽기

제25편 〔고난당하는 자의 기도〕 이합체시(통독 218일째 참고)로서 여호와여! 하며 부르짖는 기도 중에도 하나님의 사랑과 용서와 은혜를 체험하는 기도를 한다.

제26편 〔의인의 기도〕 하나님을 신뢰하고 순종하는 일관된 신앙으로 하나님 앞에 자신을 변호한다.

제27편 〔여호와를 바라라〕 오직 선한 것으로 채우시는 하나님께만 우리의 소망이 있음을 노래한다.

제28편 〔부르짖음과 응답〕 화평을 말하나 그 마음에는 악독이 있는 무리들로 인해 여호와께 부르짖는다.

제29편 〔폭풍 속의 하나님〕 뇌성과 번갯불과 폭풍 속에서도 평강을 주시는 하나님께 찬양한다.

제30편 〔건강 회복에 감사〕 당면한 위험이 아마도 삼하 24장, 대상 21장의 인구조사에 따른 이스라엘에게 내린 염병을 가리키는 듯하다. '성전낙성가'라는 표제는 후대(수전절 같은 절기)에 불린 것으로 보인다.

[말씀 묵상]

1. "하나님이여 내가 주께 의지하였사오니"라고 시작한 말의 뒤에 "나로 부끄럽지 않게 하시고"(25:2)라고 기도한다. 하나님을 의지하는 자는 일시적인 실패를 경험한다 해도 결국은 하나님께서 부끄럽지 않게 해 주신다는 확신을 가진다.

2. "저희는 그 이웃에게 화평을 말하나 그 마음에는 악독이 있나이다"(28:3) 하였다. 고사에 '구밀복검'(口蜜腹劍, 제1권 통독 71일째 예화 참고)이라는 말이 있듯이 타락한 인간의 이중성은 언제나 문제가 있다. 하나님은 당신 앞에 안과 밖이 같은 양심이 바른 사람을 사랑하신다.

[깊은 연구]

1. 하나님의 얼굴 (시 27:8-9)

"너희는 내 얼굴을 찾으라 하실 때에 내 마음이 주께 말하되 여호와여 내가 주의 얼굴을 찾으리이다 하였나이다"(시 27:8) 하였다. 이 본문의 '하나님의 얼굴'을 어떻게 해석할 것인가? 몇 가지 용례를 본다.

1) 욥은 고난의 끝에 회복의 단계에서 "내가 주께 대하여 귀로 듣기만 하였삽더니 이제는 눈으로 주를 뵈옵나이다"(욥 42:5)라고 하였다. 하나님은 폭풍 가운데서 욥에게 말씀하셨고(욥 38:1, 40:6), 욥은 하나님을 눈으로 보았다고 고백하므로 자신의 확신에 보상을 받았다(욥 19:27).

2) 축도의 한 본이 되는 제사장의 축복에 "여호와는 그 얼굴로 네게 비취사 은혜 베푸시기를 원하며 여호와는 그 얼굴을 네게로 향하여 드사 평강주시기를 원하노라 할지니라"(민 6:25-26) 하므로 태양처럼 따뜻하게 비추고 부드럽게 빛나는 여호와의 얼굴을 언급하여 사랑과 관심이 상징적으로 표현되었다(출 33:14-15). 하나님께서 얼굴을 들어 분노 가운데서 눈을 향하지 않는다면(렘 3:12의 문자적 해석은 눈으로 하는 강한 공격이나 무서운 눈초리를 말한다. 창 4:5-6), 이는 하나님의 호의를 드러내는 것이다.

3) 야곱도 하나님의 얼굴을 언급했고, 성경의 여러 곳에서 하나님의 얼굴을 말하고 있다(창 32:30, 33:10, 민 6:25-26, 신 31:17, 32:20, 대상 16:11, 대하 6:42, 30:9, 욥 19:27, 33:26, 42:15, 시 4:6, 10:11, 11:7, 13:1, 24:6, 27:8-9, 30:7, 34:16, 42:5, 11, 43:5, 67:1, 80:3, 19, 88:14, 89:15, 105:4, 143:7, 사 54:8, 렘 3:12, 44:11, 겔 38:18, 39:29, 단 9:17, 미 3:4).

통독	200
확인	

공부 시편 25편~30편 : 고난당하는 자의 기도(25편)

1. 여호와여 주의 (　　　)를 내게 보이시고 주의 (　　　)을 내게 가르치소서. - (25:　절)
2. 주의 (　　　)과 인자하심이 (　　)부터 있었사오니 주여 이것을 기억하옵소서. - (25:　절)
3. 시인이 '나의 완전함에 행하였다'고 한 두 절은? - (26:　,　절)
4. 시인은 무엇을 사랑하였나?(26:8) -
5. 여호와는 나에게 어떤 분인가?(27편)
   1) 나의 (　　　),　2) 나의 (　　　),　3) 내 생명의 (　　　)
6. (27편) 여호와께 청하였던 한 가지 일...내 생전에 ~
7. (27편) 너는 여호와를 바랄지어다 ~
8. 열왕기상 8장 22, 54절 솔로몬의 기도 모습은 시편 28편 몇 절과 비슷한가?(28편) -
9. 악인과 행악하는 자는 그 마음에는 악독이 있으면서 이웃에게 무엇을 말하나?(28편) -
10. 마음이 여호와를 의지하여 도움을 얻은 자는 어떻게 해야 하나?(28편) -
11. (29:　절) 여호와의 이름에 ~
12. (29:　절) 여호와께서 자기 백성에게 ~
13. "여호와의 소리"라는 말이 몇 번 나오며 그 절은?(29편) -
14. 다음 단어가 나온 횟수를 쓰세요(개역한글판 기준, 30편).
   1) 여호와 - (　번)　2) 하나님 - (　번)　3) 주(主) - (　번)
   4) 감사 - (　번)　5) 찬송 - (　번)

▲▼△▽ -----≪말 없는 가정의 말장난≫----- ▽△▼▲

▷ 김백두 집사와 이한라 집사가 부부싸움을 하고 서로 말을 하지 않았다. 김백두 집사는 내일 회사에 일찍 나갈 일이 있어서 종이에 써서 아내에게 주었다. "내일 아침 6시에 날 깨워 줘요." 분명히 메모지를 받고 고개를 끄덕였는데, 눈을 떠 보니 7시도 훨씬 넘었다. 화가 나서 아내를 노려보는데 아내가 손가락으로 침대머리를 가리켰다. 메모지에는 "여보, 일어나요. 6시예요."라고 적혀 있었다.

▷ 영화를 좋아하는 부부가 홈 비디오 영화를 빌려와도 많은 경우에 포옹하며 진한 장면들이 나와서 어색할 때가 있었다. 그럴 때마다 김백두 집사는 "엎드려!" 했고, 아이들은 잠시 고개를 숙이곤 했다. 그날도 ⑮의 DVD임에도 정사장면까지 나왔다. 김백두 집사가 "엎드려!" 하고 외쳤으나 아들은 엎드리지 않고 방에 들어갔다 나오더니 말했다. "아버지, 옛날의 제가 아닙니다. 민증 발급 받은 것 보이세요?"

♧ ♧ ♧

가정문제는 답이 보일 듯하면서도 정답이 아닌 경우도 많다. 세월이 약이 되기에 기다려 보라. 아내가 말을 안 하면 남편인 그대가 마음을 열고 말을 해야 한다. 지금 아내에게 "여보, 미안해요." 하며 안아 줘라. 아내가 뿌리치면 자존심 상하겠지만, 하루의 여유를 갖고 포기하지 말고 해결의 실마리를 찾으라. 그럼에도 고집을 부리는 아내라면 남편이여, 차라리 집을 나가라. 도무지 기대할 수 없는 아내이기 때문이다. 이 부분은 말장난입니다. 진짜 집 나가면 필자가 책임 안 집니다.

(시편 30:5) 그 노염은 잠간이요 그 은총은 평생이로다 저녁에는 울음이 기숙할지라도 아침에는 기쁨이 오리로다

신현주, 〈좌충우돌 예화〉〈시시콜콜 예화〉, www.sbs66.net

[오늘의 말씀] 시편 31편~36편 : 시련 속에서의 신뢰(31편) → 먼저 성경 읽기

제31편 〔시련 속에서의 신뢰〕 피난처 되신 하나님을 신뢰하며 비참한 가운데서도 굳건하게 기도한다.
제32편 〔자복과 사죄의 은총〕 감춰진 죄로 인한 고난과 자복함으로 얻은 사죄의 기쁨을 노래한다.
제33편 〔여호와를 즐거워함〕 악기로, 큰 소리로 하나님을 찬양하며 즐거워함은 성도의 마땅한 일이다.
제34편 〔하나님의 돌보심〕 이합체시 중 하나다(9편도 이합체시). 표제는 삼상 21:10-22:1의 사건을 가리키고 있다. 비록 고난 중에 있어도 하나님이 그 모든 고난에서 건지실 것을 믿었다. 〈통독 218일째 참고〉
제35편 〔의인의 탄식〕 원수들에게는 행한 대로 갚아 주시도록 기도하는 저주시다.
제36편 〔하나님의 확실한 사랑〕 다윗의 시로서 악의 실상과 하나님의 인자하심과 생명 되심을 대조한다.

[말씀 묵상]

1. '회개의 시편'이라 하는 32편은 인생의 근본 문제를 밝히 보여 준다. "죄짐을 진 자는 신음하므로 뼈가 쇠하고, 진액이 화하여 여름 가물에 마름 같도다" 하였다(32:3-4). 의학자들은 현대의 모든 병이 마음으로부터 온다고 말하는데, 죄를 벗는 자는 곧 마음의 평안과 함께 건강도 얻는 것이다. '자복하리라'는 결단은 행복의 길이 된다.
2. "의인은 고난이 많으나 여호와께서 그 모든 고난에서 건지시는도다"(34:19). 의롭게 살고자 하는 자는 고난이 따르지만 그것은 하나님을 믿고 순종한다는 증거이기도 하다. 주일 성수, 십일조를 행함이 힘들지만 결국은 복이 되고 영광이 된다. "생각건대 현재의 고난은 장차 우리에게 나타날 영광과 족히 비교할 수 없도다"(롬 8:18).
3. "내 기도가 내 품으로 돌아왔도다"(35:13, 마 10:13 참고). 그대는 다른 사람을 위하여 얼마나 기도를 하고 있나? '밑져야 이익'이 기도의 원리다.

[깊은 연구]

1. 내 시대가 주의 손에 있사오니 〔시 31:15〕

1) 이 본문이 개역개정판에는 "나의 앞날이 주의 손에 있사오니"라고 되어 있다. 또는 문자적 해석으로 "나는 항상 주의 돌보심 안에 있사오니"로 번역하기도 한다. 영어 성경들은 대개 '나의 시간(시대)'을 나타내는 'My times'로 번역하였다.

2) "내 시대"(עִתֹּתָי: 잇토타이)의 히브리 원문의 문자적 의미는 '내 때들'이다. 즉 '내 장래', '앞으로 닥칠 일'을 말한다.

3) 따라서 31편에서 시인은 곤경에서 벗어나는 오직 한 가지 길은 하나님에게 있다고 생각하므로 시인은 자신의 문제와 자기 자신을 전적으로 하나님께 맡긴다. 이것이 오늘 그대의 신앙고백이어야 내 시대를 주님께 맡기고 동행할 수 있다.

■ 악사들의 부조
이 음악인(악사)들의 부조는 앗수르인이며 복원한 것이다. 시편에는 찬양과 악기 연주를 위한 시들로 가득하다.

통독	201
확인	

공부

시편 31편~36편 : 시련 속에서의 신뢰(31편)

1. (31:　절) 주는 나의 반석과 산성이시니 ~
2. (31:　절) 내 시대가 ~
3. (　　)의 사함을 얻고 그 (　　)의 가리움을 받은 자는 (　　)이 있도다. - (32:　절)
4. 내가 (　　) 아니할 때에 종일 (　　)하므로 내 뼈가 (　　). - (32:　절)
5. 악인에게는 (　　)이 있으나 여호와를 신뢰하는 자에게는 (　　)이 두르리로다. - (32:　절)
6. 정직한 자가 마땅히 할 바는 무엇인가?(33:1) -
7. 하늘은 무엇으로 지음이 되었나?(33:6) -
8. 어떤 백성은 복이 있나?(33:12) -
9. 생명을 사모하고 장수하여 복 받기를 원하는 사람은 무엇을 금해야 하나?(34편) -
10. 여호와는 누구에게 가까이하시고 구원하시는가?(34편) -
11. 34편 몇 절이 요한복음 19장 36절, 출애굽기 12장 46절과 같은(또는 유사한) 말씀인가? -
12. (35:9) 내 영혼이 (　　)이여 그 구원을 (　　)하리로다.
13. (35:13) 나는 저희가 병들었을 때에...내 영혼을 괴롭게 하였더니 (　　) 돌아왔도다.
14. (35:28) 나의 혀가 (　　)를 말하며 종일토록 주를 (　　)하리이다.
15. 악인이 스스로 자긍하여 무엇이라 말하나?(36편) -
16. 인생은 어디로 피해야 하나?(36편) -
17. 생명의 원천이 어디에 있는가?(36편) -

▲▼△▽ -----≪다급하면 아는 것도 헷갈린다≫----- ▽△▼▲

교우들과 함께 소금강으로 등반을 갔다. 매표소에서 폭포가 있는 곳까지 약 2km(오리) 정도니 무리가 아닌 적당한 코스였다. 폭포 주변 넓은 바위에서 도시락을 먹으며 자연과 더불어 즐거운 시간을 가졌다. 산을 내려오는 길에 김백두 집사가 그만 발을 헛디뎌 다리를 다치고 말았다. 피가 흐르고 고통을 호소하는데 업고 내려갈 수도 없는 상황이었다.

누군가 "119 구조대를 불러야겠어!"라고 외쳤다.

똑똑한 이한라 집사가 말했다. "그러게, 그런데 119 구조대 전화번호가 몇 번이야?"

더 똑똑하다는 에스더 집사가 당황하지 않고 "114에 물어봐야지!" 하며 전화를 했다.

"여보세요, 114 안내지요? 산에서 사람이 다쳐서 그러는데, 119 구조대 전화번호가 몇 번인가요?"

♧ ♧ ♧

119 구조대의 도움으로 무사히 하산하여 치료받았다. 다급하면 아는 전화번호도 생각이 나지 않고 헷갈리게 마련이다. 인간에게는 위급에 대처하는 능력이 있어서 어떤 때는 엄두가 안 나 미루던 일을 하룻밤 새에 하고는 스스로 대견해한다. 차에 깔린 아들을 구하려는 엄마가 차를 들어 올렸다는 이야기도 있다. 어려운 문제를 만났을 때 두려워 말고 오히려 차분한 마음으로 접근을 하면 엄청난 결과를 얻는다. 시인들은 이런 자세를 가졌기에 믿음으로 문제를 해결했다.

(시편 31:9-10) 여호와여 내 고통을 인하여 나를 긍휼히 여기소서 내가 근심으로 눈과 혼과 몸이 쇠하였나이다 내 생명은 슬픔으로 보내며 나의 해는 탄식으로 보냄이여

신현주, 〈좌충우돌 예화〉〈시시콜콜 예화〉, www.sbs66.net

[오늘의 말씀] 시편 37편~41편 : 의인과 악인(37편) → 먼저 성경 읽기

제37편 〔의인과 악인〕 잠언으로 가득한 이합체시 중의 하나다(시 9편 해설을 보라). 악인의 풍요가 의인에게 가치 혼란을 주지만 악인의 종국은 멀지 않고 의인의 영광은 영원하다는 가르침을 준다.

제38편 〔곤경에서 사죄를 구함〕 죄로 인한 고통에서 회개하고 사죄의 은혜를 입는다.

제39편 〔침묵과 인생의 무상〕 짧고 헛된 인생에 소망을 두기보다 하나님께 자신을 맡김이 현명하다.

제40편 〔감사와 찬송시〕 감사함으로 과거를 회상하고 다른 사람들에게 하나님을 전하며, 끝나지 않은 고난에 하나님의 새로운 도움을 구한다.

제41편 〔병든 외로운 자의 기도〕 고난의 때에 하나님은 돕기 위해 곁에 계신다. 시인은 "내 영혼을 고치소서" 기도한다. 13절은 하나님께 찬양을 돌리는 공식적인 구절로서 제1권(1-41편)의 끝을 표시한다.

[말씀 묵상]

1. "오직 온유한 자는 땅을 차지하며 풍부한 화평으로 즐기리로다"(37:11) 하였다. 예수님도 "온유한 자는 복이 있나니 저희가 땅을 차지할 것이요"(마 5:5)라고 하셨다. 온유하신 예수님(마 11:28)은 그 말씀대로 오늘날 온 세상에 그 이름이 퍼져서 땅을 차지하셨다.
2. "행악자를 인하여 불평하지 말며"(37:1). 악인이 형통하거나 하나님 뜻에 거스르는 자가 번영하는 것을 보면서 불평을 하는가? 이로 인해 신앙을 버리지는 않는다 해도 하나님을 욕되게 하지는 않는가? 불평하지 말라고 하였다. 악인은 언젠가는 반드시 쇠퇴할 것이다(37:2). 현재만을 보면 무질서하게 보이는 이 세상의 일도 장기적인 안목에서 보면 역시 인과의 법칙 아래 있다.
3. 가난하고 궁핍한 삶은 마음마저 움츠러들게 하기 쉽다. 부유한 사람도 때로는 가난하고 궁핍하게 된다. 그러나 내가 믿는 하나님은 나의 도움이요, 건지시는 자다. "나는 가난하고 궁핍하오나 주께서는 나를 생각하시오니"(40:17). 무엇이 두려운가? 예수님은 "먼저 그의 나라와 그의 의를 구하라"(마 6:33) 하셨다.

[깊은 연구]

1. 〈시편〉 제1권의 마침인 41편의 끝맺음 (시 41편)

〈시편〉은 전 5권으로 나뉜다. 제1권의 끝인 41편 13절은 다른 권들과 같이 하나님께 드리는 송영으로 끝나고 있다. 41편 13절은 단지 41편의 결론이 아니라 〈시편〉 제1권(1-41편)의 결론이다.

1) 하나님을 "여호와 이스라엘의 하나님"이라 함은 하나님께서 조상들과 맺으신 언약에 대한 깊은 감명을 자기 마음속에 가지고 있음을 증명해 준다.

2) "아멘"을 반복한 것은 마음에 깊은 애착심과 더 열심을 가지고 하나님을 찬양하도록 격려해 준다.

■ 창조주가 만든 석양의 아름다움
시인은 "주께서 아침이 되는 것과 저녁이 되는 것을 즐거워하게 하시며"(시 65:8)라 했다. 이는 축복의 언약이다.

통독	202
확인	

공부 시편 37편~41편 : 의인과 악인(37편)

1. (37:　절) 여호와를 기뻐하라 ~
2. (37:　절) 내가 어려서부터 ~
3. (37:　절) 여호와를 바라고 그 도를 ~
4. 주의 (침 / 살)이 나를 찌르고 (주 / 원수)의 손이 나를 심히 누르시나이다. - (38:　절)
5. 내 (죄악 / 마음)을 고하고 내 (짐 / 죄)를 슬퍼함이니이다. - (38:　절)
6. (선 / 악)으로 (선 / 악)을 갚는 자들이 내가 (선 / 악)을 좇는 연고로 나를 대적하나이다. - (38:　절)
7. 악인이 앞에 있을 때에 입에 자갈을 먹이리라는 이유는?(39:1) -
8. 종말과 연한을 아는 것은 결국 무엇을 아는 것인가?(39:4) -
9. 용서를 간구하며 무엇의 회복을 기도했나?(39:13) -
10. 여호와 나의 하나님이여 주의 행하신 (　　)이 많고 우리를 향하신 주의 (　　)도 많도소이다(40:5).
11. 내가 (　　　　) 행하기를 즐기오니 주의 법이 나의 (　　)에 있나이다 하였나이다(40:8).
12. 나는 (　　　　)하오나 주께서는 나를 (　　　)하시오니 주는 나의 도움이시요(40:17).

◇ 다음 단어가 나오는 절수의 말씀을 쓰세요(41편).

13. 병상(　절) -
14. 악담(　절) -
15. 대적(　절) -
16. 아멘(　절) -

▲▼△▽ -----≪꽃뱀 두목, 현직 교감선생님≫----- ▽△▼▲

OO 시의 모 초등학교 교감인 박 모 씨(57)는 동료 교사인 이 모 씨(54)를 불러내 김 모 씨(36, 여)와 함께 술을 마셨다. 그리고 두 사람이 동침하도록 박 교감이 친절하게 인근 모텔까지 안내했다.

이 교사는 횡재를 했다고 생각했으나 모텔에서 성관계 중에 박 교감이 고용한 일당 2명이 현장을 덮쳐 '교사 신분으로 불륜을 저지른 사실을 폭로하겠다'고 협박을 했다. 짜고 한 일임을 모르는 이 교사는 궁지에 몰려 박 교감에게 중재를 부탁했다. 그리하여 박 교감은 '합의금 7천만 원을 내야 한다'고 말한 뒤 돈이 부족한 이 교사에게 1천만 원을 빌려줬다. 박 교감은 7천만 원 중에서 1천 8백만 원은 자신이 챙기고 나머지는 김 여인과 행동대원 등에게 분배했다. 그러나 일이 들통 나 박 교감과 김 여인, 행동대원 등 4명은 갈취 등의 혐의로 구속되었다(060922). 이 교사는 혀를 내둘렀다.

'30년지기가 꽃뱀 두목인 줄 몰랐다'고 했으나 가족과 학부모들 볼 면목이 없게 됐다.

♧ ♧ ♧

실제 사건이냐고요? OO지방 경찰청에 확인해 보라니까! 적(敵)은 언제나 가장 가까이에 있다. 어제의 동지가 오늘의 적이 된다고, 아무리 돈이 탐난들 동료를 죽이고 돈을 챙기려 하다니!
박 교감은 '주식투자로 인한 손실 1억 원의 빚을 갚으려 했다' 하나 제정신은 아닌 듯싶다.
이 교사도 한 번의 실수로 명예를 손상했을 뿐 아니라, 큰돈마저 잃을 뻔했다.

(시편 37:14-15) 악인이 칼을 빼고 활을 당기어 가난하고 궁핍한 자를 엎드러뜨리며 행위가 정직한 자를 죽이고자 하나 그 칼은 자기의 마음을 찌르고 그 활은 부러지리로다

신현주, 〈좌충우돌 예화〉 〈시시콜콜 예화〉, www.sbs66.net

[오늘의 말씀] 시편 42편~46편: 하나님을 사모함(42편) → 먼저 성경 읽기

= 시편 42편부터 72편은 〔제2권〕에 해당된다. 주로 다윗과 고라의 자손의 시가 많다. =

제42-43편 〔하나님을 사모함〕 두 시편이 주제가 같고 후렴이 같다(42:5, 11, 43:5). 현재는 성전에 가지 못하는 어려운 형편(병 때문인지 유배를 당했는지, 6절)이지만 거기서 하나님을 사모한다.

제44편 〔민족적인 애가〕 약할 때에 (하나님을 의지하여) 강해지는 것처럼, 패배했을 때에 일시적인 혼란이 있어도 결국은 하나님을 잊거나 언약을 어기지 않는(17절) 이스라엘의 신앙고백적인 애가이다.

제45편 〔왕의 결혼을 축하〕 이스라엘의 왕은 신정의 대리자로서 의미가 있다. ("깊은 연구"를 보라)

제46편 〔피난처요 힘이신 하나님〕 우리와 함께하시는 하나님의 행적은 악을 무찌르셨다. 이스라엘은 도움되시는 하나님이 계시기에 어떤 큰 물결이 일어도 두려워하지 않는다. 루터의 384장 찬송의 기초가 되었다.

[말씀 묵상]

1. 사막을 여행하던 무리들이 갈 길은 먼데 뜨거운 태양 아래에서 물이 떨어졌다, 타는 목마름 가운데 한 노인이 우두머리에게 말했다. "선물하기 위해 가져가는 저 두 마리의 사슴을 풀어놓아 물을 찾게 합시다." 풀려난 사슴들은 긴 목을 높이 쳐들고 숨을 몰아쉰 뒤 쏜살같이 달려갔다. 말을 탄 사람들은 사슴의 뒤를 쫓아가 물이 있는 곳을 발견할 수 있었다. 약한 사슴이 물을 찾는 것은 본능이다. 시인은 인생의 목마름을 시냇물을 찾는 사슴에 비유하였다(42:1). 목마른 자는 하나님을 만나게 되는데 우리 인생은 기본적으로 "영원을 사모하는 마음"(전 3:11)을 가지고 있다.

2. 모태신앙의 한 성도는 교회의 중직인 부모님이 밥상머리에서 교회와 목사님을 헐뜯는 이야기를 늘 들으며 성장했다. 그는 마음에 자리잡은 부정적인 의식을 벗는 데 너무 힘들었다고 고백했다. 이스라엘은 하나님의 은혜를 자녀들에게 전해주는 것이 큰 의무였다. "주께서 우리 열조의 날 곧 옛날에 행하신 일을 저희가 우리에게 이르매 우리 귀로 들었나이다"(44:1)라고 고백하고 있다. 유월절도 자손이 영원히 지켜야 하고(출 12:24), 요단을 건넌 후에 기념비를 세우면서도 "너희 자손이 그 아비에게 묻기를 이 돌은 무슨 뜻이냐 하거든"(수 4:21)이라며 후손들과 연결을 시킨다.

[깊은 연구]

1. 메시아 왕을 칭송함, 왕의 결혼을 축하 (시 45편)

이스라엘 왕은 신정정치의 대리인이었다. 메시아 왕은 어떤 분인가?

1) 초인적이어야 한다(1-2절): 깨우침, 죽은 자를 살린다.
2) 전쟁에 능하셔서 홀로 싸우신다(3-5절): 사단 권세를 물리치는 왕이시다.
3) 진리, 온유, 공의를 위하여 싸우신다(4, 7절).
4) 영적 향기, 복음으로 신자들에게 영생을 준다(8절, 고후 2:14-16)
5) 신부(성도)는 신랑인 그리스도(왕)를 위하여 세상과 인연을 끊어야 한다(9-11절).
6) 신부는 다른 사람을 왕에게 이끌어야 한다(14절).
7) 그리스도의 후사들(16절): 왕의 열조들이 왕을 계승함.

통독	203
확인	

공부 시편 42편~46편 : 하나님을 사모함(42편)

1. 42편과 43편에서 같은 내용이 나오는 세 절수를 쓰고 아래에 적으세요. - 42: , 절, 43: 절
   내 영혼아 ~
2. 주를 찾기에 갈급함을 무엇에 비유하였나?(42:1) -
3. 시인은 무엇 때문에 마음이 상했는가?(42:4) -
4. 43편 2절의 "어찌하여 나를 버리셨나이까"와 42편에서 가장 유사한 구절은? - (42: 절)
5. 그런즉 내가 ( )에 나아가 나의 ( )께 이르리이다(43:4).
6. (44: 절) 이스라엘이 땅을 얻어 차지함은 자기 칼과 팔로 한 것이다. - (O, X)
7. (44: 절) 대적을 누르지만 우리를 치려 하는 자를 주의 이름으로 밟지는 말아야 한다. - (O, X)
8. (44: 절) 이 모든 일이 임하였으나 주를 잊지 아니하며 주의 언약을 어기지 아니하였다. - (O, X)
9. (44: 절) 이 말씀을 바울은 로마서 8장 36절에 인용하였다. 앞의 ( )에 절수만 쓰세요.
10. (45: 절) 왕은 인생보다 ~
11. (45: 절) 왕이 정의를 사랑하고 ~
12. (45: 절) 왕의 아들들이 ~
13. 하나님은 우리의 피난처시며 힘이시기에 어떠한 상황에서도 두려워하지 않는가?(46:1-3)
    -
14. ① 성이 요동치 않는 이유는? - , ② 하나님은 언제 도우시나?(46:5) -
15. 만군의 여호와의 행적은 어떤 것이 있나?(46:8-9) -

▲▼△▽ -----≪오직 생명을 위하여≫----- ▽△▼▲

어느 날 임금님이 죄수들이 있는 감옥을 방문했더니 한 젊은이가 죽상을 하고 있었다. 임금님은 "자네는 젊은 사람이 어찌 기가 죽어서 사나?" 하고 나무랐다. 그러자 "제가 죽을는지 살는지, 감옥에 있다 보니 참 근심입니다."라고 대답했다. 왕은 "그럼 내가 한 가지 묘수를 가르쳐 주지." 하며 기름을 가득 채운 컵을 하나 가져오게 했고, "이것을 들고 알렉산드리아의 온 시내를 한 바퀴 빙 돌아서 다시 여기로 돌아오게. 만일 기름을 한 방울도 흘리지 아니하면 자네를 석방하겠네." 하였다.

청년은 감격하여 그 컵을 들고 두 시간 동안 알렉산드리아 거리의 극장 앞, 사창가, 시장을 지나갔다. 많은 사람이 유혹하고 소리를 지르고 해도 그는 전혀 동요 없이 시내를 빙 돌아 감옥으로 돌아왔다. 임금님은 젊은이에게 칭찬한 후에 석방해 주었다.

♧ ♧ ♧

임금님은 "극장과 시장에 사람들이 모여 있는 것을 보았나? 사창가에서 유혹하는 소리는 들었나?" 물었다. '아무것도 본 것 없고 들은 것도 없다'고 하자 임금님은 "석방해 준다는 약속 하나를 믿고 너는 거기에 온 마음을 쏟아 길을 걸어간 것이다. 그렇게 일생을 살아라." 하며 석방해 주었다.
예수 안에 생명이 있기에 한눈을 팔아서는 안 된다. 오직 주님만을 바라보아야 한다.
시인(기도자)은 오직 "하나님을 바라라"며 불안의 문제를 해결하고 있다.

(시편 42:5) 내 영혼아 네가 어찌하여 낙망하며 어찌하여 내 속에서 불안하여 하는고 너는 하나님을 바라라 그 얼굴의 도우심을 인하여 내가 오히려 찬송하리로다

신현주, 〈좌충우돌 예화〉 〈시시콜콜 예화〉, www.sbs66.net

[오늘의 말씀] 시편 47편~51편 : 하나님을 찬양하라(47편) → 먼저 성경 읽기

제47편 〔하나님을 찬양하라〕 하나님 나라를 노래한 시다. 온 땅에 왕 되신 하나님을 찬양하라. 앞부분은 찬양하라는 권면이며 뒷부분은 찬양할 이유를 말한다.

제48편 〔큰 왕의 성〕 하나님의 거룩한 성 시온에 대한 노래로서 시온을 하나님께서 보호하신다.

제49편 〔삶과 죽음〕 인간 세계에 있는 빈부 문제를 생명의 존엄성과 그 미래성을 내다보며 해답을 준다.

제50편 〔회개를 요구하시는 하나님〕 감사가 없는 제물을 하나님은 원치 않으신다(8, 14, 23절).

제51편 〔사죄를 구하는 기도〕 표제의 글이 "다윗이 밧세바와 동침한 후 선지자 나단이 저에게 온 때에" 라고 되어 있는데, 사무엘하 11-12장을 배경으로 하고 있다. (통독 205일째 도표 참고)

[말씀 묵상]

1. 다윗의 위대성은 그의 '침상을 적시는 회개'에 있다(시 51편). 사무엘하 11-12장을 배경으로 한 다윗과 밧세바의 부정은 누구나에게 숨겨진 죄성의 표출이다. 다윗은 그의 죄를 지적받고 회개한 위대성이 있다. 반면에 동생의 아내를 취한 헤롯 왕은 그 죄를 지적하는 세례 요한의 목을 베었다(마 14:1-12). 사울은 사무엘로부터 죄를 지적받았을 때에 핑계하였다(삼상 13, 15장 참고).

[깊은 연구]

1. 〈시편〉 표제의 음악적 형식 비교 분류

명칭(히브리어)	개역한글	의 미	사용된 시들
*셀라(쎌라)	셀라	음성을 높임(?) 잠시 묵상(?)	37개의 시편에서 71곳에 나옴 합 3:3, 9, 13에 등장
*힉가욘(히까욘)	-	명상(?)	9:17
라메나제아흐	영장	악장(樂長), 지휘자	4, 5, 6, 8, 9, 1-14, 18-22, 31, 36, 39-42, 44-47, 49, 51-62, 64-70, 49, 51-62, 64-70, 75-77, 80, 81, 84, 85, 109, 140
삔기노트	현악	현악기(하프?)	4, 6, 55, 61, 67, 76
엘 한네힐로트	관악	부는 악기(갈대퉁소)	5
여두둔(리디툼)	여두둔	악사, 또는 찬양대 이름	39, 62, 77
*알-하깃딧	깃딧	현악기를 연주하는	8, 81, 84
알-하시미닛	스미닛	기본음	6, 12
알-알라못	알라못	소프라노음	46
알 뭇랍벤	뭇랍벤	'벤'의 죽음을 위한 노래	9
알-아엘렛샤할	아앨렛 샤할	새벽의 사슴의 노래	22
알-마할랏	마할랏	질병(영적인 병 포함)	53
알-쇼산님	소산님	백합화의 노래	45, 69
알-요나트 엘림 레홋킴	요낫 엘렘 르호킴	잠잠한 비둘기	56
알-다스헷 (알 타쉬헤드)	알다스헷	해치지 못함	57, 58, 59

* 위의 해설과 도표는 Alan B. Stringfellow의 《Through the Bible in One Year》 에서 인용.

* 명칭 중에 * 표가 있는 것은 정확한 의미를 모르는 것임.

통독	204
확인	

공부

시편 47편~51편 : 하나님을 찬양하라(47편)

1. 다음 단어가 몇 번이나 나오는지 횟수와 해당 절수를 쓰세요(47편).
   1) 여호와 (번 / 절) 2) 하나님 (번 / 절)
   3) 찬양 (번 / 절) 4) 왕 (번 / 절)
2. 시온산의 모습은 어떠한가?(48:2) -
3. 어디에서 주의 인자하심을 생각하였나?(48:9) -
4. 하나님은 우리를 언제까지 인도하시나?(48:14) -
5. ( )도 죽고 ( )도 같이 망하고 저희의 ( )을 타인에게 끼치는도다(49편).
6. 하나님은 나를 ( )하시리니...내 영혼을 ( )에서 구속하시리로다(49편).
7. ( )에 처하나 깨닫지 못하는 사람은 ( ) 같도다(49편).
8. 다음 중 서로 관계있는 말을 줄로 연결하세요(50편).
   1) 나의 성도를 내 앞에 모으라 가) 네 번제가 항상 내 앞에 있음이로다 - (절)
   2) 제물을 인하여는 책망치 아니하리니 나) 곧 제사로 나와 언약한 자니라 - (절)
   3) 환란 날에 나를 부르라 다) 네가 나를 영화롭게 하리로다 - (절)
9. 51편의 '표제'에 등장하는 세 인물은?(삼하 11-12장 참고) -
10. 내 ( )를 도말하소서 나의 죄악을 말갛게 ( ) 나의 죄를 깨끗이 ( )(51편).
11. 하나님이여 내 속에 ( )을 창조하시고 내 안에 ( )을 새롭게 하소서(51편).
12. ( ) 내 입술을 ( ) 주소서 내 입이 주를 ( )하여 ( )하리이다(51편).

▲▼△▽ -----≪거짓말은 안 합니다≫----- ▽△▼▲

캐나다 총리 장 크레티앙은 가난한 집안의 19형제 가운데 18째로 태어났다. 그는 선천적으로 한쪽 귀의 청각을 잃었고, 안면 근육 마비로 입이 비뚤어져 발음이 어눌했으나 신체장애를 딛고 1993년 총리가 된 이래 세 번이나 총리에 임명되었다. 그의 신체장애는 때론 정치만화가의 풍자 대상이 되었고, 호기심의 대상이 되었다.

선거유세 때 그가 말했다. "여러분, 저는 언어장애를 가지고 있습니다. 오랜 시간 고통을 당하기도 했습니다. 하지만 지금은 제가 가진 언어장애 때문에 제 생각과 의지를 전부 전하지 못할까 봐 고통스럽습니다. 저의 어눌한 발음이 아니라 그 속에 담긴 저의 생각과 의지를 들어주셨으면 합니다." 그때 반대파가 소리쳤다. "나라를 대표하는 총리에게 언어장애가 있다는 것은 치명적인 결점입니다."

크레티앙은 어눌하지만 단호한 목소리로 말했다. "나는 말은 잘 못하지만 거짓말은 안 합니다."

♧ ♧ ♧

외모가 멀쩡하고 학력이나 지위가 남보다 뛰어남에도 불구하고 거짓을 일삼는 사람들이 많다. 인물값을 해야 하고 공부한 것이 아깝지 않아야 하며, 지위에 부끄럽지 않아야 한다.

이 땅에서 정치가들의 많은 거짓말을 보아 왔고, 국민들도 도덕적으로 무뎌져서 '국민만 잘살게 해주면 된다'는 식으로 함께 타락하는 것을 보았다. 교회의 양심이 살아야 한다는 과제가 있다.

(시편 51:9-10) 주의 얼굴을 내 죄에서 돌이키시고 내 모든 죄악을 도말하소서 하나님이여 내 속에 정한 마음을 창조하시고 내 안에 정직한 영을 새롭게 하소서

신현주, 〈좌충우돌 예화〉 〈시시콜콜 예화〉, www.sbs66.net

[오늘의 말씀] 시편 52편~56편 : 악인의 운명(52편) → 먼저 성경 읽기

第52편 〔악인의 운명〕 죄악을 말하고 하나님의 보응을 경고한다. 표제는 삼상 22장을 배경으로 한다.
第53편 〔어리석은 자〕 14편을 개편한 시다. '하나님이 없다' 하는 어리석은 자는 하나님을 부인한다.
第54편 〔하나님은 나를 돕는 자〕 다윗이 사울에게 쫓길 때에 하나님께 도움을 구한 것이 배경이다.
第55편 〔고난 중에 기도〕 원수가 동류, 동무, 가까운 친우이기에 시인의 괴로움은 더 크다(13절).
第56편 〔하나님을 의지함〕 어떠한 형편에서도 주를 의지하겠다는 시인의 믿음을 보게 된다.

[말씀 묵상]

1. 원수가 결코 멀리 있는 것이 아니라 "재미롭게 의논하며 무리와 함께하여 하나님의 집 안에서 다녔던"(55:13-14) 동류, 동무, 친우이기에 더욱 마음이 아프다. 어디 그것이 다윗만 겪은 일인가? 오늘날에도 입으로는 거룩을 외치며 목소리를 깔면서, 그 속에는 음흉한 배신과 욕심을 가진 자들로 인해 아픔을 겪지는 않나? 친구이고 가깝기 때문에 도와줄 것이라고 생각하는가? 시인은 차라리 원수였다면, 미워하는 자였다면 하며 안타까워한다. 예수님도 제자들을 '친구'라 했으나(요 15:13) 그 중에 하나인 가룟 유다에게 팔리는 아픔을 겪었다(막 14:44).
2. 시인은 "나의 눈물을 주의 병에 담으소서"(56:8) 하였다. 얼마나 고통이 크고 눈물을 많이 흘렸으면 '주의 병'에 담겠다고까지 했을까? 내 인생의 눈물을 주님의 은혜의 병에 담으시면 주님이 그 눈물의 양을 보시고 은혜 가운데서 위로하고 도와주시지 않겠는가?

[깊은 연구]

1. 사건을 배경으로 한 시편들

시	배경 사건	곡 조	관련 구절	비 고
3	다윗이 압살롬을 피할 때		삼하 15-17장	첫 '셀라' 사용
7	구시의 말에 대하여 여호와께 한 노래	식가욘	삼상 19-26장	베냐민 사람
18	다윗이 원수와 사울의 손에서 구원받은 후		삼하 22장	
34	다윗이 아비멜렉 앞에서 미친 체하다가 쫓겨 나서 지은 시		삼상 21:10-22:5	창 20:2, 26:1도 참고
51	다윗이 밧세바와 동침한 후 나단이 온 때		삼하 12장	참회시
52	도엑이 사울에게 다윗이 아히멜렉의 집에 왔더라 한 때	마스길	삼상 22:9	에돔인
54	십인이 사울에게 다윗 거처를 이를 때		삼상 23:19, 26:1	
56	다윗이 가드에서 블레셋 인에게 잡힌 때	요낫엘렘 르호김	삼상 21:10	믹담시
57	다윗이 사울을 피해 아둘람 굴에 있을 때	알다스헷	삼상 22:1	믹담시
59	사울이 다윗을 죽이려고 사람을 보낸 때	알다스헷	삼상 19:11	믹담시
60	요압이 에돔을 염곡서 1만 2천 명을 죽인 때	수산에듯	삼하 8:13	믹담시
142	다윗이 굴에 있을 때	마스길	삼상 22:1	57편과 동일

통독	205
확인	

공부 시편 52편~56편 : 악인의 운명(52편)

1. 다음은 무엇(또는 누구)에 대한 말인지를 쓰세요(52편).
   1) 심한 악을 꾀하여 날카로운 삭도 같이 간사를 행한다 -
   2) 네가 잡아먹는 모든 말을 좋아한다 -
   3) 하나님의 집에 있는 푸른 감람나무 같으며 하나님의 인자하심을 의지하는 자 -
2. 53편은 시편 몇 편과 유사한가?(11-15편 사이에서 찾으세요.) -
3. '내 백성'이라는 단어가 있는 본문을 쓰세요(53편). -
4. '시온'이라는 단어가 있는 본문을 쓰세요(53편). -
5. 하나님이여 (　　　　　)으로 나를 구원하시고 (　　　　　)으로 나를 판단하소서(54:1).
6. 하나님은 (　　　　　)시라 주께서 내 생명을 붙드는 자와 함께하시나이다(54:4).
7. 주께서 (　　　　　)에서 나를 건지시고 내 (　　　　　)을 나로 목도케 하셨나이다(54:7).
8. 55편을 읽으며 다음 단어가 나오는 절수를 쓰세요(본문 순서대로가 아님).
   1) 언약을 배반 - (　절)　　2) 사망의 위험 - (　절)　　3) 폭풍과 광풍 - (　절)
   4) 악인의 압제 - (　절)　　5) 죄악과 잔해 - (　절)　　6) 동류, 동무, 친우 - (　절)
   7) 마음은 전쟁 - (　절)　　8) 저녁과 아침 - (　절)　　9) 파멸의 웅덩이 - (　절)
9. (56:8) -
10. (56:12) -
11. 56편에는 '의지'한다는 말이 (　　번) 나오는데 그 구절들은 (　　　　　　　절)이다.

▲▼△▽ -----≪울고 싶은 자를 위한 눈물방≫----- ▽△▼▲

중국에 마음 놓고 울 수 있는 '눈물방'이 등장하여 성업 중이라고 보도했다(040825, 난징일보). 난징 시내 한 호텔에 문을 연 눈물방에는 하루 평균 10여 명의 손님이 찾아와 마음이 풀릴 때까지 울고 가는데, 80% 정도가 여성 손님이며 눈물이 많은 여성은 티슈 2통을 비우기도 한다고 전한다.

요금은 1시간에 50위안(약 7,500원)으로 발 마사지 요금과 비슷하다. 눈물방에는 고춧가루와 마늘 등 눈물이 나오도록 도와주는 최루 촉진제와 울다가 감정이 격해지면 손님들이 마음대로 던질 수 있는 유리잔이나 인형 등도 비치되어 있다.

홍콩의 영화배우 겸 가수인 류더화(유덕화)의 "남자의 눈물은 무죄"에서 사업 아이디어를 따왔다는 주인은 '울고 싶을 때 마땅한 장소가 없어 마음 놓고 울 수 없는 사람들에게 인기'라고 한다.

♧ ♧ ♧

'노래방', '피씨방', '비디오방', '전화방' 등 '방' 문화가 다양하더니 급기야는 '울음방'까지 나왔다니 놀랍고 우습기도 하다. 그대가 붙잡고 마음 놓고 울 수 있는 사람이 있다면 행복한 사람이다. 울음은 지속되는 것이 아니라 언젠가는 웃음으로 변할 날이 올 것이므로 그날을 바로 보는 희망이 있기에 오늘 운다. 그대 인생에 눈물 골짜기가 희락(喜樂)의 샘가로 변하기를 기도한다(시 84:6). 시인은 얼마나 울었는지 "나의 눈물을 주의 병에 담으소서"라며 주님의 위로를 확신했다.

(시편 56:8-9) 나의 유리함을 주께서 계수하셨으니 나의 눈물을 주의 병에 담으소서 이것이 주의 책에 기록되지 아니하였나이까 내가 아뢰는 날에 내 원수가 물러가리니 하나님이 나를 도우심인 줄 아나이다

신현주, 〈좌충우돌 예화〉〈시시콜콜 예화〉, www.sbs66.net

[오늘의 말씀] 시편 57편~61편 : 원수 앞에서의 기도(57편) → 먼저 성경 읽기

제57편 〔원수 앞에서도 기도〕 주의 날개 그늘 아래로 피하는 시인은 '하나님이여'를 연발한다.

제58편 〔판단하시는 하나님〕 권력을 쥔 악한 자들은 반응이 없는 귀머거리 독사 같은 존재다. 그들을 향한 일곱 가지 저주를 보게 된다.(문제 아래 및 통독 222일째 참고)

제59편 〔환난 중의 승리〕 사울이 다윗을 죽이려고 보낸 자들은 개처럼 울며 두루 다니며 악을 토하지만 다윗은 하나님은 산성이시니 그 힘을 인하여 주를 바라보리라고 고백한다. 저주시다.(통독 222일째 참고)

제60편 〔민족적인 기도〕 에돔과의 전쟁을 배경으로 하고 있다(삼하 8장, 대상 11장). 결국 하나님의 통치권이 열방에 모두 미치고 있음을 고백하며 하나님을 의지하여 대적을 치게 해 달라고 한다.

제61편 〔무거운 짐 진 왕의 기도〕 이 시는 압살롬의 반란군을 격퇴시키고 왕위를 회복한 후에 드린 기도로 보인다. 마음에 무거운 짐을 진 왕이 오직 하나님만 줄 수 있는 안전과 보호를 열망한다.

[말씀 묵상]

1. 하나님은 내게 어떤 분인가? 60편 8절의 모압, 에돔, 블레셋 등의 나라에게 시달림을 받고 있던 약소국이 당시 이스라엘의 형편이다. 그러나 하나님은 이스라엘을 향하여 **"에브라임은 내 머리요 유다는 나의 홀이며"**(시 60:7)라고 말씀하셨다. 우리 자신은 연약하고 추하고 하찮은 존재다. 그럼에도 우리는 하나님의 머리(투구)이며, 홀(지팡이)임을 잊어서는 안 된다. 바울은 **"나를 능하게 하신 그리스도 예수 우리 주께 감사함은 나를 충성되이 여겨 내게 직분을 맡기심이니"**(딤전 1:12)라는 고백을 통해 하나님께 신임을 받고 있음을 믿고 복음을 전파할 수 있었다.

[깊은 연구]

1. '헌신의 시'에 대하여

해롤드 윌밍턴(Harold L. Willmington)은 〈시편〉을 주제별로 분류하면서 '헌신의 시'를 따로 구분하였다.

1, 4, 9, 12-14, 16-19, 22-24, 27, 30, 31, 33-35, 37, 40, 42, 43, 46, 50, 55, 56, 61-63, 66, 68, 69, 71, 73, 75-77, 80, 81, 84, 85, 88, 90, 91, 94, 95, 100, 103, 106, 107, 111, 115, 116, 118, 122, 123, 126, 133, 136, 138, 139, 141, 142, 144, 147-150.

위 70편의 시는 '헌신의 시'라 일컬어진다. 이 시편들을 다룰 때 아무런 논평 없이 약속 그 자체만을 인용하는 경우가 많다. 이 시편들에는 흐느낌과 노래가 있다. 때로는 불평도 하고 때로는 의심도 하고 때로는 부르짖는다. 이들은 과거를 회상하고 미래를 내다본다. 인간의 적나라한 영혼의 소리를 이 시편들에서 들을 수 있다.

■ 시편은 찬양의 책이다
다윗은 많은 시를 지었으며 제사장들의 시종인 레위인들로 찬양대와 악대를 조직했다(대상 25장). 정성을 다하여 찬양하는 모습은 아름답다. 시편은 찬양의 책으로 우리에게 주어졌다.

통독	206
확인	

공부

시편 57편~61편 : 원수 앞에서의 기도(57편)

1. 다음 말이 몇 번이나 나오는지와 해당 절수들을 쓰세요(57편).
   1) 하나님이여 - (번 / 절) 2) 내 영혼 - (번 / 절)
   3) 새벽 - (번 / 절) 4) 주 - (번 / 절)
2. 악인에 대한 저주 7가지를 쓰세요(58:6-9).
   1) 입에서 이를 꺾으소서 2) 3)
   4) 5) 6)
   7) 불이 가마를 더웁게 하기 전에 회오리바람에 날아가는 가시덤불처럼 되라
3. 의인의 악인에 대한 모습은?(58:10) -
4. 원수들을 어떤 자로 표현했나?(59:1-2) - (일어나 , 사악을 , 피)
5. 악인들이 성으로 두루 다니는 것은 마치 무엇과 같은가?(59:3-6) -
6. 시인은 하나님을 어떤 분으로 묘사했나?(59:16-17, 나의~, 나를) -
7. 주께서 우리를 ( ) 흩으셨고 ( )하셨사오나 지금은 우리를 ( ). - (60: 절)
8. ( )이 내 것이요 ( )도 내 것이며 ( )은 내 머리의 보호자요 ( )는 나의 홀이며 ( )은 내 목욕통이라 ( )에는 내 신을 던지리라. - (60: - 절)
9. (61: 절) 내 마음이 ~
10. (61: 절) 내가 영원히 ~
11. (61: 절) 그리하시면 ~

▲▼△▽ -----≪시편에 나타난 저주와 복수≫----- ▽△▼▲

시편 기자들은 무서운 저주와 복수를 거침없이 말한다. 예수님은 "너희 원수를 사랑하며 너희를 핍박하는 자를 위하여 기도하라"(마 6:44) 했는데, 구약의 시인들이 이런 말씀을 못 들었기 때문이라고는 말할 수 없다. 율법에서도 이웃 사랑(레 19:17-18) 뿐 아니라 원수와 미워하는 자를 도와주어야 한다(출 23:4-5)고 가르치고 있다. 시편의 저주에 대한 구절은 55:9, 58:6-9, 59:11-14, 69:22-28, 83:9-17, 109:6-20, 137편 등이다. 복수에 대해 무작정 판단할 것이 아니라 몇 가지를 염두에 두어야 한다.

1) 하나님의 거룩하심에 근거하였다.

현대에는 악에 대하여 감상적일 때가 많다. 그러나 하나님은 시편 기자들의 고백처럼 '하나님은 그 눈이 너무 순결하여 악을 보지도 못하시며 악행을 묵인할 수 없는 분'으로 알고 있었다. 따라서 하나님의 성품에 근거하여 악한 자를 보복하실 것을 구한 동기가 되었다.

2) 악을 타도하고 벌함이 없이는 의가 승리할 수 없다.

현실적으로 시편 기자들의 악에 대한 의미를 진술할 때에 너무하다는 생각을 하기도 한다. 이는 아마도 우리가 선을 덜 사랑하거나, 그들보다 악을 덜 대적하거나, 우리의 믿음에 대한 진정한 핍박이 무엇인지를 깨닫지 못했거나, 아니면 의보다 생명을 더 높이 평가하기 때문일 것이다.

그러나 시편 기자들이 악인의 운명을 실제로 고소하게 생각한 죄가 있다면, 하나님의 선하신 이름을 위한 열심이라는 가면을 쓰고 개인적인 원한이 여기에 침투해 들어온 것이라면, 우리가 그것을 정죄하는 것이 옳을 것이다. 사실 우리 자신도 똑같은 죄를 너무나 쉽게 지을 우려가 있다. 시편 기자가 율법을 자기 자신의 손에 쥐고 휘두를 염려는 없고 이단자를 탄압할 염려도 없다. 복수는 오직 하나님의 섭리로 간주된다.

[오늘의 말씀] 시편 62편~66편 : 하나님만 바라라(62편) → 먼저 성경 읽기

제62편 〔하나님만 바라라〕 절망 가운데서 하나님만 바라는 시인의 신앙이 돋보인다.
제63편 〔주를 갈망함〕 "유다 광야에 있을 때"라는 표제가 있으나 사울에게 쫓길 때인지, 압살롬의 반역 때인지는 알 수 없으나 고난 중에 시인의 영혼과 육체가 하나님을 갈망하고 있다.
제64편 〔여호와께로 피함〕 음모, 술수, 중상하는 모든 자를 하나님께서 징벌하시리라 믿고 있다.
제65편 〔감사의 찬송〕 앞의 시들이 대부분 고난 중에 호소하는 데 비해 이 시는 창조의 하나님이요, 풍요를 주시는 하나님께 대한 감사와 찬송이 넘친다.
제66편 〔경배와 찬양〕 전반부에는 민족적인 감사(1-12절)를, 후반부는 개인적인 감사(13-20절)를 한다. 이 시가 산헤립 치하의 앗수르 군대로부터의 구원이라는 설을 제시한다(사 36-38장을 참고).

[말씀 묵상]

1. 사람은 그 속에 있는 것을 말하기 마련이다(마 12:34-35). 그런데 말하는 것이 속사람과 다른 이중적인 사람들이 많다. 얼굴의 표정은 그럴싸한데 속에는 원망과 거짓이 숨어 있으며, 감정을 노출시키지 않는 것이 마치 수양이 잘되고 교양이 있는 체 위선을 가진 자들이 있다. 다윗은 그런 자들을 가리켜 "저희가...거짓을 즐겨 하니 입으로는 축복이요 속으로는 저주로다"(62:4) 하였다.
2. "나의 영혼이 잠잠히 하나님만 바람이여"(62:1). 이는 '아무것도 하지 않고 운명론적인 사고로 있겠다'는 말이 아니라 '하나님의 약속(말씀)을 따르겠다'는 신앙의 고백이다. 어려울 때에 그대는 누구를 바라보는가?
3. '하나님이 정말 내 기도를 들으신다'고 믿고 기도하는가? 박해로 인해 베드로가 옥에 갇히자 교회는 기도했고, 베드로는 천사의 인도로 옥에서 나와 기도하는 곳으로 갔다. 그들은 베드로가 돌아왔다는 계집종 로데의 말에 "네가 미쳤다"(행 12:15)라고 했다. 석방되기를 기도하면서도 기도대로 믿지 못하는 자신들이 미친 것은 아닌지! 시인은 "기도를 들으시는 주여"(65:2)라고 했다.

[깊은 연구]

1. 언약적 축복으로의 "아침과 저녁" (시 65:8)

본 시에 나타난 "주께서 아침 되는 것과 저녁 되는 것을 즐거워하게 하시며"는 창세기 8장 22절의 내용과 관계가 있다. 즉 하나님께서는 세상을 물로 심판하신 후에 "땅을 침몰할 홍수가 다시 있지 아니하리라"(창 9:11)며 노아와 언약을 맺으셨다. 그 언약의 증거로 "땅이 있을 동안에는 심음과 거둠과 추위와 더위와 여름과 겨울과 낮과 밤이 쉬지 아니하리라"는 것과 "무지개"(창 9:13)를 제시하셨다. 따라서 본 시에는 아침과 저녁이 되는 것을 즐거워함은 이러한 언약이 계속적으로 유지되어 오고 있음을 기뻐한다는 의미가 되는 것이다.

오늘날에도 이 일이 계속되어 오고 있다. 하루하루와 계절들이 하나님의 은혜의 산물이라는 사실과 함께 이 같은 언약을 계속하여 지키시는 하나님의 신실하심을 배울 수 있다.

공부 시편 62편~66편 : 하나님만 바라라(62편)

1. 〈틀린 것 =로 지우기, 1-3문, 62편〉 입으로는 (저주, 축복)이요 속으로는 (저주, 축복)로다.
2. 나의 구원과 영광이 하나님께 있음이여 내 힘의 (반석, 영광)과 (구원, 피난처)도 하나님께 있도다.
3. 탈취한 것으로 (허물, 허망)하여지지 말며 (재물, 제물)이 늘어도 거기 치심치 말지어다.
4. 다음 말에 이어지는 내용을 쓰세요(63편).
   1) 내 영혼이 ~　　　　2) 내 육체가 ~
   3) 성소에서 ~　　　　4) 내 입술이 ~
   5) 주의 이름을 인하여 ~　　　　6) 주의 오른손이 ~
5. (64:　절) 행악자는 칼을 혀같이 연마하며 독한 화살을 겨눈다. - (O, X)
6. (64:　절) 의인은 여호와를 인하여 즐거워하며 여호와에게 피한다. - (O, X)
7. 다음 중 서로 관계있는 것끼리 줄로 연결하세요(단락 - 제목 - 본문, 65편).
   1) 1-5절　　가) 하나님의 섭리의 축복　　a) 주의 성전의 아름다움으로 만족
   2) 6-8절　　나) 풍년 주시는 하나님께 감사　　b) 주의 징조를 두려워하나이다
   3) 9-13절　　다) 하나님을 섬김에 만족　　c) 골짜기에는 곡식이 덮였으매
8. 하나님이 바다를 변하여 육지가 되게 하셨고, 도보로 강을 통과하게 하신 일에서 그 바다와 강은 어떤 것을 말하나?(66:1-7) - 1) 바다 이름(출 14장) -　　　2) 강 이름(수 3장) -
9. 번제로 주의 집에 들어가서 서원을 갚는 이유는?(66:13-14) -
10. 하나님을 찬송하는 이유는?(66:16-20을 읽고 답은 20절에서) -

▲▼△▽ -----≪고양이형 신자, 개형 신자≫----- ▽△▼▲

개는 사람들을 잘 따르나 고양이는 그렇지 않다. 그것은 그들이 기억하고 있는 것 때문으로, 개는 주인이 아홉 번 잘못하다가도 자신에게 잘해 준 것이 한 번 있으면 그것을 기억하여 사람을 잘 따른다. 하지만 고양이는 사람이 아홉 번 잘해 주다가 한 번 잘못한 것이 있으면 그것의 기억이 사람을 잘 따르지 못하게 한다. 실상은 고양이를 개보다 더 잘해 주었는데도 불구하고 고양이는 사람을 잘 따르지 않는다. 이런 구분은 실제와 다를 수도 있으나 동물학자들이 경험추출로 말하는 것이다.

사람들도 개형과 고양이형이 있다. 관찰해 보면 한 번의 사랑을 받고도 감사하는 사람이 있는가 하면 여러 번의 큰 사랑을 받고도 감사하지 못하는 사람들도 있다. 그것은 사랑을 기억하는 사람과 상처를 기억하는 사람의 차이인데, 대개는 사람들이 사랑을 기억하기보다는 상처를 기억한다. 사랑은 금방 잊어버리면서 상처는 오래 기억한다.

♧ ♧ ♧

받은바 은혜에 보답할 수 있는 신자는 '은혜를 맡은 자'들이다. '개 같은 그리스도인이 되라'고 말하면 욕 같지만, 개는 좋은 것을 기억하고 주인을 반긴다. 개는 주인에게 충성을 바친다.
'개와 고양이의 신학'은 자기중심적으로 세상을 바라보는 모습을 고양이에, 하나님께 순종하는 모습을 개에 비유한 것으로 쇼그렌 선교사가 개발했다. 위의 것이 핵심이 아니고 많은 자료가 있다.

(시편 62:5-6) 나의 영혼아 잠잠히 하나님만 바라라 대저 나의 소망이 저로 좇아 나는도다 오직 저만 나의 반석이시요 나의 구원이시요 나의 산성이시니 내가 요동치 아니하리로다

신현주, 〈좌충우돌 예화〉〈시시콜콜 예화〉, www.sbs66.net

[오늘의 말씀] 시편 67편~72편 : 추수 감사(67편) → 먼저 성경 읽기

제67편 〔만방에 알릴 주의 구원〕 메시아 국가인 이스라엘에 주신 하나님의 복을 보고 모든 민족이 찬송케 해 달라고 기도한다. 이 시를 오순절(맥추절)이나 장막절(수장절)에 관련시키기도 한다.

제68편 〔승리로 이끄시는 하나님〕 고난 가운데 하나님의 은혜를 경험한 후에 하나님의 영광을 노래한 신앙시다. 배경은 다윗이 언약궤를 오벧에돔의 집에서 시온산으로 옮겨갈 때(삼하 6장)로 본다.

제69편 〔고난에 눌린 자의 기도〕 신약성경에 자주 인용된 시로서 고난 중의 기도이다.

제70편 〔속히 나를 도우소서〕 시는 40편 13-17절과 같은 구절로서 긴박한 상황에서의 다급한 기도이다.

제71편 〔연로한 때의 기도〕 어려서부터 하나님을 의지해 온 시인이 늙어서도 하나님을 신뢰한다.

제72편 〔왕을 위한 기도〕 제2권의 마지막 시로서 솔로몬의 통치 시대(평화, 번영, 권세)에 잘 맞는다. 그 시대를 넘어 이상 세계를 내다본다.

[말씀 묵상]

1. 의인인 까닭에 고통당해야 하고, 그 고통 중에 부르짖는 기도를 본다. "무고히 나를 미워하는 자가 내 머리털보다 많고..."(69:4). 신약성경에 인용되었기에 많은 부분이 '메시아적 암시'를 나타낸 시다. 하나님 편에 설수록 사탄의 방해는 크다. 고난을 이기는 그리스도인이어야 한다. "하나님이 시온을 구원하시고 유다 성읍들을 건설하시리니"(69:35)라는 말씀이 위로가 된다.

2. 70편은 40편 13절 이하와 흡사하다. 환난 중에서 하나님의 도움을 구한다. 시인은 "하나님이여 속히 나를 건지소서"(70:1)라고 호소한다. 인생은 자신의 한계를 믿음을 통하여 하나님을 신뢰하고 소망을 갖는다. 예수님은 "너희가 내 이름을 인하여 모든 사람에게 미움을 받을 것이나 나중까지 견디는 자는 구원을 얻으리라"(막 13:13) 하셨다. 그대의 믿음이 기대된다.

[깊은 연구]

1. 표제는 솔로몬의 시, 끝맺음은 다윗의 시 (시 72편)

1) 표제는 "솔로몬의 시"로 되어 있는데, 끝맺음이 "이새의 아들 다윗의 기도가 필하다"로 되어 있어서 뭔가 맞지 않는 것처럼 생각을 하게 된다. 그러나 72편의 마지막 문장은 시편 제2권(42-72편)의 끝을 맺는 기도이지 72편만을 염두에 둔 것은 아니다. 즉 시편 2권의 주요 작가가 다윗이라는 점에서 다윗을 언급한 것이다. 한편 일부 학자들은 '솔로몬의 시'가 아니라 '솔로몬을 위하여' 다윗이 지은 시라고 해석하는 경우도 있다(J. Ridderbos).

2) 시편의 표제는 현대의 성경들이 절수로 계산을 하지 않는데, 히브리 원어성경에서는 표제를 1절로 보기 때문에 우리가 일반적으로 사용하는 절수들이 한 절씩 밀리므로 원전으로 말할 때는 이를 유의해야 한다. 또한 표제는 시편들이 저작될 때부터 있었던 것이 아니라 후대에 첨가되었을 것으로 본다.

■ 조공을 드리는 행렬
다윗은 강성하여 이웃들로부터 조공을 받았다(시 72:10). 사진은 고대 바사(페르시아)의 페르세폴리스에 남아 있는 유적들로서 각국에서 온 조공행렬을 보여 준다.

공부

시편 67편~72편 : 추수 감사(67편)

1. '복'이라는 단어는 (　　번) 나오고 '찬송'이라는 단어는 (　　번) 나온다(67편).
2. 민수기 6장 24-26절의 '제사장의 축도'와 가장 가까운 절은? - (67:　　절)
3. 그 거룩한 처소에 계신 하나님은 (　　　　　)시며 (　　　　　)이시라. - (68:　절)
4. (　　)의 병거가 천천이요 만만이라 주께서 그 중에 계심이 (　　)에 계심 같도다. - (68:　절)
5. 이스라엘의 하나님은 그 백성에게 (　　　)을 주시나니 하나님을 (　　)할지어다. - (68:　절)
6. 아래 구절이 신약성경 어디에 인용되었나?(69편) {보기} 마 27:34 / 요 2:17 / 요 15:25 / 롬 15:3
   1) 4절 -　　　　　　2) 9절 상반절 -
   3) 9절 하반절 -　　　　　　4) 21절 -
7. 다음 사람에게 이루어지길 원하는 기도의 내용은?(70편)
   1) 내 영혼을 찾는 자 ~　　　　　　2) 나의 상함을 기뻐하는 자 ~
   3) 아하, 아하 하는 자 ~　　　　　　4) 주를 찾는 모든 자 ~
8. (71:　절) 내가 모태에서부터 ~
9. (71:　절) 내가 늙어 백수가 될 때에도 ~
10. (71:　절) 내가 주를 찬양할 때에 ~
11. 하나님은 주의 백성과 가난한 자를 무엇으로 판단하시는가?(72:2) -
12. 나라의 강대함을 나타내는 공세와 예물을 누가 드리나?(72:10) -
13. 표제는 "(　　　)의 시"이고 끝은 "(　　　)의 기도가 필하다"로 되어 있다(72편, 해설 참고).

▲▼△▽ -----≪어머니 시신과 20년을 함께 살다≫----- ▽△▼▲

어머니의 시신과 20여 년을 함께 지낸 인도의 한 남성이 어머니와 함께 땅에 묻히게 됐다고 로이터 통신이 보도했다(051004). 인도 남부 안드라 프라데시 주 시다바타에 살던 사예드 압둘 가푸르(69)가 지난 1985년 사망한 어머니의 시신과 무려 21년을 함께 살았다는 것. 그는 가족들의 만류에도 불구하고 어머니의 시신을 방부처리한 뒤 유리관에 넣어 곁에 두고 지내다 숨을 거두었다. 대학에서 영문학 교수로 재직하던 그는 어머니의 시신을 보관하는 것 때문에 부인과 아들에게 외면을 당했다.

이 지역의 대표인 애즈혹 쿠마르 씨는 '그는 어머니의 시신과 함께하는 대신 사회와 격리된 삶을 택했다'고 말했다. 그는 생전의 마지막 소원대로 마을 근교 이슬람 사원에 있는 어머니의 무덤에 나란히 묻히게 됐다고 이 소식통은 덧붙였다.

♧ ♧ ♧

진정한 효도가 무엇인가? 유교에서도 시묘 3년을 효자로 여기던 때가 있었고 지금도 실제 그런 분들이 있어 보도가 되곤 한다. 인도의 그분의 의도와 그 정신을 비난할 의도는 없지만 그분의 행동은 현실성이 없으며 비사회적인 행동 양식으로 보인다.
오히려 사회 속에서 성실히 사는 것이 바른 자세이며 먼저 가신 분에 대한 올바른 태도다.
시인은 주님이 자신을 버리지 않기를 기도하고 있다.

(시편 71:18) 하나님이여 내가 늙어 백수가 될 때에도 나를 버리지 마시며 내가 주의 힘을 후대에 전하고 주의 능을 장래 모든 사람에게 전하기까지 나를 버리지 마소서

신현주, 〈좌충우돌 예화〉 〈시시콜콜 예화〉, www.sbs66.net

[오늘의 말씀] 시편 73편~78편 : 불공정한 이 세상(73편) → 먼저 성경 읽기

= 시편 73편부터 89편은 시편 〔제3권〕에 해당하며 아삽의 시가 11편이고, 다윗의 시는 1편뿐이다. =

제73편 〔불공평한 이 세상〕 악인의 형통을 보며 실족할 뻔한 시인은 하나님의 성소에 들어갈 때에 악인의 결국을 깨닫는다. 악인의 멸망과 의인의 궁극적인 구원에 대한 확신을 갖게 해 준다.

제74편 〔성전 파멸의 애가〕 주전 587년 예루살렘이 파멸되었을 때를 배경으로 한 민족적인 애가이다.

제75편 〔재판장이신 하나님〕 오직 하나님만이 인생을 심판할 권세를 가지신다. 하나님께서 우주의 자연 질서와 땅의 윤리적 질서를 유지하시며 때가 이르면 공평하게 심판하실 것에 대해 감사 노래를 한다.

제76편 〔하나님의 승리 권세〕 크신 하나님께서 원수들을 멸하시는 세상의 왕들에게 두려운 존재이시다.

제77편 〔하나님의 전능한 행위〕 인간으로 감내키 어려운 환난을 어떻게 이겨냈는지를 밝힘으로 교훈한다.

제78편 〔이스라엘의 역사적 교훈〕 다윗이 왕이 되면서 유다 지파가 기선을 잡으며 강력한 에브라임 지파가 버림을 받았다. 시편 기자는 그 이유를 이스라엘의 역사에서 찾았다. 105, 106편과 함께 '역사시'이다.

[말씀 묵상]

1. 이해하지 못하는 일들과, 세상이 불공평하게 보이는 악한 자들이 오히려 더 평안하고 많은 재물을 지니며 당당하게 살며 하나님을 경외하는 자들을 괴롭히는 것 때문에 '**악인의 형통을 보고 미끄러질 뻔하였다**'(73:1-3)고 솔직히 고백한다. 이러한 현실에 의분을 품은 시인은 결국 "**하나님의 성소에 들어갈 때에야 저희 결국을 내가 깨달았나이다**"(73:17) 한다. 여기에 해답이 있다.
2. 남을 판단하기는 어려운 일임에도 함부로 판단하는 죄를 자연스럽게 짓고 살지는 않는가? 눈에 보이는 대로, 남에게 들은 대로, 잘못된 선입관으로 판단하여 남을 죽인 죄를 회개해야 한다. 주님은 억울한 자의 한을 아신다. "**주의 말씀이 내가 정한 기약을 당하면 정의로 판단하리니**"(75:2).
3. "**너희는 여호와 너희 하나님께 서원하고 갚으라**"(76:11)라고 가르치고 있다. 벧엘에서 한 야곱의 서원(창 28:20-22), 한나의 서원(삼상 1:11), 그리고 바울의 서원(행 18:18) 등이 있다. "**사방에 있는 모든 자도 마땅히 경외할 이에게 예물을 드릴지로다**"라고 했다. 그대는 서원하고 지켰나?

[깊은 연구]

1. 언약(Covenant)에 대하여 (시 74:20 - 언약을 돌아보소서)

구약성경에서 가장 중요한 단어 중의 하나는 언약이다. 언약은 우리가 흔히 사용하는 계약이 아니다. 계약은 두 사람 혹은 집단 사이의 합의사항이다. 언약은 하나님과 그의 백성 사이에서 이루어진 관계를 말하는 것으로서 하나님이 그 언약 관계를 주도하시며 규정을 정하신 대로 백성들은 다른 조건이나 계획을 제시할 수 없고, 단지 받아들이느냐, 거절하느냐 하는 선택권만 가진다. 하나님의 축복은 인간의 순종에서 나온다〈《제자》, 감리교 교육국, p. 28〉. 구약에는 네 가지 주요 언약이 언급된다. ① 노아와 맺으신 언약(창 6:18, 9:8 이하), ② 아브라함과 맺은 언약(창 15장 등), ③ 시내산 언약(출 24장), ④ 다윗과 맺은 언약(삼하 7장). 그리고 예레미야는 언약에 대한 새로운 차원을 언급하는데, 새 언약으로 예수 그리스도에 의한 대속을 의미한다(렘 31:33). 〈《IVP 성경사전》, pp. 363-364 참고〉

통독	209
확인	

공부 시편 73편~78편 : 불공정한 이 세상(73편)

1. 악인의 형통함을 보고 실족할 뻔하였다. - (73: - 절), (악인 / 의인)
2. 입은 하늘에 두고 혀는 땅에 두루 다님. - (73: 절), (악인 / 의인)
3. 하나님의 성소에 들어갈 때에야 저희 결국을 깨달음. - (73: 절), (악인 / 의인)
4. 이스라엘 민족을 무엇(주의~)이라고 표현했나?(74:1-2, 4가지) -
5. 주의 성소를 불사른 자는?(74:7-8, 왕하 25:8-9) -
6. 시인은 하나님께 무엇을 잊지 말아 달라고 기도했나?(74:19) -
7. (75: 절) 너희 뿔을 ~
8. (75: 절) 악인의 뿔을 ~
9. 그 장막이 또한 ( )에 있음이여 그 처소는 ( )에 있도다(76:2).
10. 너희는 여호와 너희 하나님께 ( )하고 갚으라 사방에 있는 모든 자도 마땅히 경외할 이에게 ( )을 드릴지로다(76:11).
11. (77:2) -
12. (77:20) -
13. 78편처럼 과거의 역사적인 사건을 들어 말씀하는 것을 무슨 시라고 하나?(해설 참고) -
14. '바다를 갈라'는 어느 바다를 가른 사건을 말하나?(78:13, 출 13-15장) - (갈릴리, 홍해, 동해)
15. '만나'는 광야의 이스라엘에게 몇 년간 내린 양식이었나?(78:24, 출 16장) - (3년, 13년, 40년)
16. 어디에 내렸던 재앙을 말하나?(78:43-51, 출 7-12장 참고) - (애굽, 광야, 가나안)

▲▼△▽ -----≪인생의 여러 감옥들≫----- ▽△▼▲

로이드(K. F. Lloyd) 교수는 "사람은 철이 들면서 스스로 여섯 가지 감옥을 만들어 놓고 그 속에서 살고 있다."라고 했다.

첫째, 감옥은 자기의 좋은 면만을 보기 때문에 어느 한정된 틀에 매여 살고 있다. 둘째, 다른 사람의 가장 나쁜 면만을 보는 감옥을 만들어 사는 것이다. 셋째, 사실은 아무렇지도 않은데 오늘과 내일을 암담하게 전망하면서 쓸데없이 불안과 근심의 감옥 속에 머물러 있다. 넷째, 지나간 옛 시절을 황금시대와 같이 생각하고 오늘은 보잘것없는 것으로 생각하는 향수의 감옥이다. 다섯째, 다른 사람의 소유는 다 귀중해 보이고 자기 소유는 값싼 것으로 계산하고 있는 선망의 감옥이다. 여섯째, 남이 잘되는 것을 배 아파하며 괜히 싫어하는 증오의 감옥을 스스로 짓고 그 속에 갇혀 살고 있다.

♧ ♧ ♧

로이드는 "여섯 가지의 인생의 감옥의 자물쇠는 곧 '자만심'인데 이 자물쇠를 여는 열쇠는 하나님께 드리는 '기도'다."라 했다. 위의 여섯 가지 감옥 중에 특별히 내가 갇혀 있는 곳은 어디인가? 그 감옥에서 나오지 않는 한 그대는 피곤한 인생을 살게 된다.

이스라엘은 조상들의 사건을 오늘의 내 사건으로 인식하므로 역사성에 민감하였다. 시편의 역사시들은 그런 현상을 보여 준다. 잘한 일은 따라 하고 잘못한 것은 과감히 반성해야 한다.

(시편 78:21-22) 그러므로 여호와께서 듣고 노하심이여 야곱을 향하여 노가 맹렬하며 이스라엘을 향하여 노가 올랐으니 이는 하나님을 믿지 아니하며 그 구원을 의지하지 아니한 연고로다

신현주, 〈좌충우돌 예화〉 〈시시콜콜 예화〉, www.sbs66.net

[오늘의 말씀] 시편 79편~84편 : 돌무더기가 된 예루살렘(79편) → 먼저 성경 읽기

제79편 〔돌무더기가 된 예루살렘〕 예루살렘의 폐허에 대한 애가이다. 예루살렘 파멸은 주전 587년 바벨론에 의해서다(왕하 25장을 보라). 하나님께 용서와 도움을 구하는 시다.

제80편 〔목자를 향하여 기도〕 이스라엘은 하나님이 애굽에서 옮겨다 심은 포도나무에 비유하며 북(北)으로는 레바논(백향목), 서(西)로는 지중해(바다), 동(東)으로는 유브라데(강)까지 뻗어 있음을 묘사했다.

제81편 〔축제일에 들은 말씀〕 초막절에 모인 백성에게 들린 말씀으로 이스라엘을 위해 행하시며 주고 싶어하는 하나님을 상기시킨다. 그러나 이스라엘은 하나님 말씀 듣기를 원치 않는다.

제82편 〔재판장을 판단하시는 하나님〕 불공평한 판단을 하는 세상 재판장들에게 회개를 촉구한다.

제83편 〔이스라엘의 원수들〕 이스라엘 주변국들의 동맹으로 위험에 처하나 하나님께 도움을 구한다.

제84편 〔순례자의 노래〕 성전에 거할 수 있는 사람은 가장 복되다(4, 10절). 5-9절은 예루살렘의 순례를 묘사한다. 시온의 대로가 있는 자는 복된 자다.

[말씀 묵상]

1. 하나님을 찾는 애달픈 시인의 기도는, **"만군의 하나님이여 우리를 돌이키시고"**(80:3, 7, 14, 19)를 반복하고 있다. 배경이 되는 시대가 바벨론 포로시대이든, 북국 이스라엘이 망하고 위기에 처한 유다의 잔존시대이든, 또는 오늘 우리의 시대이든 언제나 하나님의 도움을 간구하며 살 수밖에 없는 연약한 인간이다. 그러기에 하나님께 절대권을 부여하고 살아야 진정한 평안을 얻게 된다.

2. 84편은 '순례자의 노래'라고 하며, 또한 '바벨론에 포로로 잡혀갔던 사람들이 성전을 사모해서 부른 노래'라고 해석하기도 한다. 다양한 이름으로 하나님을 부른다. **'만군의 여호와', '나의 하나님', '야곱의 하나님'. "주의 궁정에서 한 날이 다른 곳에서 천 날보다 나은즉"**(84:10)이라 하였다. 시인의 고백은 우리가 가질 참된 신앙이다. 믿음의 하루가 믿음을 가지지 않은 천 날보다 나은 삶이어야 한다.

[깊은 연구]

1. <시편>의 내용을 암시해 주는 히브리 표제들

이러한 자료는 이미 앞에서 도표로 보았으나 여기에서 일부를 다시 정리하므로 어느 시에 이러한 표제들이 있는지 살펴보라.

1) *mizmor*(미즈모르) - 시, 찬송(Psalm)
2) *shir*(쉬르) - 노래(Song)
3) *tepillah*(테필라) - 기도(Prayer)
4) *tehillah*(테힐라) - 찬양(Praise)
5) *maskil*(마스길) - 명상시(Contemplative Poem)
6) *miktam*(믹담) - 짧은 풍자나 교훈(Epigram)

■ 아름다운 모양의 대성당(모스크바)
모스크바에 있는 성 바실(St Basil) 대성당의 화려하며 단조로운 색상의 모습이다. 시인은 "주의 집에 거하는 자는 복이 있나이다"(시 84:4)라고 하였다.

공부 시편 79편~84편 : 돌무더기가 된 예루살렘(79편)

1. 시인은 고난 중에 건짐의 근거를 어디에 두었나?(79:9) -
2. 시인은 자신들을 무엇이라고 표현하나?(79:13) -
3. "돌이키시고 주의 얼굴빛을 비춰사"라는 구절이 나온 세 절은?(80편) - (절, 절, 절)
4. 이스라엘은 무슨 나무에 비유하였나?(80:8, 14) -
5. 다음 단어가 나오는 절수와 그 내용을 쓰세요(81편).
   1) 시(詩)(절) -
   2) 입(口)(절) -
   3) 도(道)(절) -
6. 재판장들은 누가 판단하시는가?(82편) -
7. 다음 사람들에게 행해야 할 바는?(82편) - 1) 가난한 자와 고아 -
   2) 곤란한 자와 궁핍한 자 - 3) 가난한 자와 궁핍한 자 -
8. 지존자의 아들이라는 자들도 어떻게 죽나?(82편) -
9. 하나님이여 ( ) 마소서 하나님이여 ( ) 말고 ( ) 마소서. - (83: 절)
10. 역사적으로 주를 대적하여 서로 언약했던 족속들은?(83:5-7) -
11. ( )라 이름하신 주만 온 세계의 ( )로 알게 하소서. - (83: 절)
12. "복이 있나이다"라고 한 절은?(84편) - (절, 절, 절)
13. 시인의 '주의 궁정'에 대한 자세는 어떠한가?(84:10) -

▲▼△▽ -----≪복권 대박, 비극의 시작 다반사≫----- ▽△▼▲

복권 당첨자들의 대박 이후 삶을 분석한 기사에서 이들이 행복하지 못한 경우가 많다며 "누구도 횡재를 거절하진 않겠지만 복권 대박이 천국에 이르게 하지는 않는다."라고 했다(〈US TODAY〉, 060227).

복권 당첨자들은 소송이나 돈을 노린 친지들의 음해에 시달리고 도박, 약물 등에 빠져 빈털터리로 삶을 마감하거나 심지어 자살하기도 한다.

▷ 1988년 펜실베이니아 주에서 1천620만 달러(약 162억원)짜리 복권에 당첨된 윌리엄 포스트 씨는 한 형제로부터 살해 기도를 받는 등 갖가지 음해에 시달리다가 결국 재산을 모두 날리고 말았다. 그는 말년에 사회보장 연금에 의존해 연명하다 2005년 쓸쓸하게 삶을 마감했다.

▷ 1997년 텍사스 주에서 3천100만 달러(약 310억원)짜리 복권에 당첨된 빌리 하렐 씨는 2년여 만에 자살한 경우. 하렐 씨는 고급 자동차와 부동산을 사고, 가족과 교회, 친구들에게 마구 돈을 뿌렸으나 정작 죽고 난 뒤엔 유산으로 남겨진 부동산 세금을 낼 돈조차 없었던 것으로 전해졌다.

♧ ♧ ♧

복권 당첨자나 운동선수, 연예인 등 갑작스레 떼돈을 번 사람들이 결국 빈털터리가 돼 가는 과정을 연구한 텍사스기술대의 게리 바이어 교수는 돈을 다 써 버리면 결국 '그걸 대신할 게 아무것도 없다는 걸' 깨닫지 못하며 산다고 지적했다. 예루살렘은 영원한 줄 알았지만 무너지고 말았다.

(시편 79:1, 4) 하나님이여 열방이 주의 기업에 들어와서 주의 성전을 더럽히고 예루살렘으로 돌무더기가 되게 하였나이다...우리 이웃에게 비방거리가 되며 우리를 에운 자에게 조소와 조롱거리가 되었나이다

신현주, 〈좌충우돌 예화〉 〈시시콜콜 예화〉, www.sbs66.net

[오늘의 말씀] 시편 85편~89편 : 새로운 축복을 구함(85편) → 먼저 성경 읽기

제85편 〔새로운 축복을 구함〕 과거의 사죄와 은혜(1-3절), 현재의 회복(4-7절), 미래의 낙관이 나타나 있다(8-13절). 여호와께서 좋은 것을 주시리니 우리 땅이 그 산물을 내리로다(12절).
제86편 〔환난 날의 기도〕 죽음의 위협과 적들의 박해가 있으나 하나님께 사정을 아뢰고 응답을 기대한다.
제87편 〔민족의 어머니인 시온〕 모든 것이 시온으로부터 났고, 그 거룩한 성읍의 영광스러운 미래에 관한 예언이 나온다. 구약에서는 지리적 측면에서 보지만 신약에서는 영적 측면에서 본다(계 21:1-22:5).
제88편 〔절망에서의 부르짖음〕 생명이 소멸되어 가는 어두움 중에도 하나님께 끈질기게 부르짖고 있다.
제89편 〔다윗에게 하신 약속〕 시편 전체에서 단 하나 뿐인 '에단'의 시다. 다윗 집에 하신 언약을 주제로 한다. 현실은 이 언약이 깨어진 것처럼 보이지만 시인은 긴급한 상황에서도 이에 호소한다.

[말씀 묵상]

1. **"시온에 대하여 말하기를 이 사람, 저 사람이 거기서 났나니 지존자가 친히 시온을 세우리라 하리로다"**(87:5). '시온'은 이스라엘 백성이 가장 사랑하는 이름이요, 예루살렘의 별명이며, 성전이 있는 곳이다. '시온'은 히브리말로 '사막'이라는 뜻이 있다. 왜 하필이면 사막일까? 이사야 35장에는 '사막에서 물이 솟아나게 하는 것'으로 이사야 선지자는 노래했다. 환난과 거친 죽음의 사막에 물이 솟아서 생명의 샘이 되듯 시온 성이 하나님의 거룩한 구원의 역사를 시작하는 장소가 되기를 기대하는 신앙이 그 안에 담겨 있다. 그래서 모든 것이 **'시온에서 났다'**(87:4-6)고 노래할 수 있다.
2. 표제 **'마할랏르안놋'**은 '고통스러운 때'라는 뜻으로 알려졌다. 고뇌 중에 있는 사람이 구원을 갈구하는 기도임에도 '찬송시'라 했다. 그러나 찬송의 말은 나오지 않고 번민하고 신음하는 것으로 일관된다. 이런 가운데 시인은 **"여호와여 오직 주께 내가 부르짖었사오니 아침에 나의 기도가 주의 앞에 달하리이다"**(88:13)라고 했다. 고통스러운 밤이었어도 아침이 밝아오면 찬송할 것을 노래한다. **"오직 주께"**, 이 믿음이 암흑 같은 현실일지라도 더욱 주를 향하게 한다.

[깊은 연구]

1. 시온시 *(예루살렘 찬양시, 87편)*

'시온시'(예루살렘 찬양시)는 46, 48, 76, 87편 등이다. 하나님께서는 예루살렘을 세상의 영적 수도가 되도록 지정하셨다. 시온시는 성전 축제들 중에 사용되었을 것으로 보이지만 어떤 절기인지는 확정하기 어렵다. 이 시를 '바벨론 포로 후'로 보아 하나님의 백성이 다시 회집되고 성전이 재건되어 하나님에 대한 제사가 원래의 모습을 회복하던 때로도 본다. 그러나 현실은 어렵고 포로생활 이전과는 상황이 달랐다. 그래서 시인은 지금까지 경험하지 못한 무한한 영광을 소유할 수 있다는 소망을 보여 준다.

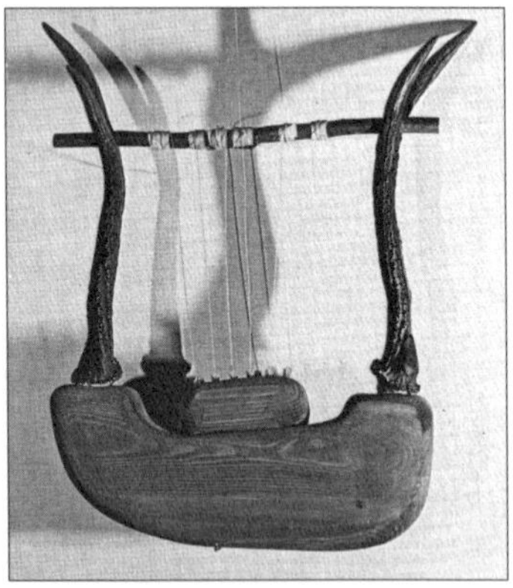

■ 옛 수금의 한 형(形)인 네벨
이스라엘은 언제나 하나님을 찬양하였다. 이 사진은 이스라엘의 하이파 음악 박물관에 복원 전시되어 있는 수금으로 디자인이 아름답다.

공부

시편 85편~89편 : 새로운 축복을 구함(85편)

1. 주의 땅에 은혜를 베푸사 누구를 돌아오게 하셨나?(85:1) -
2. 여호와 하나님은 무슨 말씀을 하실 것인가?(85:8) -
3. 누가 만나고 누가 입 맞추는가?(85:10) -
4. (86:1) 나는 곤고하고 궁핍하오니 ~
5. (86:10) 대저 주는 광대하사 ~
6. '거기서 났다'고 하는데, 거기는 어디인가?(87편) - 시온( ), 바벨론( )
7. '시온에서 모든 것이 났다'는 시에서 '났다'는 말이 나오는 세 구절을 쓰세요(87편).
   1) (절) -
   2) (절) -
   3) (절) -
8. 시인은 언제 주의 앞에 부르짖으며, 주께 부르며 주를 향하여 두 손을 들었나?(88:1, 9) -
9. 하나님께(주께) 질문하는 말씀으로 된 5개의 절들은?(~나이까, 88편) -
10. 내가 나의 택한 자와 ( )을 맺으며 내 종 ( )에게 맹세하기를 내가 네 ( )을 영원히 견고히 하며 네 ( )를 대대에 세우리라 하였다. - (89: 절)
11. 주는 나의 ( )시요 나의 ( )이시요 나의 ( )시라. - (89: - 절)
12. 나의 때가 얼마나 ( ) 기억하소서 주께서 모든 ( )을 어찌 그리 ( )하게 창조하셨는지요. - (89: 절)

▲▼△▽ -----《사자성어 多不有時를 아시나요?》----- ▽△▼▲

시골의 한적한 길을 지나던 김백두 집사는 길옆에 있던 쪽문에 '多不有時'라고 적혀 있는 것을 보고 그 뜻이 궁금해졌다. '많고, 아니고, 있고, 시간' 글쎄? '시간은 있지만 많지 않다'는 뜻인가? 누가 이 심오한 뜻을 문에 적어 놓았을까? 분명 학식이 풍부하고 인격이 고매하신 분일 거야. 도사 같은 그분을 만나봐야겠다고 생각했다. 문을 두드려 보았으나 안에서는 아무 소리도 들리지 않았다. 한참을 기다리니 옆집의 런닝셔츠 차림의 할아버지가 나오셨다.

"할아버지, 제가 여기 사시는 분을 만나려고요."

"엥, 거긴 아무도 안 살아. 가끔 방문하는 사람만 있지!"

"아, 예. 이 문은 대체 무슨 문인가요? 이 한자성어는 누가 썼고요?"

"여긴 화장실 문이야. 내가 쓴 글씨인데, 젊은이가 이것도 몰라? 다불유시(多不有時, WC)!"

♧ ♧ ♧

누가 우스갯소리로 만든 것이겠지만, 언어의 다양성을 접한다. 많은 경우에 실제와는 다른 관점에서 해석을 하고 자의적인 데 빠져서 오류를 범할 수 있음도 알고 조심해야 한다.

문학지에 시를 발표하면 사람들이 여러 가지로 해석하는 것을 보면서, 우리가 성경을 어떻게 해석하고 적용하는지 돌아본다. 같은 본문으로 은혜를 받는 것도, 깨닫고 전하는 것도 서로 다르다.

(시편 89:50-51) 주는 주의 종들의 받은 훼방을 기억하소서 유력한 모든 민족의 훼방이 내 품에 있사오니 여호와여 이 훼방은 주의 원수가 주의 기름 부음 받은 자의 행동을 훼방한 것이로소이다

신현주, 〈좌충우돌 예화〉 〈시시콜콜 예화〉, www.sbs66.net

[오늘의 말씀] 시편 1편~89편(제1, 2, 3권) 복습 → 먼저 성경 읽기, 단숨에...

(1) 시편 구조

시편은 전체 5권으로 편집되어 있다.
제1권(1-41편), 제2권(42-72편), 제3권(73-89편), 제4권(90-106편), 제5권(107-150편)

(2) 본문 공부

다음 물음에 답하거나 (   ) 안에 알맞은 말을 적으세요.

〈제1권〉 - 1-41편

1. 제1권은 (-   편)이며, 대략 보아도 표제에 "(   )의 시"가 많이 나와 있다.
2. 의인의 길은 (   )께서 인정하시나, 악인의 길은 (   ). - (1:6)
3. 제1권에서 '메시아 시'가 네 편 나오는데, 제 (,   ,   ,   )편이다.(13-14쪽 도표 참고)
4. 시편에 많이 나오는 '셀라'(3:2, 4, 8 등 37개의 시편에 71곳)의 뜻은 무엇인가?(통독 204일째 참고) - 1)   2)
5. 시편의 표제에 많이 나온 '영장'이란 무슨 뜻인가?(4-6, 8-9편 등 다수, 통독 204일째 참고) -
6. 나를 (   ) 거하게 하시는 이는 오직 (   )시니이다(4:8).
7. (   )이 무엇이관대 주께서 저를 생각하시며 (   )가 무엇이관대 주께서 저를 (   )하시나이까(8:4).
8. 내가 여호와께 아뢰되 주는 (   ) 주 밖에는 (   )하였나이다(16:2).
9. 주께서 곤고한 백성은 (   )하시고 (   )은 낮추시리이다(18:27).
10. 22편은 '메시아 시'로서 1절은 마태 27장 (절), 18절은 마가 15장 (절)의 예언이다.
11. 23편을 외우도록 힘쓰세요. - 완전 암송 (   ), 반쯤 암송 (   ), 암송 노력 중 (   ) - 마음에 드는 한 절을 쓰세요. -
12. 27편 1절 -
13. 허물의 (   )을 얻고 그 죄에 (   )을 받은 자는 (   )이 있나이다(32:1).
14. (   )를 즐거워하라 (   )은 정직한 자의 (   ) 할 바로다(33:1).
15. 어떤 나라, 어떤 백성이 복이 있나?(33:12) -
16. 나의 혀가 (   )를 말하며 종일토록 (   )하리이다(35:28).
17. 나의 (   )를 들으시며 나의 (   )에 귀를 기울이소서 내가 (   ) 때에 잠잠하지 마옵소서(39:12).
18. 시편 제1권(1-41편)의 끝 절을 쓰세요(41:13). -

통독	212
확인	

〈제2권〉 - 42-72편

19. 42편과 43편에서 같은 내용이 나오는 세 절은 (:   ), (:   ), (:   )이다.
    본문:
20. 45편은 무엇을 노래했는지 맞는 것에 O표 하세요.
    1) 메시아 왕을 칭송 (   )   2) 필객의 붓 (   )   3) 우주 창조를 찬양 (   )
21. 하나님이 언제 도우신다고 했나?(46:5) -
22. 환난 날에 여호와를 부르면?(50:15) -
23. 51편은 다윗의 어떤 일을 배경으로 하여 지은 시인가?(표제 참고) -
24. 악인은 하나님으로 자기 힘을 삼지 아니하고 무엇을 의지하는가?(52:7) -
25. 압박과 궤사가 있고 나를 책망하는 자는 누구인가?(55:11-14) -
26. 무엇을 "주의 병에 담으소서"라고 기도했나?(56:8) -
27. 서원은 어떻게 해야 하나?(61:8) - 1) 꼭 이행해야 한다 (   ), 2) 필요에 따라 이행한다 (   )
28. "나의 기도를 들으시는 주여"(65:2)라고 했는데, 정말 내 기도를 들으신다고 믿는가? -
29. 어떤 경우에 주께서 듣지 아니하시나?(66:18) -
30. 67편에 '복'이라는 단어가 몇 번 나오는가? -
31. 하나님께 제물(황소)을 드림보다 더욱 기쁘게 하는 것은?(69:30-31) -
32. 시인은 왜 항상 주를 찬송하겠다고 했나?(71:6) -
33. 72편은 누구의 시이며, 그 저자가 지은 다른 시는?(14쪽 도표 참고) -

〈제3권〉 - 73-89편

34. 시인은 왜 미끄러질 뻔했나?(73:2-3) -
35. 시인은 무엇을 기억하며 생각해 달라고 기도했나?(74:2) -
36. 하나님은 의인과 악인에게 어떤 분인가?(75:7) -
37. 그 장막이 또한 (   )에 있음이여 그 처소는 (   )에 있도다. - (76:   절)
38. 시편 78, 105, 106편은 무슨 시인가?(통독 209, 215일째 참고) -
39. 시인은 고난 중에 건짐의 근거를 어디에 두었나?(79:9) -
40. "돌이키시고 주의 얼굴빛을 비취사"라는 구절이 나온 세 절은? - (80:   절,   절,   절)
41. 이스라엘을 무슨 나무에 비유하였나?(80:8, 14) -
42. 애굽 땅에서 인도하여 낸 여호와 네 하나님이니 네 입을 (   ) 내가 채우리라. - (81:   절)
43. 재판장들은 누가 판단하시는가?(82편) -
44. 84편은? 1) 병의 치료를 위한 기도(   ), 2) 성전을 사모하는 기도(   ) -맞는 것에 O표
45. "복이 있나이다"라고 한 절은?(84편) - (절,   절,   절)
46. 여호와 하나님은 무슨 말씀을 하실 것인가?(85:8) -
47. 하나님의 성품은?(86:15) -
48. '거기서 났다'고 하는데, 거기는 어디인가?(87편) - 시온 (   ), 바벨론 (   )
49. 하나님께(주께) 질문하는 말씀으로 된 5개의 절들은?(~나이까, 88편) -
50. 하나님은 나에게 어떤 분인가?(89:26) -

[오늘의 말씀] 시편 90편~94편 : 덧없는 인생의 피난처(90편) → 먼저 성경 읽기

= 90편부터 106편까지는 시편 전 5권 중에 〔제3권〕에 해당된다. =

제90편 〔덧없는 인생의 피난처〕 시편에 하나뿐인 '모세의 기도'라는 표제를 보게 된다. 모세는 광야의 방랑에서 자주 이러한 인생의 깨달음이 있었을 것이다. 전도서와 유사한 분위기를 느끼기도 한다.

제91편 〔하나님의 날개 아래〕 믿는 자에게 주는 격려의 음성(1-13절)과 하나님의 음성(14-16절)을 듣는다.

제92편 〔안식일의 찬송시〕 악기와 노래로 하나님의 행하심을 찬양한다. 악인은 멸망하고 의인은 흥왕한다.

제93편 〔여호와의 통치〕 여호와의 통치는 권위와 능력이 있어 세계도 요동치 않는다.

제94편 〔하나님의 공의〕 악인에 대한 하나님의 공의로운 판단을 기다리는 시인의 간증이 잘 나타나 있다.

[말씀 묵상]

1. 시편에서 다작의 시인은 다윗이고, 모세의 시는 오직 한 편 뿐이다(90편). 모세는 120년의 생애를 결코 편하게 살지 못하였다. 그의 시에는 인생을 달관한 자 같은 표현들로 가득하다. 우리에게도 시인 같은 지혜가 필요하다. "우리에게 우리 날 계수함을 가르치사 지혜의 마음을 얻게 하소서"(90:12). 그대의 이 땅에서의 남은 날은 얼마나 될까? 따라서 더 열심히 살아야 한다.
2. 하나님을 사랑하는 증거 중에 하나는 '이웃에 대한 사랑'이다(요일 4:20). "하나님이 가라사대 저가 나를 사랑한즉 내가 저를 건지리라 저가 나를 안즉 내가 저를 높이리라"(91:14) 하였다. 하나님의 사랑을 묵상하며 그 뜻대로 살려고 하는 믿음의 태도가 이웃 사랑으로 나타났고, 이에 하나님이 복을 내리셔서 저를 높이셨다(91:14). 하나님 사랑, 이웃 사랑의 조화가 필요하다.

[깊은 연구]

1. 모세의 머리에 뿔났다. (시 90편, 출 34:35)

90편의 저자인 '모세'의 머리에 뿔이 난 이유는 무엇일까?(사진) "이스라엘 자손이 모세의 얼굴의 광채(קרן, 카란)를 보는 고로 모세가 여호와께 말씀하러 들어가기까지 다시 수건으로 자기 얼굴을 가리웠더라"(출 34:35)에서 **'광채'**를 **'뿔'**로 번역한 결과다.

2. 악인에게 나타난 하나님의 보응 (시 92편)

평생 동안 고통을 당함(욥 15:20, 잠 15:6), 빈곤하게 됨(욥 27:14), 슬픔이 가득함(시 32:10), 이름이 지워짐(시 9:5, 잠 10:7), 선한 자에게 굴복함(잠 14:19, 말 4:3), 부끄러움을 당함(잠 13:5), 소망이 사라짐(잠 10:30), 잘 되어도 그 기간이 짧음(전 8:13), 거처가 사라짐(욥 8:22), 망할 날을 기다림(욥 21:30), 후세대가 없음(시 37:28), 영원히 망하게 됨(시 92:7), 늘 불안 가운데 있음(잠 28:1), 환난 때 죽임을 당함(잠 14:32), 어둠 가운데 행함(잠 4:19), 평안이 없음(사 57:21).

■ 모세의 뿔?(시 90편, 출 34:35)
하나님을 만나고 돌아온 모세의 머리에 뿔이 났다(출 34:35). 과거에는 히브리어 '가란'(קרן)을 '광채'가 아닌 '뿔'로 번역했기에 미켈란젤로도 조각할 때에 모세의 머리에 뿔을 조각했다. 〈바티칸 박물관〉

통독	213
확인	

공부 시편 90편~94편 : 덧없는 인생의 피난처(90편)

1. 이 시는 시편에 단 하나 뿐인 (모세의 기도, 다윗의 기도)이다. - (90편 표제)
2. 이 시는 인생이 (길다, 짧다)고 말한다.(해당되는 절수 셋 이상을 쓰세요.) - (90:　　　　　절)
3. 칠십, 팔십의 인생에 자랑할 것은 (부귀와 영화, 수고와 슬픔) 뿐이다. - (90:　　절)
4. 곤고한 날, 화를 당한 연수대로 (지혜롭게, 기쁘게) 해 달라고 기도했다. - (90:　　절)
5. 다음 중 하나님에 대한 고백에는 O표, 아닌 것에는 X표 하세요(91편).
   1) 나의 피난처 (　　), 2) 나의 요람 (　　), 3) 나의 의뢰하는 하나님 (　　),
   4) 새 사냥꾼 (　　), 5) 방패와 손 방패 (　　), 6) 붙들어 발이 돌에 부딪히지 않게 하심 (　　),
   7) 사자와 뱀을 보내서 지키게 하심 (　　), 8) 환난 때에 건지고 영화롭게 하심 (　　)
6. 성경을 읽고 다음 설명이 '의인'인지 '악인'인지를 쓰세요(92편). - 1) 흥왕할지라도 영원히 멸망 - (　　), 2) 들소의 뿔 같이 높이심 - (　　), 3) 늙어도 결실하며 진액이 풍족 - (　　), 4) 다 흩어짐 - (　　), 5) 종려나무같이 번성함 - (　　), 6) 여호와의 집에서 흥왕 - (　　)
7. 여호와께서 (　　)하시니 스스로 (　　)를 입으셨도다...세계도 견고히 서서 (　　) 아니하도다(93편).
8. 주의 (　　　)는 예로부터 (　　　　) 섰으며 주는 (　　　)부터 계시나이다(93편).
9. 여호와여 주의 (　　)하심이 확실하고 (　　　)이 주의 집에 합당하여 (　　)하리이다(93편).
10. 보수하시는 ~ 이여 빛을 비춰소서(94:1-2). - (시인이　　　　　에게 한 말)
11. 여호와가 보지 못하며 야곱의 하나님이 생각지 못하리라(94:3-7). - (　　　　　이 한 말)
12. 내 속에 생각이 많을 때(근심할 때) 내 영혼을 즐겁게 하는 자(94:16-23). - (　　　의 위안)

▲▼△▽ -----≪늙을수록 하루가 짧다?≫----- ▽△▼▲

그대의 하루가 길 때도 있고 짧을 때도 있겠으나, 나이가 들면 시간 감각이 달라진다고 한다. 《나이 들수록 왜 시간은 빨리 흐르는가》(에코리브르 저, 김승욱 역)에 따르면 시간의 속도 차는 기억 때문이라고 한다. 늙을수록 시간이 빨리 흐른다고 느끼는 것은 이유가 있다. 첫째, 망원경 효과로 설명된다. 특정사건을 자세히 기억할수록 그 일이 오래 지속됐던 것처럼 착각한다. 둘째, 회상효과는 시간이 표식이 많을수록 더 많이 기억해 내는 것이다. 사람들은 '00년 0월에'보다 '처음 00를 만났을 때'를 더 잘 기억한다. 셋째, 생체시계 자체가 둔감해진다. '하나 둘 세어서 3분을 재어 보라'고 했을 때 젊은이들은 비슷하게 짚어내지만 늙은이들은 터무니없이 긴 시간을 헤아려 낸다. 노인은 생체시계가 느리게 돌아가기 때문에 하루를 더 짧게 느낀다. 자연히 하루가 짧게 느껴지기 마련이다.

♧ ♧ ♧

이 책은 기억에 관한 여러 의문점을 사례로 풀어낸 과학서다. 저자는 네덜란드의 심리학 교수로서 다양한 문학 원전을 인용한다. 데자뷔 현상이 2번 일어날 뿐 절대 3번 일어나지 않는 이유는 뇌가 좌우 반구 2개로 되어 있기 때문이란다. 한쪽 반구가 활동을 멈추기 전 다른 반구가 활동을 개시한 것이 데자뷔 현상이다. 뭔 말인지 아시겠나? 여하튼 늙을수록 하루가 짧게 느껴진다는 것이다. 모세는 우리 인생을 칠십, 강건하면 팔십이라 했으나 자신은 120세를 살았다(신 34:7).

(시편 90:10) 우리의 년수가 칠십이요 강건하면 팔십이라도 그 년수의 자랑은 수고와 슬픔 뿐이요 신속히 가니 우리가 날아가나이다

신현주, 〈좌충우돌 예화〉 〈시시콜콜 예화〉, www.sbs66.net

[오늘의 말씀] 시편 95편~100편 : 경배와 순종(95편) → 먼저 성경 읽기

제95-100편은 모든 피조세계를 통치하는 하나님께 기쁨으로 찬양을 돌리기 위해 저작된 시들이다. "여호와께서 통치하시니"란 사상을 골자로 했기에 대체로 '신정시'(神政詩)의 한 묶음으로 본다.
제95편 〔경배와 순종〕 하나님께 창조하시며 보존하심을, 이스라엘 백성으로의 존재케 하심을 찬양한다.
제96편 〔창조주와 심판자〕 신정시(47, 93, 96-99편) 중의 하나로 하나님의 장래 통치를 찬양한다.
제97편 〔하나님의 왕권을 기뻐함〕 하나님의 간섭으로 말미암은 세계의 종말적 상태를 말한다.
제98편 〔세계를 심판하는 임금〕 하나님이 자기 백성에게 행하신 구원과 피조세계에서 찬양을 요구한다.
제99편 〔모범적인 통치선언〕 온 세상을 통치하시는 하나님을 찬양하라며 '거룩하시도다'(3,5,9절) 한다.
제100편 〔모범적인 통치선언〕 하나님을 찬양하라는 외침으로, 이 시는 성전에 들어가면서 불렀을 것이다. 1-3절은 회중이 성전 문 앞에서, 4-5절은 찬양대가 성전 구역 안에서 불렀을 것이다.

[말씀 묵상]

1. '왕의 시편'(여호와께서 통치하시니)으로 불리는 95-100편의 특징은 여호와를 온 땅(피조세계)의 통치자로 보고 있다. 그래서 "온 땅이여 여호와께 즐거이 부를지어다"(100:1)라고 외치는 것이다. 하나님의 통치는 믿는 자에 국한되지 않고 믿지 않는 자, 하나님을 배반한 사람에게까지 미치고 있다. "온 땅이여"란 전혀 소망이 끊어진 듯한 곳에도 하나님의 지배가 미치고 있음을 믿고 소망을 지니며 살아가는 것이다.
2. 시편에 자주 나오는 '거룩'이란 '구별되었다', '부정한 것으로부터의 분리'를 의미한다. 시인은 "대저 여호와 우리 하나님은 거룩하시도다"(99:9)라고 하였다. 하나님을 자신처럼 제한되게 생각하지 말라. 하나님은 내가 할 수 없는 일을 하실 수 있는, 나와는 구별된 분이다. 성도도 구별된 거룩한 백성이기에 세상 사람들과는 다른 의식과 방법으로 사는 구별된 존재다.

[깊은 연구]

1. 하나님께서 이 세상을 통치하시는 원리 (시 99:4)

'공평', '공', '의'로서 유사하면서 각기 의미에 차이가 있는 말들이다.

1) 공평(公平), Uprightness - 히브리어로 '메샤린'이며 '길을 평탄하게 하다', '길을 반반하게 하다', 또는 '수로의 물을 곧게 흘러내리게 하다'라는 상징적 의미를 지닌다. 참고 구절로는 시 17:2, 98:9 등.

2) 공(公), Judgement - 히브리어로 '체다카'이며 넓은 의미로는 '성실함', '생활이 맑고 깨끗함', '감정 및 행동의 올바름을 보여 주는 고결성'을 뜻한다. 소극적인 의미로는 '흠 없음', 또는 '죄 없음'을 뜻한다. 참고 구절로는 왕상 10:9 등.

3) 의(義), Righteousness - 히브리어로 '미쉬파트'이며 정치, 경제, 사회, 종교, 문화 등 모든 방면에서 발생되는 모든 문제를 입법자, 통치자로서 판단하고 심판하는 행위를 뜻한다. 참고 구절로는 시 9:4, 욥 27:2, 34:5 등.

통독	214
확인	

공부 시편 95편~100편 : 경배와 순종(95편)

〈제95-100편은 모든 피조세계를 통치하는 하나님께 기쁨으로 찬양을 돌리기 위해서 저작된 시들이다.〉

◇ 제95-96편 〔경배와 찬양(1); 감사와 경배시〕 다음 단어가 나오는 성구를 쓰세요.

1. 반석 (　:　) -
2. 무릎 (　:　) -
3. 양　(　:　) -
4. 선파 (　:　) -
5. 예물 (　:　) -

◇ 제97-100편 〔경배와 찬양(2); 감사와 경배시〕 다음에 이어지는 성구를 쓰세요.

6. (　:　) 조각 신상을 ~
7. (　:　) 인이여 ~
8. (　:　) 새 노래로 ~
9. (　:　) 온 땅이여 ~
10. (　:　) 여호와께서 통치 ~
11. (　:　) 그 제사장 중에는 ~
12. (　:　) 여호와가 우리 하나님이신 줄 ~

▲▼△▽ -----≪미신 덕을 본 권사님≫----- ▽△▼▲

어느 날 이한라 권사 부부와 목사 부부가 함께 보리밥 전문집에 식사를 하러 갔다. 주인 여자가 반갑게 맞아주었고 보리밥집 같지 않은 훌륭한 인테리어에 정갈한 음식이 나왔다.

그런데 주인의 눈길이 수상하게 식사하는 우리를 계속 쳐다보더니 반찬도 더 챙겨 주고 식사가 끝났을 때는 음료수 서비스까지 해 주었다. 음료수 병을 들고 온 주인은 이 권사에게 할 말이 있으니 잠깐 내실로 들어가자고 했다. 한참 후에 나온 이한라 권사의 얼굴에 기쁨이 넘쳤다.

그 주인은 자기가 사람 관상을 볼 줄 아는데, 이 권사가 식당으로 들어올 때에 함께 재물(財物)이 들어오는 것을 보았다며, 무슨 일을 하든지 재물 복이 있을 것이므로 돈이 필요하면 말하라는 것이었다. 실제 이 권사는 작은 사업을 하는데 늘 자금이 필요한 상황이었다. 생각지도 않게 불신자가 뭘 봤는지 수천만 원씩을 보증도 없이 쉽게 빌려주고 있다. 지금도...

♧ ♧ ♧

가치의 기준이 사람마다 다르지만 어찌되었든 권사님은 목사 가정에 보리밥을 대접하고 큰 돈줄과 연결되어 사업에 도움을 얻고 있다. 미신을 믿는 사람은 방향성이 정해지면 계산 없이 행동을 하는 경우가 있어서 권사님은 미신 덕을 보고 있다. 확실한 방향성은 7분의 1은 주님의 날로 성별하고, 10분의 1은 주님의 것으로 성별하여 드리며 믿음으로 살 때에 큰 은혜의 확실한 보증을 받는 것이다.

(시편 95:6-7) 오라 우리가 굽혀 경배하며 우리를 지으신 여호와 앞에 무릎을 꿇자 대저 저는 우리 하나님이시요 우리는 그의 기르시는 백성이며 그 손의 양이라 너희가 오늘날 그 음성 듣기를 원하노라

신현주, 〈좌충우돌 예화〉 〈시시콜콜 예화〉, www.sbs66.net

[오늘의 말씀] 시편 101편~106편 : 모범적인 통치선언(101편) → 먼저 성경 읽기

제101편 〔모범적인 통치선언〕 다윗 왕의 통치 철학이 잘 나타난 시다. 이스라엘의 왕은 하나님의 종으로서 직분을 갖는다. 이 시는 왕이 대관식 때(2,110편 참고) 하는 서약인 것으로 추측된다.

제102편 〔시온의 재건을 비는 기도〕 "곤고한 자가 마음이 상하여 그 근심을 여호와 앞에 토하는 기도"라는 표제가 이 시의 성격을 나타내 준다. 시온의 재건을 기도한다. 히 1:10-12의 메시아에게 적용시킨다.

제103편 〔여호와의 자비로우심을 찬양〕 개인과 민족을 향하여 베푸신 하나님의 은혜에 대한 찬양이다.

제104편 〔창조주를 찬양〕 이 시는 창조의 사실을 전반적으로 조명하고 자세히 명상한 장시(長詩)다.

제105편 〔여호와 우리 하나님〕 하나님께서 얼마나 성실하게 자기의 언약을 역사 안에서 이행하셨는지를 진술하고 있다(출애굽). 역사시(78, 105, 106편) 중에 하나다.

제106편 〔이스라엘의 불순종〕 인간의 불순종을 그 주제로 다룬 역사시다. 이스라엘의 타락 역사를 다루었다. 끝맺음인 48절은 제4권(90-106편)의 송영으로 다른 권과 같은 공식적인 것이다.

[말씀 묵상]

1. 여호와께 받은 은혜가 무엇인지를 생각하는 것은 복이다. 103장 2절에는 "그 모든 은택을 잊지 말지어다"라고 하였다. '은택'(恩澤)이란 은혜의 덕택이다. (1) **네 모든 죄악을 사하시며** - 천하를 주고도 살 수 없는 사죄 받은 은택을 잊지 말자. (2) **네 모든 병을 고치시며** - 육체와 심령, 삶의 모든 병을 고치신 은택을 잊지 말자. (3) **네 생명을 파멸에서 구속하시고** - 치명적인 질병, 위협적인 원수들, 경제적인 위기, 이러한 파멸에서 구속하신 은택을 잊지 말자.

[깊은 연구]

1. 역사시에 나타난 이스라엘의 범죄와 하나님의 은총 (시 78, 105, 106편)

〈1〉 **이스라엘의 범죄**: ① 하나님의 율법 준행하기를 거절했다(78:10). ② 하나님이 행하신 역사를 잊었다(78:11, 42, 106:13). ③ 하나님을 대적해서 말했다(78:19). ④ 하나님의 구원을 믿지 않았다(78:22). ⑤ 하나님께 거짓말을 했다(78:36). ⑥ 하나님을 슬프시게 했다(78:40). ⑦ 하나님을 시험했다(78:41). ⑧ 새긴 우상을 숭배했다(78:58, 106:19). ⑨ 지도자 모세를 투기했다(106:16). ⑩ 약속의 땅을 멸시했다(106:24). ⑪ 장막에서 원망했다(106:25). ⑫ 죽은 자에게 제사한 음식을 먹었다(106:28). ⑬ 이방 사이에 섞였다(106:35). ⑭ 자녀들을 사신(邪神)에게 제사했다(106:37). ⑮ 무죄한 자의 피를 흘렸다(106:38).

〈2〉 **하나님의 은총**: ① 이스라엘이 부르짖을 때 언약을 기억하심(105:8-11). ② 홍해를 가르심(78:13). ③ 구름과 화광으로 인도하심(78:14). ④ 반석을 쪼개어 물을 공급하심(78:15). ⑤ 만나와 고기로 먹이심(78:24, 27). ⑥ 그들의 죄를 사하심(78:38). ⑦ 애굽에서의 징조와 기사(78:43, 105:27-36). ⑧ 약속의 땅의 지경까지 인도하심(78:54). ⑨ 이방인들을 그들 앞에서 쫓아내심(78:55). ⑩ 다윗을 택하사 그들을 인도하심(78:70-71). ⑪ 해하기를 용납하지 않으며 열왕을 꾸짖으심(105:14). ⑫ 요셉을 통하여 그들을 높이심(105:17). ⑬ 애굽의 부(富)를 그들에게 주시며 강하게 하심(105:37). ⑭ 계속하여 그들을 용서하심(106:43). ⑮ 항상 부르짖음을 들어주심(106:44). 〈Harold Willmington, 《Bible Study》 요약 인용〉

공부 시편 101편~106편 : 모범적인 통치선언(101편)

1. (101:　절) (　　　　　　　)를 미워하니 이것이 내게 붙접지 아니하리이다.
2. (101:　절) 그 이웃을 (　　　　　　)를 내가 멸할 것이요.
3. (101:　절) 내 눈이 이 땅의 (　　　　　)를 살펴 나와 함께 거하게 하리니.
4. (101:　절) (　　　　　　)가 내 목전에 서지 못하리로다.
5. 다음 단락의 성구와 제목에 적합한 것에 줄로 연결하세요(102편).

1) 1-11절	가) 천지는 없어지려니와 주는 영존하시겠고	a) 시인의 괴로움(탄식)
2) 12-22절	나) 주께서 일어나사 시온을 긍휼히 여기시리니	b) 시온의 피난처(이름)
3) 23-28절	다) 나의 마심에는 눈물을 섞었사오니	c) 구원의 확신(주는 여상)

6. 103편에는 '송축'이라는 단어가 몇 번 나오는가?(103편) -
7. 동이 서에서 먼 것처럼 우리의 무엇을 멀리 옮기셨나?(103:12) -
8. 인생을 '자연'의 무엇에 비유했는지 세 단어를 찾아 쓰세요(103:14-15). -
9. 이 시에서 자연을 표현한 것들(예, 빛, 하늘)의 이름을 적으세요(동물 제외, 104편).
   -
10. 이 시에 나오는 동물들의 이름을 적으세요(104편). -
11. 다음 단락에서 중심인물을 찾아 쓰세요(105편).
   1) 5 15절 (　　,　　,　　), 2) 16-25절 (　　), 3) 26-45절 (　　,　　)
12. 아브라함, 이삭, 야곱에게서 강조하는 것을 한 단어로 쓰세요(105:5-15). -

▲▼△▽ -----≪역사시 배경 사건 찾기(106편)≫----- ▽△▼▲

◇ 시편에서 '역사시'로 분류되는 것은 78, 105, 106편이다. 이 시들은 과거의 역사(歷史)를 회상하며 그들의 죄를 고발하고 새로운 미래를 희망하고 있다.

◇ 다음 사건은 어느 것을 회상했는지 (　) 안에서 맞는 것은 O표, 틀린 것은 =표로 지우기(106편).

1. 홍해 건넌 사건(7-12절) - (출 13장 / 출 14장)
2. 기브롯핫다아와(탐욕의 무덤) 사건(13-15절) - (민 11장 / 민 12장)
3. 모세와 아론을 반역한 사건(16-18절) - (민 15장 / 민 16장)
4. 금송아지를 섬긴 사건(19-23절) - (출 23장 / 출 32장)
5. 정탐꾼의 보고 후 불신 사건(24-27절) - (민 11-12장 / 민 13-14장)
6. 바알브올의 우상 숭배(28-31절) - (민 25, 31장 / 민 20, 34장)
7. 므리바 물 사건(32-33절) - (민 19장 / 민 20장)
8. 가나안 우상 숭배(34-39절) - (신 20:16-18, 삿 1:26-36 / 출 20:1-11, 신 17:14-20)
9. 사사 시대 불순종(40-46절, 제2권 통독 98일째 "깊은 연구" 참고) - (섬김 - 복종 - 은혜 - 권고 / 배신 - 심판 - 회개 - 구원)

[오늘의 말씀] 시편 107편~112편 : 근심 중에 부르짖음(107편) → 먼저 성경 읽기

= 제107-150편은 〔제5권〕에 해당되며 다윗 시 15편, 미상 28편, 솔로몬 시 1편이다. =

제107편 〔구속에 대한 감사〕 고난에 빠진 자에 대한 네 가지의 비유를 통해서 가르친다.(문제 참고)

제108편 〔하나님께 드리는 찬송〕 1-5절은 시 57:7-11을, 6-13절은 시 60:5-12에서 온 두 시의 결합으로 더 힘 있는 내용이 된 것이다. 결합을 통한 창작적 의미도 무시할 수 없다.

제109편 〔악담자에 대한 저주〕 '저주시'로서 하나님의 정의를 추구하는 의인의 애절한 시다.

제110편 〔영원한 제사장〕 이 시는 세상의 왕이나 제사장이 아닌, 그리스도에게서만 성취를 본 이상(理想)을 언급하고 있다. 본 시를 마 22:41-46, 눅 22:69, 히 5:8-10, 10:12-13과 함께 읽으라.

제111편 〔하나님을 찬송함〕 111, 112편 모두 '이합체시' 중의 하나다.(119편의 해설을 보라)

제112편 〔하나님 경외의 복〕 여호와를 경외하며 빈궁한 자를 돌보는 자는 하나님이 복을 주신다.

[말씀 묵상]

1. 어제 본문 중 105편 기자는 족장 시대와 출애굽을 묘사하는데, 시인이 모세 오경에 대해 잘 알고 있었다. 이 시가 다윗보다는 바벨론 포로에서 해방된 이스라엘이 재건에 착수한 시대의 것으로 추측된다. 그런 상황 속에서 "**여호와와 그 능력을 구할지어다 그 얼굴을 항상 구할지어다**"(105:4)라는 것이다. 아브라함에게는 언약이, 모세에게는 지팡이가 주어졌듯이 우리에게는 예수님이 함께 계신다.
2. 시인은 "**새벽을 깨우리로다**"(108:2) 하였다. 즉 동이 트기 전에 시인은 성전에서 하나님을 찬양한다. 그것은 시인이 성전에서 밤을 새웠음을 의미하기도 한다(3:5-6, 17:3). 성경에는 새벽에 역사하신 하나님의 사건이 많이 나온다. 그대여, 깨어 일어나라. 새벽을 깨우는 주인공이 되라.

[깊은 연구]

1. 영원한 제사장은 그리스도 예수님 (시 110편)

1) 유대 임금의 대관식(2편과 101편) 때 쓰던 예배 의식문의 부분인 것으로 보인다. 한 사람이 주인인 임금에게, 하나님께서 그를 이 땅에 있는 대리자로 세우심을 확실히 한다.

2) 유대 왕은 멜기세덱의 반차를 따라(창 14:18-20) 영원한 제사장 직책을 임금에게 주신다고 하나님의 맹세 형식으로 약속하신다. 유다의 왕들이 때론 제사장적인 경우도 있지만(삼하 6:17-18, 왕상 8:14-65) 영구적인 제사장은 아니었다.

3) 교회는 이 약속을 예수 그리스도 안에서 이루어진 것으로 해석한다(히 5:6, 10, 6:20, 7장). 예수님은 영원한 제사장으로 아론의 서열이 아닌 멜기세덱의 반열에 선 제사장이다.

2. 〈시편〉에 나온 그리스도의 모형

1) 오실 메시아(2, 16, 22, 24, 40, 45, 58, 69, 72, 97, 110, 118편)
2) 수난당할 주(22편) - 그리스도의 수난에 대해 구체적인 표현을 함.
3) 참목자(23편) - 인류의 참목자. 참목자는 양을 위해 목숨을 버림.
4) 영광의 왕(42편) - 영원한 왕, 영원히 영광을 누리실 만왕의 왕.
5) 말씀(119편) - 말씀이신 그리스도, 길을 밝히시는 등불, 단맛.

공부 시편 107편~112편 : 근심 중에 부르짖음(107편)

1. 다음 단락에서 네 가지 비유로 한 구원의 제목을 보기에서 골라 쓰세요(107편, 본문 단어에 유의).
   {보기} 포로의 비유 / 여행자의 비유 / 항해자의 비유 / 병자의 비유
   1) 4-9절: 2) 10-16절:
   3) 17-22절: 4) 23-32절:
2. 구원을 감사할 때마다 후렴조로 똑같이 나오는 찬송의 절수는? - (107:6, , , 절) - 4회
3. 108편 1-5절은 57편 (- 절)과 같다. - 57편 표제: 다윗이 사울을 ~
4. 108편 6-13절은 60편 (- 절)과 같다. - 60편 표제: 다윗이 ~
5. (109: 절) 나는 사랑하나 ~
6. (109: 절) 여호와, 나의 하나님이여 ~
7. (109: 절) 저희는 저주하여도 ~
8. 여호와께서 시온에서부터 ( )을 내어 보내시리니 주는 원수 중에서 ( )(110편).
9. 여호와는 맹세하고 변치 아니하시리라...너는 ( )를 좇아 ( )이라(110편).
10. 다음 단어가 있는 장절을 쓰고 성구 본문을 쓰세요(111, 112편).
    1) 경외, 언약 (:) -
    2) 경외, 지혜 (:) -
    3) 후손, 강성 (:) -
    4) 재물, 빈궁 (:) -

▲▼△▽ -----≪무지개 꿈을 이루어 주는 사람≫----- ▽△▼▲

백만장자 유진 랑(Eugene Lang)이 뉴욕의 빈민가 초등학교에서 6학년 학생들에게 강연을 하게 되었다. 그 학교는 빈민가 한가운데서 다 쓰러져 가고 있었으며, 학생들의 미래는 마치 쓰러져 가는 건물의 운명과도 같았다. 당국은 학교를 졸업하고 대부분 3년 이내에 조직폭력단에 들어가거나 마약 거래나 매춘을 하거나 교도소에 들어가고, 20세 전에 죽는 아이들도 많다고 말한다. 현재 6학년도 머잖아 선배들의 길을 따르게 될 것이다. 유진 랑은 가슴이 무너지는 것을 느끼며 학생들을 바라보았다.

강연 원고를 내려놓고 말했다. "여러분, 어떤 일이 있어도 학교를 떠나지 마십시오. 여러분 가운데 공부하기를 원하는 사람이 있다면 대학을 졸업할 때까지 모든 학비를 제가 책임지겠습니다." 강연을 들은 학생들 가운데 90% 이상이 학교에 남았고 대학에 들어갔다. 한 학생은 말한다.

"나는 무엇인가를 기다렸어요. 바로 구원이었습니다."

♧ ♧ ♧

마크 부캐넌의 《보이지 않는 것에 눈뜨다》에 나온 유진 랑의 이야기다. 무지갯빛 인생은 자신이 만들어 가는 경우도 있지만, 외부의 힘이 크게 작용할 때 받아들이는 것은 내 책임이며 기다리는 사람에게 기회는 온다. 유진 랑의 선행은 어두운 인생에서 구원을 기다리던 학생들을 밝은 무지갯빛 인생으로 이끌어 주었다. 하나님은 자신의 백성들을 진토에서 일으키시는 분이다.

(시편 113:7-8) 가난한 자를 진토에서 일으키시며 궁핍한 자를 거름 무더기에서 드셔서 방백들 곧 그 백성의 방백들과 함께 세우시며

신현주, 〈좌충우돌 예화〉 〈시시콜콜 예화〉, www.sbs66.net

[오늘의 말씀] 시편 113편~118편 : 할렐루야 시편(113편) → 먼저 성경 읽기

113-118편은 유월절에 전통적으로 연결된 시다. '할렐루야 시편'의 특징은 "주를 찬양하라"가 주제다.
제113편 (하나님의 높으심을 찬양) 예배 의식문으로서 찬양받으실 분임에도 자기 백성을 돌보신다.
제114편 (출애굽 때의 놀라운 일) 출애굽 때 하나님께서 행하신 놀라운 일을 찬양한다.
제115편 (오직 하나님께 영광) 배경이 바벨론 포로 때로 보이며, 제사장과 회중이 교독을 했을 것이다.
제116편 (죽음의 위험에서 건지심) 기도 응답을 받은 자의 결심으로 '서원을 주께 갚으리이다' 했다.
제117편 (이방에게 하나님 찬양을 요구) 성경 중에 가장 짧은 장으로 찬양에의 초청을 한다.
제118편 (도우심에 대한 감사고백) 회중이 성전으로 입장하며 불렀을 것이다(19절). 고난 중에서 구원되어 하나님의 성전으로 찾아가는 감사 고백의 시다.

[말씀 묵상]

1. **"해 돋는 데서부터 해 지는 데까지 여호와의 이름이 찬양을 받으시리로다"**(113:3). 이 말씀 뿐 아니라 시편 전체가 하나님의 지배가 온 세상 구석구석까지 미치고 있음을 찬양한다. **"가난한 자를 진토에서 일으키시며 궁핍한 자를 거름 무더기에서 드셔서...방백들과 함께 세우시며"**(113:7-8)라 하여 찬양받으실 하나님께서 오히려 약한 자를 돌보심을 보여 주고 있다. 그러기에 우리는 더욱 하나님을 찬양한다. 그대여, 가난한가, 궁핍한가? 하나님이 세워 주신다.
2. 성경 중에 가장 짧은 장인 117편은 **'하나님은 온 세계의 주(主)이심'**을 고백한 멋진 시편이다(가장 긴 장은 119편이다). 모든 나라가 주로서 우러러보아야 할, 그 하나님에 대하여 **"인자하심이 크고 진실하심이 영원함이로다"**라고 선언한다. 이방까지 모든 인류가 찬양해야 할 이유는 하나님은 창조주로서 만유의 주요, 영원하시기 때문이다.

[깊은 연구]

1. 할렐루야 시편(113-118편)에 대하여

1) '할렐루야'란 '여호와를 찬양하라'라는 뜻이다. '야'는 '야훼'(여호와)의 줄임형이다. '할렐루'라고만 해도 말이 된다. 성가에서 '할렐루'라 하여 '야'를 붙이지 않기도 한다.

2) 여섯 편의 이 시편은 유대의 유월절에 전통적으로 연결되어 온 일단의 시들이다. 유대인의 가정에서 113-114편은 유월절 만찬 전에 불렀고, 115-118편은 유월절 만찬 후에 불렀다. 이 시편들은 마태복음 26장 30절, 마가복음 14장 26절에서 예수님과 그의 제자들에 의해서 불렀다.

3) 지금도 연중 각종 설기에 팔레스틴의 유대인들은 이 시편을 열여섯 번 암송하고, 거룩한 땅 밖에 있는 유대인들은 매년 스물한 번 암송한다.

■ 유대인의 미츠바(Mizvah) 축제
시편 119편은 하나님의 율법의 즐거운 축제다. 오늘날 예루살렘에서 행해지는 미츠바 축제 때에 기쁨과 헌신으로 율법 두루마리를 들고 행진하고 있다.

공부 시편 113편~118편 : 할렐루야 시편(113편)

〈제113-114편은 유월절 만찬 전에 불렀고, 제115-118편은 유월절 만찬 후에 불렀다.〉

◇ 다음 ( ) 안에서 맞는 것을 선택하세요(1-3문, 113-114편). - 할렐루야 시편(1)

1. 113편 7-8절은 사무엘상 2장 (5절 / 8절)과 일부가 같고, 113편 9절은 사무엘상 2장 (5절 / 8절)과 일부가 같다.
2. 114편은 (출애굽 사건을 찬양 / 천지창조를 찬양)한 것이다.
3. 113-114편은 유월절 만찬 (전 / 후)에, 115-118편은 만찬 (전 / 후)에 불렀다.(해설 참고)

◇ 다음 성경을 읽으며 ( )를 채우세요(4-10문, 115-118편). - 할렐루야 시편(2)

4. 영광을 주의 ( )하심과 ( )하심을 인하여 주의 이름에 돌린다. - (:)
5. 입, 눈, 귀, 코, 손, 발, 목구멍이 있어도 사용 못 하는 ( )은 사람의 ( )이다. - (: -)
6. “내 영혼을 건지소서”라고 여호와의 ( )으로 기도한 것은 ( )을 만났을 때다. - (: -)
7. 우리에게 향하신 여호와의 ( )이 크고 ( )이 영원함이로다. - (:)
8. 여호와는 나의 능력과 ( )이시요 또 나의 ( )이 되셨도다. - (:)
9. 118편 22절의 신약 인용은? - (마 21:), (막 12: -), (눅 20:), (벧전 2:)이다.
10. 113-118편에서 ‘할렐루야’라는 말이 나오는 시편은? -
11. 성경 중에 가장 짧은 장은 시편 (편)이고, 가장 긴 장은 시편 ( )편이다.(해설 참고)

▲▼△▽ -----≪칭찬도 어려워≫----- ▽△▼▲

중학생 이한라는 학교에서 등 떠밀려 ‘칭찬하기모임’의 임원이 되었다. 그는 부모님께 칭찬을 받는 것이 아니라 부모님을 칭찬하는 프로그램을 개발해서 발표하고 먼저 자신이 실천토록 했다.

▷ 자기 방에서 공부를 하던 이한라가 거실로 나와 보니 부모님이 다정히 TV를 시청하고 있었다. 이한라는 그 앞에 가서 “엄마 아빠 모습이 자랑스러워요. 사랑해요.” 하며 안기려 했더니 부모님이 합창을 했다. “얘, 비켜. 텔레비전 안 보인다. 쟤 왜 저래? 에이, 중요한 장면을 놓쳤네.”

▷ 다음 날 아침, 학교에 가려고 현관을 나서는데 밥이 늦어서 미안했던지 엄마가 신발 끈을 매 주셨다. 칭찬은 이때다 싶었다. “엄마는 신발 끈을 어쩌면 그렇게 잘 매?”

엄마가 눈을 치켜뜨며 말했다. “이 얼간아, 네가 몇 살인데 아직 신발 끈도 제대로 못 매니?”

♧ ♧ ♧

《칭찬은 고래도 춤추게 한다》 라는 책은 너무도 유명해졌고, 다양한 칭찬 프로그램들이 방송이나 직장, 학교 등에서 시행된다. 남이 나를 칭찬해야지 스스로를 향한 칭찬은 제 자랑이고 오히려 주책이 된다. 칭찬도 받아 본 사람이 남을 칭찬할 수 있다. 흔히 말하는 ‘접대용 멘트’라도 상대는 기쁨을 얻게 되는데, 조롱으로 오해되지 않도록 해야 하고 진심의 칭찬으로 발전해야 한다. 하나님도 칭찬(찬양)받기를 좋아하시는데, ‘할렐루야’는 하나님을 칭찬(찬양)하는 것이다.

(시편 113:1-2) 할렐루야, 여호와의 종들아 찬양하라 여호와의 이름을 찬양하라 이제부터 영원까지 여호와의 이름을 찬송할지로다

신현주, 〈좌충우돌 예화〉 〈시시콜콜 예화〉, www.sbs66.net

[오늘의 말씀] 시편 119편 : 하나님 말씀의 영광(이합체시) → 먼저 성경 읽기

1. 시편 119편은 시편뿐 아니라 성경 전체를 통하여 가장 긴 장으로 176절에 이른다.
2. 이 시를 '이합체시'(離合體詩)라 하는데 22연[聯, 또는 가장(歌章: strophe)]이 히브리어의 알파벳 순으로 배열되었으며 각 연마다 8절씩으로 같은 문자(알파벳)로 시작하는 예술적인 면이 돋보인다. 즉 첫 연에서는 히브리어 알파벳의 첫 문자인 알렙(א)으로 시작되고, 둘째 연에서는 베트(ב)로 시작된다.
   이렇게 히브리어 자음 22개를 모두 사용한다. 영어에서는 8절씩을 통상 16행으로 번역한다.
3. 이 시를 한층 더 예술적(기교적)으로 만든 것은 '하나님의 율법'을 아홉 가지(열 가지)의 다른 말로 표현한 것인데 이것은 동의어(同義語)이거나 각기 전체에 함축하는 표현이다.
   ① [토라] '율법'이다. 시내산에서 준 율법보다는 광의적인 범위에서 하나님의 법칙을 의미한다.
   ② [에두트] '증거'이다. 하나님의 명령, 하나님의 성품에 대한 증거와 의지를 보여 주는 어휘다.
   ③ [미쉬파트] '심판'이다. 특정한 행위에 내려지는 심판적인 선언으로 행동이나 언어를 수반한다.
   ④ [호킴] '규례' 또는 '율례'로 한 번 나온다(91절). 입법자로서 하나님 법령을 나타내는 말이다.
   ⑤ [다발] '하나님의 말씀', 또는 '말씀들'이다. 하나님의 실제적인 말씀의 내용을 기록한 것이다.
   ⑥ [피쿠딤] '교훈'이다. 사람의 행동을 규제하기 위해 주어진 교훈을 말한다.
   ⑦ [미츠와] '계명'이다. '피쿠딤'과 약간의 차이가 있으나 전체적으로 같이 본다.
   ⑧ [이므라] '약속'이다. '다발' 대신 사용된 것으로 하나님의 모든 말씀에 적용된 말이다.
   ⑨ [데레킴] '길'(道, 복수형)이다. 이 말은 행동 영역을 표현한 말이다.
   ⑩ [오라흐]가 있는데 '길'이라고 번역되기도 한다. 이들을 십계명처럼 '십어'(十語)라고 부르기도 한다.
4. 이 시에서 위의 단어가 모든 절마다 하나 또는 둘씩 들어 있다(단지 112절에만 나오지 않는다).
5. 이러한 예술적인 시이면서 아울러 이 시의 근본정신은 극히 경건한 마음, 여호와의 율법을 사랑하는 마음이 잘 나타나 있어서 신명기 6장 1-9절, 예레미야 31장 33절 이하의 정신으로 일관되어 있다. 여기서 바리새적이 아닌, 율법의 참맛을 볼 수 있으며, 내용적으로 중복되는 것도 없는 기교를 초월한 시다.
6. 그러나 사상의 논리적인 연결은 약하므로 한 절 한 절마다 음미하며 읽어야 한다.
7. 시편 중에 이합체시로 된 것은 9, 10, 25, 34, 37, 111, 112, 119, 145편으로 모두 아홉 편이고, 잠언 31장 10-31절과 예레미야애가 1-4장도 이합체시다. 어떤 시편들은 완벽하게 히브리어 모음 22개를 모두 사용하지는 못했다. 이러한 표현법은 기억을 돕기 위한 목적이었던 것으로 추측된다. '이합체시'를 'Acrostic'(아크로스틱)이라는 전문용어를 쓴다. '알파벳 시'라 하며 문학에서는 '답관체'라 하기도 한다.

[말씀 묵상]

1. 119편에 대해 다양하게 음미를 해 본다. ① 11절: 전도자 무디(D. L. Moody)는 "성경은 성도를 죄와 분리시킨다. 그렇지 않으면 죄가 성도를 성경과 멀리하게 한다."라고 하였다. ② 71절: 하나님은 우리로 하여금 자신의 말씀을 배우도록 하기 위해 때때로 고난을 당하게 하신다(94:12 참고). ③ 75절: 히브리 기자는 이 말씀에 의하여 히브리서 12장 5-13절 말씀을 기록했을 것이다. ④ 89절: 예수님께서 "천지는 없어지겠으나 내 말은 없어지지 아니하리라"(마 24:35, 5:18, 벧전 1:23-25)라고 하셨다. ⑤ 99절: 자신의 인생을 위한 하나님의 뜻을 분별할 때에 다른 현인의 가르침이나 인간적인 자문을 따르기보다 성경을 연구함으로써 더 많은 것을 얻을 수 있다고 말한다.

통독	218
확인	

공부 시편 119편 : 하나님 말씀의 영광(이합체시)

◇ 제1-24절 / א(알렙)1-8절, ב(베트)9-16절, ג(기멜)17-24절. - 물음에 답하세요.

1. 1-8절에 각 절마다 한두 개씩 나타난 '하나님의 율법'에 대한 용어를 모두 찾아 쓰세요.(해설 참고)
   1) 1절 - 여호와의 법 2) 2절 - 3) 3절 - 4) 4절 -
   5) 5절 - 6) 6절 - 7) 7절 - 8) 8절 -
2. 청년이 무엇으로 그 행실을 깨끗게 할 수 있는가?(9-16절) -
3. 눈을 열어서 보기 원하는 것은 무엇인가?(17-24절) -

◇ 제25-48절 / ד(딸렛)25-32절, ה(헤)33-40절, ו(와우)41-48절. - ( )를 채우세요.

4. 나로 ( )의 길을 깨닫게 하소서 그리하시면 내가 ( )를 묵상하리이다. - (절)
5. 여호와여 ( )의 도를 내게 가르치소서 내가 ( ) 지키리이다. - (절)
6. 나의 사랑하는바 ( )에 내 손을 들고 ( )를 묵상하리이다. - (절)

◇ 제49-72절 / ז(자인)49-56절, ח(헤드)57-64절, ט(테드)65-72절. - 물음에 답하세요.

7. 어디에서 주의 율례가 시인의 노래가 되었나?(49-56절) -
8. 시인의 주의 증거와 계명에 대한 태도는?(57-64절을 읽고 답은 59-60절에서) -
9. 고난당한 것이 유익이 된 이유는?(67, 72절) -

◇ 제73-96절 / י(요드)73-80절, כ(카프)80-88절. ל(라멛)89-96절.
- 다음 문장의 ( )에서 틀린 것은 =로 지우세요.

10. 주를 경외하는 자가 나를 보고 기뻐할 것은 내가 (넘어짐 / 주의 말씀)을 바라는 연고니이다.
11. 나의 (영혼 / 마음)이 주의 구원을 사모하기에 (열렬 / 피곤)하오나 나는 오히려 (주의 말씀 / 주의 안위)을 바라나이다.
12. (주의 성실 / 주의 법)이 나의 즐거움이 되지 아니하였더면 내가 내 고난 중에 멸망하였으리이다.

◇ 제97-120절 / מ(멤)97-104절, נ(눈)105-112절, ס(싸멕)113-120절. - 성구를 완성하세요.

13. 주의 계명은 ( )보다 지혜롭고, 나의 명철함이 ( )보다, ( )보다 승하다(97-104절).
14. 주의 말씀의 맛이 내 입에 ( )보다 더 달다(97-104절).
15. 주의 말씀은 내 발에 ( )이요 내 길에 ( )이다(105-112절).

◇ 제121-144절 / ע(아인)121-128절, פ(페)129-136절, צ(차데)137-144절. - 해당 성구쓰기

16. 정금(절) -
17. 헐떡(절) -
18. 정미(절) -

◇ 제145-176절 / ק(코프)145-152절, ר(레슈)153-160절, ש(쉰)161-168절, ת(타우)169-176절.
- 다음 단락에서 마음에 드는(또는 은혜를 받은) 말씀을 한 절씩 선택하여 쓰세요.

19. 145-152절 (절) -
20. 153-160절 (절) -
21. 161-168절 (절) -
22. 169-176절 (절) -

[오늘의 말씀] 시편 120편~126편 : 거짓된 입술(120편) → 먼저 성경 읽기

= 제120-134편은 "성전에 올라가는 노래"로 '예루살렘 순례의 길'에서 부르는 노래다. =

제120편 〔거짓된 입술〕 거짓된 입술과 악한 혀로 인해 고난당하는 시인은 하나님께 부르짖는다.

제121편 〔너를 지키시는 자〕 하나님이 지켜 주시는 자는 어떠한 해도 입을 수 없다.

제122편 〔예루살렘아〕 다윗의 '시온시'로서 예배의 중심지인 예루살렘의 평화를 위하여 기도한다.

제123편 〔눈을 주께로 향함〕 눈을 들어 오직 여호와만을 바라보는 시인은 긍휼을 구한다.

제124편 〔도우시는 하나님〕 여호와께서 우리 편이 되어 주셨기에 받은 도움을 노래한다.

제125편 〔자기 백성을 두르심〕 여호와를 의지하는 자에 대한 여호와의 두르심, 안전을 노래한다.

제126편 〔시온의 포로를 돌리심〕 포로 귀환은 오직 하나님의 섭리였고 귀환 후에 힘들지만 울며 씨를 뿌리듯이 하나님 안에 사는 자는 희망이 있다.

[말씀 묵상]

1. "내가 산을 향하여 눈을 들리라"(121:1). 복잡한 이 시대, 하나님이 지으신 산을 바라보는 여유를 가져 보라. 그 산을 지으시고 땅과 바다를, 그리고 바로 나를 지으신 여호와. 그분이 나를 도우시고 지켜 주신다. 열심히 성경공부하신 그대여, 떠나라. 산을 보러...
2. 무엇을 바라보고 사는가? "우리 눈이 여호와 우리 하나님을 바라며 우리를 긍휼히 여기시기를 기다리나이다"(123:2). 베드로가 바다 위를 걸으며 예수님을 바라볼 때와 물결을 바라볼 때의 차이를 아는가?(마 14:22-33) 그대의 눈이 주님을 앙망하라.
3. 시인은 "여호와께서 우리 편에 계시지 아니하셨더면"(124:2)이라 하여 그동안 도우신 하나님을 찬양한다. 내가 예수님을 몰랐다면 지금의 모습은?

[깊은 연구]

1. 성전에 올라가는 노래에 대하여 (시 120-134편)

1) 표제가 개역한글판과 개역개정판 모두 "성전에 올라가는 노래", 현대어 성경은 "예루살렘으로 올라가는 길에서 부르는 노래", 공동번역은 "순례자의 노래", 대부분의 영어 성경은 "예루살렘 순례길에 부르는 노래"로 되어 있다. 히브리어 성경의 표제(제목)도 "성전에 올라가는 노래"다.

2) 이처럼 다양한 이름이 붙여진 것은 원어에 "올라가는 노래"로만 되어 있기 때문이다. 성전 내부, 즉 여인의 뜰에서 남자의 뜰로 올라가는지, 바벨론 포로에서 예루살렘으로 올라가는지, 가곡의 양식인지, 순례의 길로 올라가는지에 대한 다음과 같은 몇 가지의 학설이 있다.

① 유대 전승에 의하면 찬양대가 성전의 뜰로 올라가는 반원형의 계단을 오를 때 불렀다는 것이다.

② 음악적으로 이 노래들은 음표가 단계적으로 계속 올라가는 것이 특징이었을 것이다.

③ 예루살렘으로 가는 순례의 단계를 일컫는 것이라고 한다. 절기(특히 3대 절기: 제1권 통독 25일째 참고) 때에 예루살렘으로 올라가는 순례자들이 길을 걸으며 불렀을 것이다. 이 학설이 가장 지지를 받는다.

통독	219
확인	

공부 시편 120편~126편 : 거짓된 입술(120편)

1. 시인은 어떤 것에서 "내 생명을 건지소서"라고 말했나?(120:1-2) -
2. 궤사한 혀는 결국 무엇을 얻게 되는가?(120:3-4) -
3. 화평을 원하며 말할 때에 상대는 어떻게 했는가?(120:6-7) -
4. 나의 도움이 어디서 올꼬 나의 도움이 ( ). - (121편)
5. 여호와는 너를 지키시는 자라 여호와께서 ( ) 되시나니. - (121편)
6. 여호와께서 너의 출입을 ( ) 지키시리로다. - (121편)
7. (122: 절) 예루살렘아 ~
8. (122: 절) 예루살렘아 ~
9. (122: 절) 예루살렘을 위하여 ~
10. 하나님을 바라는 시인이 비유로 든 것 두 가지는?(123:2) -
11. 시인은 무엇 때문에 긍휼히 여겨 달라고 했나?(123:3) -
12. 우리를 저희 이에 주어 씹히게 하신 여호와를 찬송할지로다(124편). - (O, X)
13. 우리의 도움은 천지를 지으신 여호와의 이름에 있도다(124편). - (O, X)
14. 여호와를 (의심하는 자 / 의뢰하는 자)는 시온산이 (요동치 / 요란치) 아니하고 영원히 있음 같도다(125편).
15. 여호와여 (선인 / 선민)에게와 마음이 (정직한 자 / 완고한 자)에게 선을 행하소서(125편).
16. 어떤 일이 꿈꾸는 것 같았나?(126:1) -
17. 울며 씨를 뿌리러 나가는 자의 결과는?(126:6) -

▲▼△▽ -----≪빛을 발하는 바흐의 성실성≫----- ▽△▼▲

교회 음악의 대가라고 불리는 작곡가 바흐는 라이프치히에 있는 성 토마스 교회의 오르가니스트로 일하면서, 주일마다 부르는 찬양대의 노래를 새로 작곡하는 일을 했다. 그러나 그가 작곡한 노래들은 출판되지도 못했고 별도의 작곡료도 받지 못했다. 그러나 그는 매주일 꾸준히 사명감과 신앙으로 그 일을 계속했다.

그런데 훗날 바흐의 음악 세계를 이룩하는 데 있어서 보수도 없이 매주일 작곡했던 그 곡들이 기초가 되었다. 바흐가 만든 265개의 오르간 곡과 263개의 합창곡과 162개의 피아노 곡, 그리고 그 외에도 수백 개의 오르간 곡들은 그가 주일마다 꾸준히 작곡했던 성실과 신실성이 낳은 귀한 작품이었다. 겸손함으로 꾸준히 성실하게 봉사하는 그곳에 하나님의 보상은 언젠가 결실을 맺는다.

♧ ♧ ♧

"로마는 하루아침에 이루어지지 않았다"라는 말이 있듯이 성실한 삶 속에 아름다운 결실은 맺어져서 그 가치를 발하게 될 것이다. 필자의 중고등학교 동창인 감리교 목사 한 친구는 늘 공부하고 기록하는 습관을 가졌다. 그가 감리사를 지내면서 꼼꼼히 성실하게 기록한 자료집 《생긴 그대로》(도서출판 누가)는 감리교회뿐 아니라 다른 교단에서도 지도자들에게 좋은 자료집이 되었다.

남모르는 노력은 하나님이 기억하시고 언젠가는 빛을 발하게 하신다.

(시편 126:5-6) 눈물을 흘리며 씨를 뿌리는 자는 기쁨으로 거두리로다 울며 씨를 뿌리러 나가는 자는 정녕 기쁨으로 그 단을 가지고 돌아오리로다

신현주, 〈좌충우돌 예화〉 〈시시콜콜 예화〉, www.sbs66.net

[오늘의 말씀] 시편 127편~133편 : 무신론자의 헛수고(127편) → 먼저 성경 읽기

제127편 〔하나님 없는 자의 헛수고〕 여호와께서 함께하시지 않는 인생은 모든 것이 헛되다.
제128편 〔여호와를 경외하는 자의 복〕 여호와를 경외하는 자에게 주어지는 복을 말하고 있다.
제129편 〔시온을 미워하는 자의 수치〕 하나님의 백성, 시온을 미워하면 결국 자신이 몰락한다.
제130편 〔깊은 데서 부르짖음〕 일곱 편의 참회시 중에 하나다. 아래의 "깊은 연구"를 보라.
제131편 〔순전한 신뢰〕 심령으로 고요하고 평온함이 어미 품에 있는 아기처럼 여호와를 바라보라.
제132편 〔다윗과 시온 성소〕 1-10절은 삼하 6:12-15을, 11-12절은 삼하 7:11-16을 근거로 한다.
제133편 〔형제의 연합〕 하나님 백성의 선하고 아름다운 연합을 노래한다.

[말씀 묵상]

1. 하나님 없는 인생과 하나님을 경외하는 인생의 차이는 무엇일까? "일찍이 일어나고 늦게 누우며 수고의 떡을 먹음이 헛되도다"(127:2)라고 한 데 비하여, "네가 네 손이 수고한 대로 먹을 것이라 네가 복되고 형통하리라"(128:2) 하였다. 결국 수고의 가치가 있느냐, 헛수고 인생을 사느냐이다.
2. 130편은 "성전에 올라가는 노래"(예루살렘 순례길에 부르는 노래, 120-134편)의 하나로서 참회시다. 하나님께서 죄악을 감찰하시면 그 앞에 설 자가 없다. 그러나 사유(赦宥)하심이 주께 있음을 확신한다. 그러기에 주를 바라고 하나님의 자비를 기다린다.
3. "젖 뗀 아이가 그 어미 품에 있음 같게 하였나니"(131:2). 짧으나 아름다운 시편의 하나로 꼽힌다. 어미 품의 고요와 평온처럼 하나님을 향한 깊은 신뢰를 지니고 평안 속에 소망을 가지고 사는 것이 얼마나 큰 복인가? 눈을 감고 하나님을 느껴 보라. 그 품 안에 평안을 맛보고 있나?

■ 어미 품의 젖 뗀 아이(시 131 : 2)
시인은 하나님에 대한 신뢰를 "젖 뗀 아이가 어미 품에 있음"(시 131:2) 같다 하였다. 사진은 평온한 모자(母子)의 모습이다(1950년대).

[깊은 연구]

1. 성전에 올라가는 노래(120-134편)와 히스기야의 생애

1) 주전 701년, 히스기야는 죽을병에서 하나님의 은혜로 고침을 받았다(왕하 20장). 이사야 선지자는 은혜를 입은 왕의 감사기도를 기록했는데(사 38장), 이사야 38장 20절에서 "여호와께서 나를 구원하시리니 우리가 종신토록 여호와의 전에서 수금으로 나의 노래를 노래하리로다" 하였다.

2) "성전에 올라가는 노래'" 중에 작자 미상의 열 편은 '히스기야의 노래'라며 문체의 유사성이 있음을 지적한다. 히스기야는 일영표 위의 해 그림자가 10도 물러간 사실(왕하 20:9-11)을 기념해서 이 노래 열 편을 지작했고, 그의 생명이 15년 더 연장된 것에 감사해서 다윗과 솔로몬의 시(잠 25:1 참고) 다섯 편을 적절히 골라 자신이 쓴 열 편에 추가하여 열다섯 편이 되게 하였다는 것이다.

통독	220
확인	

공부 시편 127편~133편 : 무신론자의 헛수고(127편)

1. (127: 절) 여호와께서 집을 세우지 아니하시면 ~
2. (127: 절) 수고의 떡을 먹음이 ~
3. (127: 절) 자식은 ~ 태의 열매는 ~
4. 127편 2절과 128편 2절을 비교하여 수고의 결과가 '헛됨'과 '형통'으로 나타나는 이유를 말하세요.
   -
5. 다음을 무엇에 비유했나?(128편) - 1) 아내: 2) 자식:
6. 1) 어디에서 복을 주시나? - 2) 평생에 무슨 복을 보나?(128편) -
7. 여호와는 의로우사 악인을 어떻게 하시는가?(129:1-4) -
8. 시온을 미워하는 자는 어떻게 되나?(129:5) -
9. 여호와여 내가 ( ) 주께 부르짖나이다. - (130: 절)
10. 이스라엘아 여호와를 ( ) 여호와께는 ( )과 풍성한 ( )이 있음이라. - (130: 절)
11. 시인과 관계있는 것은?(131편) - 1) 마음이 교만 ( ), 2) 눈이 높지 않음 ( )
12. 시인의 고요하고 평온한 심령 상태를 무엇으로 비유했나?(131편) -
13. 여호와여 일어나사 주의 (권세의 성/권능의 궤)와 함께 (평안/평탄)한 곳으로 들어가소서. - (132: 절)
14. 그 (제사장/선지자)들에게 구원으로 입히리니 그 (성도/성산)들은 즐거움으로 외치리로다. - (132: 절)
15. 어떻게 함이 선하고 아름다운 모습인가?(133편) -
16. 여호와께서 명하신 복은 무엇인가?(133편) -

▲▼△▽ -----≪목사님은 대개 워커홀릭(일중독)≫----- ▽△▼▲

▷ 월요일을 목회자의 휴일로 정했지만, 김백두 목사는 주의 일을 위해 취미도 포기하여 휴일에도 달리 할 일이 없다. 일주일 동안 일에만 매달려 심신은 피곤하지만 그의 머릿속에는 못다 한 채 남겨 놓은 교회일이 자꾸만 떠오를 뿐이다. 마침내 점심식사 후에 교회로 발걸음을 옮긴다. 등 뒤로 아내의 불평이 쏟아지지만 그의 머릿속에는 '나는 일을 해야 한다. 나는 사명자다'라는 생각만 맴돈다.

▷ 사회에 경쟁이 심화하고 조기퇴직과 실직이 다반사가 되면서 일에만 매달려 건강을 해치는 일중독증(워커홀릭) 환자들이 많다. 하지만 일중독증 환자는 다른 중독증과 달리 비난의 대상이 아니라 '일 잘하는 사람', '성실한 사람'으로 여겨지고 있어 방치하기 쉽다. 그러나 증세가 심해지면 몸과 마음을 해치고 심할 경우 돌연사할 가능성도 적지 않아 각별히 유의해야 한다고 전문가들은 경고한다.

♧ ♧ ♧

일중독자 중 1기 환자는 집에 와서도 일을 하는 사람, 2기 환자는 일중독임을 자각해서 일부러 여가를 즐기고 취미활동 등에 매달리는 사람, 3기 환자는 어떤 일이든 환영하며 주말과 밤에도 일하고 건강이 무너질 때까지 일에 매달리는 사람이라는 것이다. 일중독자는 일에 대해서는 거절을 하지 못하므로 과로와 스트레스에 시달린다. 이로 인해 소화기 계통의 질병, 고혈압, 위장병, 우울증, 강박증 등 질병이 생기기 쉽고 과로사와 돌연사할 가능성이 크다고 한다. 캬! 그대, 쉬어라.

(시편 127:2) 너희가 일찌기 일어나고 늦게 누우며 수고의 떡을 먹음이 헛되도다 그러므로 여호와께서 그 사랑하시는 자에게는 잠을 주시는도다

신현주, 〈좌충우돌 예화〉 〈시시콜콜 예화〉, www.sbs66.net

[오늘의 말씀] 시편 134편~139편 : 밤에 여호와를 찬송(134편) → 먼저 성경 읽기

제134편 〔밤에 여호와를 찬송〕 밤에 성전에서 수직하는 자들에 대한 시로서 여호와를 송축한다.
제135편 〔창조와 역사의 주를 찬송〕 이스라엘을 택하심. 여호와의 위대하심과 능하신 일을 찬양한다.
제136편 〔여호와께 감사하라〕 창조와 출애굽 및 가나안 정착에 나타나신 하나님을 찬양한다.
제137편 〔바벨론 강변의 애가〕 주전 587년 예루살렘 파멸로 인한 바벨론 포로생활의 아픔을 노래한 시다. 예루살렘을 사랑하는 이스라엘의 정신이 잘 나타나 있다.(제2권 통독 134일째 및 150일째 문제 아래 참고)
제138편 〔주의 이름에 감사〕 성전 앞뜰에서 하나님이 큰 곤경에서 건져 주심에 감사하는 시다.
제139편 〔감찰하시는 하나님〕 하늘과 음부(陰府)에도 주가 계시고, 새벽(동쪽)과 바다 끝(서쪽)에도 주의 손이 함께한다. 시인은 인도하시며 감찰하시는 하나님을 찬양한다.

[말씀 묵상]

1. 나는 뭔가 구해서 얻었으므로가 아닌 이미 주어진 것만으로도 감사할 것이 넘치는가? 시편 기자는 136편에서 이스라엘의 역사와 하나님의 창조 업적을 회고해 보며 거기에서 행해 주신 하나님의 수많은 은혜를 헤아려 하나님께 감사하고 하나님을 찬양하며 기쁨을 노래하고 있다. 그 형식은 "~하신 하나님께 감사하라 그는 선하시고 그 인자하심이 영원함이로다"라고 하였다.
2. "내가 예루살렘을 기억지 아니하거나…"(137:6). 이 시는 이스라엘 백성들의 바벨론 포로생활 중의 애가(哀歌)이다. 이스라엘 백성들이 괴로워한 것은 부과된 노동이나 비참한 생활보다 바벨론 사람들이 하나님을 경멸하고 모욕하는 것이었다. 42편에서도 "네 하나님이 어디 있느냐 하니 내 눈물이 주야로 내 음식이 되었도다"라고 탄식한다. 그들은 이스라엘에게 '시온의 노래를 해 보라'고 요구한다. 이스라엘은 차라리 "내 오른손이 그 재주를 잊을지라도…내 입천장에 혀가 붙을지라도" 이방인을 위해 '시온의 노래를 부르지 않겠다'는 지조를 갖는다. 내 신앙의 아픔은 무엇이며 지조는 무엇인가?
3. 하나님은 나를 '감찰하시는 분'이다. 어디에 있든 하나님이 거기에 함께 계신다. 외로울 때 시편 139편을 읽으라. 함께하심은 '귀찮은 간섭'이 아니라 '적절한 인도하심'이다(시 139:9-10).

[깊은 연구]

1. 시편의 배경이 된 바벨론 포로 (시 137편)

1) 유대는 바벨론에 의해 587년에 멸망하고 왕족들과 귀족들까지 바벨론의 포로가 되어 이방 땅에서 살아야 했다(왕하 25장, 대하 36장). 이 시에서는 포로생활에서의 분위기가 잘 녹아나 있다. 그 지역 도시 근교 그발 강가에서 이들이 모였음은(겔 1:3, 3:15) 그곳에서 탄원의식을 거행했음을 암시한다.

2) 원수들이 사로잡혀 온 자들에게서 듣고자 했던 '시온의 노래'는 '여호와의 노래'(137:4), 곧 기쁜 내용의 성전 찬송(시 46, 48, 76, 84, 87, 122편 같은)이어서 이런 찬송을 낯설고 부정한 땅에서 부를 수는 없었다. 그 대신 이들은 탄원 의식 가운데 5-9절의 노래를 불렀을 것이다. 이처럼 이 시에서는 포로생활에서 겪는 고통과 예루살렘을 향한 사랑, 대적들에 대한 저주가 신랄하게 표현되어 있다. 〈저주시에 대해서는 통독 206일째, 222일째 참고〉

통독	221
확인	

공부

시편 134편~139편 : 밤에 여호와를 찬송(134편)

1. 어떤 모습으로 여호와를 송축하라고 했나?(134편) -
2. 여호와께서 어디에서 복을 주시는가?(134편) -
3. 여호와께서 자기를 위하여 하신 일은?(135:4) -
4. 열방의 우상의 입, 눈, 귀의 기능은?(135:14-18) -
5. (136: 절) 지혜로 하늘을 지으신 이에게 ~
6. (136: 절) 홍해를 가르신 이에게 ~
7. (136: 절) 모든 육체에게 식물을 주신 이에게 ~
8. 이스라엘이 바벨론 강변에서 운 이유는?(137편) -
9. 예루살렘을 잊는다면 차라리 몸의 무엇이 어떻게 되리라고 했는지 두 가지를 쓰세요(137편).
   1) 5절: 2) 6절:
10. "예루살렘이 해 받던 날"은 무엇을 뜻하나?(137:7, 왕하 25장) -
11. 여호와께서 누구를 하감하시고 아시는가?(138:6) -
12. 시인은 무엇을 버리지 마옵소서 하며 기도했나?(138:8) -
13. 주께서 나를 감찰하시고 아는 것이 무엇인지 모두 쓰세요(139:1-4). - (예, 생각, 혀의 말)
    -
14. 어디에 가도 주께서 서시 계시다고 했는지 세 곳을 쓰세요(139:7-10). -
15. "내게 무슨 악한 행위가 있나 보시고" 어떻게 해 달라고 했나?(139:24) -

▲▼△▽ -----≪가치를 살아야 의미가 있다≫----- ▽△▼▲

▷ TV의 "진품명품"에서 충북의 한 시골로 출장 감정을 갔다. 너도나도 집에서 값나간다는 것을 가지고 나왔다. 할머니 한 분이 15cm쯤 되는 회색과 갈색으로 채색된 꽃병을 하나 가지고 나왔다. 자신의 밭을 매다가 나온 것이라는데 들꽃도 꽂고 허드레로 쓴다는 것이다. 그런데 이 도기가 무려 350만원의 감정이 나왔다. 함박 웃던 할머니는 그 도자기를 잘 모셨을 것이다.

▷ 미국의 한 할머니가 중국을 여행하던 중에 중고 도자기 하나를 구입했다. 집으로 돌아온 할머니는 그것을 조리한 바닷가재를 담는 데 사용했다. 그러던 중 46cm의 이 접시가 전문가의 눈에 띄어 그 비밀이 밝혀졌는데 1368년대 중국 명나라 초대 황제 때의 도자기라고 판명된 것이다. 그것은 무려 570만 달러(56억원)에 거래되었다. 가정집의 허드레 접시가 이제는 귀한 대접을 받는 골동품이 되었다.

♧ ♧ ♧

가치를 모르면 함부로 대하고 허드레로 취급을 한다. 아궁이에 불을 때려고 화목 가운데 두었던 낡은 거문고가 국악인의 눈에 띄어 수천만 원을 호가하는 값진 것으로 거듭나기도 했다.
우리 인간도 원래는 값진 존재인데, 이를 잘 몰라서 영혼과 육체를 방치하고 자학을 하는 사람들도 있으므로 그 가치를 발견하도록 도와주는 곳이 교회다. 우리는 이 사명을 귀히 여겨야 한다.
그대의 가치는 하나님이 지으신 존귀한 자임을 인식하고 믿음으로 살 때 나타난다.

(시편 139:13-14) 주께서 내 장부를 지으시며 나의 모태에서 나를 조직하셨나이다 내가 주께 감사하옴은 나를 지으심이 신묘막측하심이라 주의 행사가 기이함을 내 영혼이 잘 아나이다

신현주, 〈좌충우돌 예화〉 〈시시콜콜 예화〉, www.sbs66.net

[오늘의 말씀] 시편 140편~145편 : 구원과 복수를 기도(140편) → 먼저 성경 읽기

제140편 〔구원과 복수를 위한 기도〕 악한 자들의 다양한 악의 행위와 의인의 저주 기도가 나온다.
제141편 〔내 눈이 주께 향하여〕 유혹과 충동 속에서도 하나님 여호와께 향하는 시인의 모습이 나온다.
제142편 〔외로운 자의 기도〕 표제에는 "다윗이 굴에 있을 때에 지은 마스길"이라 하므로 사무엘하 23장 19절 이하를 근거로 한다. 외롭고 괴로운 가운데 하나님께 건짐을 구한다.
제143편 〔의로운 인생이 없다〕 로마서 3:10은 본 시 2절의 인용이다. 일곱 편의 '참회시' 중에 하나이다.
제144편 〔왕과 백성의 구원〕 지난날의 보호를 감사하며 간구하고(1-11절), 복을 말한다(12-15절).
제145편 〔왕이신 나의 하나님〕 1절은 '경배와 찬양'으로 알려져 익숙한 구절이다. 광대하신 하나님은 사소한 개인에 대해서도 섭리하셔서 자기를 경외하는 자의 소원을 이루어 주신다.

[말씀 묵상]

1. 무엇을 기도하는가? 어려운 현실을 보며 시인처럼 **"내 영혼을 빈궁한 대로 버려두지 마옵소서"**(141:8)라고 기도하는가? 예수님의 제자들은 **"선생님이여 우리의 죽게 된 것을 돌아보지 아니하시나이까"**(막 4:38) 하였다. 이때 예수님은 **"믿음이 없는 자들아 왜 의심하느냐"** 하셨다. 이처럼 시편의 기도도 '불신의 기도'라는 평을 받는다. 그럴지라도 호소할 수밖에 없는 현실이다.
2. 인간은 흙으로부터 온 존재이고(창 2:7) 결국 흙으로 돌아간다. 정말로 연약하고 덧없는 존재임에도 그 속에 하나님의 생기를 불어넣으셨고 영혼을 부여하셨다. 시인은 **"사람이 무엇이관대 주께서 저를 알아주시며 인생이 무엇이관대 주께서 저를 생각하시나이까"**(144:3)라고 고백을 한다. 이는 하나님의 크신 은혜이며 이에 감복을 하는 자는 복되고 겸손한 성도이다.

[깊은 연구]

1. 저주시의 저주 내용 (시 35, 55, 58, 59, 69, 83, 109, 137, 140편)

시편에는 몇 편의 '저주시'가 나온다. 저주 내용인 '적들에게 심판이 내리기를 비는' 많은 예를 살펴본다.
① 여호와께서 적들과 싸워 주시고 혼란에 빠뜨리시기를(35:1, 4), ② 적들을 바람 앞에 겨와 같이 흩으시며, 사자(使者)로 하여금 적들을 추격하여 몰아 내어 주시기를(35:5), ③ 적들의 길을 어둡게 하고 미끄럽게 하시기를(35:6), ④ 사망이 홀연히 임하고 악독이 저희 거처에 있기를(55:15), ⑤ 저들의 이를 꺾으시고 사라지게 하기를(58:6-7), ⑥ 만기되지 못하여 난 자가 일광을 보지 못함 같게 하시기를(58:8), ⑦ 간사한 악인을 긍휼히 여기지 말고 진노하심으로 소멸하시기를(59:5), ⑧ 밥상이 올무가 되게, 평안이 덫이 되게(69:22), ⑨ 저희 눈이 어두워 보지 못하게, 허리가 항상 떨리게 하시기를(69:23), ⑩ 생명책에서 도말하시기를(69:28), ⑪ 패망하여 땅에 거름이 되기를(83:10), ⑫ 바람에 굴러가는 검불 같게 하시기를(83:13), ⑬ 악인으로 저를 제어하며 대적으로 그 오른편에 서게 하시기를(109:6), ⑭ 그 자녀가 구걸하며 빌어먹게 하시기를(109:10), ⑮ 머리를 들 때에 저희의 입술의 해가 저희를 덮게 하시기를(140:9), ⑯ 뜨거운 숯불이 저희에게 떨어지며, 불 가운데와 깊은 웅덩이에 빠져 다시 일어나지 못하게 하시기를(140:10). 〈통독 206일째 저주에 대한 해설을 보라〉

통독	222
확인	

공부 　시편 140편~145편 : 구원과 복수를 기도(140편)

1. 악인이 하는 일을 쓰세요(복잡한 것은 요약, 140편).
   1) 2절: 　　　　　　　　2) 3절:
   3) 4절(하반절): 　　　　4) 5절:
2. 의인의 악인에 대한 저주 기도는 몇 절에 나와 있나?(140:6-13에서 네 절)-
3. 내 입 앞에 파수꾼을 세워 말조심하게 해 달라는 기도. - (141: 　절)
4. 내 눈이 여호와를 향하며 주께 피하오니 빈궁한대로 버려두지 말라는 기도. - (141: 　절)
5. 마음에 드는 구절 쓰기. (142: 　절) -
6. 마음에 드는 구절 쓰기. (142: 　절) -
7. (　)를 향하여 손을 펴고 내 영혼이 마른 땅 같이 (　　　)하나이다. - (143: 　절)
8. (　)에 나로 주의 인자한 (　)을 듣게 하소서 내가 주를 (　　)이니이다. - (143: 　절)
9. 143편 2절은 로마서 3장 (　절)과 갈라디아서 2장 (　절)에 인용(반영)하였다.
10. 여호와는 나에게 어떤 분인가?(144:2) -
11. 사람은 어떤 존재인가?(144:4) -
12. 누가 복 있는 백성인가?(144:15) -
13. (145: 　절) 왕이신 나의 하나님이여 ~
14. (145: 　절) 여호와여 주의 지으신 ~
15. (145: 　절) 내 입이 여호와의 ~

▲▼△▽ -----≪찬밥 준다고 아내 폭행≫----- ▽△▼▲

"새해 첫날부터 찬밥을 내놓았다는 이유로 아내를 폭행한 40대가 경찰에 붙잡혔다. 서울 OO경찰서는 말다툼 끝에 아내에게 폭력을 행사한 혐의로 서울 OO동에 사는 황 모 씨(41)를 불구속 입건했다. 황씨는 2006년 1월 1일 낮 12시 30분쯤 자신의 집에서 아내 조 모 씨(39)가 늦은 아침상에 찬밥을 올려놓자 이를 다그치며 조씨를 폭행한 혐의를 받고 있다. 황씨는 경찰에서 '새해 첫날부터 찬밥을 내놓아 말다툼을 벌였으며 이후 아내가 그릇을 던져 깨뜨리며 말대꾸를 해서 순간적으로 화가 치밀었다'고 말했다."(060102. 인터넷 및 신문들 보도)

글쎄요? 찬밥 준 아내도 잘한 것 없고, 그렇다고 폭행을 한 남편도 정당화할 수는 없다. 이 문제에 대한 인터넷의 댓글들이 재미있는데, 특히 두 사람의 논쟁이 두드러진다. 그대라면?

♧ ♧ ♧

남: 늦잠 자지 말고, 새해 첫날 일찍 일어나 육수 국물에 뜨끈한 만둣국 끓여 남편 맛있게 먹는 것 보고 행복해했다면...
여: 찬밥이라도 곱게 처먹어!
남: 내 말을 아직 이해를 못 하는가 본데, 아들 낳아 키웠더니 정초에 며느리가 찬밥 주는데 아들이 뭐라 한다고 며느리가 그릇을 던져 깨뜨려도 똑같은 말 하세요. 이해를 못하니 답답하네.
여: 타임머신 타고 왔나 보다. 조선 시대에서.

(시편 141:3) 여호와여 내 입 앞에 파숫군을 세우시고 내 입술의 문을 지키소서

신현주, 〈좌충우돌 예화〉 〈시시콜콜 예화〉, www.sbs66.net

실로암성경학교 *1년과정 성경통독*	**성경통독 365일** ♠찬송/기도/성경정독/해설읽기/문제풀이/말씀묵상♠	□월 □일 **통독 223일째**

[오늘의 말씀] 시편 146편~150편 : 사회적 관심의 찬양(146편) → 먼저 성경 읽기

제146편 〔사회적 관심의 찬양〕 하나님께 소망을 두는 자는 복이 있다. 7-9절은 눅 4:16-21을 함께 보라.
제147편 〔역사와 자연의 여호와〕 포로로 끌려간 자를 모으시고 시온을 세우신 하나님, 온 천하를 창조하시고 섭리하시는 하나님, 예루살렘을 안전하게 하시는 하나님을 찬양한다.
제148편 〔우주적인 찬양〕 하나님의 피조세계의 모든 것이 하나님을 찬양해야 함을 가르친다.
제149편 〔시온의 찬양〕 하나님의 백성이 하나님이 주신 승리를 기뻐하고 대적하던 민족들을 심판하신 일로 인하여 즐거워한다. 이 시는 메시아적 승리와 최후의 심판을 내다본 시로 유명하다.
제150편 〔대합창 교향곡〕 시편의 마지막 시로서 시편 전체의 웅장한 절정이며 종지부다. 모든 악기와 생명이 있는 모든 자는 모든 것을 동원하여 하나님께 영광을 돌린다.

[말씀 묵상]

1. 시인(기도자)은 **"춤추며 그의 이름을 찬양하며 소고와 수금으로 그를 찬양할지어다"**(149:3)라고 했다. 춤을 추지 않는 성도가 있는가? 춤은 기쁨이 몸으로 표현된 것이다. 특별히 춤이나 소고나 수금이 아니라도 좋다. 구원에 감격하여 산다면 그것이 춤이다. 봉사도, 전도도, 남을 섬김도 신앙의 춤으로 승화되어 기뻐할 때에 그것이 진정 그리스도인으로 하나님께 춤추며 찬양하는 삶이다.
2. **"여호와 자기 하나님에게 그 소망을 두는 자는 복이 있도다"**(146:5). 이 말씀을 진정 믿고 사는가? 돈에, 가족에, 내 목표에 소망을 두고 있지 않은가? 우선순위를 바르게 정하라. 하나님께 소망을 두고서 물질을 얻고 가족을 돌보며 목표를 설정할 때에 그 모든 것은 값진 것이다.

[깊은 연구]

1. 할렐루야 시에 대하여 (시 145-150편)

145-150편은 공공예배를 위해 저작된 하나님을 찬양하는 일단의 시들이며, 오늘날 유대인들이 매일의 기도로 사용한다. 그 중에서 146-150편에는 시작과 끝이 '할렐루야'로 된 '할렐루야 시'다.

1) '할렐루야'란 '자랑하다', '칭찬하다'라는 뜻의 히브리어 '할렐'에서 온 말로 '여호와를 찬양하라'는 뜻을 가졌다. '할렐루야'는 존경, 경외, 겸손을 나타내는 인간의 고상한 표현으로 하나님을 찬송하는 최고 찬양의 환호다. 구약에서는 단지 〈시편〉의 열다섯 편에만 나오며, 신약에는 〈요한계시록〉에만 나타나 있다. 〈통독 217일째 참고〉

2) 다음은 시편에 '할렐루야'가 나온 시들이다.

① 할렐루야가 처음에만 있는 시 - 111, 112편.
② 할렐루야가 처음과 끝에 있는 시 - 106, 113, 135, 146, 147, 148, 149, 150편.
③ 할렐루야가 끝에만 있는 시 - 104, 105, 115, 116, 117편.

■ 결혼식에서 춤추는 장면
시인은 "춤추며 그의 이름을 찬양하며"(149:3)라 하였듯이 성도는 찬양하며 춤을 추듯 기쁨이 넘쳐야 한다.

통독	223
확인	

공부 시편 146편~150편 : 사회적 관심의 찬양(146편)

1. 여호와는 다음 사람들에게 어떻게 하시는가?(146편)
   1) 압박당하는 자 - 2) 주린 자 - 3) 소경 -
   4) 비굴한 자 - 5) 의인 - 6) 객 -
   7) 고아와 과부 -
2. 여호와께서 어떻게 하시는가?(147:2-3에서만) -
3. 여호와는 어떤 자를 기뻐하시는가?(147:11) -
4. 다음의 자연에 대한 시인의 비유는?(147:16-17) - 1) 눈: 2) 서리: 3) 우박:
5. 찬양해야 하는 모든 것을 쓰세요.(예, 해, 달, 모든 군대 등, 148편)
   1) 자연:
   2) 동물:
   3) 사람:
6. 이스라엘은 자기를 (짐 지신 / 지으신) 자로 인하여 즐거워하며 (시온의 자민 / 시온의 민족)은 저희의 (힘 / 왕)으로 인하여 즐거워할지어다(149편). 〈(　) 안에서 맞는 것은 O, 틀린 것은 =〉
7. 여호와께서는 자기 (이름 / 백성)을 기뻐하시며 (겸손한 / 검소한) 자를 구원으로...(149편).
8. 무엇을 인하여 찬양하는가?(150:2) -
9. 어떤 악기로 찬양할 수 있나?(150:3-5) -
10. 146편에서 150편까지 '할렐루야'가 몇 번 나오는가? -

▲▼△▽ -----≪"바람과 함께 사라지다" 뒷이야기≫----- ▽△▼▲

소설 《바람과 함께 사라지다》는 지금까지 2천만부 이상이 판매되었다. 그러나 여기에는 이 작품의 작가 마가렛 미첼의 눈물겨운 노력이 있었음을 아는 사람은 많지 않다. 그녀는 작품을 완성한 후 3년 동안 여러 출판사를 찾아다녔다. 그러나 무명작가의 작품을 받아주는 곳은 한 군데도 없었다.

어느 날 그녀는 맥밀란 출판사의 레이슨 편집장을 만나게 되었고 이때다 싶어 그를 붙잡고 '여행길에 원고를 꼭 한 번만 읽어 달라'고 간청했다. 그리고 10여 일의 장거리 여행 동안 세 차례나 전보를 보냈다. 그녀의 노력이 편집장의 마음을 감동시켰다. 레이슨 편집장은 드디어 원고를 읽기 시작했는데, 남북전쟁의 한복판에 서 있는 듯한 착각마저 들게 하는 생생한 묘사에 매료되어 목적지에 도착한 것도 모를 정도였다. 그리하여 1936년 드디어 《바람과 함께 사라지다》는 세상에 태어났다.

♧ ♧ ♧

출판사의 편집진들이 제한된 잣대로 남의 원고에 대해 쉽게 판단을 하므로 실제 좋은 글들이 사장된다면 안타까운 일이다. 필자도 1990년대 초에는 많은 출판사를 돌아다니고 또는 우편으로 원고를 보내 출판을 호소한 적이 있다. 지난 세월 덕분에 이제는 원고만 있으면 출판이 쉽게 되었다. 세상에 거저 되는 일은 없고 '그저 재수 좋아서'라는 말도 틀리며, 그 바탕에는 많은 노력과 아픔이 있었기에 인정을 받게 된다. 물론 언제나 하나님의 도우심을 배경으로 해야 한다.

(시편 148:14) 저가 그 백성의 뿔을 높이셨으니 저는 모든 성도 곧 저를 친근히 하는 이스라엘 자손의 찬양거리로다 할렐루야

신현주, 〈좌충우돌 예화〉〈시시콜콜 예화〉, www.sbs66.net

[오늘의 말씀] 시편 90편~150편(제4, 5권) 복습 → 먼저 성경 읽기, 단숨에...

〈제4권〉 - 90-106편

1. 제4권에는 다윗의 시가 많은가, 작자 미상의 시가 많은가?(시가서 해설, 표제 참고) -
2. 90편은 시편 중에 단 하나인 (　　　　)의 기도이다.
3. (90:15) 우리를 곤고케 하신 ~
4. 저가 나를 (　　)한즉 내가 저를 건지리라 저가 내 (　　)을 안즉 내가 저를 높이리라(91:14).
5. 여호와여 주의 (　　　)이 확실하고 (　　)이 주의 집에 합당하여 영구하리이다(93:5).
6. 내 속에 (　　)이 많을 때에 주의 (　　)이 내 영혼을 (　　　) 하시나이다(94:19).
7. 95-100편과 관계가 있는 것에는 O표(2개), 관계없는 것에는 X표(1개) 하세요.(해설 참고)
   1) 찬양과 경배 (　　),　　2) 이스라엘 역사 (　　),　　3) 신정시(神政詩) (　　)
8. 대저 저는 우리 (　　　　) 우리는 그의 기르시는 (　　)이며 그 손의 (　　)이라(95:7).
9. (96:9) -
10. (97:12) -
11. (98:4) -
12. (99:1) -
13. (100:4) -
14. 내 눈이 이 땅의 (　　　　)를 살펴 나와 함께 거하게 하리니 (　　　　　　　　)가 나를 수종하리로다(101:6).
15. 여호와께서 (　　　　　　)를 돌아보시며 저희 (　　)를 멸시치 아니하셨도다(102:17).
16. 저가 네 (　　　　)을 사하시며 네 (　　　　)을 고치시며 네 생명을 (　　　　)하시고 인자와 긍휼로 (　　)을 씌우시며 (　　　)으로 네 소원을 만족케 하사(103:3-5).
17. 하나님께서 사람에게 주신 것 세 가지는?(수식 없이 단어만, 104:15) - (　　,　　,　　)
18. 105편은 어떤 역사적인 사건을 배경으로 했나?(특히 26절 이하, 해설 참고) -
19. 78, 105, 106편을 무슨 시라고 하는가?(시편의 해설 참고) -
20. 106:7-12은 바벨론 포로(　　), 홍해를 육지처럼 건넘(　　)을 배경으로 했다(O, X 하기).

〈제5권〉 - 107-150편

21. 하나님은 누구에게 만족과 좋은 것으로 채우시는가?(107:9) -
22. (108:2) 비파야 수금아 ~
23. 나는 사랑했으나 상대가 도리어 대적할 때에 나의 자세는?(109:4) -
24. 주께 헌신하는 주의 청년들을 무엇에 비유했나?(110:3) -
25. "여호와를 경외함이 곧 지혜의 근본이라"는 어느 책의 주제인가?(111:10, 잠 1:7, 9:10) -

통독	224
확인	

26. 재물을 흩어 궁핍한 자에게 준 결과는?(112:9) -
27. 113-118편은 '( ) 시편'이라고 하며 유대인들은 주로 ( ) 만찬 전후에 불렀다.
28. 삼상 2:8은 시 113편 몇 절과 같은가? -
29. 누구에게 '여호와를 의지하라'고 했나?(115:9-11) - 1) 2) 3)
30. 주께서 나를 어떤 상태에서 구원하셨는가?(116:8) -
31. (117:2) 우리에게 향하신 ~
32. 성경 중에 가장 짧은 장은 시편 (편)이고, 가장 긴 장은 시편 (편)이다(100-120편).
33. 주의 말씀이 내게 주는 의미는 무엇인가?(119:105) -
34. 1) 히브리어 알파벳 순으로 각 절이나 각 연에 들어가도록 쓰인 시의 이름은? -
    2) 그런 종류의 시편 아홉 편은?(119편 해설 참고) -
35. 120-134편 시의 표제는 "(시)"이다(표제 및 해설 참고).
36. 나는 화평을 원하지만 상대는 어떻게 하는가?(120:7) -
37. 예루살렘을 위하여 ( ) 예루살렘을 사랑하는 자는 ( )하리로다(122:6).
38. 우리 눈이 무엇처럼 여호와를 바라고 기다리는가?(123:2) -
39. 여호와를 의뢰하는 자는 무엇과 같은가?(125:1) -
40. (126:1) 여호와께서 시온의 포로를 돌리실 때에 ~
41. 127, 128편은 주로 민족적인 노래인가?( ) 가정적인 노래인가?( )
42. '수고의 떡을 먹음이 헛됨'과 '수고한 대로 먹을 것'의 차이는 어디서 오는가?(127-128편) -
43. 자신의 괴로움을 어떻게 표시했나?(129:3) -
44. 시인의 마음의 평온함은?(131:2) -
45. 형제가 연합함의 아름다움을 비유?(133:1-3) - 머리에 있는 ( ), 헐몬의 ( )
46. 시온에서 복을 주시는 분은?(134:3) -
47. 여호와께서 자기를 위하여 누구를 택했나?(135:4) -
48. 136편에 '감사하라'는 말이 몇 번이나 나오나? -
49. 137편, 35, 58, 69, 83, 109편 등 '적에게 심판이 내리기를 비는' 시의 이름은? - (시)
50. "예루살렘이 해 받던 날"은 언제인가?(137:7, 해설 참고)
    1) 바벨론에 의한 유다 멸망(587년), 2) 앗수르에 의한 이스라엘 멸망(721년)
51. 어디로 가든지 거기에 계신 하나님은 어떻게 하시는가?(139:7-10) -
52. 여호와여 내 ( )을 세우시고 내 ( )을 지키소서(141:3).
53. 나의 부르짖음을 들으소서 나는 ( )(142:6).
54. 로마서 3장 20절은 시편 143편 몇 절의 인용인가? -
55. 여호와께서 자기에게 ( ) 곧 ( )에게 가까이하시는도다(145:18).
56. 1) 146-150편의 시작과 끝 단어는? - 2) 그 뜻은?(해설 참고) -
57. 여호와께서 겸손한 자는 ( ) 악인은 땅에 ( )(147:6).
58. 누구에게 '여호와를 찬양하라' 했나?(148:2-4) -
59. 성도들은 영광 중에 ( ) 저희 침상에서 ( ) 노래할지어다(149:5).
60. 시편 송영인 마지막 절을 쓰세요(150:6). -

자료 보너스 8 성경 상식 자료

1. 유대인의 성경 분류(24권) - 13쪽도 참고

1) **토라(율법서)**: 모세 오경
창세기, 출애굽기, 레위기, 민수기, 신명기(5권)

2) **네비임(선지서)** & 역사서
전기 선지서 - 여호수아, 사사기, 사무엘서, 열왕기(4권)
후기 선지서 - 사, 렘, 겔, 소선지서(4권) - 소선지서 12권을 하나로 묶음

3) **케투빔(성문서)**: 기독교의 '시가서'와는 다르다.
에베드(시가서): 욥기, 시편, 잠언(3권) - 에베드는 '진리'라는 뜻
메길로트(5축: 다섯 두루마리): 아가(유월절), 룻기(오순절), 애가(아빕월 9일, 예루살렘 파괴일), 전도서(장막절), 에스더(부림절) - 절기 때에 읽힌 책들(5권)
역사서: 다니엘, 에스라-느헤미야, 역대기(3권)

* 상기에서 보듯이 사무엘서, 열왕기, 역대기는 상하의 구분이 없고, 에스라-느헤미야는 한 권으로, 12소선지서도 한 권으로 묶음. 따라서 히브리인들의 성경(타나크)은 24권이다.

2. 안티레고메나(antilegomena): 정경으로 채택되는 것이 반대되었던 책들

1) **아가**(주전 2세기-90년 얌니아 회의에서 신적 권위를 가진 것으로 인정됨)
과감한 육체적 매력 표현과 강력한 성적 감각을 표현함.

2) **전도서**(주전 2세기-90년 얌니아 회의에서 신적 권위를 가진 것으로 인정됨)
회의주의, 쾌락주의, 내세 부인.

3) **에스더**(주전 2세기): 하나님의 이름이 나타나 있지 않음.

4) **잠언서**(주전 2세기): 모순된 내용들(잠 26:4-5)
"미련한 자의 어리석은 것을 따라 대답하지 말라"
"미련한 자의 어리석은 것을 따라 그에게 대답하라"

5) **에스겔**(66년에 논쟁이 마무리됨)
마지막 10장에 기록된 성전과 예배의식이 모세의 성막과 솔로몬의 성전과 일치하지 않음.

3. 신약과 구약이라는 이름: 유대인들은 자신들의 성경(타나크)을 '구약성경'이라 하지 않는다.

1) **'구약'**이라는 명칭은 **'신약'**과 구별되어, 기독교적 이해가 내재되어 있으며, 이러한 명칭은 구약 자체에서 유래되었다. 예레미야 31장 31-33절에서는 하나님께서 이스라엘 집과 유다 집에 '새 언약'을 맺겠다고 말씀하신다. **'새 언약'(신약)**에 대한 상대적인 용어는 **'옛 언약'(구약)**이다.

2) 이 언약은 이스라엘이 파괴한 옛 언약과 같지 않다고 하셨다. 하나님은 옛 언약을 해체하시고 새 언약을 맺으셨다. 신약에서는 구약의 책들을 '하나님의 영에 의해 형성된 성경'(딤후 3:16, 참고. 눅 4:21, 24:27 이하)으로 보아 그 권위를 인정하였다.

〈잠언〉(箴言)을 소개합니다

제목에 대한 해설

본서의 책 이름은 히브리 원전 1장 1절의 두 낱말인 '미쉴레 쉘로모', 즉 '솔로몬의 잠언'에서 유래되었다. 70인역(주전 3세기 구약성경의 헬라어 번역)에서는 솔로몬을 빼고 '잠언'(미쉴레)이라 하였고, 현대의 번역본들도 이를 따라서 영어역이나 중국 및 한국역 모두 같은 이름을 사용하였다. 잠언(미쉴레), 즉 '마샬'의 복수형은 '속담들', '격언들'이라고 번역되나, '비유', '수수께끼'를 포함하는 말이다.

잠언은 욥기와 같이 지혜서에 속하는데, 단순히 인간들의 격언이 아니다. 성경은 인간의 모든 재능과 문학적 소양과 기법, 언어의 배경 등을 성령께서 사용해서 기록한 하나님의 말씀이기 때문이다.

저자 및 저작 연대

〈잠언〉 자체가 그 저작자에 대해 간단히 언급한 것은 다음과 같다. 1) 10:1-솔로몬의 잠언, 2) 22:17-지혜자의 말씀, 3) 24:23-이것도 지혜자의 말씀이라, 4) 25:1-이것도 솔로몬의 잠언이요 유다 왕 히스기야의 신하들이 편집한 것이라, 5) 30:1-이 말씀은 야게의 아들 아굴의 잠언이니, 6) 31:1-르므엘의 말씀한바 곧 어머니가 그를 훈계한 잠언이라. 그렇다면 솔로몬 한 사람의 저작이 아니라는 것은 쉽게 알 수 있다. 그러나 솔로몬의 비중(왕상 4:32)으로 보아 통상 솔로몬 저작을 말한다. 대개 성경학자들은 그 내용으로 보아 그의 저작 시기를 이렇게 말한다. 1) 청년기(아가) - 죽음보다 강한 사랑을 노래하고 있다. 2) 장년기(잠언) - 인생의 여러 가지 교훈을 주고 있다. 3) 노년기(전도서) - 인생의 부귀영화도 하나님 없으면 헛되다.

〈잠언〉은 솔로몬과 함께 그 후대에 여러 시대를 거치면서 최종 편집이 되었을 것이다.

역사적 배경

〈잠언〉은 지혜문서 중에 하나다. 지혜사상이 이스라엘에서 유행하게 된 것은 주로 솔로몬 시대에 이르러서다. 예루살렘이 국제도시가 되면서 근동 지방의 다양한 지혜사상들의 교류가 있었고, 솔로몬은 각종 지혜에 통달하여 당시에 지혜의 왕으로 널리 알려졌다(왕상 4:29-34).

〈잠언〉은 지혜자들의 가르침으로 젊은 남자들, 특히 왕족이나 관료층의 자제들을 교육시키는 데 사용된 것으로 보이지만, 일반 대중에게도 알려져 있었으며 시공을 초월한 모든 시대의 사람들에게 폭넓게 적용될 수 있는 가치가 있다.

교훈과 메시지

1) 지혜의 근본인 여호와 경외

〈잠언〉에 수집되어 있는 지혜의 말씀들은 인간의 삶과 관련된 주제들이다. 즉 부모공경, 자녀교육, 음녀, 현숙한 여인, 부지런함, 겸손, 언어생활, 거짓 증인, 뇌물, 금주, 사회정의, 보증서는 일, 분노 억제, 너그러움 등이다. 이러한 교훈은 인과응보에 기초한 것으로, 욥기가 인과응보로 해결할 수 없는 문제를 제기한 것과는 다르다. 잠언서는 보편적인 지혜를 소개하고 있으면서도 모든 지혜와 지식의 근본이 여호와를 경외하는 것이라고 결론짓는다(1:7, 9:10).

2) 인간 지혜의 한계

사람들을 지혜로운 자와 어리석은 자로 구분하고서 지혜로운 자를 의롭고 정직한 자로, 어리석은 자를 미련하고 악한 자로 설명한다. 인간이 지혜와 능력을 과신하여 하나님께 대한 신뢰를 저버리지 말 것을 경고한다. 인간의 지혜는 한계가 있으므로 참된 지혜가 하나님께로서 오는 것이요, 인간에게 주신 선물이라는 사실과 관련을 갖는다. 요셉(창 37-50장)과 다니엘에게서 이런 사실을 알 수 있다.

3) 의인화된 지혜

이스라엘의 지혜의 독특성은, 첫째는 지혜의 근본을 하나님을 경외하는 데서 찾으며, 둘째는 지혜가 인격적인 존재로 의인화(擬人化)되어 있는 것이다.

지혜를 여성으로 묘사하는 것은, 지혜에 해당하는 히브리어 '호크마'가 여성명사이기 때문이며, 헬라어 '소피아'도 여성명사이다. 지혜는 사람들을 교훈하는 한 여인으로 묘사하고 있다. 그러나 의인화된 지혜가 태초부터 존재하고 있었다고 한다(8장).

[오늘의 말씀] 잠언 1장~3장 : 청년에 대한 잠언 → 먼저 성경 읽기

(1장) 잠언은 그 목적을 밝히며 시작된다(1:2-6). 청년들과 교육을 받지 못한 자 뿐 아니라, 지혜를 필요로 하지 않는 자는 없다. 악한 자의 유혹을 물리치고 지혜자의 말에 귀를 기울이라.
(2장) 은이나 보배를 구하고 찾듯 여호와를 아는 지식은 그 효력을 나타낸다.
(3장) 정금보다 귀한 지혜로 인한 복이 있다.

[말씀 묵상]

1. 잠언의 목적을 서두에서 언급하기를 "이는 지혜와 훈계를 알게 하며 명철의 말씀을 깨닫게 하며 지혜롭게, 의롭게, 공평하게, 정직하게 행할 일에 대하여 훈계를 받게 하며 어리석은 자로 슬기롭게 하며 젊은 자에게 지식과 근신함을 주기 위한 것이니"(잠 1:2-4)라고 분명하게 언급하고 있다. 따라서 잠언을 공부함에 있어서 삶으로 연결되어 삶이 변화하기를 기도한다.
2. '그리하면'이라는 표현을 3장 1-10절에서 계속 네 번을 읽게 된다. 장수와 평강, 은총과 귀중히 여김, 골수로 윤택, 창고가 차고 넘치는 복 등 이러한 복을 받으려면 받을 복을 생각하기 이전에 말씀 따라 사는 자세가 필요하며 (그리하면) 그때에 복을 누릴 자격이 있는 것이다.

[깊은 연구]

1. 본문에 많이 나오는 단어들을 몇 가지 살펴본다. *(잠 1:2)*

1) 지혜 - 히브리어 '호크마'로 '판단력', '인식을 위해 사물을 고정시킴', '꽉 짜임', '굳셈', '밀접함' 등의 뜻이 있다. 70인역(앞부분의 "용어해설"을 보라)에서는 이 말이 '소피아'로 번역되었다. 호크마(지혜)는 철학적, 도덕적 지식이 아니라 종교적 지식, 하나님께 대한 경건에서 발생한 거룩한 통찰력을 말한다.

2) 훈계 - 앞의 지혜가 지적이며 이론적인 성격을 지녔다면 훈계는 히브리어 '무사르'로서 실제적인 면, 즉 '교육', '도덕적 훈련'을 의미한다. 지혜를 참으로 알려면 먼저 훈계를 잘 따라야 한다.

3) 명철 - 히브리어 '비나'로서 '참과 거짓', '선과 악을 분별하는 능력'을 가리킨다. '명철의 말씀'이란 참과 거짓, 선악을 분별하는 기준 되시는 하나님의 말씀, 즉 율법으로 대표되는 말씀을 가리킨다.

■ 교회 마당에서 글씨 공부하는 모습(1910년경)
한국 선교 초기에 교회 마당에서 글씨 쓰기 연습을 하는 초라한 모습이다. 한국 교회는 한글성경을 통하여 문맹퇴치에 큰 공을 세웠고 국민의 글로 정착시켰다. 잠언은 지혜와 훈계와 명철을 말한다.

2. 솔로몬의 생애와 저작 시기

성경학자들은 그 내용으로 보아 다음과 같이 나눈다.

1) 청년기 - 아가: 죽음보다 강한 사랑을 노래하고 있다.
2) 장년기 - 잠언: 인생의 여러 가지 교훈을 주고 있다.
3) 노년기 - 전도서: 인생의 부귀영화도 하나님 없으면 헛되다.

공부 잠언 1장~3장 : 청년에 대한 잠언

1. 잠언의 저자와 그의 신상은?(1:1) -
2. 잠언의 목적은?(1:2) -
3. 행할 일(행동)에 대한 4가지 훈계는?(1:3) -
4. 지식의 근본은 무엇인가?(1:7-9) -
5. "내 아들아"(10, 15절)라고 부르며 금한 것(~ 말라)은 무엇인가?(1:10-19)
   1) 2) 3)
6. 교훈을 멸시하며 책망을 받지 아니하면 어떻게 되나?(1:27) -
7. 지혜의 말씀을 듣는 자의 결국은?(1:33) -
8. (2: - 절) ( )을 구하는 것 같이 그것을 구하며 감추인 ( )를 찾는 것 같이 그것을 찾으면 ( ) 경외하기를 깨달으며 ( )을 알게 되리니.
9. (2: 절) 지혜가 또 너를 ( )에게서, 말로 호리는 ( )에게서 구원하리니.
10. (2: 절) 대저 ( )는 땅에 거하며 ( )는 땅에 남아 있으리라.
11. 장수와 평강의 비결(3:1-2). -
12. 하나님으로부터 길을 지도받는 비결(3:5-6). -
13. 창고가 차고 넘치는 비결(3:9-10) -
14. 장수와 부귀가 있게 되는 비결(3:11-18을 읽고 답은 13절에서). -
15. 두려워 않고 단잠을 자는 비결(3:19-26을 읽고 답은 21절에서). -

▲▼△▽ -----≪무식해서 용감한 선생님≫----- ▽△▼▲

초등학교 교사인 이한라는 얼굴에 점이 많아 늘 고민하던 중에 TV에 나온 성형외과 선생님을 찾아가서 점을 빼기로 했다. 다음 주 월요일에 교육감을 비롯하여 교육관계자들을 모시고 '연구수업'이 있기에 토요일은 자유시간이어서 점을 빼고 가서 말끔한 얼굴로 발표를 하리라 마음먹었다.

토요일 오후, 예약한 병원 시술대에 누워 기대하는 마음으로 점을 빼고 나서 거울을 보고는 너무도 놀랐다. 얼굴이 완전히 폭탄 맞은 것처럼 되어버린 것이다. 연구수업은 취소할 수 없어서 일요일을 지나 월요일 아침 폭탄 얼굴의 창피를 무릅쓰고 현장에 나가서 사실대로 말할 수밖에 없었다.

"저는 점을 빼는 것이 마치 지우개로 지우듯 레이저로 치료하면 말끔하게 되는 줄 알았는데, 한 열흘은 되어야 정상으로 된다네요. 제가 이 분야에 너무 무식해서…"

♧ ♧ ♧

사람은 자기가 아는 틀 안에서만 판단하여 일하지만 그것이 잘못되었다는 것을 알게 될 때는 이미 망신을 당한 이후다. 세상에서 제일 무서운 사람이 '한 가지밖에 모르는 사람'이라던데, 이는 다른 것을 받아들일 틈이 없기 때문이다. 흔히들 말하기를 '책 한 권만 읽은 사람도 무섭다'고 한다. 특별한 일에 접하려면 먼저 정확한 정보를 가져야지 무식하게 자기 생각으로만 접근하면 점 뺀 선생님처럼 되고 만다. 다른 사람의 소리에 귀 기울이는 지혜가 필요하다.

(잠언 2:6-7) 대저 여호와는 지혜를 주시며 지식과 명철을 그 입에서 내심이며 그는 정직한 자를 위하여 완전한 지혜를 예비하시며 행실이 온전한 자에게 방패가 되시나니

신현주, 〈좌충우돌 예화〉 〈시시콜콜 예화〉, www.sbs66.net

[오늘의 말씀] 잠언 4장~6장 : 결혼에 대한 지혜 → 먼저 성경 읽기

(4장) 최고의 지혜의 교훈자는 아버지로서, 훈계를 얻으며 명철을 얻기에 주의하라 한다.
(5장) 꿀처럼 달고 기름처럼 매끄러우나 결국 쓴 음녀에 대한 주의를 경고하며 아내로 만족하라고 가르친다.
(6장) 보증과 거짓에 대해 경고한다. '게으른 자는 개미에게 배우라.' 여호와께서 미워하시는 것이 있다.

[말씀 묵상]

1. 가정생활의 행복은 아내의 품을 만족해하는 데 있다. 여기에는 서로의 책임이 크다. 남편은 아내를 연모하는 복된 마음을 가지며, 아내는 그런 사랑을 받도록 자신을 가다듬어야 한다(5:16-23). 과거의 교회는 은혜만을 강조해서 가정의 실제적인 문제를 덮고 지나가려는 경향이 있었으나 현대에는 실제적인 도움이 되는 프로그램들을 통해 가정의 문제를 새롭게 접근하니 다행이다.
2. 잠자기를 좋아하는가? '개미에게 부지런함을 배우라' 했다(6:6-11). 하루에 한 시간의 잠만 줄여도 인생을 훨씬 더 효율적으로 산다. 일본의 한 직장인이 자신의 지난 30년을 분석하니까 잠자는 데 10,950일이 소요되었다고 한다. 사람의 배꼽이 땅과 가까워질수록 몸은 편하다지만(결국 그 편한 땅 속에 눕게 되지만), 하나님은 언제나 일하는 자들을 불러 쓰셨다. 고기 잡던 베드로를, 세관에 앉아 있던 마태를, 타작을 하던 기드온을, 밭을 갈던 엘리사를, 그리고 일하는 그대를 부르신다.

[깊은 연구]

1. 음녀와 음행에 대한 경고 (잠 5-7장)

1) 5장에서 음행에 대한 경고를 한다. 이 주제는 7장 끝까지 부분적으로 계속 다루고 있다. '음행'의 정의는 문자적으로 '결혼에 대한 신의를 저버린 것'을 의미하며, 은유적으로는 '여성으로서 인격화된 지혜에 대한 불성실'을 뜻한다. 지혜 여인에 반대되는 모습은 부도덕한 여인, 곧 음녀로 표현하고 있다(2:16 참고).

2) 5장 23절에 이어 6장 20절부터 7장 2절에 다시 한 번 '간음'이란 주제를 다룬다. 이는 실제 육체적인 간음을 말할 뿐 아니라 '하나님과 이스라엘의 관계'를 빗대어 말하는 것일 수도 있어서 두 가지 뜻으로 이해할 수 있다(2:16-19). 6장 26절의 '음녀'는 창기(몸 파는 여자)이며, '음란한 계집'은 남편이 있는 여자다.

2. 숫자 잠언 (잠 6:16-19, 30:15-33)

1) 1장 6절에 "잠언과 비유와 지혜 있는 자의 말과 그 오묘한 말을 깨달으리라" 했는데 여기서 '잠언'은 삶의 경험을 보통은 두 부분으로 된 한 문장으로 표현했다. '비유'는 상징적으로 무엇에 견주어 말하거나 은근히 암시하는 것을 가리킨다. '오묘한 말'은 무엇을 뜻하는지를 알 수 있는 좋은 본보기로 전도서 12장 1-7절이나 이른바 '숫자 잠언'(6:16-19, 30:15-33)을 들 수 있다.

2) '숫자 잠언'은 지혜론에서 쓰이는 여러 가지 문학형식 가운데 하나다. 첫머리에 숫자 하나를 말하고 뒤이어 그보다 하나 더 높은 숫자를 말한 다음, 삶에서 관찰하고 경험한 것을 그에 상응하는 만큼 열거한다. 사람들은 신비에 가득 찬 여러 가지 자연 현상을 분류한다. 같은 것끼리 모음으로써 이 현상들의 수수께끼 같은 성격을 없애려고 한다.

공부 잠언 4장~6장 : 결혼에 대한 지혜

1. 다음 말씀에 이어지는 내용을 찾아 줄로 연결하세요(4장).

1) 내 명령을 지키라	가) 너를 보호하리라	5) 마음	마) 바로 보며 곧게 살펴
2) 지혜를 버리지 말라	나) 너를 높이 들리라	6) 입	바) 행할 첩경을 평탄케
3) 그를 높이라	다) 그리하면 살리라	7) 눈	사) 생명의 근원이 이에서
4) 내 말을 받으라	라) 생명의 해가 길리라	8) 발	아) 궤휼을 버리며

2. 다음 문장에서 틀린 곳에 밑줄을 긋고 바르게 고치세요(5장).
   1) 음녀의 입술은 쑥을 떨어뜨리며 그 입은 기름보다 미끄러우나 나중은 꿀같이 쓰고
   2) 네 길을 그(음녀)에게서 멀리하라 그 집 문에는 가까이 가되 들어가지는 말라
   3) 네 샘으로 나누게 하라 네가 젊어서 취한 아내를 즐거워하라
   4) 사람의 길은 여호와의 눈앞에 있나니 그가 그 모든 길을 굽게 하시느니라
3. 무엇에 대한 교훈인가?(6:1-5) - 1) 담보를 제공하는 일 (   ), 2) 보증 섰을 때의 처신 (   )
4. 게으른 자는 누구에게로 가서 지혜를 얻으라 했나?(6:6) -
5. 여호와의 미워하시는 것 일곱 가지를 쓰세요(6:16-19). - 1)
   2)　　　3)　　　4)
   5)　　　6)　　　7)
6. 나닐 때 인도하며, 잘 때에 보호하며, 깰 때에 더불어 말하는 것은?(6:20-24) -
7. 도적질은 (배)로 갚으면 되지만, 부녀와 (   )하는 자는 벌금이나 선물로도 갚을 수 없다(6:25-35).

▲▼△▽ -----≪남편은 열쇠(10쇠)가 되어야≫----- ▽△▼▲

이한라 집사는 남편 김백두 집사에게 이런 열쇠(10쇠)를 가진 남편이 되라고 요구했다.

1쇠 - 일하고 돈 벌 때는 개미처럼 부지런한, 마당쇠
2쇠 - 아내의 명령에 무조건 복종하는 충성심이 강한, 돌쇠
3쇠 - 모진 풍파에도 끄떡없이 가정을 지키는 강인한, 무쇠
4쇠 - 아내의 단점을 남에게 말하지 않는 철통같은, 자물쇠
5쇠 - 아내의 마음이 닫혀 있을 때에 활짝 열어 주는 만능의, 열쇠
6쇠 - 아내가 화를 내고 짜증을 내도 둥글둥글 넘어갈 줄 아는, 굴렁쇠
7쇠 - 아내와 대화할 때는 부드럽고 감미로운 수액, 고로쇠
8쇠 - 친구들과 어울릴 때는 돈 한 푼 안 쓰는, 구두쇠
9쇠 - 아내가 울적할 때는 달콤한 노래로 달래주는, 이문쇠
10쇠 - 밤에는 언제까지나 강력한 터보엔진, 변강쇠

♧ ♧ ♧

이런 만능열쇠 같은 남편이라면 얼마나 좋으련만! 부족한 것이 많으니 아내들이여, 남편들을 불쌍히 여겨 주소서. 밥만 먹고사나 하지 마시고 밥도 제대로 못 먹는 분들을 생각하여 쌀값이라도 벌어다 주면 감사한 줄 아시오. 교회와 가정에서의 요구는 많아지므로 '쇠'같이 강해야 할 텐데...

(잠언 5:18-19) 네 샘으로 복되게 하라 네가 젊어서 취한 아내를 즐거워하라 그는 사랑스러운 암사슴 같고 아름다운 암노루 같으니 너는 그 품을 항상 족하게 여기며 그 사랑을 항상 연모하라

신현주, 〈좌충우돌 예화〉 〈시시콜콜 예화〉, www.sbs66.net

[오늘의 말씀] 잠언 7장~9장 : 지혜와 어리석음 → 먼저 성경 읽기

(7장) 음녀의 미혹에 빠지는 것은 푸줏간으로 가는 소와 같다. 그럼에도 이 점에 있어서는 솔로몬 자신도 말년에 이방 왕비들로 인하여 우상 숭배에 빠지게 되었다(왕상 11:1-13).
(8장) 지혜는 일상생활에서 언제나 필요하다. 지혜는 창조의 시작 전부터 하나님의 소유였다.
(9장) 어리석은 자 앞에는 죽음이요, 지혜 앞에는 생명을 베푼다.

[말씀 묵상]

1. 한 젊은이가 타락해 가는 모습으로 교훈을 한 7장은 시대를 막론하고 중요한 교훈이지만 문란한 오늘의 세대에는 더욱 필요한 경계다. 사단이 젊은이들을 쓰러뜨리기 위해 사용하는 무기들 중에 "호리는 말(아첨)"(7:5)보다 더 강력한 것은 없다. 그러기에 '지혜와 명철'이 필요하다.
2. '은이나 정금, 진주보다 귀한 것은 지혜'이다(8:10-11). 그러나 우리의 현실은 어려운 경제 문제에 있어서 성경이 무슨 대답을 주느냐고 반문한다. 베드로는 밤새도록 자신의 노력으로는 잡지 못한 물고기를 예수님을 의지하는 지혜를 가져서 단번에 153마리를 잡았다(요 21:1-14). 이처럼 믿음을 소유한 지혜는 가장 큰 보화를 갖는 것이다. 모든 지혜의 근원, 그것은 예수 그리스도다. 바울은 그리스도 안에 지혜와 지식의 모든 보화가 감추어져 있음을 말하고 있다(골 2:3).
3. "어리석음을 버리고 생명을 얻으라"(9:6). 오히려 어리석음을 더욱 얻고자 하지는 않는가? 더러워진 영혼의 추방 없이는 예수께서 당신에게 그 다음의 일을 행하실 수 없다. 니고데모는 자신을 겸손하게 내놓았지만 죽지는 않았다. 영생을 얻기 위해서는 한 번 죽어야 한다(요 3:3).

[깊은 연구]

1. 여호와를 경외하는 것이 지혜의 근본 (잠 9:10)

1장에서 9장까지 가르친 교훈들이 다 지혜와 어리석음에 대한 생생한 비유에 압축되어 있다. "여호와를 경외하는 것이 지혜의 근본이요"(잠 9:10)라는 말을 키드너(Kidner)는 풀어쓰기를 "여호와를 경배함으로 순종하는 것이 지혜의 지속적인 원리이다"라고 했다. 잠언은 모두 31(서른한)장으로 되어 있기 때문에 하루에 한 장씩 성경읽기와 묵상을 통한 매달 1회씩 읽기에 좋다.

2. 대조법과 의인법 (잠 1-9장)

1장에서 9장은 지혜의 중요성을 설명하기 위해서 대조법과 의인법을 사용한다. 즉 여호와를 경외하는 것이 지혜를 따르는 것이며, 여호와의 언약을 버린 자를 음녀로 의인화하였다. 음녀를 따르는 그 결과는 죽음과 파멸에 이르고 지혜를 따르면 장수와 부귀를 얻게 된다. 지혜를 따르는 삶을 10장 이후에 가르치고 있다.

■ 1911년에 발간된 한국 최초의 성경전서 공인본

1906년에 신약이, 1911년에 구약이 완역되어 합본된 한국 최초의 〈성경전서〉로서 19X13cm이다. 대영성서공회 발행으로 구주강생(주후)과 일본의 명치(明治) 연호를 사용한 것이 이채롭다.

통독	227
확인	

공부

잠언 7장~9장 : 지혜와 어리석음

1. 명령과 법을 눈동자처럼 지키며 마음 판에 새기는 이유는?(7:1-5)
   -
2. 어리석은 한 소년을 미혹하는 음녀의 말은 몇 절에 나와 있는가?(6-23) - (7: - 절)
3. 어리석은 소년의 모습을 두 동물의 어떤 모습으로 비유했나?(7:22-23)
   1) 소가 ~ 2) 새가 ~
4. 음녀가 결국은 많은 사람들을 어떻게 되게 했나?(7:24-27) -
5. (8: 절) 어리석은 자들아 ~
6. (8: 절) 너희는 은을 받지 말고 ~
7. (8: 절) 여호와를 경외하는 것은 ~
8. (8: 절) 그가 하늘을 지으시며 ~
9. (8: 절) 대저 나를 얻는 자는 ~

◇ 다음 말씀에 이어지는 내용을 찾아 줄로 연결하세요(9장).

10. 어리석음을 버리고	1) 도리어 능욕을 받고	가) 악인 책망하는 자 흠을 잡힌다
11. 거만한 자를 징계하는 자	2) 생명을 얻으라	나) 명철의 길을 행하라
12. 여호와를 경외하는 것이	3) 도적질한 물이 달고	다) 거만하면 홀로 해를 당하리라
13. 네가 만일 지혜로우면	4) 지혜의 근본이요	라) 거룩하신 자를 아는 것이 명철
14. 지혜 없는 자에게	5) 지혜가 네게 유익할 것	마) 몰래 먹는 떡이 맛이 있다

▲▼△▽ -----≪조용히 말하세요≫----- ▽△▼▲

착한 지혜 엄마는 친정아버지가 정해 준 대로 시집을 와서 보니 남편은 물려받은 땅은 조금 있으나 약간 바보스러웠다. 그래도 하나님이 짝 지어 주신 남편을 하늘같이 알고 잘 내조하였다. 근면한 남편은 일찍 들에 나가 밭일을 하기에 점심을 해서 함지박에 담아 들판으로 나갔다.

멀리 있는 남편에게 "여보, 점심 잡숴유!" 했더니 남편이 큰 소리로 "알았어, 호미를 풀숲에 감춰놓고 갈게." 하였다. 지혜 엄마는 밥 먹는 남편에게 "여보, 무엇을 감출 때 큰 소리를 하면 남들이 다 들으니까 내 귀에 작게 말해야 돼요." 하고 가르쳐 주었다. 날이 저물어 풀이 죽어 집으로 돌아온 남편은 사방을 두리번거리며 지혜 엄마에게 다가와 귀에 대고 조심스레 속삭이듯 말하였다.

"여보, 누가 내 호미를 훔쳐갔나 봐요."

♧ ♧ ♧

우리나라 사람들은 너무 큰 목소리로 대화를 한다. 옆에 앉은 사람들의 대화 소리가 거슬리며, 아무데서나 큰 소리로 전화하는 소음에 신경이 쓰인다. 중국에 가보니까 그들에 비하면 약과지만... 진리와 진실은 목소리가 크다고 되는 것이 아니며, 목소리 큰 사람이 이긴다는 무식한 시대는 빨리 지나가야 한다. 큰 소리보다 바른 소리를 하는 것이 더 중요하므로 그대의 입술에서 진실을 말하고 거짓은 버려야 한다.

(잠언 8:6-7) 내가 가장 선한 것을 말하리라 내 입술을 열어 정직을 내리라 내 입은 진리를 말하며 내 입술은 악을 미워하느니라

신현주, 〈좌충우돌 예화〉 〈시시콜콜 예화〉, www.sbs66.net

[오늘의 말씀] 잠언 10장~12장 : 의인과 악인 → 먼저 성경 읽기

오늘부터 '솔로몬의 잠언 제1집'(10장-22:16)에 들어간다. 비슷한 형식의 대구법(對句法), 즉 반의적 병행법(反意的 竝行法)으로 기록되어 있어서 한 절로도 완전한 교훈의 형식을 갖추었다.

(10장) 지혜자와 어리석은 자(의인과 악인)를 대비하여 교훈한다. 언어(말)에 대한 교훈들이 두드러진다.

(11장) 사회생활의 여러 가지 교훈을 말하며 특히 이웃과의 교제에서 의를 나타내라는 교훈을 한다.

(12장) 의인과 악인을 대비하여 말하면서 그들의 결말도 말한다.

[말씀 묵상]

1. **"미움은 다툼을 일으켜도 사랑은 모든 허물을 가리우느니라"**(10:12)라고 했다. 미워하는 마음은 상대방에 대해 좁은 마음과 비뚤어진 마음을 가지고 매사에 시비를 한다. 그러나 사랑의 마음은 먼저 상대를 이해하려고 노력함으로 허물을 떠벌리지 않고 조용히 해결한다. 사랑은 영혼의 가치를 아는 것이며 기도하게 되고 허물을 가려 준다. 교회는 잃어버린 이 사랑을 회복하고 실천해야 한다.
2. **"속이는 저울은 여호와께서 미워하셔도"**(11:1)라고 하였다. 이러한 죄는 예언자들도 강하게 외친 말씀이다(겔 45:10, 암 8:5, 미 6:11 등). 이것은 이미 율법에서 말씀한 바 있다(레 19:35-36, 신 25:13-15). 하나님의 말씀을 몰라서 못 지키는가? 아니면 내 욕심 때문에 못 지키는가?
3. '참는다'는 것은 힘든 일이다. 타고난 성품도 중요하지만 믿음으로 만들어 가야 하는 큰 과제가 '참음'이다. 예수님도 **"십자가를 참으사 부끄러움을 개의치 아니"**(히 12:2)하셨으며, **"슬기로운 자는 수욕(羞辱)을 참느니라"**(잠 12:16)라고 했다. 그런데 많은 그리스도인들이 쉽게 분노하고 인내할 줄을 모른다. 조금의 손해나 양보를 모르는 것이 오늘 나의 모습이 아닌가 생각할 때에 부끄럽다.

[깊은 연구]

1. 솔로몬의 잠언, 의인과 악인에 대하여

1) 1장부터 9장까지 '지혜를 찬미하며 교훈' 했다. 이어서 나오는 **'솔로몬의 잠언'**은 크게 둘로 되어 있다. **'솔로몬 잠언 제1집'**(10:1-22:16)에는 375개의 대구(對句)가 수록되어 있고 그 뒤에는 저자가 알려지지 않은 **'30개의 지혜'**(22:17-24:22)가 나온다. 그리고 이어서 **'솔로몬 잠언 제2집'**(25:1-29:27)에는 더 많은 지혜가 이어지고 있다.

2) 첫 단락(10-15장)의 중심인물은 '의인'(義人)인데, 의인은 지혜로운 사람이다(10:31). 의인의 특징은 자신의 삶을 하나님께서 자기 백성과 맺으신 언약에 의해 확정된 규정에 맞추어 살아간다. 본문은 의인을 악인과, 지혜로운 사람을 어리석은 삶과 대비해서 두 쪽의 운명을 그려 낸다. 의인은 하나님과 그의 계명을 받아들이기에 복을 받지만 악인은 하나님과 그의 뜻을 무시하기에 벌을 받는다.

3) 이러한 흑백논리는 후대에 회의적인 면이 일어난다. 따라서 〈욥기〉와 〈전도서〉에서 의인의 고난 등에 관한 논박들이 생긴다. 그러나 이런 잠언들은 사람의 행동에 대해 그리고 행위 회복의 깊은 관계에 대한 예리한 관찰을 배경으로 하고 있다. 잠언은 누구나 읽으면 알 수 있는 쉬운 말씀이지만 실천이 문제다.

통독	228
확인	

공부 잠언 10장~12장 : 의인과 악인

1. '의로운 자', '의인'(지혜 있는 자)에는 '의인', '악인'(미련한 자)에는 '악인'이라고 쓰세요(10장).
   1) 아비로 기쁘게 - (　　　)　　2) 어미의 근심 - (　　　)
   3) 여호와께서 그의 소욕을 물리침 - (　　　)　　4) 추수 때에 자는 자 - (　　　)
   5) 머리에 복이 임함 - (　　　)　　6) 이름이 썩음 - (　　　)
   7) 입은 생명의 샘 - (　　　)　　8) 지식을 간직 - (　　　)
2. 속이는 (추, 저울)은 여호와께서 미워하셔도 공평한 (추, 저울)는 그가 기뻐하시느니라. - (11:　절)
3. 의인은 환난에서 (구원, 책망)을 얻고 악인은 와서 그를 (대표, 대신)하느니라. - (11:　절)
4. 두루 다니며 (진담, 한담)하는 자는 남의 비밀을 (누설하나, 지키나) 마음이 (실신, 신실)한 자는 그런 것을 숨기느니라. - (11:　절)
5. 유덕한 여자는 (재산, 존영)을 얻고 근면한 남자는 (존귀, 재물)을 얻느니라. - (11:　절)
6. 흩어 (구제하여도, 버려도) 더욱 부하게 되는 일이 있나니 과도히 (뿌려도, 아껴도) 가난하게 될 뿐이니라 (구원, 구제)를 좋아하는 자는 (풍족, 가난)하여질 것이요. - (11:　-　절)
7. 훈계를 좋아하는 자는 지식을 좋아한다(12:　절). - (O, X)
8. 어진 여인은 그 지아비로 뼈가 썩음 같게 한다(12:　절). - (O, X)
9. 악인은 불의의 이(利)를 싫어하나, 의인은 그 뿌리로 말미암아 결실한다(12:　절). - (O, X)
10. 슬기로운 자는 수욕(羞辱)을 참는다(12:　절). - (O, X)
11. 진실한 입술은 눈 깜짝일 동안만 있을 뿐이다(12:　절). - (O, X)

▲▼△▽ -----《귀부인의 안과 밖》----- ▽△▼▲

이한라 여사는 예닐곱 살쯤 되어 보이는 아이의 손을 잡고 미술품 전시장에 들렀다. 한복을 곱게 차려입어서 무척이나 우아해 보였고, 단아한 모습에 관람객들의 시선이 전시품보다 오히려 이한라에게로 쏠릴 정도였다. 귀부인은 작품 하나하나를 감상하며 온화한 미소를 짓기도 하고 고개를 끄떡이기도 했다. 부인의 손에 이끌려 다니던 개구쟁이는 작품에 함부로 손을 대려 했고 부인은 나직한 소리로 자애롭게 타일렀다. "작품에 손을 대서는 안 돼요. 조용히, 눈으로 보고 마음으로 느껴야 하는 거예요."

아이를 타이르는 부인의 태도에 사람들은 감동을 했다. 이들이 도자기 진열대 앞에 서게 되었는데, 아이는 자기의 머리보다 높은 곳에 있는 도자기를 만졌다. 부인은 재빨리 아이의 손을 잡아당기고 전시장 내부를 훑어보더니 때마침 전시장 안에 자기들 외에는 아무도 없음을 알고 으르렁거렸다.

"야, 이 XX야! 내리치면 대가리 깨져. 네 대가리 깨진단 말야!"

♧ ♧ ♧

이중인격을 가지고도 불편하지 않게 사는 사람들을 보면 능력인지 은사인지 노력인지 묻고 싶다. 유대인들은 남들이 보지 않는 집에서 하는 일을 통하여 그 자신의 인격을 나타낸다고 가르친다. 여성은 용모에 신경을 많이 쓰지만, 실제는 교양을 높이는 데 더 신경을 쓰고 노력을 기울여야 안팎이 모두 우아해진다. 물론 양면을 함께 가꾸어 가는 것은 말할 나위 없이 아름답다.

(잠언 11:22) 아름다운 여인이 삼가지 아니하는 것은 마치 돼지 코에 금고리 같으니라

신현주, 〈좌충우돌 예화〉 〈시시콜콜 예화〉, www.sbs66.net

[오늘의 말씀] 잠언 13장~15장 : 청년에 대한 잠언 → 먼저 성경 읽기

오늘의 말씀은 주로 대구적(對句的)인 표현들로 '그러나'(but)의 형식으로 기록되었다.
(13장) 악에서 떠나 정직하게 살 것을 권면하며 그 결과를 교훈한다.
(14장) 가정이나 나라의 흥망은 지혜의 영향을 받으며 악을 행하지 말고 의롭게 살 것을 권한다.
(15장) 여호와는 의인(선인)과 악인을 아시므로 악인을 멀리하시고 의인을 사랑하신다.

[말씀 묵상]

1. 잠언을 통해 들은 지혜의 말씀은 너무도 많다. 잠언의 말씀을 이해하지 못한다거나 몰라서 지키지 못한다기보다는 그 말씀에 너무 익숙한 나머지 그 탁월성마저 분간하지 못하는 것은 아닌지? 무엇보다 중요한 것은 내 삶에 잠언의 말씀을 교훈으로 삼아 실천하는 것이다.
2. "겸손은 존귀의 앞잡이니라"(15:33) 하였다. 하나님 앞에서 자신을 냉엄히 다스리며 살아가는 사람은 겸손한 사람이며 지혜자이다. 강자 앞에서 비굴하고 약자 앞에서 강한 자는 치졸한 자이다. 신약성경의 가르침도 "하나님이 교만한 자를 물리치시고 겸손한 자에게 은혜를 주신다 하였느니라"(약 4:6) 하였고 또한 "하나님이 교만한 자를 대적하시되 겸손한 자들에게는 은혜를 주시느니라"(벧전 5:5) 하였다.
3. 놀고먹기를 원하는가? 일을 해야 그 결과를 얻는 것은 당연하다. "소가 없으면 구유는 깨끗하려니와 소의 힘으로 얻는 것이 많으니라"(14:4) 하였다. 인생은 투자다. 시간과 노력을 투자해야 그 결과를 얻을 수 있다. 아무것도 시도하지 않는 자는 얻을 것도 없다.

[깊은 연구]

1. 〈잠언〉의 말과 혀에 대한 가르침

지면 관계상 본문을 다 적을 수 없다. 다만 다음 25개의 구절을 찾아보면 잠언의 '말과 혀에 대한 교훈'을 들을 수 있다.

10:19, 10:21, 10:20, 11:13, 11:9, 11:13, 12:18, 13:3, 14:25, 15:1, 15:4, 15:23, 15:28, 16:24, 16:28, 17:14, 17:27, 18:8, 18:13, 18:21, 19:5, 25:11, 26:17, 26:20, 27:2.

2. 〈잠언〉은 모음집이다.

〈잠언〉의 가장 중요한 묶음은 10:1-22:16(솔로몬의 잠언 1집)과 25-29장(솔로몬의 잠언 2집)이다. 이 두 큰 묶음을 보충하는 작은 묶음도 여럿이다. 1-9장은 도입부로 맨 앞에 두었다. 각 묶음이 생긴 때에 대해서는 〈잠언〉 자체가 정확히 말해 주지는 않으나 수백 년이나 오래된 지혜가 그 뒤에 생긴 지혜와 함께 수록되었다고 본다. 〈통독 228, 232일째 참고〉

■ 포도를 저울에 달아 파는 아랍 여인
예루살렘에서 한 아랍 여인이 포도를 팔기 위하여 돌추를 기준으로 하여 무게를 달고 있다. 근동 지방에서는 이러한 돌이 현재까지도 일반적으로 사용된다. "속이는 저울은 여호와께서 미워하셔도 공평한 추는 그가 기뻐하시느니라"(잠 11:1).

통독	229
확인	

공부 잠언 13장~15장 : 청년에 대한 잠언

1. (13:　절) 입을 지키는 자는 ~
2. (13:　절) 스스로 부한 체하여도 ~
3. (13:　절) 말씀을 멸시하는 자는 ~
4. (13:　절) 소원을 성취하면 ~
5. (13:　절) 초달을 차마 ~

◇ 본문을 읽으면서 다음 각 사람의 차이를 쓰세요(14장).

6. 지혜로운 여인 - 　　　　미련한 여인 -
7. 악한 자의 집 - 　　　　정직한 자의 장막 -
8. 악을 도모하는 자 - 　　　　선을 도모하는 자 -
9. 가난한 사람을 학대하는 자 - 　　　　궁핍한 사람을 불쌍히 여기는 자 -
10. 의 - 　　　　죄 -

◇ 다음 (　) 안에 알맞은 말을 적으세요(15장).

11. (15:1) (　　　　　)은 분노를 쉬게 하여도 (　　　　)은 노를 격동하느니라.
12. (15:3) 여호와의 눈은 어디서든지 (　　　　　　　)하시느니라.
13. (15:8) 악인의 제사는 여호와께서 미워하셔도 (　　　　　　)는 그가 기뻐하시느니라.
14. (15:16) 가산이 적어도 (　　　　　　　　)이 크게 부하고 번뇌하는 것보다 나으니라.
15. (15:33) 여호와를 경외하는 것은 지혜의 훈계라 (　　　　　　　)니라.

▲▼△▽ -----≪세뇌당하는 시대≫----- ▽△▼▲

어른이나 어린이나 큰 병 가운데 하나는 자기 자랑을 일삼는 것이다. 초등학교 4학년 반에서 아이들이 어른들의 물질주의를 배워서 자기 집 승용차를 자랑하고 있었다.

한 친구가 "우리 새 차 샀다. 짚차 '겔포스'인데 얼마나 좋다구! 되게 비싸. 아파트 한 채 값이래." 하며 자랑하니까 친구들이 모두 부러워하였다. 병옥이는 그 이야기를 들으면서 뭔가 이상한 듯했다.

그날 저녁 병옥이는 텔레비전의 광고를 보는 중에 학교에서의 이상했던 문제가 무엇인지를 알게 되었다.

'겔포스'는 위장약이고, '겔로퍼'가 짚차 이름이었다고... 나중에 병옥이가 필자에게 힘주어 말했다.

"삼촌, 우리 반 XX가, 자기네가 짚차를 샀는데 '겔포스'래요. 나도 처음엔 헷갈렸다니까요."

♧ ♧ ♧

끝없는 세뇌는 참과 거짓을 구별할 수 없게 하여, 텔레비전의 광고에 초등학생과 관계없는 위장약 이름이 먼저 세뇌되었다. 차 이름이 겔포스냐, 겔로퍼냐 헷갈리기 마련이다.

거짓이 진실인 양 소리를 높이니, 진실은 간 곳 없고 어리석은 자의 말은 진실처럼 들리니 혼란스러운 세상이다. 진실보다 능력 있는 자를 선택하는 국민적 타락에 교회가 앞장서기도 한다.

참된 자 조롱받고, 거짓된 자 인정받는 이 아픈 세상에서 진정 참이 승리하는 그날을 사모한다.

(잠언 13:5) 의인은 거짓말을 미워하나 악인은 행위가 흉악하여 부끄러운 데 이르느니라

신현주, 〈좌충우돌 예화〉 〈시시콜콜 예화〉, www.sbs66.net

[오늘의 말씀] 잠언 16장~18장 : 인생의 경영자 → 먼저 성경 읽기

앞에서는 주로 대구적(對句的)인 표현들로 '그러나'(but)의 형식으로 기록되었다면(반의평행법), 16장부터는 주로 '그리고'(and)의 형식인 '평행적'(平行的)인 표현들이 많다(동의평행법). 앞에서는 주로 대조에 강조를 두었다면 여기서는 반복(反復)과 부언(附言)에 의한 강조이다.〈"깊은 연구" 참고〉

(16장) 인간의 행사가 여호와의 주권 아래 있음을 가르치며 여호와께 맡기고 공의를 행하라 교훈한다.

(17장) 가난해도 화목을 좇으며 악행과 거짓을 버리고 사랑하라 한다.

(18장) 사교, 우정, 친절 등 사회생활에서의 덕을 내용으로 하여 교훈한다.

[말씀 묵상]

1. 솔로몬은 "마음의 경영은 사람에게 있어도 말의 응답은 여호와께로서 나느니라"(16:1)라고 했으며, 예레미야 선지자도 역시 "걸음을 지도함이 걷는 자에게 있지 아니하니이다"(렘 10:23)라고 했다. 일을 계획하고 조정하는 것은 사람일지라도 실제로 말을 하거나 행동할 시간이 이르면 여호와께로부터 말미암는다. 발람의 예를 보라(민 23-24장). 어디 자기가 하고 싶은 말을 하기나 했는가? 이스라엘을 저주하라고 발락 왕이 보냈으나 오히려 축복하였다. 하나님이 시키는 말을 했을 뿐이다.
2. **"여호와에 관한 잠언"**이라는 별명이 붙은 16장 1-9절을 보라. 자신의 성경책에 '여호와'라는 이름에 밑줄을 그어 가며 읽어 보라. 여호와께서 온 세상의 섭리자 되심을 믿고 나는 내 인생을 맡기고 사는가? "사람이 마음으로 자기의 길을 계획할지라도 그 걸음을 인도하는 자는 여호와시니라"(16:9).
3. 성경은 말조심할 것을 여러 곳에서 가르치고 있다. 아래의 말과 혀에 대해 제시한 구절을 보며 자신의 성경을 일일이 찾아 밑줄을 그을 뿐 아니라, 자신의 혀에도 밑줄을 그어 말조심을 하라. 야고보서 3장도 읽어 보고 십계명의 9번째 계명도 다시 새겨 보라. "죽고 사는 것도 혀의 권세에 달렸나니 혀를 쓰기 좋아하는 자는 그 열매를 먹으리라"(18:21) 경계하지 않았던가?

[깊은 연구]

1. 시문서에 나타난 평행법(平行法)

평행법을 아주 단순히 표현한다면, 두 줄 사이에 각 줄을 이루는 요소가 여러 가지 방식으로 상응하는 것이다. 대부분 잠언에 많이 나타나지만 시편에도 나타나므로 시편과 잠언에서 예를 들어본다.

1) 시편 8편 4절에서, "사람이 무엇이기에 주께서 그를 생각하시며 / 인자가 무엇이기에 주께서 그를 돌보시나이까"라고 할 때, '사람'과 '인자', 또 '생각하다'와 '돌보다'는 상응한다. 이는 비슷한 낱말을 써서 같은 뜻을 거듭 표현하는 동의평행법(同意平行法)의 경우다.

2) 두 줄의 구성 요소가 서로 반대의 뜻을 지닐 수도 있다. 잠언 10장 1절에서 "지혜로운 아들은 아비를 기쁘게 하거니와 / 미련한 아들은 어미의 근심이니라"라고 할 때, 앞줄과 뒷줄의 주어부('지혜로운 아들' - '미련한 아들')와 술어부('아비를 기쁘게 하다' - '어미의 근심이다')가 반대되는 뜻을 지닌다. 서로 반대되는 뜻의 요소의 낱말을 써서 대조되는 내용을 한데 묶어 표현하는 반의평행법(反意平行法)의 경우다.

통독	230
확인	

공부

잠언 16장~18장 : 인생의 경영자

◇ 다음 물음의 맞는 답의 번호에 O표 하세요(16장).

1. (　절) 말의 응답은? - ① 이웃에게서 난다　② 사람에게서 난다　③ 여호와께로서 난다
2. (　절) 사람이 계획해도 그 걸음의 인도자는? - ① 변호사　② 여호와　③ 자기 자신
3. (　절) 교만과 거만한 마음은? - ① 패가망신과 분노　② 패망과 넘어짐　③ 영혼을 보존
4. (　절) 선한 말은? - ① 뼈에 달고 양약　② 입에 달고 양약　③ 마음에 달고 뼈에 양약
5. (　절) 마음을 다스리는 자는? - ① 용사보다 낫다　② 성을 빼앗는 자보다 낫다

◇ 다음 틀린 곳에 밑줄을 긋고 근거 절수를 쓰며 틀린 부분을 바르게 고치세요(17장).

6. (　절) 여호와는 은과 금을 연단하시느니라. -
7. (　절) 가난한 자를 조롱하는 자는 이를 지으신 부모를 멸시하는 자요. -
8. (　절) 손자는 노인의 영화요 아비는 자식의 면류관이니라. -
9. (　절) 심령의 근심은 뼈에 양약(良藥)이니라. -
10. (　절) 미련한 자라도 자꾸 말하면 지혜로운 자로 여기우고. -

◇ 다음 단어가 나온 절과 그 말씀을 기록하세요(18장).

11. 재판 (　절) -
12. 심령 (　절) -
13. 화목 (　절) -
14. 혀의 권세 (　절) -

▲▼△▽ -----≪사용하는 언어의 차이≫----- ▽△▼▲

새로 선출된 대학교 총장님이 학생들과 대화가 잘 통하고 유머가 있다는 소문이 났다. 어느 날 총장님이 퇴근길에, 우산도 없이 부지런히 교문을 빠져나가는 한 학생을 차에 태워 주었다. 학생은 고마웠고 송구스럽기까지 했다. 총장님께 대한 감사의 인사가 제법 의젓해서 총장은 낮은 톤으로 물었다.

"맏인가?" 즉 장남인가를 물었는데 이 학생은 흔히 사용되는 용어가 아니기에 속으로 무슨 총장님이 갑자기 '마징가'를 말하나 싶어 머뭇거렸다. 총장님은 학생이 잘못 알아들은 줄 알고 다시 "맏인가?" 했다. 학생은 총장님이 학생들과 잘 어울리므로 자신과 게임을 하자는 것인 줄 알았다. "마징가!"라 했으므로 학생은 얼른 그 뒤에 이렇게 대답했다. "제트!"

총장님은 "오! 막내인가 보군." 했다.

♧ ♧ ♧

'마징가 제트'는 대부분의 사람들이 알고 있는 만화영화의 주인공이다. '마징가'는 '맏이인가'(장남), '제트'는 영문의 끝자이므로 '막내'로 오해를 했다. 인터넷 용어가 기성세대에 혼란을 주는 일이 많아졌다. 이메일에 '방가, 추카, 세여' 등 맞춤법에 어긋나게 글을 보내오면 표준어를 쓰라고 책망을 한다. 한글은 우리가 사랑해야 하는데, 용어로 인한 혼동이 생겨서 문인의 한 사람으로 마음 아파하며 염려를 한다. 대화가 통하는 것은 언어뿐 아니라 마음의 문제도 크다.

(잠언 18:23-24) 가난한 자는 간절한 말로 구하여도 부자는 엄한 말로 대답하느니라 많은 친구를 얻는 자는 해를 당하게 되거니와 어떤 친구는 형제보다 친밀하니라

신현주, 〈좌충우돌 예화〉 〈시시콜콜 예화〉, www.sbs66.net

[오늘의 말씀] 잠언 19장~21장 : 인자와 진리 → 먼저 성경 읽기

(19장) 모든 삶에 하나님의 뜻을 따라 온유하고 겸손하라며 여러 가지 교훈을 하고 있다.
(20장) 술에 미혹당하지 말고, 속이지 말고 바른 삶을 살라.
(21장) 심령을 감찰하시는 여호와 앞에 공의의 삶을 가르쳐 준다.

[말씀 묵상]

1. "가난한 자를 불쌍히 여기는 것은 여호와께 꾸이는 것이니 그 선행을 갚아 주시리라"(19:17). 많은 사람이 어리석게도 진정 하나님께서 갚아 주시는 선행을 무시하고 산다.
2. 나는 여호와를 이기려고 하지 않는가? "지혜로도 명철로도 모략으로도 여호와를 당치 못하느니라"(21:30) 하였다. 그런데도 자신을 의지하고 여호와는 뒤로 제쳐두는 사람들이 있다. 여호와를 의지함이 진정 승리와 성공의 비결이다.

[깊은 연구]

1. 남편(남자)의 역할 (잠 11:29, 20:7, 27:8)

잠언에는 남자보다는 여자나 자녀들이 남자에게 괴로움을 끼치는 일들에 대하여 강한 표현들을 한다. 그 이유는 무엇보다 잠언이 아버지와 남편 된 사람들이 만들었기 때문이다. 그러나 몇 곳에서는 남자들의 역할을 강조하고 있다(11:29, 20:7, 27:8). 남자들은 사물을 자신들의 관점에 따라 보는 경향이 있다. 그럼에도 이 잠언들은 한결같이 가정의 안정에 대한 최대의 위협은 아버지의 권위가 침해당하는 것이라는 견해를 반영한다. 지혜자는 집안의 가장(남편, 아버지)이 그 아내와 자식들에게 있어서 큰 골칫거리요 가정에 분란을 일으키는 원인이 될 수 있음을 인정했다. "초달을 차마 못 하는 자는 그 자식을 미워함이라"(잠 13:24, 매를 아끼지 말라, 23:13-14, 26:3 참고)라는 말을 생각하는 것 이상으로 남자는 자신이 모범적인 아버지요 남편이어야 한다는 사실은 당연한 것이다.

2. 술에 대한 성경의 교훈 모음 (잠 20, 23, 31장)

성경에서 술은 양면성을 말한다. 그러나 보편적으로 술의 즐거움보다 폐해를 더 지적하고 있다. 이러한 술에 매여 산다면 인생을 망치고 신앙생활에 큰 고통이 따르게 된다. 〈잠언〉은 이렇게 경고한다.

① 술은 거만케 하고 떠들게 한다(20:1). ② 술을 즐겨 하는 자와 고기를 탐하는 자로 사귀지 말라(23:20). ③ 술 취하고 탐식하는 자는 가난하여질 것이요(23:21). ④ 술에 잠긴 자는 재앙, 근심, 분쟁, 원망이 있다(23:29). ⑤ 술에 잠긴 자는 까닭 없는 창상(많은 상처)과 붉은 눈(충혈된 눈)을 갖게 된다(23:29). ⑥ 술은 마침내 뱀같이 물 것이요 독사같이 쏠 것이다(23:32). ⑦ 술은 환각 증세와 정신착란증을 일으킨다(23:33). ⑧ 술은 망령된 것을 말하게 한다(23:33). ⑨ 술은 바다 가운데 누운 것 같이, 돛대 위에 누운 것 같이 사람을 비틀거리게 한다(23:34). ⑩ 술은 사람이 맞아도 아프지 않고 감각을 모르게 한다(23:35). ⑪ 술을 마시고 찾는 것이 지도자에게 마땅치 않다(31:4). ⑫ 술을 마시다가 법을 잊어버리고 공의를 굽게 할까 두렵다(31:5). ⑬ 술은 죽게 된 자에게와 마음에 근심하는 자에게 주어 빈궁한 것을 잊게 그 고통을 기억지 않게 하라(31:6-7). 이런데도 술을 즐기시겠다고요?

통독	231
확인	

공부

잠언 19장~21장 : 인자와 진리

1. 발이 급한 사람의 결과는?(19장) -
2. 지혜를 얻는 자는 무엇을 사랑하는 자인가?(19장) -
3. 슬기로운 아내는 어디로 말미암는가?(19장) -
4. 가난한 자를 불쌍히 여기면 여호와께서 어떻게 해 주시나?(19장) -
5. 아들을 징계하는 것은 무엇이 있기 때문인가?(19장) -
6. 필경은 지혜롭게 되는 길은?(19장) -
7. 아비를 구박하고 어미를 쫓아내는 자는?(19장) -
8. (20:   절) 포도주는 (즐겁게, 거만케) 하는 것이요 독주는 (떠들게, 괴롭게) 하는 것이라.
9. (20:   절) 완전히 (행하는, 말하는) 자가 의인이라 그 (후손, 아내)에게 (덕, 복)이 있느니라.
10. (20:   절) (일하고, 속이고) 취한 식물은 맛이 좋은 듯하나 후에는 그 입에 (모래, 고기)가 가득하게...
11. (20:   절) 너는 (악, 선)을 갚겠다 하지 말고 (여호와, 때)를 기다리라 그가 너를 구원하시리라.
12. (20:   절) 젊은 자의 영화는 그 (힘, 재물)이요 늙은 자의 아름다운 것은 (백금니, 백발)이니라.
13. (21:   절) 사람의 행위가 자기 보기에는 정직하여도 여호와는 어떻게 하시는가? -
14. (21:   절) 어떻게 재물을 모으는 것이 죽음을 구하는 것과 같은가? -
15. (21:   절) 어떤 경우에 큰 집에서 사는 것보다 움막에서 혼자 사는 것이 나은가? -
16. (21:   절) 공의를 행하는 것이 의인과 죄인에게 각가 어떻게 나타나는가? -
17. (21:   절) 누가 그 영혼을 환난에서 보전하는가? -

▲▼△▽ -----≪사람이 살 만한 동네≫----- ▽△▼▲

바닷가 동네에 한 청년이 이사를 왔다. 동네를 둘러보다가 정자에 앉아 있는 노인에게 "이 동네는 사람이 살 만한 동네입니까?" 물었다. 노인은 "청년은 어떤 동네에 살다가 왔나?" 청년은 얼굴색이 변하더니 "말도 마세요. 인정은 메마르고 서로 불신하며 으르렁거리지요. 그곳을 떠난 이유도 그 동네가 맘에 들지 않았기 때문이거든요." 이 말을 들은 노인은 "큰일이구먼. 이 동네도 바로 그런 동네라네." 하였다.

얼마 후 다른 청년이 이사를 왔다. 그도 동네를 둘러보다가 노인을 만나 같은 질문을 하였다. 노인은 청년에게 '어떤 동네에서 살다가 왔는가'를 물었다. 청년은 얼굴이 밝아지면서, "그 동네요? 서로 믿어주고 도와주며 사랑을 나누는 좋은 곳입니다."라고 했다. 노인은 그 청년의 손을 잡으며 말했다. "이 동네도 바로 그런 동네라네. 우리 더 아름다운 동네를 만들어 보세!"

♧ ♧ ♧

내가 사는 곳은 내가 만들어 가는 곳이다. 아름다운 마음을 품은 사람은 어디를 가든지 아름다운 결과를 만들어 낸다. 불만을 제조하는 사람은 어디를 가든, 무엇을 하든 불만을 표출하기를 즐겨하여 그렇게까지 복잡하게 생각하는가에 놀란다. 이 땅의 교회도 하나님 안에서 다른 성도들과 더불어 만들어 가므로 내 책임이 큼을 알고 늘 겸손함으로 섬겨야 한다.
예수님처럼 섬기고 낮아질 때 오히려 그대가 더 빛나게 될 것이다.

(잠언 21:2) 사람의 행위가 자기 보기에는 모두 정직하여도 여호와는 심령을 감찰하시느니라

신현주, 〈좌충우돌 예화〉 〈시시콜콜 예화〉, www.sbs66.net

[오늘의 말씀] 잠언 22장~25장 : 지혜자들의 잠언 → 먼저 성경 읽기

22:22-24:22을 30개의 단편 잠언으로 나누었다.(세계성서공회연합회, 《Good News Study Bible》 참고)
(22장) 재물보다 명예를 택하라. 가난한 자를 돌보라.
(23장) 음식과 술에 대한 경계와 부모 섬김에 대한 가르침을 준다.
(24장) 하나님은 사람을 그 행위대로 보응하신다.
(25장) 여기서부터 29장까지는 '솔로몬의 잠언 제2집'으로서 히스기야의 신하들이 편집한 것이다.

[말씀 묵상]

1. 가난하게 살고 있는가? "빈부가 섞여 살거니와 무릇 그들을 지으신 이는 여호와시니라"(잠 22:2) 하였다. 게을러서 가난한 경우도 있지만, 부지런히 살아도 가난한 사람은 얼마든지 있다. 각 사람에게 다섯 달란트, 두 달란트, 한 달란트씩 주어진 데는 하나님의 깊은 의미와 목적이 있을 것이다. 다만 우리는 주어진 것에 감사하되 특히 예수 그리스도가 우리와 함께 계심을 감사하자. 지혜자는 말한다. "나로 가난하게도 마옵시고 부하게도 마옵시고 오직 필요한 양식으로 내게 먹이시옵소서"(30:8).
2. "자기의 마음을 제어하지 아니하는 자는 성읍이 무너지고 성벽이 없는 것 같으니라"(25:28) 하였다. 우리가 마음을 단속 못 하고 무너지면 사단의 놀이터가 될 것이며 세상의 조롱거리가 된다. "소금이 만일 그 맛을 잃으면…아무 쓸데없어 다만 밖에 버리워 사람에게 밟힐 뿐이니라"(마 5:13) 하였다.

[깊은 연구]

1. 솔로몬의 잠언 제2집(잠 25-29장)의 편집자 히스기야 연구

1) 솔로몬 통치(주전 961-922년) 이후 왕국은 남북으로 분열되었다(왕상 12장). 히스기야는 분열된 남국 유다의 13대 왕(주전 715-687년)으로 솔로몬보다 약 250년 후의 왕이다. 이때는 이미 북국 이스라엘이 멸망(721년)한 후다.

2) 히스기야로 인한 유다의 개혁과 부흥

① "이와 같이 여호와의 전에서 섬기는 일이 순서대로 갖추어지니라"(대하 29:35). ② "예루살렘에 큰 희락이 있었으니 이스라엘 왕 다윗의 아들 솔로몬 때로부터 이러한 희락이 예루살렘에 없었더라"(대하 30:26). ③ "히스기야가…그 하나님 여호와 보시기에 선과 정의와 진실함으로 행하였으니 무릇 그 행하는 모든 일 곧 하나님의 전에 수종드는 일에나 율법에나 계명에나 그 하나님을 구하고 일심으로 행하여 형통하였더라"(대하 31:20-21). ④ 열왕기하 18-20장, 역대하 29-32장, 이사야 36-39장의 히스기야의 사역도 보라.

3) 히스기야는 자신의 통치 기간 중에 신하들로 하여금 현재 잠언 25-29장으로 알려진 솔로몬의 잠언들을 편집하도록 명령하였다(잠 25:1). 히스기야가 자기 백성으로 하여금 잠언을 읽고 연구하게 했다면 지혜가 절실히 요구되는 오늘에는 더욱 필요한 것이 잠언의 말씀이 아니겠는가?

4) 히스기야의 신하들이 '편집'했다는 말

"이것도 솔로몬의 잠언이요 유다 왕 히스기야의 신하들의 편집한 것이니라"(25:1)에서 '편집한'의 히브리어(אַנְשֵׁי חִזְקִיָּה, 아쉘 헤티쿠)는 '수집했다', '편집했다', '필사했다'는 뜻인가를 놓고 견해가 엇갈린다.

통독	232
확인	

공부 잠언 22장~25장 : 지혜자들의 잠언

1. 아이의 교육에 관한 절(두 절). - (22: , 절)
2. 게으른 자. - (22: 절)
3. 가난한 자(세 절). - (22: , , 절)
4. 노를 품는 자. - (22: 절)
5. 음식에 관한 교훈(여섯 절). - (23: , , , , , 절)
6. 술에 대한 교훈(아홉 절). - (23: , , , , , , , , 절)
7. 아이를 훈계(두 절). - (23: , 절)
8. 다음 문장에서 틀린 부분에 밑줄을 긋고 바르게 고치세요(24장).
   1) (절) 악인의 형통을 부러워하지 말며 그와 함께 있기를 원하라.
   2) (절) 악을 행하기를 꾀하는 자를 일컬어 사기한 자라 하느니라.
   3) (절) 적당한 글로 답변함은 입맞춤과 같으니라.
9. 솔로몬은 잠언 몇을 말하였나?(25:1, 왕상 4:32) -
10. 25-29장은 1) 누구의 잠언이며 - , 2) 누가 편집한 것인가? -
11. 다음 단어의 뜻에 해당하는 설명에 줄로 연결하세요(25장).
   1) 장색(4절)   가) 탄산소다, 즉 식초에 부으면 심한 거품이 나듯 고통에 고통을 더한 비유
   2) 사자(13절)   나) 손으로 물건을 만드는 직업, 특히 금속 세공업자를 가리킨다.
   3) 쏘다(20절)   다) 짐승(獅子)이 아니라 심부름하는 자, 즉 충성된 심부름꾼(使者)

▲▼△▽ -----≪상처 받은 여자는 비빔밥을 먹는다?≫----- ▽△▼▲

◇ 학습 효과 - 상처를(열을) 받으면 비빔밥 먹는 것은 텔레비전이 늘 보여 준 학습 효과 덕분으로 너도나도 열 받으면 비빔밥을 먹는다. 상처를 받아도 밥은 먹어야 하되 마음도 안 좋은데 반찬 꺼내고 국 데울 마음이 있겠나? 그냥 쉬운 방법으로 대접 하나에 밥 넣고 이것저것 넣어서 먹는다.

◇ 심리적 반응 - 일단 상처를 받거나, 실연을 당하면 불안한 상태가 되어 가만히 있지를 못하고 일단 먹는 것으로 풀려고 한다. 비빔밥은 비비는 과정에서 스트레스를 풀어 준다. 그리고 깨작깨작 먹지 않고 숟가락 가득히 먹는다. 한을 풀기라도 하듯, 복수심을 불태우면서 말이다.

◇ 과학적 결과 - 비빔밥은 여러 가지 나물과 양념을 넣고 비벼 먹는 것이기 때문에 영양을 충분히 섭취할 수 있다. 상처를 받았을 경우 '이럴 때일수록 내 몸을 챙기자'라며 고(高) 영양식인 비빔밥을 먹지 않을까?

♧ ♧ ♧

비빔밥의 유래는 임금이 난리를 피해 몽진했을 때 수라상에 올릴 만한 음식이 없어 밥에 몇 가지 나물을 얹어 제공한 것이 효시라고도 하고, 농번기 논밭에서 그릇이 충분치 않아 한 그릇에 여러 가지 음식을 섞어 먹은 것이 효시라고도 하고, 제사 음식을 한데 모아 비벼서 여러 사람이 나눠 먹은 것을 효시라고 주장하기도 한다. 중요한 대목마다 함께 음식을 먹었다(창 31:44-47).

(잠언 23:1-2) 네가 관원과 함께 앉아 음식을 먹게 되거든 삼가 네 앞에 있는 자가 누구인지 생각하며 네가 만일 탐식자여든 네 목에 칼을 둘 것이니라

신현주, 〈좌충우돌 예화〉 〈시시콜콜 예화〉, www.sbs66.net

[오늘의 말씀] 잠언 26장~29장 : 솔로몬의 잠언(2) → 먼저 성경 읽기

(26장) 미련한 자, 게으른 자, 다툼을 좋아하고 위선하는 자에 대해 교훈한다.
(27장) 자기 자랑을 피하고 친구의 충고를 좋아하고 지혜를 따라 재앙과 다툼과 욕심을 멀리하라.
(28장) 악인과 의인의 성품과 행위, 그들의 결과의 차이를 대조한다. 주로 대조법으로 기록되어 있다.
(29장) 의인과 악인의 대조되는 모습과 행동을 계속 말한다. 왕과 관원의 공의, 책망에 대해 교훈한다.

[말씀 묵상]

1. 현대의 교육에 있어서 '매를 들 수 있느냐'는 것은 계속된 논쟁거리다. "아이를 훈계하지 아니치 말라... 그를 채찍으로 때리면 그 영혼을 음부에서 구원하리라"(23:13-14) 했고 "미련한 자의 등에는 막대기니라"(26:3) 했다. 하나님의 교육방법 중의 하나는 '징계'다. 징계의 채찍, 징계의 막대기는 하나님께서 우리를 사랑하신다는 증거이기도 하다(히 12:5-13).
2. 그리스도인은 하루하루를 주님께 맡겨야 한다. 복음성가 가사처럼 "내일 일은 난 몰라요"이다. 지혜자는 "너는 내일 일을 자랑하지 말라 하루 동안에 무슨 일이 날는지 네가 알 수 없음이니라"(잠27:1) 하였고, 〈야고보서〉에서도 우리는 '내일 일을 자랑할 수 없는 존재'임을 가르친다(약 4:13-17).

[깊은 연구]

1. 솔로몬의 잠언 제2집 (잠 25-29장)

솔로몬의 잠언은 히스기야 시대에 그의 신하들이 편집했다.

1) 솔로몬은 잠언 3천을 말하였다(왕상 4:32). 그 중에서 '잠언'이란 성경으로 남아 있는 것은 그 수에 비하여 적은 것이다. 하나님께서 성경의 일부를 삼고자 예정하신 것만이 포함되었을 것이다.

2) 히스기야의 신하들이 편집한 잠언의 표현법은 다음과 같다. 〈히스기야는 통독 232일째 "깊은 연구" 참고〉

① 25-26장: 주로 비교법(~와 같이)
② 27장: 비교법과 대조법 혼합
③ 28-29장: 주로 대조법(그러나)

2. 친구에 대한 잠언 (잠 17, 18, 27장)

1) 친구는 사랑이 끊이지 않는다(17:17).
2) 많은 친구를 얻는 자는 해를 당하게도 된다(18:24).
3) 어떤 친구는 형제보다 친밀하다(18:24).
4) 친구의 통책은 충성에서 말미암은 것이다(27:6).
5) 친구의 충성된 권고는 기름과 향 같이 즐겁다(27:9).
6) 자신의 친구나 아비의 친구를 버리지 말라(27:10).
7) 사람이 그 친구의 얼굴을 빛나게 한다(27:17).

■ 권서인(勸書人)의 성경 가두판매
히스기야는 솔로몬의 잠언을 편집하였다(잠 25:1). 한국 교회는 선교 초기부터 성경을 사랑하고 보급하는 데 힘썼다. 사진에 야소교서회(耶蘇敎書會)라는 간판이 보이고 그 아래 책들이 진열되어 있으며 그 앞에 권서인의 당당한 모습이 보인다. 1890년경 서울.

공부 잠언 26장~29장 : 솔로몬의 잠언(2)

◇ 틀린 부분에 밑줄을 긋고 바르게 고치세요(근거 절수 제시, 26장).

1. 미련한 자에게는 영예가 적당하다.(절) -
2. 까닭 없는 저주도 이루어진다.(절) -
3. 말이 좋으면 다 믿어야 한다.(절) -

◇ 다음 말씀에 이어지는 구절을 쓰세요(해당 절만, 27장).

4. (절) 내일 일을 자랑 ~
5. (절) 철이 칼을 날카롭게 ~
6. (절) 네 양 떼의 형편을 ~

◇ 다음 말씀에 이어지는 대구(對句)를 찾아 줄로 연결하세요(28장).

7. (절) - 악인은 공의를 깨닫지 못하나	가) 속히 부하고자 하는 자는 형벌
8. (절) - 귀를 돌이키고 율법을 듣지 아니하면	나) 여호와를 찾는 자는 깨닫느니라
9. (절) - 충성된 자는 복이 많아도	다) 그의 기도도 가증하니라
10. (절) - 구제하는 자는 궁핍지 아니하려니와	라) 못 본 체하는 자에게는 저주가 많음

◇ 다음 두 경우의 차이점은 무엇인지 비교하세요(29장).

11. 의인이 많아지는 경우와 악인이 권세를 잡는 경우?(절) - 백성이 즐거워함 / 백성이 탄식함
12. 묵시가 없는 백성과 율법을 지키는 자의 경우?(절) -
13. 사람을 두려워하는 경우와 여호와를 의지하는 경우?(절) -

▲▼△▽ -----≪꿈을 싣는 환상 여행≫----- ▽△▼▲

강원도 영동지방에서 목회를 하는 김백두 목사는 교회의 중고등학생들이 가정의 현실로 인해 도무지 꿈이 없고 위축되어 사는 것을 보고 기도 중에 아이디어가 떠올랐다. 서울도 못 가 본 아이들이 많아 서울 구경을 시켜주기로 한 것이다. 그래서 20여 명의 학생들과 함께 서울에 갈 때는 값싼 시외버스를 탔고, 지하철 표도 각각 끊어 타게 했으며, 모교인 연세대학교를 구경시켜 주었다. 신과대학도 둘러보고 윤동주 시비도 보고 학생회관에 가서 점심도 사 먹었다. 용산 전쟁기념관과 백화점 구경도 하고 저녁에는 김포에서 강릉으로 오는 비행기를 타고 가슴에 꿈을 심으며 돌아왔다.

명문대학교 방문과 지하철과 비행기 여행은 그들로 하여금 꿈을 심고 환상을 가지게 만들었다. 그 꿈은 자라서 연세대학교 신학대학이나 경영대학에도 입학을 했고 건실한 사회인으로 성장하게 되었다.

♧ ♧ ♧

오래전 아름다운 추억의 열매를 오늘에 거두고 감사한다. 사회인이 된 그들이 꿈의 여행을 이야기하면, 김 목사님은 휴대폰도 없던 시절 학생들이 길을 잃거나 지하철을 탈 때 뒤처지지는 않을까 가슴이 조마조마했던 아련한 추억이 새삼스럽다. '꿈은 이루어진다'는 말처럼 꿈의 결과를 얻으면 좋겠지만, 필자가 미국 하버드대학교에 가서 수도꼭지에 입 대고 물 먹은 후에 "나 하버드대학교 물 먹은 사람이야!"라고 농담을 하지만 실력이 문제다!

(잠언 29:18) 묵시가 없으면 백성이 방자히 행하거니와 율법을 지키는 자는 복이 있느니라

신현주, 〈좌충우돌 예화〉 〈시시콜콜 예화〉, www.sbs66.net

[오늘의 말씀] 잠언 30장~31장 : 아굴, 르무엘의 잠언 → 먼저 성경 읽기

(30장) 아굴의 잠언에서는 그가 삶과 자연에 대한 면밀한 관찰을 통해 배운 "서넛이 있나니"라는 '숫자 잠언'으로 가르친다. 〈숫자 잠언에 대해서는 통독 226일째 잠언 6장 해설 참고〉

(31장) 르무엘은 어머니의 교훈을 요약하여 음욕, 술, 재판에 대해 가르친다. 끝에는 부록으로 저자 미상의 이합체시(離合體詩)로 '현숙한 여인'에 대해 말한다. 〈이합체시에 대해서는 통독 218일째 해설 참고〉

[말씀 묵상]

1. "가난하게도 마옵시고 부하게도 마옵시고 오직 필요한 양식으로 내게 먹이시옵소서"(30:7-9). 어느 시골 교회 목사관에 액자로 걸어 놓은 이 말씀은 그 배경을 추측하게 해 준다. 지금 어려운 농어촌에서 또는 도시 개척교회에서 애쓰시는 목회자들을 위해 함께 기도하고 힘이 되어 줄 방법을 실천해 보자. 자녀 교육 문제는 물론이고, 양식 문제마저 근심하는 분들도 많다.

2. '아굴의 잠언'(30장)을 통하여 다양한 서너 가지의 교훈을 배운다. 자연과 삶에서 많은 교훈을 배울 수 있다(숫자 잠언). 그 중에서 "땅에 작고도 가장 지혜로운 것"(30:24-28)에 대해 살펴보면,
   1) 개미 - 장래를 예비하는 지혜를 배운다: 나는 경제적인 준비만 하고 주님 맞을 준비는 잊고 있나?(마 25장)
   2) 사반(토끼와 비슷) - 집을 바위 사이에 짓는다: 반석 위에 믿음의 집도 잘 짓자(마 7:24).
   3) 메뚜기 - 떼를 지어 다니는 단결심을 배운다: 성도는 지체이므로 평안의 매는 줄로 하나 되자(엡 4:3).
   4) 도마뱀 - 활동의 민첩성을 배운다: 주의 계명 지키기에 신속히 하고 지체치 아니하자(시 119:60).

[깊은 연구]

1. 현숙한 여인은 누구인가? (잠 31장)

'현숙한 여인'은 남편과 자녀에게, 그리고 그 집안의 사람들에게 진주보다 귀하다(31:10-31). 현숙한 **여인은 성도**에, 그리고 **남편은 그리스도**를 상징해서 이 말씀을 적용하여 다음과 같이 읽기도 한다.

① 주님(남편)의 신용을 받음(11절), ② 주님 앞에서 악을 행치 않음(12절), ③ 부지런히 일(봉사)을 함(13절), ④ 양식(말씀)을 저축함(14절), ⑤ 식물을 나눠 줌(말씀을 증거함, 15절), ⑥ 가업(주님 사업)을 번창케 함(15-16절), ⑦ 영력을 강하게 함(17절), ⑧ 무역을 함(영력을 점점 더 강성케 함, 18-19절), ⑨ 궁핍한 자를 위하여 손을 내민다(가난한 자를 돌보심, 20절), ⑩ 만반의 준비로 눈(환난)이 와도 두렵지 않음(21절), ⑪ 아름다운 방석을 만듦(아름다운 마음으로 주님을 좌정케 함, 22절, 계 3:20 참고), ⑫ 세마포와 자색 옷을 입음(행실을 아름답게, 22절), ⑬ 남편(주님)의 명예를 높임(23절), ⑭ 옷과 띠를 지어 줌(타인의 행실을 지도함, 24절).

■ 누가 현숙한 여인인가?(잠 31:10)
잠언의 끝은 현숙한 여인을 칭송하고 있다. 사진은 한 축제에 참석한 할머니들로 화사한 모습이 아름답다.

공부 잠언 30장~31장 : 아굴, 르무엘의 잠언

1. 이 말씀은 야게의 아들 (　　　　　)이니 그가 (　　　)과 (　　　)에게 이른 것이니라(30장).
2. 나는 다른 사람에게 비하면 (　　　)이라 내게는 사람의 (　　　)이 있지 아니하니라(30장).
3. 내가 두 가지 일을 주께 구하였사오니...곧 (　　　　)과 (　　　　)을 내게서 멀리 하옵시며 나로 (　　　)하게도 마옵시고 (　　　)하게도 마옵시고 오직 (　　　　)으로 내게 먹이시옵소서(30장).
4. 족하다 하지 아니하는 것 서넛은?(30:15-16) -
5. 땅에 작고도 가장 지혜로운 것 넷은?(30:24-28, 동물 이름만) -
6. 31장 1-9절은 누가 누구에게 훈계한 것인가?(31:1) -
7. 아들에게 하지 말라고 한 것 두 가지는?(31:2-3) -
8. 술에 대한 교훈에는 O표, 아닌 것에는 X표를 번호에 하세요(31:4-7).
   1) 포도주를 마시는 것이 왕에게 마땅치 않다, 2) 독주를 찾는 것은 주권자로서 마땅하다, 3) 술을 마시다가 법을 잊어버린다, 4) 독주는 죽게 된 자에게, 포도주는 근심자에게 주라
9. 재판에 대한 바른 교훈은?(31:9) -
10. '현숙한 여인'에 해당하는 것에는 O표, 아닌 것에는 X표 하세요(31:10-31).
    1) 그 값은 진주보다 귀하다(　　), 2) 남편을 핍절하게 한다(　　), 3) 그 집 사람들에게 식물을 나눠 준다(　　), 4) 여종에게 정죄한다(　　), 5) 간곤한 자에게 손을 편다(　　), 6) 궁핍한 자의 손을 거절한다(　　), 7) 그 남편은 장로로 더불어 성문에 앉는다(　　), 8) 남편은 칭찬하기를 '여러 여자보다 뛰어난다' 한다(　　), 9) 그 행한 일을 인하여 성문에서 칭찬을 받는다(　　)

▲▼△▽ -----≪한 침대 위에 네 사람≫----- ▽△▼▲

어느 목사님께서 사모님이 돌아가시고 얼마의 시간이 지난 후에 재혼을 했다. 새로 맞아들인 부인은 매일 밤 사별한 전 남편과의 사이에 있었던 일들을 이야기하곤 했다.

어느 날 부인이 또다시 전 남편에 대한 이야기를 꺼내자 목사님은 부인을 침대에서 밀쳐냈고, 부인은 바닥으로 떨어져 팔을 다쳤다. 다음 날 부인의 친정아버지가 찾아와 새 사위 목사에게 따졌다.

"부끄러운 줄 좀 알게. 목사 신분인 자네가 이 무슨 짓인가?" 그러자 목사님이 심각하게 말했다.

"장인어른, 저와 죽은 제 옛 안사람, 지금 제 안사람, 그 사람의 전 남편. 이렇게 네 사람이 우리 집 조그만 침대 위에서 한데 북적이다가 안사람이 침대에서 떨어져 팔을 다친 것이니 그게 어찌 제 잘못이라고만 하겠습니까?"

♧ ♧ ♧

결혼생활에서 옛 사람을 벗어버리지 못하면 불행은 연속된다. 성장 과정에서의 아픔과 상처, 이런 것들은 결혼하면서 떨쳐 버려야 하는데 그대로 가지고 와서 연속된 고통을 당한다.
미실다인은 그의 저서 《몸에 밴 어린 시절》에서 '한 침대에 네 사람' 문제는 부부가 자신의 부모의 사고(思考) 선상에 있다면서 그것의 극복을 지적하고 있다. 일찍이 지혜자는 "다투며 성내는 여인과 함께 사는 것보다 광야에서 혼자 사는 것이 나으니라"(잠 21:19) 하였다.

(잠언 31:29-30) 덕행 있는 여자가 많으나 그대는 여러 여자보다 뛰어난다 하느니라 고운 것도 거짓되고 아름다운 것도 헛되나 오직 여호와를 경외하는 여자는 칭찬을 받을 것이라

신현주, 〈좌충우돌 예화〉 〈시시콜콜 예화〉, www.sbs66.net

[오늘의 말씀] 잠언 복습 → 먼저 성경 읽기, 단숨에...

1. 〈잠언〉은 솔로몬(1:1, 10:1, 25:1)이 대표 저자(또는 편집자)이며, 그 외에 몇이 있다.
2. 〈잠언〉은 히브리 원전의 책 이름인 '미쉴레 쉘로모', 즉 '솔로몬의 잠언'에서 유래되었다. 70인역(구약성경의 헬라어 번역)에서는 솔로몬을 빼고 '잠언'(미쉴레)이라 하였고 현대의 번역본들은 이를 따른다.
3. 내용 분해는 아래 문제의 단락 제목과 41번 문제를 참고하라.

다음 물음에 답하거나 (　　) 안에 알맞은 말을 적으세요.

〈1〉 지혜와 우둔의 교훈 (잠 1-9장)

1. 잠언의 대표 저자에 대해 언급한 1장 1절을 쓰세요.-

2. 잠언은 네 가지의 행동에 대한 지침이다. 행해야 할 어떤 일에 대한 훈계인가?(1:3) -

3. 지식의 근본은 무엇인가?(1:7) -
4. 음녀에게서, 호리는 이방 계집에게서 구원하는 것은?(2:16) -
5. 하나님으로부터 길을 지도받는 비결은?(3:5-6) -
6. 마음을 지켜야 하는 이유는 무엇인가?(4:23) -
7. 5:15-19의 주제는 (이웃 사랑 / 아내 사랑 / 우물 물)이다. 맞는 것에 O표 하세요.
8. 여호와께서 미워하시는 것 7가지는?(6:16-19)
   1)　　　　2)　　　　3)
   4)　　　　5)　　　　6)
   7)
9. 7장의 주제에 맞는 것에 O표 하세요. - 음녀에 대한 경계(　　), 화목제를 드리는 법(　　)
10. 은이나 정금보다 더 소중한 것은?(8:10) -
11. 지혜 있는 자는 책망을 듣고 어떻게 하는가?(9:8) -
12. 어리석은 자가 말하는 달고 맛있는 것은?(9:17) -

〈2〉 솔로몬의 잠언 제1집 (잠 10장-22:16)

13. (　　　　　　)는 명령을 받거니와 (　　　　　　)는 패망하리라(10:8).
14. 아름다운 여인이 (　　　　) 아니하는 것은 마치 (　　　　)에 금고리 같으니라(11:22).
15. 악인은 (　　　　)를 탐하나 의인은 그 (　　　　)로 말미암아 (　　　　)하느니라(12:12).
16. 교만에서는 (　　　　)만 일어날 뿐이라 (　　　　)을 듣는 자는 지혜가 있느니라(13:10).
17. 무릇 (　　　　)은 그 집을 세우되 (　　　　)은 자기 손으로 그것을 허느니라(14:1).

18. (　　　　　　)은 분노를 쉬게 하여도 (　　　　　　)은 노를 격동하느니라(15:1).
19. 사람이 마음으로 (　　　　　　　)할지라도 그 (　　　　　　)는 여호와시니라(16:9).
20. 사람이 (　　　　)는 뽑으나 (　　　　　　　)하기는 여호와께 있느니라(16:33).
21. 허물을 덮어 주는 자는 (　　　　　)요 그것을 거듭 말하는 자는 (　　　　　)니라(17:9).
22. 죽고 사는 것이 (　　　)에 달렸나니 혀를 쓰기 좋아하는 자는 그 (　)를 먹으리라(18:21).
23. 가난한 자를 (　　　　　)은 여호와께 꾸이는 것이니 그 (　　)을 갚아 주시리라(19:17).
24. 두루 다니며 (　　　　　)는 남의 비밀을 누설하나니 (　　　)를 사귀지 말지니라(20:19).
25. 겸손과 여호와를 경외함의 보응은 (　　　)과 (　　　)과 (　　　)이니라(22:4).

〈3〉 지혜인의 어록 (잠 22:17-24장)

26. 귀를 기울여 누구의 말씀을 들으라고 했나?(22:17) -
27. 하나님의 사람은 무엇을 부러워하지 말고 여호와를 경외해야 하는가?(23:17) -
28. 23:29-35은 무엇에 대한 교훈인지 한 단어로 말하라. -
29. 게으른 자의 결과는?(24:33-34) -

〈4〉 솔로몬의 잠언 제2집: 히스기야 신하들이 편집 (잠 25-29장)

30. 25-29장의 잠언에 대한 서언을 쓰세요(25:1). -
31. 은쟁반에 금사과는 무엇을 비유한 것인가?(25:11) -
32. 말이 좋을지라도(그럴싸해도) 믿지 못하는 이유는?(26:25) -
33. 내일 일을 자랑하지 못하는 이유는?(27:1) -
34. 죄를 숨기는 자와 죄를 자복하는 자의 차이는?(28:13) -
35. 묵시가 없으면 어떻게 되나?(29:18) -

〈5〉 아굴의 잠언 (잠 30장) / 르무엘의 잠언 (잠 31:1-9) / 현숙한 여인 (잠 31:10-31)

36. 나는 다른 사람에게 비하면 (　　　)이라 내게는 사람의 (　　)이 있지 아니하니라(30:2).
37. 땅에 작고도 가장 아름다운 것 넷은?(30:24-28) -
38. 술을 마시는 것이 왕에게 마땅치 않음은 (　)을 잊어버리고 (　)를 굽게 할까 봐(31:4-5).
39. 현숙한 여인(31:1-31)은 (　　　　시)로 기록되어 있다(119편도 같다, 통독 234일째 참고).
40. 현숙한 여인은, (　　　　　)에게 손을 펴며 (　　　　　)를 위하여 손을 내민다(31:20).
41. 잠언을 분석하면 다음과 같다(앞의 해설들과 문제의 각 제목들 참고).
    1) 1-9장은 지혜를 찬미했으며, 10장-22:16은 (　　　)의 잠언이며,
    2) 22:17-24은 (　　　) 있는 자의 말씀(속칭 지혜인의 어록)이며,
    3) 25-29장은 (　　　　)의 잠언이며, 30장은 (　　　　)의 잠언이며,
    4) 31:1-9은 (　　　　) 곧 그 어머니가 그를 훈계한 잠언이며,
    5) 31:11-31은 (　　　　) 여인에 대한 노래다.
42. 잠언은 전체 (　　)장으로서 하루에 한 장씩 읽으면 한 달에 한 번, 1년에 (　　)번 읽는다.

〈전도서〉(傳道書)를 소개합니다

제목에 대한 해설

본서의 히브리어 원전의 제목인 '코헬레트'는 1장 1절의 '전도자의 말씀'에서 왔다. '코헬레트'라는 말은 '사람이 모인 곳에서 말하거나 전달하는 사람', '성직자', '설교자', '전파자'라는 의미를 내포한다. 이 말을 70인역은 '에클레시아스테스'로, 불가타역(Vulgate)에서는 '콘키오나톨'(집회를 소집하는 자)로 번역했다. 개역 성경 '전도서'는 '코헬레트'와 '에클레시아스테스'를 넓은 의미에서 의역(意譯)한 것으로 적절한 표제다.

저자 및 저작 연대

본서의 저자는 '코헬레트'인데, 1장 1절은 그를 '다윗의 아들'이라 말하여 전통적으로 '솔로몬'으로 이해했으나, 1장 16절에서 저자는 '나보다 먼저 예루살렘에 있던 자보다 지혜를 많이 얻었다'라 하여 전대의 왕들을 가리키므로 솔로몬으로 보기는 어려우며, 솔로몬 이후 어떤 때에 살았음을 의미하는 것 같다(참고. 2:7, 2:9). 따라서 그 저작 연대를 솔로몬으로 보면 주전 935년경, 또는 포로 후인 주전 400년에서 주전 150년경으로 보는 등 학자들의 견해가 다양하다.

주요사상

왕의 유언(royal testament) 형태로 기록되어 있는 〈전도서〉는 〈욥기〉와 마찬가지로 인간의 존재 문제를 다루고 있으며 '지혜의 위기'를 반영하고 있다. 〈욥기〉는 하나님의 직접적인 답변을 통해 문제를 해결하지만, 〈전도서〉는 끝까지 저자 자신의 관찰과 반성을 통해 문제를 보고 있다. 〈전도서〉는 인간의 삶에 관한 전도자의 설교를 모아 놓은 책이라 할 수 있다.

〈전도서〉는 허무주의, 염세주의가 아니라 모든 것이 헛되고 무익하기 때문에 인간의 모든 행위를 심판하시는 하나님을 경외하는 것이 인간의 본분임을 강조하는 '유신론적 허무주의'이다.

역사적 배경

이스라엘의 주요 절기에 낭독하는 다섯 두루마리(Megilloth) 중의 하나로서 초막절(수장절)에 낭독하는 책이다.

이 책에는 '엘로힘'(하나님)이라는 일반 명사를 여러 차례 사용하고 있으나 '여호와'(야훼)라는 하나님의 이름은 한 번도 사용하지 않고 있다.

전도자로 일컬어지는 저자는 예루살렘에 거주하는 '지혜교사'로도 본다.

교훈과 메시지

1) 헛되고 헛되고 헛되니 - 모든 인간의 삶은 단조롭고 지루한 자연계의 순환과도 같이 끊임없이 반복되는 권태로운 것이기에 해 아래 새 것이 없다고 말한다. 전도자의 허무주의는 삶을 포기하거나 세상에 속한 것을 멀리하거나 은둔하라고 하지 않는다. 오히려 심령으로 낙을 누리고(2:24-26, 3:22, 5:18-20, 8:15, 9:7-10), 선을 행하고(3:12), 아내와 함께 즐거워하고(9:9), 청년의 날을 기뻐하라고(11:9) 가르친다. 하나님 없이 세상을 즐기는 것은 헛될 뿐이다.

2) 한계에 부딪힌 인간 지혜 - 전도자는 지혜와 지식을 총동원하여 세상일을 깊이 연구해 보았으나 괴로움만 커졌지 이해할 수는 없었다(1:3). 많은 지혜와 지식도 헛된 것임을 고백한다(1:16-17). 인간의 지혜로 이해할 수 없는 수많은 경험을 통하여 인간의 한계를 깨닫는다. 그는 인간의 지혜가 궁극적으로는 하나님께서 하시는 모든 일을 다 알지 못하는 연약한 존재라는 것이 전도자의 결론이다(1:15).

3) 하나님 역사의 불가사의성(不可思議性) - 전도자의 경험으로 보면 세상의 일들이 인간의 지혜로 다 헤아릴 수 없는 불가사의로 가득 차 있다. 전통적인 인과율에 대한 회의는 〈욥기〉처럼 인간 지혜의 한계를 지적하지만, 동시에 그것은 하나님의 섭리가 얼마나 불가사의한 것인가 하는 성격을 갖는다. 그러므로 하나님의 정하신 바에 순응하여 살아갈 뿐이다.

4) 하나님의 궁극적인 심판 - 인간은 삶을 즐기며 기쁨으로 선을 행해야 한다. 하나님께서 인간에게 요구하시는 대로 살지 않으면 심판을 받는다(11:9). 하나님께서 악을 행하는 자를 방치해 두지 않고 심판하실 때가 있다. "하나님은 모든 행위와 모든 은밀한 일을 선악간에 심판"(12:14)하실 것이므로 그를 두려워하고 그의 계명을 잘 지켜야 한다는 것이 전도자의 최종적인 가르침이다.

<아가>(雅歌)를 소개합니다

제목에 대한 해설

본서의 히브리 성경의 책 이름은 '쉬르 하쉬림'으로, '노래 중의 노래'라는 뜻이다. 70인역(LXX)은 '아스마 아스마톤'(Aisma Asmaton), 불가타역은 '칸티쿰 칸티코룸'으로 번역했고, 영역은 'Song of Songs'(또는 Song of Solomon)로 우리말 성경의 '아가'(우아할 雅, 노래 歌: 아름다운 노래)는 의역한 것으로서 중국역의 영향이며, 일본역도 같은데 적절한 표제다. 이름 그대로 아가서의 노래는 가장 훌륭하고 멋있는 노래라는 뜻을 가지고 있으며, 하나님과 이스라엘 사이의 관계에 대해서 노래하는 가장 좋은 노래라는 뜻도 가지고 있는 셈이다.

저자 및 저작 연대

성경의 내적 증거로 솔로몬이 본문에 7번(1:1, 5, 3:7, 9, 11, 8:11, 12) 나오는 것으로 보아 솔로몬으로 여겨 왔고, 따라서 그 기록 연대는 그의 생애 중인 주전 약 10세기경으로 볼 수 있다. 솔로몬은 1,005편의 노래를 지었는데, 아가는 그 중의 일부일 것이다(왕상 4:32).

그러나 현대 학자들은 포로기 이후 시대(주전 5-3세기)에 현재 형태로 최종 편집되었다고 본다.

<아가>서의 해석 문제

1) 풍유적 해석(Allegorical Interpretation) - 'Allo'(다른)+'agoreuo'(말한다)라는 두 개의 라틴어에서 온 말로서 그 본문 배후에 다른 무엇을 말하고 있는 것을 찾아내는 해석이다. 은유적(隱喩的) 해석이라고도 한다.

① 유대교에서 채택한 해석법으로, 신랑은 여호와이고 신부는 유대 민족이다.

② 그리스도교회는 유대교의 해석 방법을 수용하여 신랑은 예수 그리스도로, 신부는 교회, 곧 성도로 해석을 한다.

2) 희곡적 해석(Dramatic Interpretation) - 아가서의 문학적 특성을 중시하여, 이 책은 희곡같이 된 책으로 여기에 나오는 인물을 중심으로 해석해야 한다는 것이다.

3) 결혼식 노래로 해석(Wedding Cycle Interpretation) - 유대인의 결혼 노래를 수집하여 만들어진 것이라 하는데, 신랑은 왕으로, 신부는 왕후로 연출하여 사랑의 노래를 교환한 것이라 한다.

4) 순전한 사랑의 노래로 해석(Secular Love Song Interpretation) - 세속적인 노래를 수집하여 만들어진 책이라 한다.

5) 종교 의식적인 해석(Liturgical Interpretation) - 히브리인에게는 신년 축하제가 있어서 생명의 근원이신 여호와가 항상 이스라엘에 새로 군림하는 것을 축하하고 감사하는 식을 거행했는데 이 의식에서 부른 노래라고 한다.

<아가>서의 화자(話者)

〈아가〉서는 크게 신부(여자), 신랑(남자), 합창(예루살렘 여인들) 등의 세 가지 노래가 번갈아가면서 이어지는 형식을 취하고 있다. 공동번역이나 표준 새번역의 본문이 이 점을 잘 반영하고 있다. 그러나 개역 성경에는 나나나 있지 않으므로 회지를 찾아 성경을 읽으면 이해가 쉽다.

1) 술람미 여인 - 1:2-4상, 5-7, 12-14, 16-17, 2:3-7, 8-9, 16-3:5, 4:16, 5:2-8, 10-16, 6:2-3, 11-12, 7:9하-8:4, 8:5하-7, 10-12, 14 (3:1-5은 여인의 꿈)

2) 솔로몬 - 1:8-11, 15, 2:1-2, 2:10-15, 4:1-15, 5:1, 6:4-9, 7:1-9상, 8:13

3) 예루살렘 여인들 - 1:4하, 11, 3:6-11, 5:9, 6:1, 6:11-12, 7:9하-8:4, 8:5상, 8:8-9

교훈과 메시지

1) 남녀의 참사랑

하나님의 뜻에 따라 남녀의 사랑이 주는 기쁨을 발견하고 육체적인 사랑의 즐거움과 정신적인 사랑의 아름다움으로 행복한 결혼생활을 할 것을 배운다.

2) 그리스도와 교회의 사랑

신랑 되신 그리스도께서 신부인 교회와 성도를 향한 참사랑을 보여 주심에 응답하여 그리스도에게로 향하여 진실된 믿음생활을 할 것을 배운다.

[오늘의 말씀] 전도서 1장~3장 : 인생의 허무함 → 먼저 성경 읽기

(1장) 전도자는 처음부터 '헛되다'라는 말을 반복한다. 해 아래서(1:3, 9, 14), 즉 인간의 관점에서 바라본 세상은 헛되고 헛되다. 이는 전도서의 주제이기도 하다.

(2장) 지혜 추구로 만족을 얻지 못한 전도자는 감각적이고 현세적인 쾌락을 추구하나 이도 헛되다 한다.

(3장) 그러나 하나님이 하시는 일은 우리가 다 이해할 수 없으므로 그를 경외하게 된다.

[말씀 묵상]

1. 〈전도서〉를 읽으면서 '이것이 히브리인의 허무사상인가' 하고 생각하지만, 심각한 허무사상을 통해 전도자는 또 다른 진리를 말한다. 하나의 새로운 가치는 곧 사람의 마음속에 하나님이 주신 "영원을 사모하는 마음"(3:11)이다. 그래서 하나님을 경외하며 진정 창조주를 기억하고 사는 것이다.
2. 〈전도서〉에 계속 나오는 "해 아래", "바람을 잡으려는 것", "헛되고 헛되다"라는 말은 합계 100회 이상 나오고, 이런 가운데에도 '하나님'이 40회나 나온다. 결국 헛되고 헛된 세상, 만사가 바람을 잡으려는 것 같은 이 인생에서 하나님을 더욱 확고히 붙잡아야 한다.

[깊은 연구]

1. 〈전도서〉를 보는 두 가지 시각

전도자는 두 가지 관점을 번갈아 가며 전도서에서 인생을 말한다.

1) 자연인의 시각 - 인생의 문제들을 하나님의 빛이 없이 해결하려 한다. 하나님을 제쳐놓고 보므로 그 결론은 '모든 것이 헛되다'(1:2)는 것이다. 이 유한한 인생은 만사가 궁극적으로 허무하다.

2) 하나님이 계시해 준 사람의 시각 - 만사를 새로운 빛으로 본다. 인생은 하나님을 경배하고 섬겨야 의미가 있다. 이 관점에 서서 전도자의 말씀들은 안심과 소망을 심어 준다. 전도서의 암울한 서두는 전도자의 첫 번째 관점을, 밝은 결론은 두 번째 관점을 대변한다.

2. '헛되다' 는 뜻은 무엇인가? (전 1:2)

"전도자가 가로되 헛되고 헛되며 헛되고 헛되니 모든 것이 헛되도다"(전 1:2)처럼 본문에 여러 차례 나온 '헛되다'(히, 헤벨)라는 말은 '호흡하다'라는 뜻을 가졌다. 이는 일시적이고 덧없으며 만족스럽지 못한 것에 대한 표현이다. '헤벨'의 어원은 창세기 4장 2절에 등장하는 '아벨'과 동일한데, 형에 의해 살해당한 덧없는 인간에 대한 호칭이다. '헛되고 헛된'과 같은 반복은 최상급을 나타내는 말로서(왕상 8:27, 하늘의 하늘; 아 1:1, 노래 중의 노래), 모든 것이 헛되다, 가장 헛되다는 말이다. 〈헛되다는 구절은 통독 237일째 "깊은 연구" 참고〉

■ 책을 짓는 것은 끝이 없다(전 12:12)
도서관에서 한 연구원이 피곤에 지쳐 잠에 빠졌다. 전도자는 "책을 짓는 것은 끝이 없고 많이 공부하는 것은 몸을 피곤케 하느니라"(전 12:12) 하였다.

통독	236
확인	

공부

전도서 1장~3장 : 인생의 허무함

1. 다윗의 아들 (   ) 왕 (   )의 말씀이라. - (1:   절)
2. 전도자가 1장 2절에서만 '헛되다'라는 말을 몇 번 했는가?(번)
3. (   )은 보아도 족함이 없고 (   )는 들어도 차지 아니하는도다. - (1:   절)
4. (   )가 많으면 (   )도 많으니 지식을 더하는 자는 (   )을 더하느니라. - (1:   절)
5. 해 아래는 새 것이 없으나 하나님 안에는 새 것이 있다. 아래의 두 절을 쓰세요.
   1) 전 1:9 -
   2) 사 43:19 -
6. 원하는 대로 다 한 후에 본즉 모든 일과 수고는 다 어떻다고 했나?(2:11) -
7. 지혜자의 죽음을 우매자의 죽음과 비교하여 어떻게 보았나?(2:16) -
8. 해 아래서 수고한 모든 수고에 대하여 도리어 어떻게 하였나?(2:20) -
9. 무엇도 하나님의 손에서 나는 것이라 하였나?(2:24) -
10. 다음에 이어지는 때에서 맞는 것에는 O표, 틀린 것에는 X표 하세요(3:1-8).
    1) 날 때 - 죽을 때   2) 울 때 - 웃을 때   3) 슬퍼할 때 - 안을 때   4) 찢을 때 - 꿰맬 때
11. 하나님이 사람에게 주신 것이나 선물에는 O표, 아닌 것에는 X표 하세요(3:9-15).
    1) 노고   2) 영원을 사모하는 마음   3) 하나님의 일의 측량   4) 낙을 누리는 것
12. 다음에 연결된 본문과 관계가 있는 것에는 O표, 관계가 없는 것에는 X표 하세요(3:16-22).
    1) 17절 - 전 12:14   2) 18절 - 시 49:12   3) 20절 - 창 3:19   4) 22절 - 빌 4:10

▲▼△▽ -----≪힘들게 번 돈, 쓸 줄도 알아야≫----- ▽△▼▲

늙은 부자 영감의 일곱 아들 중에 셋째 아들이 타지에서 큰 범죄를 하여 사형선고를 받았다. 다행히 거액을 지불하면 보석으로 나올 수 있다는 소식이 가족들에게 들려와서 '누구를 보내야 일을 잘 처리할 수 있을지'를 회의했다. 아버지가 가면 좋겠지만 연로하여 긴 여정이 불가능했기에 어머니는 '그래도 장남이 가장 믿음직하다'고 했고, 장남 자신도 가야 한다고 주장했으나 아버지는 "큰아들 녀석은 안 돼. 차라리 막내를 보내는 것이 나아." 했다. 아버지의 의견에 형제들까지 '철없는 막내를 보낼 수는 없다'며 반대했다. 장남이 거액을 들고 길을 떠났으나 돌아올 때엔 시신을 들고 돌아왔다.

왜일까? 장남은 거액을 가지고 갔으나 보석금이 너무 많다고 여겼다. 장남은 아버지와 함께 돈을 버느라 고생했기에 돈을 피와 같이 생각했다. 한 푼이라도 적게 주려고 흥정을 하다 그만 사형 집행일을 넘기고 말았다. 가족들은 대성통곡했으나 아버지는 울지 않았다.

♧ ♧ ♧

아버지는 알았다. "큰애를 보낼 때 나는 이런 결과가 있을 것이라 예상했다. 저 아이는 절대 큰돈을 쓸 수 없는 아이야. 돈 버는 게 얼마나 힘든 줄 알거든." 그러나 돈을 써야 할 때도 있다. 사르밧 과부는 마지막 것을 내놓아 많은 것을 얻었고(왕상 17장), 아나니아와 삽비라는 돈에 집착하다가 죽었고(행 5장), 바울은 돈을 사랑치 말라(딤전 6:10)고 교훈한다.

(전도서 3:6-7) 찾을 때가 있고 잃을 때가 있으며 지킬 때가 있고 버릴 때가 있으며 찢을 때가 있고 꿰맬 때가 있으며 잠잠할 때가 있고 말할 때가 있으며

신현주, 〈좌충우돌 예화〉 〈시시콜콜 예화〉, www.sbs66.net

[오늘의 말씀] 전도서 4장~6장 : 인간의 노력과 부의 허무 → 먼저 성경 읽기

(4장) 학대받는 자의 고생과 홀로 사는 자의 고통, 그리고 함께하는 것의 힘을 말한다.
(5장) 사람이 일을 즐기고 재물을 얻어 누리는 것은 하나님의 선물로, 인생의 수고를 잊게 해 준다.
(6장) 재물과 부요와 존귀가 있으나 누리지 못하면 헛되다. 사람은 자기 삶을 마음대로 할 수 없다.

[말씀 묵상]

1. 홀로 사는 것보다 함께 사는 것이 정신적으로나 육체적으로 더 건강하다는 것은 현대의학에서도 증언한다. 전도자는 "두 사람이 한 사람보다 나음은…"(4:9)이라 하였다. 혼자 사는 사람도 이웃은 있고 반면에 많은 가족과 더불어 사는 사람이 외로움에 지친 경우도 있다. 이웃은 내가 만들어 가는 것이다. 눅 10장의 '선한 사마리아인의 비유'에서 보면 제사장과 레위인은 강도 만난 자를 지나쳤으나 사마리아인은 다가가서 그를 치료하고 이송하고 경비를 부담했다. 함께하는 것은 내 몫이다.
2. 전도자는 "천년의 갑절을 산다 해도…"(6:6)라고 하였다. 많은 세월을 산다 할지라도 중요한 것은 그 삶에서 낙을 누리는 것이다. 아무리 좋은 것을 가졌다 해도 그것을 누리지 못하면 헛된 것이다(6:2). 헛된 것을 더하게 하는 많은 일의 주인공이 아니라 그 수고한 대로 먹는 성도가 복이다(시 128:2).
3. 낙을 누리는 일, 행복하게 사는 것이 얼마나 중요한지 3천 년 전의 지혜자도 이렇게 말한다. "사람이 비록 일백 자녀를 낳고 또 장수하여 사는 날이 많을지라도 그 심령에 낙이 족하지 못하고"(6:3). 심령의 낙을 누리는 것 중에 하나로 신앙으로 하는 일에서 보람을 느끼는 것도 있다.

[깊은 연구]

1. 한글 번역의 '소년' (젊은이)의 연령층은? (전 4:13)

1) 개역한글판은 '지혜로운 소년', 개역개정판은 '지혜로운 젊은이'라 하였다. 〈열왕기〉나 〈역대기〉에도 보면 군인들이 나올 때 '소년'이라는 단어를 사용하는데, 이 단어를 우리는 어린이를 벗어난 정도의 나이로 이해한다. 17세의 젊은이인 요셉을 그 형들이 '아이'라 불렀고(창 37:30), 40세의 르호보암도 그와 같이 자란 친구들을 '소년들'이라고 불렀다(왕상 12:8). 즉 소년의 개념이 일반적으로 우리가 생각하는 것보다 더 나이가 많았다. 이스라엘 사회에서는 젊은이보다 나이 많은 이들이 대우를 받았고 중요한 직책도 맡았다(출 17:5-6, 레 4:15, 신 27:1, 잠 16:31).

2) 젊은이가 재산마저 없다면 인정받기 어려웠지만, 요셉이 애굽에서 존경을 받은 것은 하나님의 은혜였다(창 40-41장). 하나님 앞에서는 외적인 조건보다 내적인 지혜가 필요하다. 즉 인간들은 아무것도 자랑하지 말아야 하며 하나님의 절대권 안에 있음을 인정해야 한다.

2. 전도자가 말하는 '헛되다'는 것은 다음의 것이다.

① 인간의 지혜(2:15-16), ② 인간의 수고(2:19-21), ③ 인간의 목적(2:26), ④ 인간의 경쟁(4:4), ⑤ 인간의 탐욕(4:8), ⑥ 인간의 명성(4:16), ⑦ 인간의 불만족(5:10), ⑧ 인간의 갈망(6:1-9), ⑨ 인간의 우매(7:6), ⑩ 인간의 상급(8:10, 14).

공부

전도서 4장~6장 : 인간의 노력과 부의 허무

◇ 다음 문장에서 틀린 부분에 밑줄을 긋고 바르게 고치세요(4장).

1. 학대받는 자, 학대하는 자, 출생하지 않은 자 중에 제일 나은 자는 학대 자이다(1-3절). -
2. 사람이 수고와 교묘한 일로 인하여 시기를 받으니 보람이 있다(4-6절). -
3. 두 사람이 함께 누우면 불편하다(7-12절). -
4. 가난하여도 지혜로운 소년은 늙고 둔하여 간함을 받을 줄 아는 왕보다 낫다(13-16절). -

◇ 다음 말씀을 완성하세요(공간 여백만큼 한 줄만 쓰세요, 5장).

5. 하나님 앞에서 함부로 ~
6. 하나님께 서원하였거든 ~
7. 꿈이 많으면 ~
8. 은을 사랑하는 자는 ~
9. 어떤 사람에게든지 ~

◇ 다음의 내용이 몇 절에 있는지를 쓰세요(6장).

10. 재물과 부요와 존귀를 받았으나 다른 사람이 누리니 이것도 헛되다. - (　　절)
11. 천 년의 갑절을 산다 해도 낙을 누리지 못하면 마침내 다 한 곳으로 돌아간다. - (　　절)
12. 사람의 수고는 입을 위함이나 그 식욕은 차지 않는다. - (　　절)
13. 눈으로 보는 것이 심령의 공상보다 나으나 이것도 바람을 잡으려는 것이다. - (　　절)
14. 헛된 것을 더하게 하는 많은 일도 사람에게 유익이 없다. - (　　절)

▲▼△▽ -----≪화재 위험 피하여 왔다가 화재≫----- ▽△▼▲

속초의 한 교회(H목사)는 2003년 속초 시내의 한 주유소 건물 2층에 교회를 개척했으나 소방서에서 '소방법 위반'이라며 화재 위험이 있는 주유소에서의 집회시설 철수 명령을 받았다. 2004년 5월, 적은 전세금으로 속초 시내에서는 임대를 못 하고 양양군 강현면 전진2리에 카페를 하던 건물을 얻어 그중 2층은 목사관으로, 아래층은 예배 처소로 사용하였다.

그러나 화재 위험을 피해서 온 자리에서 2005년 식목일, 산불로 인하여 길 건너편의 불이 넘어와 목사관 겸 예배 처소를 먼저 불태우고 야산을 넘어 낙산사를 불태웠다. 통제가 풀려 필자가 급히 달려갔더니 아무것도 없이 승합차에서 지내며 갈아신을 양말마저 없는 H목사 부부는 이렇게 말한다.

"화재 위험이 있다고 하여 밀려온 이곳에서 화재(산불)로 모든 것을 잃을 줄 누가 알았겠습니까?"

♧ ♧ ♧

다음날 국민일보에 '교회는 피해가 없다'고 보도되었으나, 필자가 찍어 온 사진에서 5장 정도를 골라 대량으로 추가 출력을 하고 화재 현장 상황 기사와 사진을 교계 및 언론사에 속달로 보냈다. 덕분에 방송 및 신문에 사실이 보도되었고, 교단의 사회부와 노회 및 시찰회, 언론사들이 관심을 갖고 도움의 손길을 뻗치게 되었다. 복구되어 전화위복되기를 기다리는 가운데 교계 일부 사람들이 헐뜯는다는 말이 들려오고 있다. 적(敵)은 언제나 안에 있다.

(전도서 6:12) 헛된 생명의 모든 날을 그림자같이 보내는 일평생에 사람에게 무엇이 낙인지 누가 알며 그 신 후에 해 아래서 무슨 일이 있을 것을 누가 능히 그에게 고하리요

신현주, 〈좌충우돌 예화〉 〈시시콜콜 예화〉, www.sbs66.net

[오늘의 말씀] 전도서 7장~9장 : 지혜는 가치 있는 것 → 먼저 성경 읽기

(7장) 전도자는 여러 격언을 열거하며 이러한 격언의 필요는 인간의 부패 때문이라 한다.
(8장) 불평이나 반역은 시험과 번뇌를 야기하므로 참다운 지혜를 소유해야 함을 말한다.
(9장) 운명(죽음)은 누구에게나 임한다.

[말씀 묵상]

1. 하나님은 인간에게 "**형통한 날에는 기뻐하고 곤고한 날에는 생각하라**"(7:14) 하셨으므로 **형통한** 날에 기뻐하되 방종하지 말아야 하며, **곤고한** 날에 생각하는('본다'는 뜻) 시간을 가져야 한다. 자기 허물, 부족, 어리석음, 교만 등을 보면서 하나님의 섭리를 따라야 한다. **이 두 가지를 병행케 하심은** 하나님의 사랑 방법이다.
2. 인생에게 확실한 것은 누구나 죽는다는 사실이다(9:2-3). 그러기에 전도자는 "**모든 산 자 중에 참예한 자가 소망이 있음은 산 개가 죽은 사자보다 나음이니라**"(9:4) 하였다. 그리스도인 연예인마저 자살을 하는 사건은 마음을 아프게 한다. 한 시인의 시를 소개하며, 살아야 함을 증언한다.

≪**내 모습 이대로**≫ 절벽진 바위산 / 틈새를 뚫고 자란 소나무 / 봄과 함께 그래도 생명 있기에 / 그 잎새 더욱 진해졌다 // 몇 년이나 자랐을까 / 좁은 바위틈 / 반 뼘의 햇볕만 겨우 받는 절벽진 곳 / 누구의 눈길도 끌지 못한다 // 그곳에서 그 어려운 여건 하에서 / 폭풍한설 맞으며 비록 구부러지고 작지만 / 소나무로 자라 / 산의 기상을 돋보이게 한다 // 여건 나빠도 살아야만 한다 / 어떻든 생명은 그 존재 가치가 있는 것 / 그래야 그분의 영광을 위한 / 한 모퉁이의 사명이라도 감당한다 // 바위 틈새의 소나무처럼

[깊은 연구]

1. 의인과 지혜자가 되지 말라? (전 7:16-18)

1) 오해하기 쉬운 본문은 소위 전도자가 '중용의 도'를 제시하면서 권하는 바는 온전하지 못한 마음으로 조심스럽게 순종하는 것이 아니라 온갖 종류의 교리를 조심하라는 것이다. 사람은 온갖 경우를 예상해야 한다. 따라서 자기의 지혜와 의를 너무 지나치게 믿지 않는 것이 좋으며(눅 18:11-12), 또한 경솔하게 하나님의 보복을 스스로 불러들이지 않아야 한다. 여기서도 믿을 수 있는 유일한 표준은 하나님 경외다.

2) 우리에게 문제가 되는 것은 사람들이 경건을 가장한 많은 사이비 종교의 활동들, 예배 의식에 있어서의 가식적인 수완, 하나님의 의와 개인의 문화적 규범을 동일시하여 거기에서 약간이라도 벗어나면 지나치게 비판하는 일들, 그리고 지나친 자부심과 나는 너보다 거룩하다는 식의 거만한 태도를 통하여 자신과 남을 속이는 데 있다. 자기의(自己義)는 영적으로 자신을 죽이는 것이다.

■ 너의 창조자를 기억하라(전 12:1)
"너는 청년의 때, 곧 곤고한 날이 이르기 전 나는 아무 낙이 없다고 할 해가 가깝기 전에…"(전 12:1). 이 노인의 모습은 전도자의 가르침을 되새기게 해 준다.

통독	238
확인	

공부 전도서 7장~9장 : 지혜는 가치 있는 것

◇ 다음 물음에 간단히 답하세요(7장).

1. 지혜자의 마음과 우매자의 마음은 각각 어디에 있는가?(1-7절) - (　　　　/　　　　)
2. 형통한 날과 곤고한 날에 각각 취할 태도는?(8-14절) - (　　　　/　　　　)
3. 선을 행하고 죄를 범하지 아니하는 의인이 세상에 있는가?(15-22절) - (　　　　)
4. 하나님은 사람을 어떻게 지으셨으며, 반면에 사람이 낸 것은?(23-29절) -
(　　　　/　　　　)

◇ 맞는 말에는 O표, 틀린 말에는 X표 하세요(8장).

5. (　　절) 사람의 지혜는 그 사람의 얼굴에 광채가 나게 하나니 그 얼굴의 광채가 변하느니라. (　　)
6. (　　절) 생기로 머무르게 할 자, 죽는 날을 주장할 자, 전쟁할 때에 모면할 자가 있다. (　　)
7. (　　절) 하나님을 경외하여 그 앞에서 경외하는 자가 잘될 것이요. (　　)
8. (　　절) 하나님의 모든 행사를 사람이 궁구할지라도 능히 깨닫지 못한다. (　　)

◇ 다음 중 서로 관계있는 것끼리 줄로 연결하세요(9장).

9. 의인과 지혜자나 그 행하는 일이나	가) 일평생에 해 아래서 수고하고 얻은 분복
10. 모든 산 자 중에 참예한 자가 소망	나) 산 개가 죽은 사자보다 나음
11. 아내와 함께 즐겁게 살지어다	다) 다 하나님의 손에 있다
12. 명철자라고 재물을 얻는 것이 아님	라) 가난한 자의 지혜가 멸시를 받음
13. 지혜가 힘보다는 낫다마는	마) 시기와 우연이 모든 자에게 임함

▲▼△▽ -----≪한문공부 하는 날라리 커플≫----- ▽△▼▲

대학을 졸업했으나 연애하느라 공부는 뒷전이던 날라리 커플이 취직이 되지 않자, 한문공부를 해야겠다며 학원을 다녔다. 어느 날 버스를 타고 같이 가는데 라디오에서 "내추럴(Natural: 윤종신, 이승환이 속한 그룹)의 노래를 보내 드리겠습니다." 하는 말이 나오자 김백두가 "으하하, 그룹 이름이 뇌출혈(腦出血)이 뭐야!" 한다. 이한라가 "세상이 너무 삭막해서 그래. 병원놀이도 아니구, 엽기적이다!"

한문학원에 한 달쯤 다녀서 서로 얼굴이 익은 어느 날, 반 년 정도 다닌 초등학생이 다가와 "닭살커플 형, 세~금을 한자로 쓸 줄 알아?" 한다. 뭐, 세금(稅金)이라구? 덜컥 겁이 났다. 이 녀석이 그런 어려운 한자도 쓸 줄 알아? 못 쓴다고 하면 체면이 말이 아니구... 그래서 "너 써봐. 형이 맞나 봐 줄게." 하며 아는 척했다. 초등학생은 태연하게 이렇게 썼다. '金(쇠 금).' "형, '쇠 금' 맞지?"

♧ ♧ ♧

한자를 읽을 수는 있지만 글자를 제대로 쓰지는 못하는 것이 현실이다. 더구나 공부한 세대에 따라 다르다. 한자 필요시에 컴퓨터에서 변환을 해 주므로 더욱 글자를 쓰고 익힐 기회는 줄어들었다. 고등학교 한문 선생 출신인 친구는 '한문을 많이 아는 학생들의 이해력이 훨씬 뛰어나다'는 교직 경력 20여 년의 경험론을 말한다. 목사가 헌금봉투의 이름에 모르는 한자를 만나면 당황하는데, 다행히 요즘은 한자로 이름을 잘 쓰지 않아 무식함이 드러날 위험이 적다.

(전도서 7:5-6) 사람이 지혜자의 책망을 듣는 것이 우매자의 노래를 듣는 것보다 나으니라 우매자의 웃음소리는 솥 밑에서 가시나무의 타는 소리 같으니 이것도 헛되니라

신현주, 〈좌충우돌 예화〉 〈시시콜콜 예화〉, www.sbs66.net

[오늘의 말씀] 전도서 10장~12장 : 인생의 본분 → 먼저 성경 읽기

(10장) 지혜와 어리석음. 지혜의 말들과 실천적인 충고들에 대한 잠언이다.
(11장) 전도자는 구제에 대해 권면한다. 또한 청년에게 젊은 날을 즐거워하라고 하되 심판도 경고한다.
(12장) 청년에 대한 충고를 계속하여 모든 행위에 대한 하나님의 심판도 말한다.

[말씀 묵상]

1. "게으른즉 석가래가 퇴락하고 손이 풀어진즉 집이 새느니라"(10:18). 믿음에 있어서 '원래부터'는 없다. '좋은 땅에서는 100배, 60배, 30배의 결실이 있다'(마 13장). 좋은 땅이란 돌과 잡초를 제거하고 거름을 주고 만드는 것이다. 구원받는 것은 전적으로 하나님의 선물이지만 그것을 지키는 것은 게으름과 태만으로는 되지 않는다. 그대의 믿음이 퇴락하고 새는 곳은 없는지?

2. 구제, 혹은 자선행위는 누구나 말할 수 있으나 누구나 하지는 않는다. 전도자는 "네 식물을 물 위에 던지라 여러 날 후에 도로 찾으리라"(11:1) 했다. 이는 나일강이 범람할 때 씨를 물에 던지면 나중에 비옥한 땅에서 거두게 된다는 비유를 통하여 구제가 결국은 자신에게 돌아온다는 가르침으로 해석한다. 예수님은 마태복음 6장 2-4절에서 "네 구제함이 은밀하게 하라 은밀한 중에 보시는 너의 아버지가 갚으시리라" 하셨다. "도로 찾으리라"는 말씀을 체험할 것이다.

[깊은 연구]

1. 노년에 찾아오는 신체적 변화 *(전 12:2-6 비유적 해석)*

2절: 해와 달과 별들이 어둡기 전에, 비 뒤에 구름이 다시 일어나기 전에 - 악천후의 기후처럼, 노년기의 불편이 증가되기 전에 창조주를 기억하라.

3절: 집을 지키는 자들이 떨 것이며 - 노년의 팔다리의 떨림(중풍, 쇠약 등). / 힘 있는 자들이 구부러질 것이며 - 어깨, 허리, 다리의 굽어지는 현상. / 맷돌질하는 자들이 적으므로 그칠 것이며 - 치아의 노쇠와 무력. / 창들로 내어다보는 자가 어두워질 것이며 - 시력의 노화로 동공의 이완이 온다.

4절: 길거리 문들이 닫혀질 것이며 - 청각(聽覺)이 쇠퇴한다. / 맷돌 소리가 적어질 것이며 - 이가 약해져서 음식을 잘 못 먹게 된다. / 새의 소리를 인하여 일어날 것이며 - 신경이 예민해져서 깊은 잠을 못 잔다. / 음악 하는 여자들은 다 쇠하여질 것이며 - 성대의 약화로 노래를 잘 못 한다.

5절: 그런 자들은 높은 곳을 두려워할 것이며 길에서는 놀랄 것이며 - 고공(高空) 공포증도 생기고, 두려워서 여행도 못 한다. / 살구나무가 꽃이 필 것이며 - 백발이 된 노인의 모습이다. / 메뚜기도 짐이 될 것이며 - 힘이 없어 혼자 몸을 가누기도 힘들게 된다. / 원욕이 그치리니 - 식욕, 성욕, 각종 욕망이 무기력해진다. / 자기 영원한 집으로 돌아가고 조문자들이 거리로 왕래하게 됨이라 - 죽음.

6절: 은줄이 풀리고 금 그릇이 깨어지고 - 신경과 두뇌가 그 기능을 상실한다. / 항아리가 샘 곁에서 깨어지고 바퀴가 우물 위에서 깨어지고 - 폐, 심장의 멈춤, 즉 죽음에 이른다. 이렇게 되기 전에 창조자를 기억하고 잘 섬겨야 한다.

통독	239
확인	

공부

전도서 10장~12장 : 인생의 본분

1. 한 가지 (　　)...(　　)가 크게 높은 지위를 얻고 (　　)가 낮은 지위에 앉는도다. - (10:　-　절)
2. 사람이 (　　)을 알지 못하나니 (　　　, 身後事: 죽은 뒤의 일)를 알게 할 자가 없다. - (10:　절)
3. (11:　절) 너는 네 식물을 ~
4. (11:　절) 네 청년의 날을 ~
5. 전면의 해설을 참고하여 아래의 구절을 해석하세요(절대적은 아니지만 앞의 해석을 적음, 12장).

◈3절 1) 집을 지키는 자들이 떨 것이며 -
2) 힘있는 자들이 구부러질 것이며 -
3) 맷돌질하는 자들이 적으므로 그칠 것이며 -
4) 창들로 내어다보는 자가 어두워질 것이며 -

◈4절 5) 길거리 문들이 닫혀질 것이며 -
6) 맷돌 소리가 적어질 것이며 -
7) 새의 소리를 인하여 일어날 것이며 -
8) 음악 하는 여자들은 다 쇠하여질 것이며 -

◈5절 9) 그런 자들은 높은 곳을 두려워할 것이며 길에서는 놀랄 것이며 -
10) 살구나무가 꽃이 필 것이며 -
11) 메뚜기도 짐이 될 것이며 -
12) 원욕이 그치리니 -
13) 자기 영원한 집으로 돌아가고 조문자들이 거리로 왕래하게 됨이라 -

6. 결국 "사람의 본분"이란 무엇인가?(12:13) -

▲▼△▽ -----≪기둥 뒤에 숨는 교인들≫----- ▽△▼▲

방송이나 글에서 뵙던 김백두 교수를 만났는데, 출석하고 있는 교회를 물었더니 '나그네 신세'란다. 역사가 깊은 한 교회가 몇 년째 분란이 일어서 지친 교인들이 교회를 옮겨 가는 것이다. 김 교수도 그런 무리 중에 하나다. 더구나 근년에 크고 작은 교회의 교인들이 자신이 속한 교회가 힘들면 새로 거창하게 건축한 교회로 몰려가서 건축 당시 1천 명이 안 되었는데, 몇 년 새에 옮겨온 교인들로 2천 명이 훨씬 넘는 교회가 되었다. 김 교수에게 이런 이야기를 해 주었다.

"어떤 교인이 작은 교회, 골치 아픈 교회, 책임을 져야 하는 위치에 있는 교회가 싫어서 큰 교회로 가서 기둥 뒤에 숨었답니다. 간섭받지 않아서 편하게 생각했답니다. 천국엘 갔는데 예수님이 안 보여서 '예수님, 어디 계세요' 하고 불렀더니, '나도 너처럼 기둥 뒤에 숨어 있다' 하더랍니다. 고급 인력들이 작은 교회로 가서 일할 생각은 않고 큰 교회로 가서 안일하게 책임회피 해서야 되겠습니까?"

♧ ♧ ♧

대형 저인망 그물로 싹쓸이하듯, 작은 교회들에서 조금만 불편해도 극복을 하지 못하고 그물에 빨려 들어간다. 대형 마켓의 등장으로 구멍가게가 문을 닫듯이 양극화 현상으로 이제 작은 교회는 문을 닫아야 하는 시대인지, 그래도 사명이 있다고 구애를 해야 하는지 심각한 지경에 이르렀다. 사명을 따라 죽은 선진들처럼 목숨을 거는 수밖에 없다지만, 서로 간의 나눔이 필요하다.

(전도서 11:1-2) 너는 네 식물을 물 위에 던지라 여러 날 후에 도로 찾으리라 일곱에게나 여덟에게 나눠 줄지어다 무슨 재앙이 땅에 임할는지 네가 알지 못함이니라

신현주, 〈좌충우돌 예화〉〈시시콜콜 예화〉, www.sbs66.net

[오늘의 말씀] 아가 1장~3장 : 구애와 결혼 → 먼저 성경 읽기

〈아가〉의 분명한 애정 표현으로 인해 유대교의 박사들은 30세가 될 때까지 〈아가〉서를 읽지 말도록 권고했다. 그러나 본서는 '남녀의 사랑'과 함께 '교회를 향한 그리스도의 사랑'을 보게 되므로 소년들도 읽고 애정 문제에 순결함으로 대처하며 아울러 그리스도께서 교회를 향한 음성에 귀 기울여야 한다.

(1장) 솔로몬과 술람미 여인이 서로의 아름다움에 대해 칭송한다.

(2장) 사랑하므로 병이 들었고 이제 겨울이 지났으니 사랑하는 자들은 꽃향기 나는 들판을 내달린다.

(3장) 여인의 사랑의 독백에 이어 신랑인 솔로몬이 연(수레)을 타고 거친 들에서 오고 있다.

[말씀 묵상]

1. 봄의 도래를 노래한다(2:8-17). 우기가 지나 봄이 오면 들은 온통 꽃으로 뒤덮이고 새들은 아름답게 지저귄다. 겨울을 지난 봄은 진실로 환희이다. 그러나 **"포도나무의 꽃이 향기를 토하는데"** 그것을 보호하기 위해서는 **"포도원을 허는 작은 여우를 잡으라"**(2:15) 하였다. 오늘도 하나님의 교회에 은혜가 넘치고 사랑이 넘치는 봄이 오면 언제나 이를 허는 작은 여우들이 있다. 영적으로 깨어 포도원을 허는 작은 여우를 잡아야 교회도 가정도 사회도 꽃향기를 즐기고 열매를 거둘 수 있다.

[깊은 연구]

1. 〈아가〉서에 대한 다양한 해석 방법 중에 한 가지

〈아가〉의 대표적 해석법은 **풍유적 해석**(알레고리칼: Allegorical Interpretation) - 'Allo'(다른)+'agoreuo'(말한다) 두 개의 라틴어에서 온 말로서 그 본문 배후에 다른 무엇을 말하고 있는 것을 찾아내는 해석이다. 은유적(隱喩的) 해석이라고도 한다. * 자세한 것은 〈성경통독 이백주간〉 해당 본문 해설을 보세요.

1) 유대교에서 채택한 해석법으로 6세기의 탈무드 해석이 전해지고 있다. **신랑은 여호와**이고 **신부는 유대 민족**이다. 오늘날에는 이러한 해석을 유대인 정통파 학자들 외에는 채택하지 않는 경우도 많다.

2) 그리스도교회는 유대교의 해석 방법을 그대로 수용하였다. **신랑은 예수 그리스도**이며 **신부는 교회**이고 성도이다. 그러므로 **"아가서는 그리스도와 교회, 그리스도와 성도 간에 있어야 할 순결과 정열을 가르치는 책"**이라 한다. 이를 모형적 해석으로 구분하기도 한다.

2. 화자(話者) 찾기 (성경에 밝히 나타나지 않으므로 화자를 찾아 표시를 하고 읽으라)

1) 술람미 여인 - 1:2-4상, 5-7, 12-14, 16-17, 2:3-7, 8-9, 16-3:5, 4:16, 5:2-8, 10-16, 6:2-3, 11-12, 7:9하-8:4, 8:5하-7, 10-12, 14. (3:1-5은 여인의 꿈)

2) 솔로몬 - 1:8-11, 15, 2:1-2, 2:10-15, 4:1-15, 5:1, 6:4-9, 7:1-9상, 8:13.

3) 예루살렘 여인들 - 1:4하, 11, 3:6-11, 5:9, 6:1, 6:11-12, 7:9하-8:4, 8:5상, 8:8-9.

상기의 화자에 대한 구성은 두 명(솔로몬과 술람미)을 중심으로 한 것이며, 세 명(솔로몬, 술람미, 연인목자)으로 보지 않는다. 예를 들어 4:1-6~솔로몬, 4:7-15~연인목자로 보지 않고, 4:1-15을 모두 솔로몬의 말로 보는 것이다.

통독	240
확인	

공부 아가 1장~3장 : 구애와 결혼

1. "솔로몬의 아가라"에서 '아가'란 무슨 뜻인지 맞는 말의 번호에 O표 하세요(1:1).
   1) 어린 '아가', 유아(幼兒), 2) 사랑하는 여인에 대한 애칭(愛稱), 3) 노래 중의 노래, '아가'(雅歌)
2. 무엇이 '포도주보다 낫고 지남이라' 했나?(1:2-4) -
3. 신부가 일광에 쬐여서 거무스름하게 된 이유는?(1:5-6) -
4. 사랑하는 자는 품 가운데 무엇과 같은가?(1:12-14) -
5. 어여쁜 자의 눈은 무엇과 같은가?(1:15-17) -
6. 여자들 중에 내 사랑은 무엇과 같은가?(2:1-2) - (가시나무 / 백합화)
7. 남자들 중에 내 사랑하는 자는 무엇과 같은가?(2:3-4) - (사과나무 / 건포도)
8. 신부는 왜 병이 났는가?(2:5-7) - (너무 시원해서 / 사랑하므로)
9. 일어나서 함께 갈 수 있는 조건이 된 것은?(2:10-14) - 1) (겨울이 이르렀다 / 비가 그쳤다), 2) (꽃이 피었다 / 새가 사라졌다), 3) (무화과 열매가 향기를 토한다 / 포도나무 꽃이 피었다)
10. 꽃 핀 포도원을 보호하기 위해서는?(2:15-17) - (작은 여우를 쫓으라 / 작은 여우를 잡으라)
11. 1) 내가(신부가) 밤에 사랑하는 자를 어디에서 찾아도 발견치 못하고 -
    2) 또 어디에서 찾았으나 만나지 못했나?(3:1-2) -
12. 향기롭게도 하고 거친 들에서 오는 자는 누구인가?(3:6-7) -
13. 솔로몬의 연(수레)은 무엇으로 만들고 어떤 장식을 하였나?(3:9-10) -
14. 솔로몬 왕의 머리에는 무엇이 있는가?(3:11) -

▲▼△▽ -----《결코 놓칠 수 없는 사랑》----- ▽△▼▲

▷ "약속한 한 달이 되려면 아직 며칠 더 남아 있었지만, 그때까지 도저히 기다릴 수가 없어 약도를 들고 수사님이 살고 있는 동네(공동체)로 향했다. 동네 어귀로 들어서니 포장이 안 되어 풀썩풀썩 먼지가 피어올랐다. 가파른 언덕길을 오르는 동안, 이 길로 들어서면 다시는 돌아오지 못하리라는 이상한 예감이 가슴속에서 짙게 배어 나왔다. 아니, 돌아오지 않겠노라 스스로에게 굳게 다짐했다."

▷ "...기약(期約) 없었음에도 내 입술과 내 마음속에 남겨둔 그대의 온기로 살았으나 이제는 결코 혼자 보내지 않을 것입니다. 그동안, 다시 올 약속 기다리며 준비한 꽃신 신고 꽃단장하고 흰옷 입고 함께 떠날 채비가 되었습니다. 모든 것 훌훌 버리고 그대를 따라 나설 겁니다. 결코 손을 놓치지 않을 겁니다. 그대여, 어서 오소서. 마라나타."

♧ ♧ ♧

위의 글은 처녀가 수사 출신 노총각을 사랑하여 그를 찾아가는 대목이고, 아래 글은 "그대 오시는 날"이라는 시의 마지막 연인데, 한편으로 보면 재림을 기다리는 마음이고 다른 한편으로 보면 잃어버린 사랑을 아쉬워하며 회복을 기대하는 글이다.
두 글 모두에서 애절한 사랑, 결코 놓치지 않으려는 사랑에 대한 신뢰와 기대, 헌신이 눈물겹도록 짙게 담겨 있다. 진실한 사랑은 자신을 다 내던져도 결코 아깝지 않은 것이다.

(아가 1:2-3) 내게 입 맞추기를 원하니 네 사랑이 포도주보다 나음이로구나 네 기름이 향기로와 아름답고 네 이름이 쏟은 향기름 같으므로 처녀들이 너를 사랑하는구나

신현주, 〈좌충우돌 예화〉 〈시시콜콜 예화〉, www.sbs66.net

[오늘의 말씀] 아가 4장~6장 : 신랑과 신부의 마음 → 먼저 성경 읽기

(4장) 솔로몬이 그녀를 찬미하고,
(5장) 그녀가 자기의 사랑하는 자를 찾지 못하는 꿈을 묘사하지만,
(6장) 신부에 대한 사랑의 노래는 아름다움 그 자체다.

[말씀 묵상]

1. 〈아가〉를 읽을 때 계속되는 사랑의 고백과 상대방의 신체부위를 일일이 열거하며 칭송한 말은 그들의 사랑의 깊이를 짐작하게 해 준다. 나는 어떤 마음으로, 어떤 눈으로 아내를, 남편을 대하는가? "네가 내 마음을 빼앗았구나"(4:9), "나의 사랑하는 자는 내게 속하였다"(6:3) 하는 일체의 마음이 서로를 인정하게 되는 것이다. 나는 나의 것이 아니라 상대의 것이 되는 신비가 있다(고전 7:1-5).
2. 신랑을 찾는 신부는 꿈에도 신랑을 보게 된다. "내가 잘지라도 마음은 깨었는데 나의 사랑하는 자의 소리가 들리는구나"(5:2) 하였다. 사랑은 시공을 초월하며 의식적일 뿐 아니라 잠을 자는 무의식중에도 마음을 지배한다. 이처럼 예수님을 마음에 품고 사는 사람은 모든 삶에서 함께한다.

[깊은 연구]

1. 〈아가〉서 배경을 재구성하여 본 내용

솔로몬에게는 예루살렘 북쪽의 어느 시골에 포도원이 있었다(8:11). 솔로몬은 두 아들과 딸이 있는 여인에게 소작을 주었다(1:6, 6:13, 8:8). 그 딸은 아가서의 주인공으로 이름은 술람미이다. 그녀는 아름다웠지만 세상에 알려지지 않은 여자였다. 그녀는 오빠들의 학대를 받아 포도원에서 힘든 일을 하였다(1:5-8, 2:15). 어쩌면 오빠들은 배가 다른지도 모른다. 그녀는 양을 치며 여우를 잡기도 하면서 포도원에서 일을 하였다. 원래 아름다운 모습이었지만 들에서 거친 일을 하면서 얼굴이 검게 그을렸다. 어느 날 잘 생긴 남자가 이곳을 방문하였다. 이는 솔로몬이 변장을 하고 온 것이다. 솔로몬은 그녀에게 관심을 보였으나 그녀는 자신의 초라한 모습에 당황하였다. 그녀는 그 방문객이 목동인 줄 알고서 그에게 물었으나 방문객은 얼버무리며 사랑을 고백하며 좋은 선물을 주겠다고 약속하였다(1:8-11). 술람미 아가씨의 마음을 얻은 그는 장래에 돌아오겠다는 약속을 남기고 그녀를 떠났다. 그녀는 밤에도 그를 잊지 못하고 꿈속에서도 그를 보았다. 솔로몬은 마침내 영광스러운 왕의 모습으로 그녀에게 돌아와 그녀를 신부로 맞아들인다(3:1-7)(메릴 엉거가 아이언사이드의 글을 요약한 것). 〈H. A. Ironside, 《Addresses on the Song of Solomon》, pp. 17-21〉

■ 애굽 바로 왕 부부와 태양신 카(Ka)
높이 173cm의 의자의 등판에 조각된 투탕카몬 왕 부부의 모습으로 그 배경에는 태양신 카(ka)가 나온다. 〈아가〉는 솔로몬 왕과 술람미 여인의 아름다운 사랑을 통하여 그리스도께서 교회를 사랑하심을 풍유적으로 보여 주고 있다.

통독	241
확인	

공부 아가 4장~6장 : 신랑과 신부의 마음

1. 신랑은 신부를 어떻게 비유하여 칭송했나?(4:1-5) - 수식이 많은 것은 간단하게 쓰세요.
   1) 눈 - 2) 머리털 - 3) 이 - 4) 입술 -
   5) 입 - 6) 빰 - 7) 목 - 8) 유방 -
2. 네 입술에서는 ( )이 떨어지고 네 혀 밑에는 ( )이 있고...(4:10-11).
3. 나의 누이, 나의 신부는 ( )이요 ( )이요 ( )이로구나(4:12-15).
4. ( ) 일어나라 남풍아 오라 나의 동산에 불어서 ( )를 날리라(4:16).
5. 신부의 꿈에 신랑이 문을 두드리며 신부를 부른 호칭 4가지는?(5:1-5)
   1) 2) 3) 4)
6. 신랑이 문을 두드림은(5:2) 마치 주님이 '문 밖에 서서 두드린다'는 어느 교회를 향한 말씀을 연상할 수 있는가?(계 3:14-22) -
7. 신부가 신랑을 어떻게 묘사했는지 4:1-5(신랑이 신부를 비유)과 비교해 보세요(5:9-16). - 읽기만
8. 나는 나의 사랑하는 자에게 ( ) 나의 사랑하는 자는 내게( ). - (6: 절)
9. 다음의 묘사가 4장과 6장 몇 절에 각각 나오는가?
   1) 머리털 (4: , 6:) 2) 이 (4: , 6:) 3) 빰 (4: , 6:)
10. 왕후가 ( )이요 비빈이 ( )이요 시녀가 ( )하되 나의 ( ) 나의 완전한 자는 ( )이로구나...왕후와 비빈들도 그를 ( )하는구나. - (6: - 절)
11. 돌아오고 돌아오라 ( ) 돌아오고 돌아오라. - (6: 절)

▲▼△▽ -----≪이런 남편 만나면 사는 게 아니다≫----- ▽△▼▲

▷ 김백두 목사의 아내 이한라 사모가 병석에 눕게 되었다. 목사는 아내의 머리맡에 앉아 열이 펄펄 끓는 이마에 물수건을 갈아 올려 주며 밤새 간호를 했다. 그러던 중 목사가 갑자기 울기 시작하자 아내가 달랬다. "여보, 울지 말아요. 전 곧 나을 거예요." 그러자 목사가 우는 이유를 말했다.
"임자, 나는 항상 일 때문에 너무 바쁜 사람이라 임자가 어떻게 된다 해도 울 시간을 낼 수가 없을 것 같소. 그래서 지금 미리 울어 두는 거요."
▷ 목사가 앓아누워 나날이 상태가 나빠졌다. 목사는 아내를 불렀다. "임자, 가서 씻고 치장하고 새 옷으로 갈아입고 내 옆에 앉아 있구려." 아내는 놀라며 말했다. "아니, 당신이 이렇게 아파 누워 있는데 치장이 웬말이에요? 내가 그렇게 생각이 없는 여자인줄 아세요?" 그러자 목사가 설명했다.
"혹시 알아? 죽음의 천사가 내려왔다가 임자가 마음에 들어서 당신을 데려가고 나는 그냥 놓아둘지."

♧ ♧ ♧

이런 잘난 남편 만났다가는 평생 고생하는 아내가 되고 만다. 남편들이 자기중심이 되어 온 가족이 자신을 섬겨야 된다는 착각을 하지 말아야 마음 편하게 살지 그렇지 않으면 서로 괴롭다.
미리 할 일이 있고 일을 당해야 할 일이 있다. 특히 슬픔과 기쁨은 그 당시의 상황에 따라 생기는 일이다. 아가(雅歌)의 사랑 노래는 상대를 위하는 아름다운 노래다.

(아가 4:10) 나의 누이 나의 신부야 네 사랑이 어찌 그리 아름다운지 네 사랑은 포도주에 지나고 네 기름의 향기는 각양 향품보다 승하구나

신현주, 〈좌충우돌 예화〉〈시시콜콜 예화〉, www.sbs66.net

[오늘의 말씀] 아가 7장~8장 : 칭송과 의지 → 먼저 성경 읽기

(7장) 서로의 사랑 안에서 기뻐하며 서로에게 속하였음을 노래한다.
(8장) 죽음같이 강하고 온 가산을 주고도 사랑과 바꾸지 못하는 사랑의 진정을 노래한다.

[말씀 묵상]

1. 당시에는 자신의 '도장'을 목이나 가슴 언저리에 걸고 다니는 관습이 있었다(창 38:18). 또한 팔찌로서 오른 손목에 낀 적도 있었다. 이것이 후에 반지로 변한 듯하다(렘 22:24). 따라서 **"너는 나를 인(印)같이 마음에 품고 도장같이 팔에 두라"**(8:6)는 것은 나를 당신에게서 떨어질 수 없는 귀중한 것으로 여겨 달라는 신부의 소원이다. 소중히 여김 받음은 복이고 그렇지 못함은 슬픈 일이다. 귀염을 받지 못하는 자녀, 인정받지 못하는 직장인, 사랑받지 못하는 부부... 그들은 결코 생산적인 삶을 살지 못한다. 다 버려도 주님은 결코 그 백성을 버리지 않는다.
2. **"사랑은 죽음같이 강하고"**(8:6). 사랑은 무엇으로도 끌 수 없는 강한 불꽃이다. **"사랑의 불이 꺼지면 50규빗(22.5m)의 침대가 좁고, 사랑의 불이 뜨거우면 칼 날 위에서도 잘 수 있다"**(탈무드). 뿐만 아니라 **'하나님의 사랑에서 우리를 끊을 자도 없다'**(롬 8:39). 사랑은 이런 힘이 있는 것이다. 아내를 잃은 목사님이 인생의 허무를 말하며 눈물로 설교를 하다가 새로운 가정을 꾸미며 사랑을 하게 되자 **"사랑은 죽음같이 강함"**을 노래하며 설교가 밝아졌다고 한다.

[깊은 연구]

1. 유대인은 언제 〈아가〉서를 읽었나?

히브리 성경에는 〈아가〉가 다섯 두루마리(아가, 룻기, 예레미야애가, 전도서, 에스더) 중에 제1두루마리로 나왔다. 유대인의 전승에 의하면 이 다섯 두루마리는 유대인의 명절 때마다 한 권씩 읽혔다고 한다.
〈아가〉는 유월절(니산-아빕-월 14일)
〈룻기〉는 오순절(시완월 6일)
〈애가〉는 예루살렘이 파괴된 날(아빕월 9일)
〈전도서〉는 장막절(티리쉬월 15-21일)
〈에스더〉는 부림절(아달월 14-15일) 〈p.13. 보너스 자료 참고〉

2. 〈아가〉는 사랑의 노래

〈아가〉는 사랑하는 두 사람의 부끄러움 없는 사랑의 표현이 성경의 중간 부분에 위치하고 있어서 사람들을 놀라게 한다. 그러나 남녀의 사랑은 하나님의 선물이며 성경 중간 부분에 자리를 잡게 하셨다(안티레고메나, 104쪽 참고). 창조 기사인 창 2:22-25의 처음 가정의 사랑이 메아리치는 창조적인 것이 사랑이며, 이를 표현한 것이 〈아가〉이다.

■ 난쟁이 세넵(Seneb)과 그 가족
완벽한 모양과 색채를 띠고 출토된 작은 이 조각에는 아내의 미모와 아래의 두 자녀의 모습이 이채롭다. (6세기 애굽의 다이너스티 Daynasty) 〈아가〉는 남녀의 아름다운 사랑을 노래한다.

통독	242
확인	

공부 아가 7장~8장 : 칭송과 의지

◇ 다음 물음에 답하세요(7장).

1. 신부의 모습에 대한 신랑의 말을 쓰세요(7:1-9).
   1) 넓적다리 - 2) 배꼽 -
   3) 허리 - 4) 목 -
   5) 키 - 6) 콧김 -
   7) 유방에 대한 3가지 표현 - ① ② ③
2. "일찍 일어나서 포도원으로 가서...보자"라고 한 것은 무엇인가?(7:10-13)
   1) 2) 3)
3. 합환채(7:13)는 창세기 30장 14-18절에도 나온다. 라헬이 레아의 아들이 가져온 합환채를 받는 대신에 레아는 야곱과 ( )하여 아들을 낳았는데 그가 ( )이다.

◇ 다음에 이어지는 말씀을 쓰세요(문장이 끝나는 곳까지, 8장).

4. 나는 향기로운 술 ~
5. 사랑은 죽음같이 ~
6. 이 사랑은 많은 물이 ~
7. 나는 성벽이요 ~
8. 솔로몬이 바알하몬에 ~
9. 나의 사랑하는 자야 ~

▲▼△▽ -----≪모든 것을 극복한, 사랑하기 때문에≫----- ▽△▼▲

상처한 남자가 50세에 재혼하고 재혼여행을 가서 가게 진열장의 진주 목걸이를 구경했다. 부인이 "저렇게 예쁜 목걸이는 굉장히 비쌀 텐데. 그래도 사는 사람이 있으니 진열하겠지요?" 하고 말했다. 그 후 10년이 지났을 때, 이 부인은 불치병에 걸렸고 6개월 이상 살 수 없다는 의사의 판정을 받았다.

마침 결혼 10주년이 되었다. 남편은 60세의 나이보다 늙어 보이는 가난한 농부였다. 조촐한 저녁 식사 뒤, 남편이 부인에게 눈을 감으라고 하고 진주 목걸이를 목에 걸어 주자 부인은 너무 놀랐다.

남편은 결혼 당시 아내에게 진주 목걸이를 사 줄 결심을 하고, 좋아하던 담배와 맥주를 끊었고, 힘든 노동일을 하면서도 콜라 한 병 마시지 않았으며, 푼돈을 10년 동안이나 모았다고 말했다. 부인이 눈물로 "어떻게 그렇게 할 수 있었어요?"라 묻자, 백발의 남편은 "당신을 사랑하기 때문이오."라고 대답했다.

♧ ♧ ♧

덩치 큰 남자가 부인의 무릎에 얼굴을 묻고 소리 없이 울었다. 먹고 싶은 것도 안 먹고 10년을 지속할 수 있었던 인내와 절제와 희생은 '사랑하기 때문에'라는 단 하나의 동기로 가능했다.
야곱은 라헬을 사랑하므로 우여곡절 끝에 아내로 맞이하고 '칠 년을 하루같이' 일해서 빙폐(결혼지참금)를 해결한다. 아가서는 사랑은 죽음보다 강하고, 홍수의 물보다 강하고, 불과 같다고 노래했는데, 남자는 사랑하는 자를 위해 죽을 수 있는 순박한 속성을 가지고 있다.

(아가 8:6) 너는 나를 인같이 마음에 품고 도장같이 팔에 두라 사랑은 죽음같이 강하고 투기는 음부같이 잔혹하며 불같이 일어나니 그 기세가 여호와의 불과 같으니라

신현주, 〈좌충우돌 예화〉 〈시시콜콜 예화〉, www.sbs66.net

[오늘의 말씀] 전도서, 아가 복습 → 먼저 성경 읽기, 단숨에...

〈전도서〉 인생의 허무와 인간의 본분 (1-12장)

1. 다윗의 아들 (   )왕 (   )의 말씀이라. - (1:   절)
2. 전도자가 1장 2절에서만 '헛되다'는 말을 몇 번 했는가? - (번)
3. (   )가 많으면 (   )도 많으니 지식을 더하는 자는 (   )을 더하느니라. - (1:   절)
4. 전도서 1장 9절과 이사야 43장 19절을 비교해 보세요(새 것, 새 일). -
5. 원하는 대로 다 한(2:1-8) 그 후에 본즉 모든 일과 수고는 다 어떻다고 했나?(2:9-11)
   -
6. 무엇도 하나님의 손에서 나는 것이라 하였나?(2:24) -
7. 맞게 이어진 것들은? - ① 3:17 - 렘 23:6, ② 3:18 - 시 49:12, ③ 3:20 - 창 3:19
8. 학대받는 자, 학대하는 자, 출생하지 않은 자 중에 누가 제일 낫다고 했나?(4:1-3) -
9. 어떤 소년이 왕보다 나은가?(4:13) -
10. (5: 절) 하나님께 서원하였거든 ~
11. (5: 절) 꿈이 많으면 ~
12. (5: 절) 은을 사랑하는 자는 ~
13. 재물과 부요와 존귀를 받았으나 다른 사람이 누리니 이것도 헛되다는 말씀. - (6:   절)
14. 헛된 것을 더하게 하는 많은 일도 사람에게 유익이 없다는 말씀. - (6:   절)
15. 지혜자의 마음과 우매자의 마음은 각각 어디에 있는가?(7:1-7) -
16. 하나님은 사람을 어떻게 지으셨으며, 반면에 사람이 낸 것은?(7:23-29) -
17. 사람의 (   )는 그 사람의 얼굴에 (   )가 나게 하나니(8:1).
18. 어떤 사람이 잘되는가?(8:12) -
19. 모든 산 자 중에 참예한 자가 (   )이 있음은 산 개가 죽은 사자보다 나음이니라(9:4).
20. 네게 주신 모든 (   )에 사랑하는 (   ) 살지어다(9:9).
21. 지혜는 성공하기에 유익하다는 것을 철 연장 날을 갈아야 한다는 비유의 말씀. - (10:   절)
22. 사람이 장래 일을 알지 못하여 신후사(身後死)를 알게 할 자가 없다는 말씀. - (10:   절)
23. (11: 절) 너는 네 식물을 ~
24. (11: 절) 네 청년의 날을 ~
25. 다음의 의미가 무엇인지 절대적이지는 않지만 해설을 참고하여 옮겨 적으세요(12장).
    1) 3절- 힘있는 자들이 구부러질 것이며 -
    2) 4절- 길거리 문들이 닫혀질 것이며 -
    3) 5절- 살구나무가 꽃이 필 것이며 -
26. 결국 "사람의 본분"이란 무엇인가?(12:9-14) -

통독	243
확인	

〈아가〉 사랑의 노래(신랑 신부, 하나님과 이스라엘, 그리스도와 교회) (1-8장)

1. 〈아가〉서의 해석법 두 가지는?(해설 참고)
   1) 문자적 - (   )의 사랑, 2) 풍유적 - (   )와 교회의 사랑
2. 〈아가〉서는 표면적으로 (   ) 왕과 (   ) 여인의 사랑의 묘사이다(1:1, 5, 3:7, 9, 11, 8:11-12, 6:13-14).
3. "솔로몬의 아가라"(1절)에서 '아가'는 무슨 뜻인가?(해설 참고) -
4. 신부가 일광에 쬐어서 거무스름하게 된 이유는?(1:5-7) -
5. 신부는 왜 병이 났는가?(2:5) -
6. 꽃 핀 포도원을 보호하기 위해서는?(2:15) -
7. 성중의 행순하는 자들을 만나서 묻기를 (   )를 너희가 보았느냐 하고 그들을 떠나자마자 (   )를 만나서 그를 붙잡고(3:3-4).
8. 시온의 여자들아 나와서 (   )을 보라 혼인날 마음이 기쁠 때에 그 모친의 씌운 (   )이 그 머리에 있구나(3:11).
9. 나의 (   ), 나의 (   )야 네가 내 (   )을 빼앗았구나 네 눈으로 (   )과 네 목의 (   )로 내 마음을 빼앗았구나(4:9).
10. 나의 누이, 나의 신부는 (   )이로구나(4:12-15).
11. 신부의 꿈에 신랑이 문을 두드리며 신부를 부른 호칭 4가지는?(5:2)
    1)   2)   3)   4)
12. 신랑이 문을 두드림은(5:2) 마치 주님이 "문 밖에 서서 두드린다" 는 것은 어느 교회를 향한 말씀을 연상할 수 있는가?(계 3:14-22) -
13. 신부는 왜 병이 났다고 했나?(5:8) -
14. 다음의 묘사가 4장과 6장 몇 절에 각각 나오는가?
    1) 머리털 (4:   , 6:   ),   2) 이 (4:   , 6:   ),   3)뺨 (4:   , 6:   )
15. 왕후가 (   )이요 비빈이 (   )이요 시녀가 (   )하되 나의 (   ), 나의 완전한 자는 (   )이로구나…왕후와 비빈들도 그를 (   )하는구나. - (6: - 절)
16. 돌아오고 돌아오라 (   ) 돌아오고 돌아오라. - (6:   절)
17. '술람미 여자'라는 표현이 6장 13-14절 외에 〈아가〉서에 또 나온다(   ), 나오지 않는다(   ).
18. 신부의 모습 중 유방에 대한 신랑의 3가지 표현은?(7:1-9)
    1)   2)   3)
19. "일찍 일어나서 포도원으로 가서…보자"라고 한 것은 무엇인가?(7:10-13)
    1)   2)   3)
20. 합환채(7:13)는 창세기 30장 14-18절에도 나온다. 라헬이 레아의 아들이 가져온 합환채를 받는 대신에 레아는 야곱과 (   )하여 아들을 낳았는데 그가 (   )이다.
21. (8:   절) 사랑은 죽음같이 ~
22. (8:   절) 사람이 그 온 가산을 다 주고 ~
23. (8:   절) 나의 사랑하는 자야 ~

〈시 감상〉

마른 탱자나무 - 수도원 일기

詩人 김 철 교

울타리에 심기었다가
밑둥 잘려 버려진 탱자나무
여기저기 차이며
가는 곳마다 가시로 찌르네

내 님 불길로 태우면
가시는
고운 재가 되어
부어주시는 햇빛과 비를 버무려
아름다운 꽃을 기르리니

하늘 가는 길가
풀꽃으로 피어
지나가는 모두에게
손을 흔들고 싶다

* 시인 김철교:
배재대학교 경영대학장
시인(월간 시문학으로 등단)
수필가(계간 창조문학으로 등단)
서울 강서구 방화동 영신교회 장로
한국기독상담심리치료학회 정회원
www.bridgekim.pe.kr

〈누가복음〉을 소개합니다

제목에 대한 해설

본서의 헬라어 제목은 '카타 루콘'으로, '누가에 의한' 이라는 뜻이며, 후대에 '유앙겔리온'(복음)이 첨가되어 〈누가에 의한 복음서〉 또는 〈누가복음〉으로 불렸다.

저작에 관하여

저자: 본서는 〈사도행전〉의 저자와 같은 대상인 데오빌로에게 보낸 것과 사도행전(행 1:1)에서 먼저 쓴 저작을 지적했다는 것과 두 책의 언어와 양식, 사상의 연관성이 있다. 그러나 그 저자가 '누가'라는 언급은 없다. 저자가 '누가'이며 그가 바울의 동역자요 의사였다 함은 무라토리 단편에 의한 것이다. 이른바 '사랑하는 의사 누가'(골 4:14, 딤후 4:9-12)를 뜻한다. 본문에서 의학적 언어에 익숙하다는 것이 입증한다. 누가가 '역사가'로 불리기도 하는 것은 1장 1-4절의 서언, 2장 1절과 3장 1-2절, 그리고 〈사도행전〉 전체를 고려하면 이러한 평가는 적절하다.

수신자: 데오빌로 각하에게 보내어 믿음의 교훈을 전해 주었을 뿐만 아니라 헬라 문화가 시배하던 당시의 세계에 보내진 것이다.

연대: 본서는 〈마가복음〉이 기록된 후에 기록되었다고 보아야 한다. 마가와 비교할 때 누가는 70년의 예루살렘 함락을 반영하고 있다(21:20, 24, 19:43-44). 〈사도행전〉의 저작 시기(90-100년) 이전이어야 하므로 약 80년경(70-90년 사이)으로 본다.

장소: 팔레스틴 밖이라는 데는 이견이 없으나 그 장소는 가이사랴, 아카이아, 데가볼리, 로마 등 여러 곳이 제시된다. 그 중에서 로마가 지지를 많이 받는다.

특징 및 기록 목적

1) 〈누가복음〉은 예수님의 생애에 관한 자료 중에 가장 완전한 것을 제공하고 있다. 그는 예수의 생애인 〈누가복음〉과 교회의 시작(기독교의 발단)에 대한 기록인 〈사도행전〉을 동일 인물에게 보내는 글로 기록했다(눅 1:1-3, 행 1:1-2).

2) 이방인(1:2, 데오빌로는 이방인)이 파악할 수 없거나 이해할 수 없는 것이라고는 하나도 없다.

3) 예수를 만민의 구주로, 그의 오심을 전 세계적인 사건으로 각각 보여 주고 있다.

시대적 배경

당시는 예수의 시대로부터는 꽤 떨어져 있는 시기이며 거짓 교사들의 출현에 대항하던, 그리고 거짓 그리스도교적 및 가짜 사도적 '비밀 전승들'에 대항하던 시대이다. 즉 그리스도인들이 기초하고 있는 그 전통을 보호하는 일이 긴급하게 요청되던 시기이다. 행 20:29-30, 딤전 1:3-7, 6:3-5, 20-21, 딤후 1:13-14, 4:3-5 같은 구절들을 보면 그리스도인들이 어떤 시대를 맞이하고 있었는지를 감지할 수 있다.

특기 사항

1) '복음'(유앙겔리온)이란 무엇인가?

'좋은 소식', '복된 소식'이라는 뜻이 있는데, 이는 하나님의 아들 예수 그리스도에 관한 기쁜 소식이 네 기자(마태, 마가, 누가, 요한)에 의해 기록되어 전해진 것이다. 신약에는 이 '복음'이란 말이 직접 기록되어 있지는 않으나 이것은 언제나 기쁜 소식으로서 많은 사람이 기록으로 남기려 했으나 실패하는 사람이 많았다(눅 1:1-4). 복음은 하나이지만 성령의 역사로 네 사람에 의하여 네 가지 방법으로 기록된 복음을 통하여 한 그리스도를 만나게 되는 것이다.

2) 누가복음은 보편적이다.

누가복음에서 모든 장벽은 무너지고 예수 그리스도는 차별 없이 만민을 위한 구주로서 소개된다. 〈누가복음〉에 나타난 예수님의 모습이다.

(1) 사마리아 사람에 대하여 닫혀 있지 않다(9:51-56, 10:30-37, 17:11-19).

(2) 유대인들이 멸시하는 이방인에 대해서 호의를 가진다(4:25-27, 7:9, 13:29).

(3) 가난한 사람들에 대하여 남다른 관심을 가진다(2:24, 7:22, 16:19-31).

(4) 죄인과 버림받은 자들의 친구이다(7:36-50, 18:9-14, 19:1-10, 23:43, 15:11-32).

누가복음

[오늘의 말씀] 누가복음 1장~3장 : 예수님의 탄생과 어린 시절 → 먼저 성경 읽기

(1장) 말씀의 목격자인 저자(누가)는 데오빌로 각하에게 이 글을 써서 보낸다. 천사가 사가랴에게는 '요한'을, 마리아에게는 '예수'의 수태고지(受胎告知)를 한다. 엘리사벳, 마리아, 사가랴의 찬양이 나온다.
(2장) 예수님이 베들레헴에서 탄생하시고 목자들에게 이 소식이 전해진다. 결례의 날에 시므온과 안나의 예언, 그리고 나사렛으로 돌아온 예수와 열두 살 때에 예루살렘에서의 일을 소개한다.
(3장) 세례 요한의 전도와 예수님의 족보가 소개된다.

[말씀 묵상]

1. 누가는 다른 사람이 쓴 그리스도의 이야기에 만족하지 않아서인지 "나도" 이 글을 쓴다고 하여 개인적인 발견을 강조하고 있다. 또한 "이는 각하로 그 배운 바의 확실함을 알게 하려 함이로라"(1:4)라고 했다. 이것이 누가복음의 목적이다. 그대가 하나님의 말씀을 배웠다면 확실하게 알고 있는가?
2. '마리아의 찬양'(1:46-55)은 사무엘상 2장 1-10절의 '한나의 찬송'과 흡사하다. 스탠리 존스(Stanley Jones)는 마니피캇(Magnificat)을 혁명적인 문서라 하였다. 세 가지 혁명을 말해 주고 있다. (1) 도덕적 혁명: "마음의 생각이 교만한 자들을 흩으셨고", (2) 사회적 혁명: "권세 있는 자를 그 위에서 내리치셨으며 비천한 자를 높이셨고", (3) 경제적 혁명: "주리는 자를 좋은 것으로 배불리셨으며 부자를 공수로 보내셨도다."

[깊은 연구]

1. 헤롯 대왕, 사가랴의 분향에 대하여 (눅 1:5-17)

1) 헤롯 대왕은 주전 37년부터 주전 4년까지 전 이스라엘을 통치했다. 〈헤롯은 통독 245일째 문제 아래의 "헤롯이라는 인물에 대하여"를 참고〉 여기서 '유대'란 팔레스틴 남부 지역이 아니라 나라 전체를 의미한다.

2) 아비야 반열의 사가랴 제사장은 24 제사장 반열 가운데 8번째다. 각 조는 일 년에 두 번씩 일주일 동안 성전 제의를 수행하기 위하여 예루살렘으로 올라갔다(대상 24:19, 대하 31:2). 분향 제물을 누가 바칠지는(출 30:7 참고) 제비뽑기로 정했다. 이러한 최고의 영예는 한 제사장에게 일생에 한두 번 돌아갔다. 사가랴가 분향하는 일을 맡아 성소에 들어갔으니 명예였고, 또한 아들에 대한 약속까지 받았으니 그가 요한이다(1:13).

■ 가브리엘 천사(우측)
마리아에게 수태를 알리는 가브리엘 천사(눅 1장)의 모습을 담은 동상이다. 나사렛의 수태고지(受胎告知)교회 뜰에 있다.

2. 누가복음은 '찬양의 복음' (눅 1-2장)

〈누가복음〉에서 하나님을 찬양하는 구절은 신약성경 가운데 나머지 복음서에서 나오는 횟수를 전부 합한 것보다도 더 자주 나타나 있다. 이 찬양은 교회가 그 전 세대를 통해서 노래한 세 가지 위대한 찬송, 즉 1) 마리아의 송가(1:46-55), 2) 사가랴의 송가(1:68-79), 3) 시므온의 송가(2:29-32)에서 절정에 이른다. 〈누가복음〉에는 마치 하늘의 광채가 지상의 사물에 닿는 것처럼 하나의 아름다운 광채가 깃들어 있다.

통독	244
확인	

공부 누가복음 1장~3장 : 예수님의 탄생과 어린 시절

1. 데오빌로 각하에게 이 글을 써서 보내는 이유는?(1:4) -
2. 태어날 아기 '요한'은 어떤 인물이라 했나?(1:8-17을 읽고 답은 15-16절에서) -
3. 수태의 소식을 전해 준 천사의 이름은 무엇이며, 그의 직무는?(1:19) -
4. 천사는 마리아가 수태하여 낳을 아들 '예수'에 대해 어떻게 말했나?(1:26-38을 읽고 답은 32-33절에서) -
5. 다음 노래(찬양)가 나온 절수와 말한 자는?(1:39-56, 67-80) {보기} 엘리사벳 / 마리아 / 사가랴
   1) (1: 절) 아이가 내 복중(腹中)에서 기쁨으로 뛰놀았도다. -
   2) (1: 절) 이제 후로는 만세에 나를 복이 있다 일컬으리로다. -
   3) (1: 절) 우리를 위하여 구원의 뿔을 그 종 다윗의 집에 일으키셨으니. -
6. 다음은 누구의 말이나 행동, 또는 설명인지 그 이름(또는 신분)을 쓰세요(2장).
   1) 천하로 다 호적하라. -
   2) 갈릴리 나사렛 동네에서...다윗의 동네로 그 정혼한 마리아와 함께 호적하러. -
   3) 해산할 날이 차서 맏아들을 낳아 강보로 싸서 구유에 뉘었으니. -
   4) 지극히 높은 곳에서는 하나님께 영광이요 땅에서는 기뻐하심을 입은 사람들 중에 평화로다. -
   5) 베들레헴까지 가서 주께서 우리에게 알리신바 이 이루어진 일을 보자. -
   6) 이 사람이 성전을 떠나지 아니하고 주야에 금식하며 기도함으로 섬기더니. -
   7) 내가 내 아버지 집에 있어야 될 줄을 알지 못하셨나이까. -
7. 다음 중 서로 관계있는 것끼리 줄로 연결하세요(3장).

1) 디베료 가이사	가) 유대 총독
2) 본디오 빌라도	나) 갈릴리의 분봉왕
3) 헤롯	다) 위(位: 황제) 15년
4) 빌립	라) 아빌레네의 분봉왕
5) 루사니아	마) 이두래와 드라고닛 지방 분봉왕
6) 요한	바) 회개의 세례를 전파
7) 선지자 이사야	사) 주의 길을 예비
8) 무리에게	아) 독사의 자식들아
9) 세리들에게	자) 강포하지 말라
10) 군병들에게	차) 성령과 불로 세례
11) 능력 많으신 이	카) 정한 세 외에는 늑징치 말라
12) 헤로디아의 일	타) 그 이상은 하나님
13) 예수께서 가르치심	파) 삼십 세쯤 되시니라
14) 그 이상은 아담	하) 요한을 옥에 가둠

[오늘의 말씀] 누가복음 4장~7장 : 제자들을 부르심 → 먼저 성경 읽기

(4장) 광야에서 시험받으신 후 갈릴리에서 전도하시는 예수님의 모습이 소개된다.
(5장) 예수님은 제자들을 부르셔서 열두 제자를 택하신다.
(6장) 예수님의 평지에서의 설교는 산상보훈(마 5-7장)을 연상시킨다.
(7장) 백부장의 종을 고치고, 과부의 아들을 살리고, 세례 요한에 대해 증거하시고, 죄 많은 여인을 용서한다.

[말씀 묵상]

1. "마귀가 모든 시험을 다 한 후에 얼마 동안 떠나니라"(눅 4:13) 하였다. 즉 예수님을 시험한 마귀는 '얼마 동안' 예수님을 떠나 있을 뿐이었다. 그래서 베드로의 신앙고백 때나(마 16:23), 예수님의 제자들 가운데 가룟 유다의 마음에도(요 13:2) 마귀가 들어갔다. 성도는 영적으로 깨어 있어야 한다.

[깊은 연구]

1. 예수님 시대의 여러 종파들

분파명	기 원	특 징	예수와 합치점	예수와 불일치점	관련 성경
바리새파 (Phariaee)	하시딤(Hasidim)이라 일컬어진 경건한 무리들로서 그 기원은 BC 2세기(마카베오 시대)경으로 추정됨(그 뿌리는 에스라 시대까지 연결됨)	* 율법과 유대 전통에 철저했던 자들 * 유대의 제종교 분파 가운데 주류 * 회당 문화에 지대한 영향력 행사	* 율법 존중 * 죽음에서의 부활을 믿음 * 하나님의 뜻에 철저히 복종	* 예수의 무흠과 메시아성을 믿지 않음 * 자신들의 유전과 전통을 파기한 자로 매도	마 5:20, 23:1-36 눅 6:2, 7:36-47
사두개파 (Sadducess)	하스모니아(Hoamonean) 시대(BC 166-163)로 추정. 그 명칭은 솔로몬 시대의 사독에게서 유래(삼하 8:17). AD 70년 예루살렘 멸망과 함께 사라짐	* 부유한 기득권층, 유대 제사장 계급을 독점 * 모세 오경만을 인정 * 성전 장사들에게서 금품 착취 * 바리새파와 함께 유대공회의 양대 세력	* 모세 오경과 성전 등을 광의적 측면에서 해석함	* 부활사상을 거부 * 성전을 상품 교환 및 장사의 장소로 사용하는 것을 용인함	마 3:7, 16:11,12 막 12:18
서기관 (Scribes)	바벨론 포로 당시 율법 연구 및 복사를 전문적으로 하는 무리들의 필요로 생겨남	* 전문적인 율법 해석자들 * 전통 고수 및 창출자들 * 바리새인들이 주축을 이룸	* 율법 존중 * 하나님께 철저히 순종함	* 율법을 재해석하신 예수의 권위 부정 * 전통을 부정했다는 이유로 예수의 메시아성 거부	마 7:29 막 2:6,16
헤롯당 (Herodian)	헤롯 왕조의 출현 때에 점차 세력화된 무리들로서 특히 헤롯 안디바 시절에 그 위세를 떨침	* 헤롯 왕의 적극 지지자들로서 정치적 세력을 형성한 편당	* 거의 전무 * 복음서 내에서는 대부분 그들의 예수 살해 의도만 묘사함	* 예수를 정치적 견제 세력으로 간주 * 로마로부터 자신들의 실추된 세력을 회복하려는 큰 야망의 거침돌로서 예수를 적대시함	마 22:16 막 3:6, 12:13
열심당 (Zealots)	헤롯 대왕 당시(BC 6년경)에 조직되어 AD 73년 마사다(Massada) 항전 때까지 존속	* 이스라엘 내의 로마 통치를 몰아내고자 결성된 극단적인 민족주의자들	* 메시아 존재는 믿었으나 예수가 하나님께로부터 보냄을 받은 바로 그 분임을 부인함	* 로마 압제로부터 이스라엘을 회복할 위대한 지도자라는 정치적 메시아상을 고집	마 10:4 눅 6:15 행 1:13
엣세네파 (Essenes)	원래는 하시딤 곧 바리새파에 속했다가 분리된 것으로 추정(마카베오상 2:42, 7:13). 경건을 추구하는 무리로서 마카베오 시대(BC 165-155) 때 수리아 왕조에 대항해 은둔과 세속 분리를 목적으로 조직	* 금욕적이고 분리주의적인 유대 종파 * 개인적 경건 훈련 및 각종 정결 예식 강조	* 공의와 정직과 선행 및 공동체 생활을 추구함	* 엄격한 규율에 따라 수행하며 정결 예식을 최상의 의(義)로 간주	

통독	245
확인	

공부 누가복음 4장~7장 : 제자들을 부르심

1. 다음 각 단락의 제목으로 적합한 것을 보기에서 골라 쓰세요(4장). {보기} 다른 동네에서도 전도 / 귀신들린 사람 고침 / 갈릴리 전도 / 나사렛에서의 배척 / 마귀의 시험 / 각색 병자 고침
   1) 1-13절 - 2) 14-15절 - 3) 16-30절 -
   4) 31-37절 - 5) 38-41절 - 6) 42-44절 -
2. 1) (5: 절) 깊은 데로 가서 그물을 내려 ( )를 잡으라. - (예수님이 → 에게)
   2) (5: 절) 내가...( )을 불러 회개시키러 왔노라. - (→ 에게)
   3) (5: 절) 새 포도주는 ( )에 넣어야 할 것이니라. - (→ 에게)
3. '하지 못할 일'이나, '병 고치는가 엿보는 것'은 무슨 날에 대한 논쟁인가?(6:1-11) -
4. 열두 제자의 이름을 쓰세요(6:12-16). -
5. 다음의 평지복음(6:17-49)이 산상보훈(마 5-7장)의 어느 절과 같은지(유사한지) 절수를 쓰세요.
   1) (6: 절) 가난한 자는 복이 있나니 하나님의 나라가 너희 것임이요(마 5:1-12 / 절).
   2) (6: 절) 남에게 대접을 받고자 하는 대로 너희도 남을 대접하라(마 7:1-12 / 절).
   3) (6: 절) 형제의 눈 속에 있는 티는 보고 네 눈 속에 있는 들보는 깨닫지 못하느냐(마 7:1-6 / 절).
6. "이스라엘 중에서도 이만한 믿음은 만나보지 못하였노라"는 누구를 가리켜 하신 말씀인가?(7:9) -
7. 예수님께서 죽었던 과부의 아들 청년을 살리신 후에 사람들의 반응은?(7:16) -
8. 요한의 제자들의 "오실 그이(메시아)가 당신이오니이까"에 대한 예수님의 대답은?(7:22) -
9. 죄인인 한 여자가 예수님께 한 헌신은?(7:37-39) -

▲▼△▽ -----《헤롯이라는 인물에 대하여(눅 1:5)》----- ▽△▼▲

"유대 왕 헤롯 때에"(1:15)에서 '헤롯'은 누구며 여러 곳에 등장하는 또 다른 헤롯들은 누구인지 《독일성서공회판 성경전서》에 나온 '헤롯'에 대한 해설을 요약 인용한다. 책들마다 연대의 차이가 있으므로 주를 달아 설명을 보완한다.

1. **헤롯 1세**는 주전 37-4년 팔레스틴을 다스리던 로마의 봉신 군주였다. 헤롯 1세가 통치할 때에 예수님께서 탄생하셨다. * 주: 그때를 주전 4년으로 통상 계산했으나 현대에는 주전 7년으로 보기도 한다.
2. **헤롯 안디바(안티파스)**는 헤롯 1세의 아들로 주전 4년부터 주후 39년까지 갈릴리와 베레아만 다스렸다. 분봉왕(4분의 1 군주)이라는 칭호가 그에게 붙었지만(마 14:1, 눅 3:19, 행 13:1), 백성에게는 '왕'으로 통했다(막 6:14, 22, 25-27, 요 4:46). 헤롯 안디바는 세례 요한을 처형했다(막 6:14-29).
3. **헤롯 아켈라오**는 헤롯 1세의 아들로 주전 4년부터 주후 6년 유대와 사마리아와 이두매를 다스렸다(마 2:22). 후에 로마 총독의 관할 아래 들어갔다. * 주: '이두매'는 남쪽에 있으며 '이두래'는 북쪽으로 빌립이 다스렸다. 서로 다른 지역이다.
4. **아그립바 1세**는 헤롯 1세의 손자로, 짧은 기간(주후 41-44년) 안에 조부가 다스렸던 전 지역을 자기의 통치권에 통합했기에 그냥 '헤롯'이라 불렸다. 그는 요한의 형제인 사도 야고보를 처형했다(행 12:1-23). * 주: 아그립바의 통치 연대를 주후 37년부터로 계산하는 것은 34년 빌립이 죽고 3년 뒤인 37년에 그 영토가 아그립바 1세에게 넘어 온 것을 기점으로 하기 때문이며 실제 왕으로 군림한 것은 41년부터다.
5. **아그립바 2세**는 아그립바 1세의 아들이고 베니게와 드루실라의 남자 형제인데 팔레스틴 북쪽에 작은 영토를 다스렸다(주후 50-94년). 아그립바 2세는 예루살렘 성전 일에 관한 한 로마 사람들이 신뢰하던 인물이었고 총독 벨릭스의 처남이었으므로(행 24:24) 베스도는 죄수 바울을 아그립바 2세 앞에 끌고 나오게 한다(행 25:13-26:32). * 주: 통치연대를 53년까지로 보는 경우는 칼키스에 대한 통치를 포기한 것을 말하며, 그 대신 분봉왕 빌립이 지배하던 더욱 큰 부분을 할당받았다. 61년경에는 로마 황제가 베레아와 갈릴리를 첨가시켜 주어 오랜 동안(94년) 통치했으므로 연대의 차이가 있다.

[오늘의 말씀] 누가복음 8장~11장 : 제자들을 파송함 → 먼저 성경 읽기

(8장) 비유의 말씀과 군대 귀신을 쫓아내고 야이로의 딸과 혈루증 여인에게 기적이 나타난다.
(9장) 예수님은 제자들을 파송하시며, 오병이어의 기적과 첫 번째 수난 예고와 각종 이적을 행하신다.
(10장) 예수님은 칠십 인을 파송하신다. 선한 사마리아인의 비유로 말씀하신다(누가복음에만 나온다).
(11장) 제자들에게 기도를 가르치시고, 바알세불 논쟁 등 반대자들과 바리새인들을 책망하신다.

[말씀 묵상]

1. 막달라 마리아, 요안나, 수산나, 다른 여자가 함께하여 "자기들의 소유로 저희를 섬기더라"(8:1-3). 섬김이란 남의 것으로 하는 것이 아니라 자기의 것으로 섬기는 것이며 갚아 주신다(빌 4:16-19).
2. 귀신이 사람에게서 나왔다가 일곱 귀신을 데리고 다시 들어가 거하니 그 사람의 나중 형편이 전보다 더 심하게 되었다(11:24-26). "소제되고 수리"되었으나 예수로 채워지지 않았기에 다시 귀신의 거처가 되었다. 구원받은 사람이 죄를 버리고 많은 시간이 생겨도 할 일이 없어지면 죄를 추억한다.
3. "이것도 행하고 저것도 버리지 말아야 할지니라"(11:42). 즉 십일조도 하고 공의와 사랑도 해야 함을 가르치신다. 온전한 십일조를 실천하는가? 공의를 행하는가? 하나님을 사랑하는가?

[깊은 연구]

1. 〈누가복음〉은 '기도의 복음'

〈누가복음〉은 예수님께서 중요한 시점에서 기도에 임하시는 것을 기록한다. 세례 받으실 때(3:21), 바리새인과의 충돌을 앞두고(5:16), 열두 사도를 택하시기 전(6:12), 죽음에 대하여 최초의 예고를 하시기에 앞서(9:18), 변화산에서(9:29), 베드로가 받을 시험을 위하여(22:32), 십자가상에서(23:34, 46) 기도하신다. 또한 한밤중에 찾아온 친구의 비유(11:5-13), 불의한 재판관의 비유(18:1-8)는 누가에만 나온다.

2. 선한 사마리아인의 비유 (눅 10:25-37)

예루살렘(해발 700m)에서 여리고(해면보다 400m 낮다)로 가는 길은 위험하다. 이 길은 1,000m 이상의 낙차가 있다. 길은 험하고 기습하기 좋은 조건으로 강도들이 출몰했다. 본문의 등장인물들을 살펴보자.

1) 여행자 - 위험한 길을 혼자 가는 무모함을 통하여 고통을 당했다. 자신의 조난을 자책할 수밖에 없다.

2) 제사장 - 급히 지나쳤다. 죽은 사람(그렇게 생각)을 만지는 자는 칠일 동안 부정하므로(민 19:11) 피하였고 성전 제사를 집례하지 못한다는 것이 두려웠다. 사랑의 요구보다 의식(儀式)의 요구가 중요했다.

3) 레위 사람 - 역시 피하여 지나갔다. 조금 더 접근한 것 같으나 위험을 무릅쓰지는 않았다. 가끔 강도 중에 한 사람이 자해를 하고 있다가 도움을 주려는 사람이 다가오면 강도짓을 하는 경우도 있었다.

4) 사마리아 사람 - 예수님의 말씀을 듣던 사람들은 사마리아 사람의 등장에 악당이 나타났다고 생각했겠으나 그는 선한 사람이며 행상으로 추측된다. 그러기에 강도 만난 자에게 실제적인 도움을 주었다.

이웃은 '실제적인 도움을 주는 자'다. 유대인들은 같은 '유대인만이 이웃'이라는 생각을 했으나 예수님의 혁명적인 생각은 어리석은 자에게도 자비를 베푸는 것이며, "가서 너도 이와 같이 하라" 하신다.

통독	246
확인	

공부 누가복음 8장~11장 : 제자들을 파송함

1. 예수님의 복음 전파에 함께하여 '자기들의 소유로' 섬겼던 여인들은?(8:1-3) -
2. 씨가 좋은 땅에 있다는 것은 무엇을 말하나?(8:4-15을 읽고 답은 15절에서) -
3. 예수님이 말씀하는 모친과 동생들은?(8:19-21) -
4. 귀신 나간 사람에게 예수님이 하신 말씀은?(8:38-39) -
5. 열두 해를 혈루증을 앓던 여인이 어떻게 병이 나았나?(8:44) -
6. (9: 절) 하나님의 나라를 ( )하며 앓는 자를 ( ) 하려고 내어 보내시며.
7. (9: 절) 예수께서 떡 ( ) 개와 물고기 ( ) 마리를 가지사 하늘을 우러러 ( )하시고.
8. (9: 절) 너희는 나를 누구라 하느냐 베드로가 대답하여 가로되 ( )시니이다 하니.
9. (9: 절) 인자가 많은 ( )을 받고...버린 바 되어 ( )을 당하고 제 삼일에 ( ) 하리라.
10. 전도자가 어느 집에 들어가든지 먼저 할 말은?(10:5) -
11. 율법사의 대답(하나님 사랑, 이웃 사랑)에 대하여 예수님은 무엇이라 하셨나?(10:25-28) -
12. 제사장, 레위인, 사마리아인 중에서 강도 만난 자의 이웃은?(10:29-37) -
13. 마리아가 택한 '좋은 편'이란 무엇인가?(10:38-42) -
14. 이렇게 하라 ( ) 이름이 거룩히 여김을 받으시오며 ( )이 임하옵시며(11:2).
15. 내가 만일 ( )을 힘입어 귀신을 쫓아내는 것이면 ( )가 이미 너희에게 임하였느니라(11:20).
16. 박하와 운향과 모든 채소의 ( )를 드리되 ( )와 하나님께 대한 ( )은 버리는도다(11:42).
17. ...흘린 모든 ( )를 이 세대가 담당하되 곧 ( )의 피로부터...( )의 피까지(11:50-51).

▲▼△▽ -----≪물 한 잔에 만 배의 축복≫----- ▽△▼▲

하천 부지에 터를 잡고 무허가 집에서 사는 이한라 집사네는 전화마저 없어서 미리 연락을 못 하고 심방을 갔다. 어렵게 사는 것이야 다들 알지만 예배 후에 실제 아무것도 대접할 것이 없다며 시원한 물 한 잔씩을 대접했다. 송구스러워하는 집사님을 위로도 할 겸 목사는 하나님께서 그 가정에 '만 배의 복을 내려달라'고 축복했더니 '아멘'으로 응답했다.

그 해 여름 장마 때, 목사가 물 한 잔에 '만 배'의 축복을 기도한 대로 물이 넘치고 넘쳐 그만 집이 떠내려가고 말았다. 목사는 안타까움에 여러 방면으로 알아보아 구호품도 얻어주고 보조금도 받게 했다. 교회에서도 구제 헌금을 했고 교우들이 서로 협력하여 자그마한 집을 건축하게 되었다. 교우들이 살림살이 한 가지씩을 마련해 주게 되자 형편이 전보다 훨씬 좋아졌고 모두들 감동했다. "물 한 잔에 목사님의 만 배의 축복기도가 그대로 이루어졌습니다."

♧ ♧ ♧

목사의 기도가 이렇게 좋은 결과만 얻는다면 얼마나 좋겠나? 산불이 민가로 내려와 피해를 본 교회를 위해 언론사에 연결해 주었더니 한 달여 만에 피해 입은 교회의 목사님이 찾아왔다. 수천만 원이 모금되었다는 소식과 함께 구호미로 받은 것이라며 쌀 한 포대로 고마움을 표했다. 주의 사역자들의 일이 이처럼 좋은 결과를 얻어야 한다. 예수님은 어느 집에 가든지 평안을 빌라고 했다.

(누가복음 10:5-6) 어느 집에 들어가든지 먼저 말하되 이 집이 평안할지어다 하라 만일 평안을 받을 사람이 거기 있으면 너희 빈 평안이 그에게 머물 것이요 그렇지 않으면 너희에게로 돌아오리라

신현주, 〈좌충우돌 예화〉 〈시시콜콜 예화〉, www.sbs66.net

[오늘의 말씀] 누가복음 12장~15장 : 예수님의 비유 → 먼저 성경 읽기

(12장) 어리석은 부자의 비유. 먹고 입는 것보다 더 중요한 것이 무엇인지와 종말에 대해 말씀하신다.
(13장) 천국의 비유와 예루살렘의 멸망에 대해 예고하신다.
(14장) 잔치에 청함을 받은 자가 오지 않으므로 강권하여 채우는 비유를 통하여 이방인의 구원을 보여 준다.
(15장) 잃었다 찾은 기쁨에 관한 세 편의 가장 아름다운 이야기는 감동적이다.

[말씀 묵상]

1. 누가복음 15장에는 다른 복음서에는 없는 **'잃었다 찾은 기쁨' 세 가지(양, 은전, 아들)**의 아름다운 이야기가 기록되어 있다. 잃었다 찾은 기쁨은 잔치로 이어졌다. 우리가 한 영혼을 구원하는 일에 동참하며 이러한 기쁨을 누리는 것은 사명이며 동시에 복이다. 양 한 마리를 찾으려고 많은 사람이 동원되고, 찾은 후에는 잔치를 하므로 더 여러 마리의 양을 잡았을 것이다. 하나를 찾으려고 더 많은 것을 희생하는 것은 하나님의 사랑의 원리이다.

[깊은 연구]

1. 예루살렘의 멸망 예고에 대하여 (눅 13:34-35)

예루살렘은 이스라엘 역사에 있어서 영욕을 함께한 곳이다. 예수님은 예루살렘을 보시며 **"예루살렘아 예루살렘아 선지자들을 죽이고 네게 파송된 자들을 돌로 치는 자여"**(13:34) 하며 유대인의 역사적인 죄들을 지적하셨다. 히브리 사회에 있어서 돌로 쳐 죽이는 형벌은 다음과 같다.

1) 우상 숭배, 일월성신(日月星辰)을 섬길 때에(신 17:2-17)
2) 우상을 섬기도록 유혹하는 행위(신 13:6-11)
3) 신성모독(레 24:14-23, 왕상 21:10-15)
4) 몰렉에게 자식을 바치는 일(레 20:2-5)
5) 신접하거나 박수가 된 때(레 20:27)
6) 안식일을 범할 때(민 15:32-36)
7) 간음 행위(신 22:21-24)
8) 부모에게 복종치 않는 아들(신 21:18-21)
9) 하나님께서 금하신 물건을 속여 탈취하였을 때(수 7:25)
10) 소가 사람을 죽였을 때(출 21:28-32)

■ 예루살렘이 내려다보이는 눈물교회
예수께서 우시며 예루살렘의 멸망을 내다보며 기도한 곳에 세워진 감람산의 눈물교회로서 지붕이 눈물 모습이다(눅 13:34).

사형은 성 밖에서 행해졌고 두 명 이상의 증인이 필요했다(신 17:6). 돌로 쳐 죽이는 행위는 가장 저주받은 형벌이며, 회중이 참가하는 공개 처형법이다. 그런데 이러한 형을 선지자들과 복음 전도자들에게 집행하였으므로 예루살렘이 진리를 대적하였던 것이며, 그래서 예수님은 예루살렘의 멸망을 예고하셨다.

공부 누가복음 12장~15장 : 예수님의 비유

1. 바리새인들의 누룩 곧 (외식, 숨은 것)을 주의하라(12:1-3). 〈( ) 안에서 틀린 것 =, 1-4문〉
2. 성령을 모독하는 자는 사하심을 (받지 못하리라, 받으리라)(12:8-10).
3. 오늘밤에 네 (영혼, 재물)을 도로 찾으리니 그러면 네 예비한 것이 뉘 것이 되겠느냐?(12:13-21)
4. 너희도 (예배, 예비)하고 있으라. 생각지 않은 때에 (인자, 임자)가 오리라 하시니라(12:35-40).
5. (13:8) 주인이여 ~
6. (13:16) 십팔 년 동안 ~
7. (13:34) 예루살렘아 ~
8. 예수님은 어떤 일에 대한 정당성을 말씀하시기 위해 우물에 빠진 예를 들었나?(14:1-6) -
9. 잔치를 배설하거든 차라리 약자를 청하면 그 결과는?(14:12-14) -
10. 잔치에 청한 자들이 오지 않았을 때 주인의 명령은?(14:23) -
11. 제자가 되지 못하는 두 가지 예는?(14:27, 33) -
12. 다음 제목에 해당되는 본문을 나눠 보세요. 그리고 해당 성구에 나온 말씀에 줄로 연결하세요(15장).

1) 잃었다 찾은 **양**(- 절)	가) 아버지여 내가 하늘과 아버지께 죄를 얻었사오니
2) 잃었다 찾은 **은전**(- 절)	나) 나와 함께 즐기자 잃은 드라크마를 찾았노라
3) 잃었다 찾은 **아들**(- 절)	다) 그 중에 하나를 잃으면…찾도록 찾아다니지 아니하느냐
*한 곳에 두 번호가 연결되기도 함	라) 내 아들은 죽었다가 다시 살아났으며 내가 잃었다가 다시 얻었노라

▲▼△▽ -----≪큰 소리는 세계 어디서나 통한다≫----- ▽△▼▲

목사 50여 명이 필리핀으로 선교지 방문 겸 관광을 갔다. 여행사를 통하지 않고 필리핀 현지 목사님과 선교단체를 통하여 직접 항공권과 호텔 예약, 식당 예약 등을 하므로 많은 경비가 절감되었다.

문제는 필리핀에 도착하여 첫날 저녁 예약된 호텔에서부터였다. 당시 필리핀에는 대선(大選)이 한창이었고, 마닐라의 예약된 호텔에는 선거운동원들이 북적거렸다. 호텔 측은 정치적인 힘에 어쩔 수 없었다며 양해를 구했고, 반 정도의 인원은 인근의 호텔로 연계해 드리겠다고 했다. 일행을 둘로 나눌 수도 없고 또 나머지 인원들은 어떻게 할 것인가?

미국서 오랜 세월 공부를 하고 목회를 한 온화한 성품의 목회자가 유창한 영어로 1시간 이상 이야기를 했으나 대책이 나오지 않았고, 영어 잘하는 또 다른 목사님도 소용이 없었다. 기다리다 지친 촌 목사님 한 분이 '생긴 그대로' 한국말로 소리를 지르며 프론트를 치고 난리를 폈다. 20분도 안 되어 일행을 나누지 않고 들어갈 객실이 준비되었다. 짠~~

♧ ♧ ♧

실제 경험의 산물로서, 호통은 세계적인 해결법이 된다. 아무리 논리적으로 설득력 있게 말해도 전혀 먹히지 않던 일이 큰 소리로 해결되는 수가 많으니 큰 소리를 치게 만드는 게 세상이다. 그럼에도 필자 같은 사람은 큰 소리보다 글로써 문제를 해결한 경우들도 있지만, 글은 말처럼 상황을 따라 하지 못하고 일방적일 수 있는 한계가 있다. 예수님은 큰 소리보다 낮은 자세를 주문하신다.

(누가복음 13:24) 좁은 문으로 들어가기를 힘쓰라 내가 너희에게 이르노니 들어가기를 구하여도 못하는 자가 많으리라

신현주, 〈좌충우돌 예화〉 〈시시콜콜 예화〉, www.sbs66.net

[오늘의 말씀] 누가복음 16장~18장 : 예수님의 교훈들 → 먼저 성경 읽기

(16장) 불의한 청지기 비유, 부자와 나사로의 비유를 통하여 바른 물질관을 가르치신다.
(17장) 끝없는 용서에 대해 가르치시고, 인자의 날에 대해 예고하신다.
(18장) 그리고 비유를 통한 기도에 대한 가르침, 세 번째 수난 예고를 말씀하신다.

[말씀 묵상]

1. "하나님의 나라는 너희 안에 있느니라"(17:21) 하셨다. 여기서 '너희 안'의 의미는, 1) 이 말씀을 하시는 예수님께서 사람들 가운데(among) 계시므로 그 자체가 하나님의 나라이다, 2) 말씀을 듣는 너희 자신 안에(within), 즉 주님으로 인한 내부의 인간 혁명을 말한다.
2. 감사하는 마음은 아름답고 그 자체가 더 큰 복으로 이어진다. 열 명의 나병 환자(문둥이)가 고침을 받았으나 "그 중에 하나가...예수의 발아래 엎드리어 사례하니 저는 사마리아인이라"(17:15-16). 그런데 유대인들에게 천대를 받던 이 사람에게 예수님께서 "일어나 가라 네 믿음이 너를 구원하였느니라"(17:19) 하셨다. 육신과 함께 영혼의 구원을 얻는 것이 진정한 복음이다.

[깊은 연구]

1. 부자와 나사로 비유 분석 (눅 16:19-31)

이 비유는 직접적인 표현보다 상황을 통해 말하므로 한 마디의 단어에도 신중을 기해야 한다. 그렇지 않으면 추측으로 해석을 해서 부자는 하나님을 안 믿었고, 거지 나사로는 가난했으나 하나님을 믿고 소망을 가졌다는 본문에도 없는 말을 덧붙여 자의적인 해석을 하는 오류를 범하기 쉽다.

1) 부자(디베스) - 고가의 자색 옷과 고운 베옷을 입었고(극도의 사치였다), 날마다(육 일 동안 일하고 칠 일째 되는 날에는 안식일을 지켜야 했음에도), 연락(宴樂, 이국적이고 값진 요리로 흥청거렸다)을 하였다. 고대에 음식은 손으로 먹었는데, 부유층은 두껍게 썬 빵 덩어리에 손을 닦아 버렸기에 나사로는 이것을 기다렸다.

2) 나사로(뜻: 하나님은 나의 도우심) - 거지이며 부자의 상에서 떨어지는 부스러기(손을 닦은 빵 덩어리 같은)로 연명했으며, 몸의 헌데를 핥는 들개를 쫓을 힘도 없었다.

3) 죽은 후 - 죽어 거지는 아브라함의 품에, 부자는 음부(지옥)에서 고통 중에 있었다. 부자의 죄는 무엇인가? 나사로를 자기 집에서 나가라고도 하지 않았고 빵을 주워 먹지 못하게 하지도 않았다. 의도적으로 나사로를 학대하지 않았으나 단지 부자는 나사로가 고통과 굶주림에 시달리고 있어도 자연스럽고 당연한 것으로 여겼지 그에게 관심을 갖고 그를 위한 조치를 취하지 않았다. 즉 부자는 나쁜 짓을 한 것 때문이 아니라 **약자를 향해 아무것도 행치 않은 죄**가 있는 것이다.

■ 부자와 나사로(눅 16:19-31)
부자와 나사로는 현세와 내세에서 서로 반대의 경험을 하게 된다. 사진은 구스타브 도레(1832-1883)의 판화이다.

통독	248
확인	

공부 누가복음 16장~18장 : 예수님의 교훈들

1. 주인이 청지기에게 "사무를 계속하지 못하리라" 한 것은 주인의 소유를 (허비, 셈)했기 때문(16:1-8).
2. 율법과 선지자는 요한 때까지요 그 후부터는 하나님 나라의 (복음, 율법)이 전파되어(16:16-18).
3. "손가락 끝에 물을 찍어 내 혀를 서늘하게 하소서"는 (부자, 나사로)의 말이다(16:19-31).
4. "죽은 자 가운데서 살아나는 자가 있을지라도 (권함, 진실)을 받지 아니하리라(16:19-31).
5. 용서는 어느 정도까지 해야 하나?(17:1-4) -
6. "겨자씨 한 알 만한 믿음"은 사도들이 무엇을 요구했을 때에 하신 말씀인가?(17:5-6) -
7. 종의 자세는 명령을 다 행한 후에도 어떻게 말하는 것인가?(17:7-10) -
8. 깨끗함을 받은 열 명의 나병 환자(문둥이) 중에 예수께 사례한 자는 누구인가?(17:11-19) -
9. 하나님 나라는 어디에 있다고 하였나?(17:20-21) -
10. 그날에 두 사람이 각각 어떻게 되는가?(17:34-37) -
11. 다음 말이나 행동은 누가 한 것인지 이름이나 신분을 쓰세요(18장).
    1) (절) 내 원수에 대한 나의 원한을 풀어 주소서. -
    2) (절) 하나님이여 불쌍히 여기소서 나는 죄인이로소이다. -
    3) (절) 하나님의 나라를 어린아이와 같이 받들지 않는 자는 결단코 들어가지 못하리라. -
    4) (절) 선한 선생님이여 내가 무엇을 하여야 영생을 얻으리이까. -
    5) (절) 우리가 예루살렘에 올라가노니...인자가 이방인들에게 넘기워 희롱을 받고. -
    6) (절) 더욱 심히 소리 질러 다윗의 자손이여 나를 불쌍히 여기소서. -

▲▼△▽ -----《영혼을 사랑하는 판사의 눈물》----- ▽△▼▲

남편과 이혼하고 자식들과도 소식이 끊긴 채 여자로서는 고된 버스 운전을 하며 살던 50대 중반의 B씨. 운행 도중 횡단보도를 건너던 할머니를 치어 식물인간이 되게 하는 사고를 낸 그녀는 법정에 설 때마다 눈물을 쏟아냈다. 버스 운전으로 생계를 이어가던 그녀에게는 용서를 대신 빌어 줄 사람도, 곁을 지켜 줄 이도 없었다. 할머니에 대한 죄책감과 선고될 형에 대한 두려움으로 난생 처음 수갑을 차고 법정에 선 그녀는 울고 또 울었다.

차OO 판사는 눈물을 흘리는 그녀를 위해, 식물인간이 된 할머니를 위해 기도했다. '법정에는 불우하고 버림받은 흉터 투성이의 삶이 있다. 죄를 짓고 용서를 구하는 피고인들, 그러나 용서받지 못하는 그들, 그리고 용서하지 못하는 피해자들과 가족들이 있다'고 말한다. 차 판사는 '판결 선고로 상처 입은 그들의 영혼을 위해 기도하는 일이 내가 판사의 길을 걸어가며 짊어져야 할 십자가'라고 한다.

♧ ♧ ♧

기도하는 판사는 세상의 법률만이 아닌 사랑의 마음으로 영혼을 아끼는 마음으로 판결을 하므로 그 진지성은 더하기 마련이다. 문제는 감성적이 되어서 진실을 호도할 수도 있기에 피의자에게 속지 말아야 할 것이며 정의가 함께 세워져야 하는 것이다. 공지영의 소설 《우리들의 행복한 시간》에 나오는 '김세중 판사'처럼 정당한 판결과 인간을 사랑하는 마음이 필요하다.

(누가복음 18:6-7) 주께서 또 가라사대 불의한 재판관의 말한 것을 들으라 하물며 하나님께서 그 밤낮 부르짖는 택하신 자들의 원한을 풀어 주지 아니하시겠느냐 저희에게 오래 참으시겠느냐

신현주, 〈좌충우돌 예화〉 〈시시콜콜 예화〉, www.sbs66.net

[오늘의 말씀] 누가복음 19장~21장 : 예루살렘에서의 가르침 → 먼저 성경 읽기

(19장) 나귀 새끼를 타고 예루살렘 성에 입성하신 후 성전을 청결케 하신다.
(20장) 예루살렘에 입성(19:28-40)하신 예수님 앞에 마지막 한 주간의 숨막히는 사건들이 전개된다.
(21장) 예루살렘 성전 파멸과 재난에 대해 예언하신다.

[말씀 묵상]

1. 예수님은 가난한 과부가 두 렙돈을 헌금하는 것을 보시고 "이 가난한 과부가 모든 사람보다 많이 넣었도다"(21:3)라고 칭찬하셨다. 구차한 중에서 전부를 넣었기 때문이다. 헌금은 할 수 있는 최선을 다하는 것이다. 부유한 중직자가 헌금 액수는 많으나 온전한 십일조를 드리지 못하나, 가난하고 병든 자가 문병 온 분들의 위로금에서 온전한 십일조를 드리는 경우가 있음을 본다.
2. 예수님의 경계에도 불구하고 이단자들의 미혹에 넘어가는 성도들은 계속 있어 왔다. "내 이름으로 와서 이르되 '내가 그로라' 하며 '때가 가까왔다' 하겠으나 저희를 좇지 말라"(21:8)고 하셨다. 이처럼 거짓 예수들, 거짓 때에 대한 가르침이 주종을 이루는 거짓 형태들이다. 그래서 '주의하라' 하셨다.

[깊은 연구]

1. 열 므나 비유의 역사적 배경 (눅 19:11-27)

이 비유는 실제의 역사적 사건에 근거한 것이다. 어떤 왕이 왕위를 받으러 떠나고 그 적대자들은 그가 왕위를 받지 못하도록 저지하기 위해서 전력을 다했다고 하는 이야기다. 〈헤롯 대왕이 주전 4년에 죽었을 때에 자기 왕국을 헤롯 안티파스와 헤롯 빌립, 아켈라오에게 분할해 주었다. 그 분할을 성립시키는 데는 팔레스틴의 대군주인 로마 정부에 의한 인준이 필요하였다. 유대 지방을 분할받은 아켈라오는 유산의 영토에 들어가는 허가를 황제 아우구스투스에게 청원하기 위해서 로마에 갔다. 이때에 유대인들은 그가 왕이 되는 것을 원치 않음을 알리기 위해서 로마로 50명의 사절단을 보냈다. 사실상 아우구스투스는 그에게 실제적인 왕의 칭호는 주지 아니하고 그의 유산은 인정해 주었다.〉 유대에 사는 사람은 누구나 이 비유를 들으면 역사적 사정을 상기했을 것이다.

2. 〈누가복음〉에 나타난 예언의 성취

① 동정녀 탄생(사 7:14 → 눅 1:26-35), ② 탄생의 시각(단 9:25 → 눅 2:1-7), ③ 베들레헴 탄생(미 5:2 → 눅 2:4-7), ④ 여자의 후손(창 3:15 → 눅 2:5-7), ⑤ 성격(사 11:2-5 → 4:18), ⑥ 유다 지파의 후손(창 49:10 → 눅 3:33), ⑦ 아브라함에게 약속된 자손(창 12:3, 18:18 → 눅 3:34), ⑧ 야곱에게 약속된 자손(창 28:14, 민 24:17 → 눅 3:34), ⑨ 유대인의 배척(시 2:2, 사 53:3 → 눅 4:29), ⑩ 죄인들과 함께 못 박힘(사 53:12 → 눅 23:33), ⑪ 원수를 위해 기도함(시 109:4, 사 53:12 → 눅 23:34), ⑫ 부활(시 16:10 → 눅 24:36-38), ⑬ 승천(시 68:18 → 눅 24:50-51)

■ 십자가에 달리신 예수님
예수님의 십자가 현장에는 여인들도 함께했다(눅 23:27). 〈바티칸의 사도박물관 소장 성경 삽화, 1492- 1503〉

공부 누가복음 19장~21장 : 예루살렘에서의 가르침

1. 삭개오의 결단을 나타내는 말씀은?(19:8) -
2. 인자(예수님)의 온 것은?(19:10) -
3. 은 한 므나를 그대로 가져온 것을 빼앗아 열 므나 가진 자에게 주며 하는 말은?(19:26) -
4. 그 임자들이 "어찌하여 나귀 새끼를 푸느냐" 한 것에 대한 제자들의 대답은?(19:34) -
5. 예수님이 예루살렘 성 가까이 오사 성을 보시고 어떻게 하셨나?(19:41) -
6. 성전에서 장사하는 사람들을 내쫓으실 때에 인용한 말씀은?(19:46, 사 56:7) -
7. 성경을 읽으며 (   ) 안을 채우고 말한 사람을 쓰세요(비유도 이야기 속의 말한 자, 20장).
 1) (절) 당신이 무슨 (   )로 이런 일을 하는지 이런 권세를 준 이가 누구인지...-
 2) (절) 이는 상속자니 (   ) 그 유업을 우리의 것으로 만들자. -
 3) (절) 가이사의 것은 가이사에게, (   )은 하나님께 바치라. -
 4) (절) 하나님은 죽은 자의 하나님이 아니요 (   )이시라. -
8. 다음 말에서 틀린 곳에 밑줄을 긋고 바르게 고치세요(21장).
 1) "이 가난한 과부가 모든 사람보다 많이 넣었도다"라고 칭찬한 것은 헌금을 많이 넣었기 때문이다. →
 2) "내 이름으로 와서 내가 그로라" 하면 저희를 좇아야 한다. →
 3) "예루살렘이 군대들에게 에워싸이는 것을 보거든 그 회복이 가까운 줄 알라"고 하셨다. →
 4) "인자(예수)가 불수레를 타고 능력과 큰 영광으로 오는 것을 보리라" 하셨다. →
 5) "스스로 조심하지 않으면...그날이 도적같이 너희에게 임하리라" 하셨다. →

▲▼△▽ -----≪작은 키를 이긴 사람들≫----- ▽△▼▲

▷ 세계적인 여자 프로골프(LPGA) 투어 브리티시오픈 우승컵을 안은 장정(25)은 귀국 인사말에서 "제 키는 151cm가 아니라 153cm랍니다." 하며 웃었다. '울트라 슈퍼 땅콩' 대신 '작은 거인'으로 바꿔 불러 달라 했다. ▷ 중국의 위대한 지도자로 추앙을 받던 덩샤오핑(鄧小平, 1904-1977년)도 작은 키 때문에 벌어진 에피소드가 전설처럼 전해져 내려온다. 각국 수장들과 나란히 서서 대화를 할 때면 깔판을 딛고 섰다고 한다. 1972년 미국 리처드 닉슨(1913-1994년) 대통령과 베이징에서 정상회담을 갖던 때가 좋은 사례다. 하지만 그는 150cm의 단구로 10억 인구의 중국은 물론, 지구촌을 호령했던 불세출의 인물로 손꼽히고 있다. ▷ 프랑스 황제 보나파르트 나폴레옹(1769-1821년) 역시 157cm로 평균적인 서양인에 비해 '프티'(Petit, 프랑스 말로 '작다'는 뜻)에 지나지 않았다. 하지만 한때 유럽을 손안에 넣었던 작은 거인이다.

♧ ♧ ♧

작은 키 때문에 속 타는 사람들이 많지만, 잘 이겨내면 오히려 부러움을 살 수 있다는 점을 역사가 말해 준다. '얼굴 예쁘고 재주도 있는데 키만 조금 더 컸더라면', '작은 고추가 맵다'란 말들에는 키가 작다는 이유로 깎아 내리려는 심리가 숨어 있다. '슈퍼 땅콩', '울트라 슈퍼 땅콩' 등의 별칭으로 유명해진 골프 선수 '장정'의 자신감이 화제가 된 적도 있다. 삭개오도 키 작은 사람이었다.

(누가복음 19:2-4) 삭개오라 이름하는 자가 있으니 세리장이요 또한 부자라 저가 예수께서 어떠한 사람인가 하여 보고자 하되 키가 작고 사람이 많아 할 수 없어 앞으로 달려가 보기 위하여 뽕나무에 올라가니

신현주, 〈좌충우돌 예화〉 〈시시콜콜 예화〉, www.sbs66.net

[오늘의 말씀] 누가복음 22장~24장 : 예수님의 고난과 부활 → 먼저 성경 읽기

(22장) 예수님은 제자들과 유월절 최후의 만찬을 하시고 감람산에서 기도하신 후에 체포되신다.
(23장) 심문을 받으시고 십자가에 못 박히시며 장사 지낸 바 되신다.
(24장) 그러나 죽음의 권세를 깨뜨리시고 부활하신다.

[말씀 묵상]

1. 습관은 사람을 그 방향으로 몰고 간다. 예수님은 기도하는 습관을 가지셨다. "예수께서 나가사 습관을 좇아 감람산에 가시매"(22:39). 예수님은 우리에게 좋은 모범을 보이셨다. 생각-행동-습관-인성-인생이라는 등식이 있다. 잘못된 습관을 버리고 좋은 습관을 잘 살리면 더 나은 미래가 약속된다.
2. 예수님의 십자가 사건을 통하여 몇 사람의 두드러진 모습을 보게 된다. **베드로**는 '큰소리 쳤으나 예수님을 부인'했고(22:34, 54-62), **백부장**은 "이 사람은 정녕 의인이었도다"(23:47) 하며 신앙고백을 한다. 공회의원 **아리마대 사람 요셉**은 그 살벌한 분위기 속에서도 '예수님의 시체를 달라 하여 장사하는 용기와 자신의 무덤을 제공하는 헌신'(23:50-53)을 한다.

[깊은 연구]

1. 십자가 위의 일곱 말씀(架上七言)

① 아버지여 저희를 사하여 주옵소서 자기의 하는 것을 알지 못함이니이다(눅 23:34). ② 내가 진실로 네게 이르노니 오늘 네가 나와 함께 낙원에 있으리라(눅 23:43). ③ 여자여 보소서 아들이니이다 보라 네 어머니라(요 19:26, 27). ④ 나의 하나님 나의 하나님 어찌하여 나를 버리셨나이까(마 27:46). ⑤ 내가 목마르다(요 19:28). ⑥ 다 이루었다(요 19:30). ⑦ 아버지여 내 영혼을 아버지 손에 부탁하나이다(눅 23:46).

2. 확인되지 않았으나 통상적으로 사용하는 말들

1) 동방박사는 세 명이다? - 성경에는 '박사들'(마기, magi)이라고 복수로 표기되어 있으므로 둘 이상인데, 셋이라 한 것은 세 가지 예물(황금, 유향, 몰약)을 드렸으므로 그렇게 추측한 것이다(마 2:1-12). 유대 전통에는 12지파, 12제자처럼 '12박사'였다는 전승도 있다.

2) 오른쪽의 강도는 회개했다? - 성경에는 "행악자가 예수의 좌편과 우편에 있더라" 했다. 그 중에 누가 "예수여 당신의 나라에 임하실 때에 나를 생각하소서"라고 했는지는 알 수 없으나 통상적으로 오른쪽을 긍정적으로 표현하는 관습에 의해 오른쪽의 강도가 회개했다고 말해 왔다(눅 23:32-33, 39-43).

3) 예수님의 생애는 33년이다? - 30세쯤(눅 3:23)에 사역을 시작하셨고, 3년에 대한 해석은 매년 지키는 유월절을 기준으로 삼는다. 공관복음에는 1번, 요한복음에는 3번 나오는데 요한복음에 근거해서 3년간 활동하신 것으로 계산한다.

■ 사마리아인들의 유월절 행사
예수님은 유월절 양으로 우리에게 오셨다(눅 22:19-20). 사진은 사마리아인들이 유월절 행사를 위하여 양을 잡는 모습이다.

통독	250
확인	

공부 누가복음 22장~24장 : 예수님의 고난과 부활

1. 유다가 예수님을 넘겨주는 일을 하는 것은 그에게 무엇이 들어갔기 때문인가?(22:1-6) -
2. 떡과 잔을 주시며 각각 하신 말씀은?(22:8-23) -
3. 베드로가 밖에 나가 심히 통곡한 이유는?(22:54-62) -
4. 공회에서 예수님께 물은 두 가지는?(22:66-71) -
5. 무리가 빌라도에게 예수님을 고소하는 세 가지 죄목은?(23:2) -
6. 빌라도는 예수를 놓고자 했으나 무리들은 무엇을 요구했나?(23:13-25) -
7. "오늘 네가 나와 함께 낙원에 있으리라"라는 말은 예수님이 누구에게 한 것인가?(23:39-43) -
8. 다음 구절은 구약 어느 곳의 인용인가? {보기} 시 31:5 / 사 56:7 / 사 61:1-2 / 말 3:1
   1) 4:18-19 갈릴리에서의 설교 - 2) 7:27 요한에 대한 칭찬 -
   3) 19:46 성전 청결 - 4) 23:46 십자가 위에서 -
9. 예수의 시체를 달라 하여 장사한 요셉은 어떤 사람인가?(23:50-56) -
10. ( ) 새벽에 이 여자들이 그 예비한 향품을 가지고 ( )에 가서(24:1).
11. 예수께서 가까이 이르러 저희와 동행하시나 저희의 ( ) 그인 줄 알아보지 못하거늘... 떡을 가지사 축사하시고 떼어 저희에게 주시매 저희 ( ) 그인 줄 알아보더니(24:13-31).
12. 우리에게 ( )하시고 우리에게 ( )에 우리 속에서 마음이 뜨겁지 아니하더냐(24:32-35).
13. 나를 ( ) 영은 살과 뼈가 없으되 너희 보는 바와 같이 나는 ( )(24:36-43).
14. 큰 기쁨으로 ( )에 돌아가 늘 ( )에 있어 하나님을 ( )하니라(24:50-53).

▲▼△▽ -----《항암 치료를 거부한 모정》----- ▽△▼▲

임신 후 암 진단을 받은 호주의 여의사가 아기의 생명을 구하기 위해 약물치료를 거부해 오다 아기를 출산한 후 3주 만에 숨을 거두었다. 호지킨 림프종으로 투병생활을 해 오던 엘리스 하몬드(37)가 뱃속에 있는 아기를 위해 자신의 생명을 구할 수도 있는 고단위 화학요법을 받지 않기로 스스로 결정했다. 임신 22주째에 암 진단을 받았으며 임신 31주째에 미아를 조산했다. 미아는 현재 모나쉬 대학병원 인큐베이터 실에서 의료진의 보호를 받으며 자라고 있다. 하몬드는 임신 기간에 아기를 보호하기 위해 강도를 크게 줄인 화학요법을 세 차례 받긴 했으나 병세가 더 나빠지자 아예 치료를 중단했으며 아기를 낳은 뒤 치료를 다시 시작했으나 때는 이미 늦었다. 남편 피터 보이시크는 아기를 위해 희생한 아내가 자랑스럽다면서 "나는 아내를 잃었고 아기는 엄마를 잃은 게 너무 가슴 아프다."라고 말했다.

♧ ♧ ♧

남편은 '아내는 아기를 낳아 좋은 엄마가 되고 싶어했다'면서 '아내가 아기를 보면서 너무 행복해서 눈물을 흘렸다'고 전한다. 아기를 위해 자신의 치료를 위한 조치를 뒤로 미룬 어머니의 희생은 가치가 있기에 세계인들이 이 소식을 듣고 감동을 받는다.
그리스도는 우리를 구원하기 위하여 십자가에서 죽으셨다. 독생자 예수님을 우리에게 보내신 아버지 하나님의 사랑은 아픈 사랑이며 그리스도의 희생은 죄인인 그대와 나를 구원하셨다.

(누가복음 22:19) 또 떡을 가져 사례하시고 떼어 저희에게 주시며 가라사대 이것은 너희를 위하여 주는 내 몸이라 너희가 이를 행하여 나를 기념하라 하시고

신현주, 〈좌충우돌 예화〉 〈시시콜콜 예화〉, www.sbs66.net

[오늘의 말씀] 누가복음 복습 → 먼저 성경 읽기, 단숨에...

〈누가복음〉 사람의 아들 예수님 (1-24장)

1. 누가복음은 근원부터 ( ) 미루어 살핀 저자가 ( ) 각하로 그 배운 바의 ( )을 알게 하려 함이다(1:1-4).
2. 사가랴와 엘리사벳의 가정에서 태어난 아기의 이름은?(1:13, 63) -
3. "보라 네가 수태하여 아들을 낳으리니 그 이름을 예수라 하라"는 누가 누구에게 한 말인가?(1:31) -
4. 아기가 자라서 이스라엘에 나타나는 날까지 빈 들에 있었던 이 사람은?(1:80) -
5. 요셉은 호적하러 어디로 갔나?(2:4) -
6. 천군 천사의 찬양을 한 단어로 말하면?(2:13-14) - 하나님께 ( ), 땅에서 ( )
7. 예루살렘의 구속됨을 바라는 모든 사람에게 아기에 대하여 말한 여선지자는?(2:36-39) -
8. "내(예수)가 내 아버지 집에 있어야 될 줄을 알지 못하셨나이까"(2:49) 하신 것은 예수님이 몇 살 때 어디에서 하신 말씀인가?(2:41-51) -
9. 예수님이 세례를 받으신 후 하늘로서 난 소리는?(3:21-22) -
10. 예수께서 가르치시기 시작할 때의 나이는?(3:23) -
11. 예수께서...광야에서 ( ) 동안 성령에게 이끌리시며 ( )에게 시험을 받으시더라(4:1-2).
12. 예수님은 회당에서 1) 선지자 누구의 글을 읽었으며, 2) 누구를 통하여 결국 이 글이 응하였나?(4:12-22) - 1) 2)
13. 예수님은 무슨 일로 보냄을 입었나?(4:43) -
14. 무서워 말라 이제 후로는 네가 ( )을 취하리라(5:10). - 예수님께서 ( )에게
15. 무리들이 왜 모였나?(5:15) - 무리가 ( )도 듣고 자기 ( )을 얻고자
16. 내가 ( )을 부르러 온 것이 아니요 ( )을 불러 회개시키러 왔노라(5:32).
17. 열두 사도의 이름은?(6:13-16) -
18. 평지복음(6:17-49)은 마태복음 5-7장의 ( )과 같은 성격이다.(해당 본문 문제 참고)
19. 요한이 제자 둘을 보내 "오실 그이(메시아)가 당신이오니이까" 한 것에 대한 예수님의 대답은 몇 절에 있나?(7:18-23) -
20. 다음은 누구를 향한 악평인가?(7:33-34)
    1) 귀신이 들렸다: 2) 세리와 죄인의 친구로다:
21. 씨가 좋은 땅에 떨어져 백 배의 결실을 하였다는 것의 의미는?(8:8, 15) -

22. "딸아 네 믿음이 너를 구원하였으니 평안히 가라"는 말씀은 어떤 여인에게 한 것인가?
(8:43-48을 읽고 답은 43절에서) -
23. 베드로는 예수님을 누구라고 고백했나?(9:20) -
24. 예수님을 따르려면 어떻게 해야 하나?(9:23) -
25. 진정 기뻐할 일은?(10:20) -
26. 왜 예수님은 마리아가 좋은 편을 택했다고 하셨나?(10:38-42을 읽고 답은 39절에서) -
27. 하나님의 나라가 이미 임하였음을 예로 든 것은?(11:20) -
28. 예수님의 십일조에 대한 말씀은?(11:42) -
29. 어리석은 부자는 자신의 영혼에게 무엇이라 말했나?(12:19) -
30. 예비하고 있어야 하는 이유는?(12:40) -
31. 하나님의 나라를 무엇에 비유했나?(13:18-21)
1) 채전에 심은 ( ), 2) 가루에 넣어 부풀게 한 ( )
32. 바리새인들이 예수님께 어떤 정보를 제공해 주었나?(13:31) -
33. 사람을 ( )하여 데려다가 ( ). - (14:23)
34. (15:7) 죄인 하나가 회개하면 ~
35. 모세와 선지자들에게 듣지 아니한 자가 죽었다가 살아난 자가 있다면 권함을 받는가?
(16:31) -
36. 하나님의 나라는 볼 수 있게 임하는 것이 아니요...하나님의 나라는 ( )에 있느니라
(17:20-21).
37. 불의한 재판관의 비유(18:1-8)는 '항상 ( )하고 ( )치 말아야 될 것'을 가르침.
38. 인자의 온 것은 ( )를 찾아 ( ) 함이니라(19:10).
39. 내 집은 ( )이 되리라 하였거늘 너희는 ( )을 만들었도다(19:46).
40. 부활이 없다고 주장하는 자들은 누구인가?(20:27) -
41. 그 때에 사람들이 인자가 ( ) 능력과 큰 영광으로 ( )을 보리라(21:27).
42. 열둘 중에 하나인 ( )이라 부르는 유다에게 ( )이 들어가니(22:3).
43. 이것은 너희를 위하여 주는 ( )이라...이 잔은 내 ( )이니...(22:19-20).
44. 예수께서 힘쓰고 애써 간절히 기도하실 때에 땀이 무엇같이 되었나?(22:44) -
45. 무리가 예수님을 고소하는 죄목 세 가지는?(23:1-2)
1) 2) 3)
46. 십자가 위의 일곱 말씀 중에 누가복음 23장에 나오는 세 가지는 어느 절에 있나?(해설 참고) -
(절), (절), (절)
47. 인자가...( )에 못 박히고 ( )에 다시 ( ) 하리라 하셨느니라(24:7).
48. 우리에게 ( )하시고 ( )을 풀어 주실 때에 우리 속에서 ( )이 뜨겁지
아니하더냐(24:32).
49. 저희가 너무 기쁘므로 오히려 믿지 못하고 기이히 여길 때에 이르시되 여기 무슨 먹을 것이 있느냐
하시니 이에 ( )을 드리매 받으사 그 앞에서 잡수시더라(24:41-43).
50. 큰 ( )으로 예루살렘에 돌아가 늘 ( )에 있어 하나님을 ( )하니라(24:52-53).

자료 보너스 9 바울서신에 대하여

1. 바울서신에 대한 총론

1) 바울의 서신들

바울서신은 13권(갈~딛)이며, 혹자는 히브리서(저자 미상)를 포함하여 14권(7의 배수)으로 보기도 한다. 우리가 바울에 대하여 잘 안다고 생각하는 이유 중에 가장 중요한 것은 그가 많은 서신을 남겨 놓았기 때문이다. 따라서 초대교회의 문제들과 대결하였던 위대한 심령을 찾아볼 수 있으며 성도들을 사랑하는 위대한 바울의 심령의 고동을 느낄 수 있다.

바울의 편지를 읽을 때에 난점들도 있다. 바울에게 대답을 요청한 편지들을 우리는 알지 못하고 바울이 처하였던 환경도 정확히 알 수가 없다. 단지 바울의 편지를 통해서 바울이 왜 그 편지를 써야 했는지 상황을 추측할 뿐이다. 이러한 편지가 씌어진 원인을 정확히 이해하지 못하므로 이러한 편지들을 이해해야 하는 문제의 난점이 되는 것이다. 다만 그 상황을 재구성해 보는 것이다.

2) 고대의 편지를 통한 바울서신 이해

고대의 서신들은 주로 파피루스(애굽의 늪지에서 나는 갈대를 가공한 종이)를 사용하였다. 고고학에서 많은 문서들이 발굴되었는데, 그 중에 서신들도 다수가 나왔다. 그 형식이 계속 답습되어 왔는데, 그 중에 아피온(Apion)이란 군인이 그의 부친 에피마쿠스에게 보낸 서신(G. 밀리간, 헬라 파피루스 선집 36번)이다. 1800년 후에 현대의 독자들이 그 서신을 읽게 되었는데, 그 형식은 다음과 같다. 즉 ① 인사, ② 수신자의 건강 기원, ③ 신에게 드리는 감사, ④ 특별한 용무, ⑤ 끝으로 인사와 개인적인 문안. 실제적으로 바울의 모든 편지도 똑같은 부분으로 되어 있다.

① 인사: 롬 1:1, 고전 1:1, 고후 1:1, 갈 1:1, 엡 1:1, 빌 1:1, 골 1:1-2, 살전 1:1, 살후 1:1
② 기원: 롬 1:7, 고전 1:3, 고후 1:2, 갈 1:3, 엡 1:2, 빌 1:32, 골 1:2, 살전 1:1, 살후 1:2
③ 감사: 롬 1:8, 고전 1:4, 고후 1:3, 엡 1:3, 빌 1:3, 골 1:3, 살전 1:2-3, 살후 1:3
④ 용무: 편지서의 중요한 부분이 특별한 내용으로 채워졌다.
⑤ 개인적인 문안: 롬 16장, 고전 16:19, 고후 13:13, 빌 4:21-22, 골 4:12-15, 살전 5:26

3) 당면한 과제와 대서인

대부분의 바울서신은 어떤 사정에 당면하여 쓴 것들이다. 평화롭고 고요한 상태에서 정리한 논문이나, 긴급한 사정이 발생한 데 대하여 답변하는 것이 아니라 계획을 알리는 등의 사정에 의한 것이므로 후대의 독자들을 생각한 것이 아니라 당시의 수신자만을 생각했다.

바울은 당시 사람들의 관습처럼 본인이 펜을 들고 직접 쓴 것이 아니라 비서로 하여금 자기가 부르는 대로 받아쓰게 한 것이다. 그리고 구술이 끝난 후에는 바울 자신이 자신의 편지라는 것을 보증하는 친서를 하였다. 예를 들면 로마서 16장 22절에 비서 '더디오'가 편지를 끝내기 전에 자기 자신의 인사를 슬며시 삽입시킨 것 등이다. 또한 고린도전서 16장 21절의 "나 바울은 친필로 너희에게 문안하노니"(참고. 골 4:18, 살후 3:17) 등 여러 곳에서 입증이 된다. 이처럼 바울의 편지는 살아 있으며, 생명력이 넘치며, 수신자들의 마음에 바울의 마음으로부터 쏟아 부어 주는 폭포수와 같은 말들이다.

2. 바울서신이 쓰인 순서

바울서신이 쓰인 순서에 대한 확실한 답은 없다. 다만 〈갈라디아서〉가 가정 먼저 기록되었다는 주장이 있는가 하면, 그것은 바울의 후기 서신에 속한다고 주장하는 학자들도 있다.

〈고린도전서〉가 〈고린도후서〉 이전에 기록되었으며, 이 두 서신은 〈로마서〉 이전에 기록된 것으로 알고 있다. 바울은 〈고린도전서〉를 쓸 당시, 유대인 기독교인들을 위해 모은 헌금을 자신이 가지고 예루살렘으로 돌아가야 하는지를 결정하지 못하고 있었다(고전 16:1-4). 그 뒤에 그는 〈고린도후서〉를 썼다. 〈고린도후서〉를 쓰고 있을 때에도 그는 여전히 유대인 기독교인들을 위해 아가야 지방에 있는 교회로부터 모금하고 있다(고후 8-9장). 그러나 〈로마서〉를 쓸 당시 그는 모금된 연보를 가지고 있는 다른 기독교인들과 함께 예루살렘으로 갈 준비를 하고 있었다(롬 15:22-33).

바울에게 있어서 유대인 기독교인들 간의 일치는 다른 어떤 것보다 중요했다. 연보도 일치를 위한 표현이었다. 일치를 위한 일은 다른 어떤 계획보다 우선되었다. 이런 이유로 그는 그렇게 열망하던 서바나(스페인)에서의 새로운 선교사역도 뒤로 미루었던 것이다. 이 서신들을 순서대로 읽어 보면 우리는 예루살렘으로 가려는 그의 계획이 어떻게 해서 세워졌는지, 그리고 이 여행이 그에게 얼마나 중요한 것이었는지를 알 수 있다. 〈제2권 통독 178일째 참고〉

3. 서신을 쓴 목적

1) 제자들을 만들기 위해 기록

일차적인 목적은 새로 입교한 교인들을 제자의 길로 인도하는 것이다. 이 목적을 위해서 서신의 저자들은 신입교인들에게 예수님을 본받고(롬 15:5, 벧전 2:21), 서사를 본받고(고전 4:16, 빌 3:17), 교회의 지도자들을 본받고(고전 4:6), 돌보아야 할 다른 기독교인들의 본이 될 것을 권면한다(딤전 4:16, 벧전 5:3). 기독교인들은 죄 된 삶에서 돌이켜 그리스도에 합당한 삶의 길로 나아갈 것이 요구된다(롬 12:1-2, 고전 6장, 골 3:5-17, 살전 4:1-8, 벧전 4:2-5).

서신들은 기독교인들에게 불신자의 핍박 속에서도 믿음을 지킬 수 있도록 용기를 불어넣어 주었으며(히 10:32-36, 약 1:2-3, 벧전 1:6-7, 4:12-13), 거짓된 가르침에 맞서 경고를 하는 수단으로 쓰였다(롬 16:17-20, 갈 1:6-10, 골 2:16-23, 요일 2:26, 4:1, 벧후 3장, 유 1:4).

2) 질문에 대답하기 위해 기록

서신들이 쓰인 또 다른 목적은 교회에서 일어나는 여러 가지 문제에 답변하기 위한 것이다. 성과 결혼(고전 7장), 우상 제물(고전 8장), 성령의 은사(고전 12장), 부활(고전 15장), 그리스도 재림 이전에 죽은 신자들의 운명(살전 4:13-18) 등과 같은 여러 문제들이 있다. 〈제2권 통독 175일째 참고〉

3) 추천서로서 기록

위의 목적 외에도 서신들은, 이 도시에서 저 도시로 다니며 전도하는 기독교인들을 추천하고(롬 16:1-2, 고전 16:10-11, 고후 3:1-2), 재정적 도움을 호소하며(고전 16:1-4, 고후 8-9장), 여행 계획을 밝히고(롬 15:22-29, 고전 16:5-9, 몬 1:22), 오해를 해명하기 위해(고전 5:9-11, 고후 1:12-2:4) 쓰였다. 서신들은 저자들이 교회에 있지 않을 때에 교인들의 신앙을 북돋아 주기 위해, 그리고 수신자들과의 돈독한 관계를 위해 쓰였는데 이것이 좀 더 일반적인 목적이었다.

〈상기 1은 바클레이 주석에서, 2와 3은 세계성서공회협회판 스터디바이블에서 일부 자료를 인용했다.〉

〈갈라디아서〉를 소개합니다

제목에 대한 해설

갈라디아 여러 교회들(1:2)에 보낸 서신이므로 자연스럽게 〈갈라디아인에게 보낸 편지〉, 〈갈라디아서〉 등으로 불렸다.

저작에 대하여

저자: 바울 사도(1:1, 5:2)

수신자: 갈라디아 여러 교회들(1:2). ① 남 갈라디아설: 바울이 제1차 전도여행 중에 세운 갈라디아 남부 지역의 교회들, 즉 비시디아 안디옥, 이고니온, 루스드라, 더베의 교회들에 보낸 서신으로 본다. ② 북 갈라디아설: 사도행전 16장 6절, 18장 23절에 브루기아와 갈라디아 지방을 언급하며 바울 일행이 그곳을 통과한 것과 제3차 전도여행 초에 그 지방에 제자들이 있었다는 것으로 미루어 이곳에 보냈다고 한다.

연대 및 장소: 제1차 전도여행 후인 주후 48-49년경 수리아 안디옥에서 기록하였다고도 본다. 또는 3차 전도 여행 시에 에베소에 도착하여 기록하였다고 보는데, 1장 6절에 갈라디아 신도들이 그렇게도 속히 복음을 저버렸다고 하였으니 에베소에 도착하자마자 그런 소식을 들었다는 뜻이 될 수 있다. 더구나 바울이 퍽 놀라는 것으로 보아 〈고린도전서〉를 쓰기 전에 본서를 기록했다고 본다. 즉 주후 53-55년에 에베소나 마게도냐에서 기록하였다는 견해도 있다.

본서의 특징

1) 바울의 서신은 13권으로 그 중에서 〈갈라디아서〉를 바울서신 중에서 제일 먼저 기록했으며 복음서보다도 먼저 기록되었다.

2) 바울서신은 대체로 전반부는 교리요 후반부는 생활이다. 〈갈라디아서〉도 1-4장은 교리적 부분이고, 5-6장은 실천적 부분이다.

3) 〈갈라디아서〉는 신령한 폭탄이므로 건드리는 자는 폭발하지 아니할 수 없다(아란 콜 저, 《틴델 주석》 서문에서).

본서의 배경

초대교회의 어려운 일 중에 하나는 유대주의자들로 인한 문제였다. 이들은 유대인으로 그리스도인이 된 자들인데 구약의 많은 의식을 지키는 것이 신약 교회에 구속력이 있다고 믿고 가르치는 자들이다. 할례, 절기, 유전 등 율법적인 것들을 지켜야 구원받는다고 이방 교회들에게 가르치는 데 대해 바울은 그것은 다른 복음이며 '오직 믿음으로 의롭다 함을 얻는다'고 주장한다.

갈라디아 지방의 사람들은 바울이 처음으로 전도했을 때 환영하고 존경했으나(4:13-15) 거짓 교사들의 가르침을 따르자 바울은 그러한 가르침은 복음 자체를 무너뜨리고 유대교로 후퇴하게 하여 십자가의 죽음을 헛되게 하는 것이므로 이에 갈라디아 교회에 이 서신을 보냈던 것이다.

특기 사항

1) 갈라디아서의 중심 사상

인간은 본질적으로 타락하였기 때문에 스스로 구원이나 성화를 이룰 수 없는 존재라는 것이다(3:22, 5:19-21). 그러나 유대주의 그리스도인들은 구원받기 위하여 율법을 준수하는 것이 중요하다고 강조한다(2:4, 4:9-10, 21, 5:4, 6:12).

바울은 인간이 율법을 행함으로가 아니라 오직 믿음으로 의롭게 되며 구원을 받게 된다고 하였다(2:16-17, 21, 3:11-14, 24). 인간이 거룩하게 되는 것은 성령의 능력으로 되는 것이다(4:6-7, 5:13-26). 결국 본서는 '믿음으로 말미암는 의(以信得義)와 구원'을 가르친다.

2) 갈라디아서의 가치

본서를 '기독교 자유의 대헌장'이라고 일컬어 왔다. 종교개혁자 마르틴 루터는 〈갈라디아서〉에 자신의 아내 이름 '캐더린 폰 보라'를 별명으로 붙이고 '나는 이 책과 결혼하였다'고 하였다.

이러한 사실은 예수 그리스도 안에 있는 하나님의 은혜를 통해서만 인간은 죄와 율법의 멍에에서 벗어나 어느 것에도 예속되거나 방종하지 않고 진정한 자유를 누리는 삶을 영위할 수 있다고 강력히 말하는 데(5:1-12) 기인한 것이다. 본서는 참자유를 얻는 길을 안내해 주기에 더욱 가치 있는 책이다.

〈에베소서〉를 소개합니다

제목에 대한 해설

본서의 헬라어 제목은 '프로스 에페시우스'로서 '에베소인들에게'(1:1)라는 뜻이며, 자연스럽게 〈에베소인에게 보낸 편지〉, 〈에베소서〉 등으로 불렸다.

저작에 대하여

저자: 사도 바울로서 자신을 '이방인의 사도인 바울'(1:1, 3:1)이라 하였다.

수신자: '에베소에 있는 성도들과 그리스도 예수 안에 있는 신실한 자들에게'(1:1)로 되어 있는데, 에베소 교회 뿐 아니라 회람용(回覽用)으로 사용된 서신이라는 주장도 설득력이 있다.

연도와 장소: 주후 62년 로마 옥중에서 기록한 것으로(3:1, 4:1, 6:20), 바울의 4대 옥중서신(에베소서, 빌립보서, 골로새서, 빌레몬서) 중 하나다. 일부 학자들은 로마 옥이 아닌 로마로 가기 전 가이사랴의 옥에 있었을 때(행 23장)의 기록으로 보나 전통적인 견해를 뒤집지는 못했다.

본서의 목적과 배경

1) 목적 - 본서는 바울의 다른 서신들과는 다르게 개인에 대한 언급이나 문안, 회고담이 나타나지 않으며, 특정한 교회의 문제를 해결하는 내용도 없다. 그러나 교회가 하나로 통일됨을 지향할 목적으로 기록되었다고 본다. 그리스도 안에서의 만유의 통일(1:10, 2:13-16, 4:4-6)을 중요시하였다. 이는 에베소뿐 아니라 소아시아 지역의 회람용 서신으로 볼 때 흩어진 교회들의 통일성을 강조할 필요성을 따라 기록했다고 볼 수 있다.

2) 배경 - 바울은 그의 선교 사역의 상당 기간을 에베소에서 일했다. 2차 전도여행 중에 전도하였고 브리스길라와 아굴라에게 남겨 두고 떠났다(행 18:21). 3차 전도여행 중에 회당에서 3개월, 두란노서원에서 2년 이상 하나님 말씀을 가르쳤다(행 19:8-10, 20:31). 에베소는 아데미 여신(다이아나)을 숭배하는 자들로 인한 소요(19:23-24)를 겪은 곳이며, 에베소 교회 장로들에게 행한 설교는 바울의 에베소 교회에 대한 애정을 볼 수 있다(행 20:17-21).

특기 사항

1) 에베소서와 골로새서의 관계

두 서신은 쌍둥이 서신이라 할 만큼 전개와 어휘 표현에 있어서 유사하여 매우 밀접한 관계성을 가지고 있다. 즉 두기고가 이 두 편지의 전달자로 보인다(골 4:7, 엡 6:21). 내용에 있어서 〈골로새서〉에 있는 낱말의 3분의 1 정도가 〈에베소서〉에 나타나며, 에베소서 2:6-9, 4:5-13, 5:29-33을 제외한 다른 모든 부분에 깔려 있다. 에베소서 155절 중의 73절이 골로새서에서 자귀적으로 병행되어 있다(Goguel).

〈에베소서〉는 교회의 경건 문학과 신학서 중에서 교리적 내용이 가장 완벽하고 짜임새 있게 구성되어 있다는 평을 듣는다.

2) 기존 신자를 위한 에베소서

신학자 메릴 데니는 말하기를 "처음 방문한 교회에 대하여 바울이 했다고 생각되는 설교의 견본을 로마서라고 본다면, 바울의 수양회식 기법의 견본은 에베소서이다."라고 하였나. 이 서신을 통독해 보면 본서는 초신자를 위한 것이 아니고 어느 정도 원숙한 신자를 보다 높은 지식으로 끌어올리며 보다 충실한 생활로 전진시키려는 의도에 기초하고 있는 것을 보게 된다. 더욱이 그 대상이 주로 이방인 그리스도 신자였다는 것을 보아도 일목요연하다.

3) 경륜에 대하여

경륜(經綸, dispensation, 헬: 오이코노미아)은 신약성경에 19번 나오는데 그 중에 〈에베소서〉에 3번 나온다. 즉 ① 때가 찬 경륜(1:9), ② 하나님의 그 은혜의 경륜(3:2), ③ 비밀의 경륜(3:9)이다.

경륜은 '가사를 관리하고 꾸려나가는 것'으로, "인간이 특별히 계시된 하나님의 뜻에 복종하는지에 대하여 시험받는 기간"(스코필드 성경)이라고 정의하기도 한다. 성경에서 사용되는 경륜은 '청지기 직분, 관리, 다른 사람의 재산에 대한 감시, 혹은 경영'을 말한다. 결국 경륜은 하나님의 뜻을 성취할 때의 두드러진 섭리이다.

[오늘의 말씀] 갈라디아서 1장~3장 : 그리스도 안에서의 자유 → 먼저 성경 읽기

대부분의 서신은 두 부분으로 되어 있다. 1-4장은 교리적 부분, 5-6장은 실천적 부분이다.
(1장) 바울은 강력한 어조로 다른 복음을 전하는 자(유대주의 그리스도인 교사)는 저주를 받는다 한다.
(2장) 바울은 이방인의 사도로서 예루살렘에서 유대인 중심의 사도들과 교제의 악수를 했으나 안디옥에서 게바(베드로)의 외식(外飾)으로 인해 면책한다.
(3장) 그리스도의 자유를 율법과 바꾸려는 어리석은 자들을 책망하며 믿음으로 의롭다 하심을 다시 강조한다.

[말씀 묵상]

1. 〈갈라디아서〉는 〈로마서〉 못지않게 바울의 이방인의 구원에 대한 사상이 잘 나타나 있다. 그 강경한 어조며 사도행전 15장의 '예루살렘공의회'에서의 결의를 무색케 할 정도의 말씀들을 대할 때 그러하다. 바울 자신이 이방인의 사도로 부름을 받은 데 대한 확실한 사명이 그로 하여금 자신감 넘치게 했다(1:15-17). 사명은 자신과 주변을 구원한다.
2. 예루살렘을 방문한 바울은 이방인(무할례자)의 사도로서 유대인(할례자)의 사도와의 교제의 악수를 하는 아름다운 모습을 보인다(2:7-9). 한국 교회는 나와 조금 다르면 정죄하는 데 혈안이 되는 병적인 문제를 안고 있다. 각각의 부름의 차이가 있고 관심과 강조점이 다를 수 있다. 본질은 변할 수 없으되 그 형태는 달라질 수 있음(패러다임)을 인정하고 넓은 자세를 가져야 한다.

[깊은 연구]

1. 시작부터 투쟁적인 갈라디아서 (갈 1장)

1) 갈라디아는 소아시아에 위치해 있고 바울은 2차 전도여행 중에 이 지역을 거쳐 왔다. 바울의 설교를 들은 사람들로 인해 교회가 생겨났고(행 16:6), 3차 전도여행 길에 다시 방문을 한다(행 18:23).

2) 오래지 않아 그릇된 교리로 선도하는 자들이 교회에 침투했다는 소식을 듣는다. 그들은 기독교 신앙을 완성하기 위해서는 구약의 율법을 지키는 것과 무엇보다 할례를 하나님이 자기 백성과 맺으신 계약의 표시로서 이행해야 한다는 것을 강조했다. 따라서 바울은 이에 대항하여 "다른 복음을 전하면 저주를 받을지어다"(1:6-9) 하며 투쟁적인 서신을 쓰게 된 것이다.

2. 의인은 믿음으로 말미암아 살리라 (갈 3:11)

1) 바울의 경험을 재연한 사람은 개혁자 마르틴 루터이다. 신부였던 그는 "만일 수도생활로 구원을 받은 사람이 하나라도 있다면 나였을 것이다."라고 하였다. 그가 로마의 스칼라 상타(Scala Sancta), 즉 '거룩한 대계단'을 손과 무릎으로 기어 올라가며 공적을 쌓고 있을 때 하늘로부터 "의인은 믿음으로 살리라"(3:11) 하는 소리가 들려왔다. 하나님과의 평화는 노력으로 얻어지는 것이 아니라 주께서 주시는 것이다(요 14:27).

2) 이 말씀은 하박국 2장 4절에서 온 것으로 사도 바울(롬 1:17, 갈 3:11)과 히브리서 기자(히 10:38)에 의해 발전하였으며, 마르틴 루터는 1517년 종교개혁의 시발이 된 95개 조항의 항의문을 가톨릭에 제시할 때에 이 말씀을 개혁 이념으로 삼았다.

통독	252
확인	

공부

갈라디아서 1장~3장 : 그리스도 안에서의 자유

1. 바울이 사도가 된 것은 누구로 말미암은 것인가?(1:1) -
2. '다른 복음'을 전하면 어떻게 되는가?(1:6-9) -
3. 바울이 전한 복음은 누구로 말미암은 것인가?(1:11-12) -
4. 바울은 무엇을 위하여 부름을 입었나?(1:15-16) -
5. 바울이 처음 부름을 받은 후에(행 9장) 어디어디를 갔나?(1:17-24)
 - 다메섹 - (　　　　　) - 다메섹 - (　　　　　) - (　　　　　)와 (　　　　　) 지방
6. 바울은 십사 년 만에 바나바와 디도를 예루살렘에 보냈다(2장). - (O, X)
7. 헬라인 디도를 억지로 할례받게 했다(2장). - (O, X)
8. 이방인의 사도는 바울과 바나바이고 유대인(할례자)의 사도는 야고보, 게바, 요한이다(2장). - (O, X)
9. 할례자(유대인)의 사도와 무할례자(이방인)의 사도가 서로 교제하지 않았다(2장). - (O, X)
10. 사람이 의롭게 되는 것은 율법의 행위에서 나거나 믿음으로 말미암는다(2장). - (O, X)
11. 바울이 율법을 향하여 죽은 것은 하나님을 향하여 살려 함이다(2장). - (O, X)
12. 갈라디아 교인들이 성령을 받은 것은 율법의 행위로인가 듣고 믿음으로인가?(3:2) -
13. 믿음으로 말미암는 자는 아브라함과 함께 무엇을 받는가?(3:9) -
14. 의인은 무엇으로 말미암아 살리라 했나?(3:11, 롬 1:17, 히 10:38) -
15. 율법을 무엇에 비유하여 믿음으로 말미암아 의롭다 함을 얻는다고 설명을 하는가?(3:24) -
16. 누가 그리스도 예수 안에서 하나인가?(3:28) -

▲▼△▽ -----≪계명 : 1 - 10 - 613 - 1≫----- ▽△▼▲

계명이 몇 개라고 생각하시는가? 십계명만 생각하셨나? 이런 분석도 있다.

① 에덴동산 - 1가지 계명. 선악을 알게 하는 나무의 실과는 먹지 말라 네가 먹는 날에는 정녕 죽으리라(창 2:17). / ② 모세 시대 - 시내산에서 10가지 계명을 주셨다(출 20장). 1-4는 하나님 사랑, 5-10은 이웃 사랑을 명령하셨다. / ③ 시내산에서 주신 계명은 613가지 계명으로 율법에 기록되었다. '~하라'(do)는 법은 248개이고, '~하지 말라'(don't)는 법은 365개이다. 이 율법을 지키면 7,474개의 복이 있다고 성경 전체에서 말한다. / ④ 예수님을 통하여 주신 계명. - 예수께서 가라사대 네 마음을 다하고 목숨을 다하고 뜻을 다하여 주 너의 하나님을 사랑하라 하셨으니 이것이 크고 첫째 되는 계명이요 둘째는 그와 같으니 네 이웃을 네 몸과 같이 사랑하라 하셨으니(마 22:37-39).

♧ ♧ ♧

구약에서 십계명, 신약에서 하나님 사랑, 이웃 사랑만 이해했는데, 위의 공식을 도식화하면 '1-10-613-1'이 성립된다. 바울은 율법은 범법함을 인하여 더한 것이라 하였다(갈 3:19). 또한 "그러므로 율법의 행위로 그의 앞에 의롭다 하심을 얻을 육체가 없나니 율법으로는 죄를 깨달음이니라"(롬 3:20) 하였다. 하나님의 계명 순종이 우리의 영육을 지켜 줄 것이다.

(갈라디아서 3:19) 그런즉 율법은 무엇이냐 범법함을 인하여 더한 것이라 천사들로 말미암아 중보의 손을 빌어 베푸신 것인데 약속하신 자손이 오시기까지 있을 것이라

신현주, 〈죄충우돌 예화〉 〈시시콜콜 예화〉, www.sbs66.net

[오늘의 말씀] 갈라디아서 4장~6장 : 그리스도를 통한 자유의 삶 → 먼저 성경 읽기

(4장) 율법과 자유를, 육체를 따라 난 여종 하갈의 아들과 같고 자유하는 여자에게서 난 아들과 같다.
(5장) 성령 안에서의 삶을 강조하며 육체의 일을 경계한다.
(6장) 서로 짐을 지는 성도의 삶과 성령을 위하여 심어 영생을 거둘 것을 권면한다. 십자가만을 자랑한다.

[말씀 묵상]

1. 그대는 정말 "그리스도 예수의 사람들은 육체와 함께 그 정과 욕심을 십자가에 못 박았느니라"(갈 5:24)라는 말씀처럼 사는가? 성경의 가르침을 삶에 적용하지 못하고 말씀을 떠날 때가 많지 않나?

[깊은 연구]

1. 율법에 종살이하는 것과 그리스도 안에서의 자유 (갈 4:21-31)

1) 바울은 두 개의 언약에 기초한 두 그룹을 나타내기 위하여 하갈과 사라를 예로 든다. 하갈은 아브라함의 아내 사라의 몸종으로서 사라가 남편 아브라함에게 자식을 낳지 못하자 남편에게 첩으로 주어 하갈을 통하여 (인간적인 방법으로) **이스마엘**이라는 자식을 낳지만 오히려 몸종에게 무시를 당한다. 세월이 지난 후 사라는 약속의 아들을 낳았는데, 그가 곧 **이삭**이다(창 16장, 21:1-3).

2) 이스마엘은 '율법에 종노릇하는 것의 상징'이고, 이삭은 '자유를 가져오는 것의 상징'이다. 본문은 하갈이 여종이었던 것 같이 이 언약은 율법의 노예적 지배로 그 특징이 드러나는데 율법의 이 노예적 지배 아래 유대교(예루살렘)가 살아가고 있다. 그러나 사라의 모습은 새 언약, 진정한 이스라엘에 대응한다. 약속에 의탁하여 자유 안에 있는 사람들은 새 언약 아래 살고 있다. 이로써 이방 민족들에게 문이 열렸기 때문에, 한때 잉태하지 못하는 여인이라고 불리던 사라가 거대한 후손을 가지게 되었다(4:27).

2. 성령의 아홉 가지 열매 (갈 5:19-23) 참고. <릭 조이너, 《승리하는 삶》, 순전한 나드>

	열 매	관 련 구 절 들	육체의 소욕
1	사 랑 (Love)	"사랑하지 아니하는 자는 하나님을 알지 못하나니 이는 하나님은 사랑이심이라"(요일 4:8)	증오, 투기
2	희 락 (Joy)	"하나님의 나라는...오직 성령 안에서 의와 평강과 희락이라"(롬 14:17)	염려, 고통
3	화 평 (Peace)	"우리 주 예수 그리스도로 말미암아 하나님으로 더불어 화평을 누리자"(롬 5:1)	원수맺음,분쟁
4	인 내 (Patience)	"지식에 절제를, 절제에 인내를, 인내에 경건을"(벧후 1:6)	경솔
5	자 비 (Kindness)	"그러므로 너희는...긍휼과 자비와 겸손과 온유와 오래 참음을 옷 입고"(골 3:12)	무관심, 냉담
6	양 선 (Goodness)	"바나바는 착한 사람이요 성령과 믿음이 충만한 자라"(행 11:24)	불친절
7	충 성 (Faithfulness)	"죽도록 충성하라 그리하면 내가 생명의 면류관을 네게 주리라"(계 2:10)	배신
8	온 유 (Gentleness)	"모든 겸손과 온유로 하고 오래 참음으로 사랑 가운데서 서로 용납하고"(엡 4:2)	포악
9	절 제 (Selfcontrol)	"지식에 절제를, 절제에 인내를, 인내에 경건을"(벧후 1:6)	방탕함

통독	253
확인	

공부

갈라디아서 4장~6장 : 그리스도를 통한 자유의 삶

◇ 다음 중 서로 관계있는 것끼리 줄로 연결하세요(본문의 요약임, 4장).

1. 때가 차매 그 아들을 보내심	가) 율법 아래 있는 자들을 속량	a) 너희를 대하여 의심이 있음
2. 초등학문으로 돌아가서 종노릇	나) 해산하는 수고를 하노니	b) 우리는 자유하는 여자의 자녀
3. 그리스도의 형상을 이루기까지	다) 자유하는 여자에게서는 약속으로	c) 아들의 명분을 얻게 하려 하심
4. 계집종에게서는 육체를 따라	라) 날과 달과 절기와 해를 지키니	d) 수고한 것이 헛될까 두려워함

◇ 다음 말씀을 완성하세요(문장이 끊어지는 곳까지, 5장).

5. (5: 절) 그리스도 예수 안에서는 ~
6. (5: 절) 너희가 자유를 위하여 ~
7. (5: 절) 육체의 일은 현저하니 ~
8. (5: 절) 오직 성령의 열매는 ~

◇ 다음 문장 중 ( ) 안에서 틀린 것을 =로 지우세요(6장).

9. 사람이 만일 무슨 범죄한 일이 드러나거든...온유한 심령으로 그러한 자를 (내어 쫓고 / 바로잡고).
10. 성령을 위하여 심는 자는 성령으로부터 (영생 / 썩어진 것)을 거두리라.
11. 기회 있는 대로 모든 이에게 착한 일을 하되 더욱 (어려운 / 믿음의) 가정들에게 할지니라.
12. 우리 주 예수 그리스도의 십자가 외에 결코 자랑할 것이 (없으니 / 있으니) 그리스도로 말미암아.
13. 누구든지 나를 괴롭게 말라 내가 내 몸에 예수의 (흔적 / 모습)을 가졌노라.

▲▼△▽ -----≪파멸의 길, 공생의 길≫----- ▽△▼▲

▷ 깊은 산 오솔길 옆 작고 맑은 연못에 두 마리의 붕어가 서로 도우며 잘 살았다. 사이좋던 이 붕어들은 어느 날 의견이 달라 싸웠다. 그 싸움으로 인해 한 마리가 죽어 물 위에 떴다.

시간이 흐르면서 죽은 붕어가 썩어 갔고 물도 썩어 갔다. 남은 한 마리는 썩은 물만 먹어야 했다. 한 마리가 죽어 없어지면 혼자 편히 잘 살 줄 알았던 남은 붕어도 썩은 물을 먹고 마침내는 죽었다.

▷ 어느 교회에 경쟁관계라고 생각하는 집사님 둘이서 열심이 특심이었다. 그것을 통하여 서로가 목사님과 교우들에게 인정을 받으려 했다. 경쟁 속에서 상대만 없다면 자신이 더 인정을 받으리라고 생각한 이들은 서로 험담하였고 이로 인해 결국 한 분은 아픔을 안고 그 교회를 떠나게 되었다. 그 후로는 교회 일이 재미가 없어졌고 차라리 그때가 좋았는데 하며 후회했으나 소용없는 일이었다.

♧ ♧ ♧

두 마리 붕어가 죽어 버리자 그 연못에는 아무것도 살지 못했다. 혼자 잘살려는 태도는 결국 자신에게도 피해가 간다. 이웃집이 높아 보여서 헐어 버린다고 내 집이 높아지는 것이 아니라 오히려 먼지 구덩이 속에 빠지게 된다. 힘들고 어려워도 경쟁 속에 있어서 끌어안고 함께 가야 한다. 그래야 내 존재 가치도 더 인정을 받는 것이다. 어느 누구도 무시할 수 없는 것은 주님이 그를 위해서도 죽으셨기 때문이다.

(갈라디아서 5:13) 형제들아 너희가 자유를 위하여 부르심을 입었으나 그러나 그 자유로 육체의 기회를 삼지 말고 오직 사랑으로 서로 종노릇하라

신현주, 〈좌충우돌 예화〉 〈시시콜콜 예화〉, www.sbs66.net

[오늘의 말씀] 에베소서 1장~3장 : 그리스도 안의 연합 → 먼저 성경 읽기

1-3장은 교리적 부분(복음 안에서 은혜와 진리의 충만), 4-6장은 실천적 부분(은혜 안에서 새로운 삶)
(1장) 그리스도를 통한 구원하시는 하나님의 예정과 선택에 대하여 하나님께 드리는 찬양이다.
(2장) 은혜의 선물은 새로운 삶과 유대인과 이방으로 이루어진 교회의 일치를 말씀한다.
(3장) 이방인을 위한 사도의 직분과 교회를 위한 사도의 중재기도가 나온다.

[말씀 묵상]

1. 신령한 복으로 우리에게 주신 복은 너무도 신비하다. "창세 전에 그리스도 안에서 우리를 택하사... 기쁘신 뜻대로 우리를 예정하사...그의 피로 말미암아 구속 곧 죄사함을 받았으니"(1:3-7)라고 하였다. 여기에 하나님의 큰 은혜가 있으며 그러기에 그 하나님을 찬양하는 것이다.
2. 하나님의 구원에 대하여 내가 자랑할 것은 없다. 오직 그의 은혜이기 때문이다. "너희가 그 은혜를 인하여 믿음으로 말미암아 구원을 얻었나니 이것이 너희에게서 난 것이 아니요 하나님의 선물이라"(2:8). 그의 십자가는 우리로 화목케 하셨다. 귀한 선물에 응답하는 믿음의 자세가 필요하다.

[깊은 연구]

1. 경륜(經綸)은 무엇인가? (엡 1:9, 3:2, 3:9)

경륜(dispensation, 헬: 오이코노미아)은 신약성경에 19번 나오는 중에 〈에베소서〉에 3번 나온다. ① 때가 찬 경륜(1:9), ② 하나님의 그 은혜의 경륜(3:2), ③ 비밀의 경륜(3:9)이다. 경륜은 '가사를 관리하고 꾸려 나가는 것'으로, "인간이 특별히 계시된 하나님의 뜻에 복종하는지에 대하여 시험받는 기간"(스코필드 성경)이라고 정의하기도 한다. 성경에서의 경륜은 '청지기 직분, 관리, 다른 사람의 재산에 대한 감시, 혹은 경영'을 말한다. 결국 경륜은 하나님의 뜻을 성취할 때의 두드러진 섭리이다.

2. 〈에베소서〉와 〈골로새서〉의 유사성

두 서신은 '쌍둥이 서신'이라 할 만큼 전개와 어휘 표현에 있어서 유사하며 밀접한 관계성을 갖는다. 즉 두기고가 이 두 편지의 전달자로 보이며(골 4:7, 엡 6:21), 내용에 있어서 유사하여 두 서신 중에서 55개 이상의 구절이 글자까지도 닮아서 쌍둥이의 모습을 보인다. 〈옆의 도표를 참고〉

유사한 내용 및 표현	에베소서	골로새서
죄 사함으로 말미암은 구속	1:7	1:14
서두의 문안	1:15-19	1:3-12
하나님, 그리스도의 충만	1:23,3:19,4:13	1:19, 2:9
하나님, 그 백성으로부터 떠남	2:12, 4:18	1:2
복음의 비밀을 맡은 사도직	3:1-13	1:23-29
그리스도 안에 뿌리가 박힘	3:17	2:7
서로 용납함	4:2	3:13
그리스도의 지체, 연합	4:16	2:19
옛 사람 벗고 새사람 입으라	4:22-23	3:9-10
서로 용서하기를 그리스도께 하듯	4:32	3:13
탐심을 우상 숭배로 규정	5:5	3:5
세월을 아끼라	5:16	4:5
노래와 찬양을 통한 감사 표현	5:19	3:16
남편과 아내	5:22-23	3:18-19
부모와 자녀	6:1-4	3:20-21
종과 주인	6:5-9	3:22-25

통독	254
확인	

공부 에베소서 1장~3장 : 그리스도 안의 연합

1. 에베소서는 누가 누구에게 보낸 서신인가?(1:1-2) -
2. 다음 말씀은 하나님(성부, 3-6절), 그리스도(성자, 7-12절), 성령(13-14절) 중에서 누구의 사역인가?
   1) 창세 전에 그리스도 안에서 우리를 택하사 우리로 그 앞에 거룩하고 흠이 없게 하셨다. -
   2) 그의 피로 말미암아 구속 곧 죄 사함을 받았다. -
   3) 믿어 약속의 이것으로 인치심을 받았다. -
3. "그의 은혜의 영광을 찬미, 그의 영광의 찬송이 되게, 그의 영광을 찬미하게"가 나온 절은? - 1:
4. 만물을 그 발아래 복종하게 하시고 그를 만물 위에 ( )로 주셨느니라(1:22).
5. 긍휼에 풍성하신 하나님이 우리를 어떻게 살리셨나?(2:4-5) -
6. 하나님의 선물은 무엇인가?(2:8) -
7. 우리는 무엇을 위하여 지으심을 받았나?(2:10) -
8. 이방인이었던 자들이 이제는 어떻게 되었나?(2:13) -
9. (3: 절) 이방인들이 복음으로 말미암아 ~

10. (3: 절) 모든 성도 중에 지극히 작은 자보다 ~
11. (3: - 절) 믿음으로 말미암아 그리스도께서 ~

12. (3: 절) 그 넓이와 길이와 ~

▲▼△▽ -----≪이미 떠나버린 기차≫----- ▽△▼▲

어느 날 아침, 김백두 목사는 서울 가는 기차를 타려고 대전역을 향하여 숨을 몰아쉬며 뛰었다. 연거푸 자신의 팔뚝을 올려 시간을 보고 또 눈앞에 나타난 역전의 시계탑을 보며 매표소에 다다랐다.

"8시 정각 기차가 몇 시에 떠나나요?" 매표원은 "8시 정각에요."라고 대답했다.

"그러면 지금 내 시계로 7시 58분이고 시계탑 시계로는 7시 57분, 역 대합실 시계로는 8시 3분인데 나는 어떤 시계에 맞추어야 합니까?" 다시 매표원이 말했다. "어떤 시계에 맞추든지 손님 마음대로입니다만 손님은 8시 정각 기차를 탈 수 없습니다. 그 기차는 이미 3분 전에 떠났습니다."

매표원의 말에 김백두 목사는 혼자 중얼거렸다. "내 시계로는 아직 7시 58분인데..."

매표원은 '저런 멍청이, 맞지 않는 시계가 기준이냐?'라고 속으로 조용히 말했다.

♧ ♧ ♧

타이밍을 놓치면 괴로움이 찾아온다. 인생에는 여러 차례 기회가 오고 이 기회를 잘 살려야 한다. 사람과의 사이에서도 사랑을 고백할 때가 있는데, 이미 마음이 떠난 사람의 바짓가랑이를 붙잡아도 소용이 없다. 그래서 가는 사람 잡지 않고 오는 사람 막지 않는다 했던가?

하나님은 당신의 때를 말씀하셨고, 바울은 은혜 받을 만한 때, 구원의 날을 증거했다(고후 6:2).

(에베소서 1:4) 곧 창세 전에 그리스도 안에서 우리를 택하사 우리로 사랑 안에서 그 앞에 거룩하고 흠이 없게 하시려고

(에베소서 5:16) 세월을 아끼라(기회를 선용하라) 때가 악하니라

신현주, 〈좌충우돌 예화〉〈시시콜콜 예화〉, www.sbs66.net

[오늘의 말씀] 에베소서 4장~6장 : 그리스도 안의 생활 → 먼저 성경 읽기

교리적 부분(1-3장)에 이어, 실천적 부분인 4-6장에서는 구원에 뒤따르는 삶의 문제를 다룬다.
(4장) 교회를 몸으로 비유하여 한 몸으로서의 연합과 그리스도 안에서의 새로운 삶을 말씀한다.
(5장) 그리스도인의 빛 안에서의 삶, 그리고 남편과 아내 문제를 말씀한다.
(6장) 자녀와 부모, 하나님의 전신갑주를 비유로 성도의 영적 무장을 가르친다.

[말씀 묵상]

1. 진리를 듣고 배웠으면 그 삶이 옛 사람을 벗어 버리고 새사람을 입는 변화가 요구된다(4:20-32). ① 유혹의 욕심을 따라 구습을 좇는 옛 사람을 벗어 버려라(4:22). ② 의와 진리의 거룩함으로 지으심을 받은 새사람을 입으라(24절). ③ 참된 것을 말하라(25절). ④ 분을 품지 말고 마귀로 틈타지 못하게 하라(26-27절). ⑤ 도적질하지 말라(28절). ⑥ 성령을 근심하게 하지 말라(30절).
2. "아내들이여 자기 남편에게 복종하기를 주께 하듯 하라"(5:22) 했고, "남편들아 아내 사랑하기를 그리스도께서 교회를 사랑하시고 위하여 자신을 주심 같이 하라"(5:25) 하셨다. '복종'도 힘든 일이겠지만 '그리스도께서 자신을 주심'이란 십자가의 죽으심이니 이 얼마나 더 힘든 일인가?

[깊은 연구]

1. 은사에 대하여 (엡 4:11)

고전 12:8-10에는 9가지 은사를, 롬 12:6-8에는 7가지 은사를 말한다. 그리고 엡 4:11에는 5가지 은사를 말한다. "그가 ① 혹은 사도로, ② 혹은 선지자로, ③ 혹은 복음 전하는 자로, ④ 혹은 목사와 ⑤ 교사로 주셨으니"라고 하여 주로 직책에 대한 은사를 말한다. 이 본문 외에도 다른 곳에서 부분적으로 은사를 말하는 곳들도 많기 때문에 은사가 몇 가지라고 단정하여 말하기는 어렵다. 〈제1권 통독 88일째, 제2권 통독 175일째 참고〉

2. 영적인 무장 (엡 6:10-17)

1) 성도는 하나님의 편에 서 있지만 아직도 마귀와 그의 세력들과의 싸움을 싸워 이겨야 한다. 이 대결에서 이기기 위해서 그리스도인은 '하나님의 전신갑주'를 입어야 한다. 완전히 무장한 로마군 보병의 모습으로부터 시작해서 이 싸움에서 그리스도인들을 지켜 주고 보호해 줄 수 있는 것을 열거한다. 곧 "진리, 의, 평안, 믿음, 구원(에 대한 소망)"이다. 이 전투에서 사용하는 유일한 공격용 무기는 '하나님의 말씀'이다. 이 말씀은 성령을 통하여 작용하며 효력을 낸다.

2) 하나님이 해 주시는 무장에 대해서는 시 35:2-3, 59:17, 외경 지혜서 5:16-21에서 참고하고, 그리스도인의 무장에 대해서는 롬 13:12, 고후 6:7, 10:4, 살전 5:8, 벧전 4:1을 참고하라.

■ 블레셋 병사의 두상
호전적인 블레셋 병사의 부조이다. 바울은 영적인 무장의 비유로 "하나님의 전신갑주를 입으라" 하였다(엡 6:10-17).

통독	255
확인	

공부 에베소서 4장~6장 : 그리스도 안의 생활

◇ 다음 물음에 간단히 답하세요(4장).

1. '하나'라고 한 것들을 모두 써 보세요(3-6절). -
2. 각 사람에게 무슨 직책을 주셨나?(11절) - 1) 2) 3) 4) 5)
3. 하나님이 직분을 주신 목적은?(12절) - 1) 2) 3)
4. 무엇을 벗고 무엇을 입어야 하나?(17-24절) -
5. 하나님의 성령에 대한 자세는?(25-32절) -

◇ 다음 ( ) 안을 채워서 성구를 완성하고 장절을 쓰세요(5-6장).

6. 그리스도께서 너희를 ( )하신 것 같이 너희도 ( ) 가운데서 행하라. - (:)
7. 너희가 전에는 ( )이더니 이제는 ( )이라 빛의 자녀들처럼 행하라. - (:)
8. ( ) 취하지 말라 이는 방탕한 것이니 오직 ( )을 받으라. - (:)
9. ( ) 자기 남편에게 복종하기를 ( ) 하라. - (:)
10. ( ) 아내 사랑하기를 그리스도께서 ( )하시고 위하여 ( ) 같이 하라. - (:)
11. ( ) 너희 부모를 ( )하라 이것이 옳으니라. - (:)
12. ( ) 너희 자녀를 노엽게 하지 말고 오직 ( )로 양육하라. - (:)
13. ( ) 두려워하고 떨며…육체의 상전에게 순종하기를 ( ) 하여. - (:)
14. 마귀의 ( )를 능히 대적하기 위하여 ( )를 입으라. - (:)

▲▼△▽ -----≪요즘 무슨 재미로 사시나?≫----- ▽△▼▲

교육 연령이 자꾸 낮아지면서 어린이들은 일찍부터 인생이 고달파지고 또 한편 조숙해졌다. '제도권 교육'을 받는 5살 아이는 어린이집을, 6살 아이는 유치원을, 7살 아이는 초등학교를 다녀왔다. 이들 어린이 세 명이 놀이터에서 심각한 얼굴로 만났다. 이미 놀이터에는 3~4살 가량의 '제도권 교육'을 받지 않는 아기들이 엄마와 함께 또는 스스로 와서 놀이기구를 타고 흙장난을 하면서 놀고 있었다. 이 모습을 본 '제도권 교육'을 받는 세 아이가 각각 자기의 심정을 말했다.

5살(어린이집) - 나도 저런 때가 있었는데… 휴우(한숨).

6살(유치원생) - 생각하면 뭐해, 다 지난 일인걸… 휴우(한숨).

7살(초등학생) - 나는 요즘 학교 갔다 오면 쟤들 노는 것 보는 재미로 산다니까? (히히)

♧ ♧ ♧

그대는 요즘 무슨 재미로 사는가? 인생에 재미가 있어야 일이나 건강에 효율이 높아진다. 직업은 '해야만 하는 일'이고, 취미는 '하고 싶은 일'인데, 취미와 직업이 하나인 사람은 진정 행복하다. 비록 하는 일이 힘들어도 재미가 있고, 보람이 있으며, 사람들의 인정까지 받으면 금상첨화다. 물론 일이 밥도 되어야지 일만 되면 자기 보람으로 끝나고 가족들은 괴롭다. 누구처럼… 어린이들이 변화에 적응해야 하듯이 성도도 옛 사람을 벗고 새사람을 입는 변화에 적응해야 한다.

(에베소서 4:22-24) 너희는 유혹의 욕심을 따라 썩어져 가는 구습을 좇는 옛 사람을 벗어 버리고 오직 심령으로 새롭게 되어 하나님을 따라 의와 진리의 거룩함으로 지으심을 받은 새사람을 입으라

신현주, 〈좌충우돌 예화〉 〈시시콜콜 예화〉, www.sbs66.net

〈빌립보서〉를 소개합니다

제목에 대한 해설

본서의 헬라어 제목은 '프로스 필립페시우스'로서 '빌립보인들에게'라는 뜻이다. 이를 〈빌립보 교회에 보낸 편지〉 또는 〈빌립보서〉 등으로 부르게 되었다.

저작에 대하여

저자: 바울과 디모데(1:1). 바울서신 중 〈고후, 빌, 골, 살전, 살후, 몬〉 등 6권의 발신인이 바울과 디모데로 되어 있다.

수신자: '빌립보에 사는 모든 성도와 감독과 집사들에게'(1:1)로 되어 있다. 빌립보 교회는 바울의 제2차 전도여행 중에 마게도냐 지역(오늘의 유럽)에 처음 세워진 교회다(행 16장).

연대 및 장소: 주후 62년경 로마 옥중(1:7, 1:13-14, 2:17)에서 기록하였다. 바울의 4대 옥중서신 중에 하나이다.

본서의 목적 및 특징

1) 목적

바울이 ① 빌립보 교인들에게 헌금을 보내준 것에 대해 감사의 뜻을 표하기 위해(4:10, 14-20), ② 자신의 투옥이 복음의 퇴보를 가져오는 것이 아님을 확인함으로 빌립보 교인들의 염려를 없애기 위해(1:12-26), ③ 왜 에바브로디도를 되돌려 보내는지 알게 하려고(2:25-30), ④ 분열의 위험을 알고 한 마음으로 연합할 것을 권면(1:27, 2:1-11, 4:2 이하)하기 위해.

2) 특징

① 구약의 인용이 없다. 이는 빌립보에 유대인이 거의 없었고 회당도 없었기에(행 16:13) 이방인 교인들에게 굳이 구약성경을 인용할 이유가 없었다고 본다.

② 본서는 별명이 '기쁨의 서신'으로 '기쁨'이라는 단어가 16회나 나타난다. 옥중에 있는 바울이 옥 밖의 성도들에게 기뻐하라는 점에서 가치가 더 있다.

③ 빌립보 교회가 옥중에 있는 바울에게 에바브로디도 편에 보낸 후원금은 바울 개인에게 한 것이 아니라 하나님께 드린 것으로 "이는 받으실 만한 향기로운 제물이요 하나님을 기쁘시게 한 것이라"(4:18) 하였다. 이는 선교사역의 중요성과 선교사를 돕는 것은 결국 하나님을 기쁘시게 하는 것임을 가르쳐 준다.

3) 바울의 옥중서신

네 편의 서신, 즉 〈에베소서〉, 〈빌립보서〉, 〈골로새서〉, 〈빌레몬서〉를 일컫는 말이다. 〈사도행전〉에서 보면 바울은 빌립보(16:23), 예루살렘(21:33 이하), 가이사랴(23:33-35), 그리고 로마(28:16)의 감옥에 들어간 적이 있다. 이 중에서 옥중서신은 '로마 옥중'에서라는 것이 전통적인 견해다.

4) 빌립보 도시

주전 358/7년에 알렉산더 대왕의 아버지인 마게도냐의 왕 빌립 2세가 세웠고 그의 이름을 따라 명명된 도시이다. 바울은 2차 전도여행 중인 49/50년경에 유럽의 최초 교회인 빌립보 교회를 세웠다(행 16장).

특기 사항

1) 그리스도 예수의 마음(2:5-11)

"너희 안에 이 마음을 품으라 곧 그리스도 예수의 마음이니"(2:5)에 이어지는 6-11절은 '그리스도의 찬가'이다. 하나님의 아들이 천상의 영광을 버리고 인간 존재의 비천한 처지로 내려와서 십자가의 죽음이라는 극한의 낮은 자리에 이르기까지 걸어가신 삶의 길을 서술한다(6-10절). 그리스도가 걸어가신 이 길에 대한 하나님의 응답을 지적한다. 곧 그리스도를 모든 사람 위에 주님으로 높이심이다(9-11절). 그리스도는 자의로 피조물로서의 인간 존재의 한계를 취하시고 인간의 간고와 죽음을 떠맡으심으로써 이기심과 죄와 죽음의 세력을 꺾으셨으며(롬 5:12-19), 만유의 지배자가 되셨다. 이 주님께 그리스도인들은 굴복하게 되었다. 그리스도가 걸으신 길은 그리스도인들의 삶의 근거, 힘, 모범이 되어야 한다(5절). 그리고 남을 위해 살아야 한다(5절). 6절의 '본체'와 7절의 '형체'는 단지 외적인 모습만 아니라 존재 양태를 표시한다.

2) 하늘에 있는 시민권(3:20)

3:18-19에서 거짓 교사들은 그리스도 십자가의 원수로서 세상적인 것에 사로잡혀 있으며, 멸망의 길을 가고 있다. 그러나 그리스도인들은 아직은 그들의 참된 본향에서 멀리 떨어져 살고 있지만 이미 하늘의 시민이다(빌립보 사람들은 로마 제국의 한 식민지의 시민으로 로마 시민권을 가지고 있었다). 거기로서 그리스도인들은 삶의 변화와 완성을 기다린다(고전 15:49, 고후 5:1 참고).

〈골로새서〉를 소개합니다

제목에 대한 해설

본서의 헬라어 제목은 '플로스 콜로싸에이스'로서 '골로새인에게'라는 뜻이다. 자연히 〈골로새 교회에 보낸 편지〉 또는 〈골로새서〉 등으로 불렸다.

저작에 대하여

저자: "예수의 사도 된 바울과 형제 디모데"(1:1)이다. 바울서신 중 〈고후, 빌, 골, 살전, 살후, 몬〉 등 6권의 발신인이 바울과 디모데로 되어 있다. 바울이 도망쳤던 오네시모를 위해 골로새에 있는 주인 빌레몬에게 글을 쓰면서(몬 7-12) 골로새 교회에도 편지를 쓴 것이 〈골로새서〉이다.

수신자: "골로새에 있는 성도들"(1:2)이 우선 수신자이지만 바울은 골로새 근방의 라오디게아 교회에서도 이 서신이 읽히기를 원하였다(4:16).

연대 및 장소: 바울이 주후 61-63년경 로마 옥중에(행 28:16-31) 있을 때에 기록한 것으로서 보통 62년경을 본서의 기록 연대로 본다. 옥중서신(에베소서, 빌립보서, 골로새서, 빌레몬서) 중의 하나이다(4:3, 10, 18).

특징 및 배경

1) 바울은 골로새에 교회를 세우지는 않았다(2:1). 제3차 전도여행 중에 에베소에서 3년간 전도할 때에 복음을 듣고 회심한 사람들이 바울의 동역자가 되어 연고가 있는 도시에 가서 복음을 전하고 그곳에 교회를 세웠을 것이다. 골로새 교회는 에바브라의 전도 사역에 의해 세워졌을 가능성이 있으며, 이단 사상들로 인해 바울과 의논하였다(1:7-8, 4:12-13).

2) 바울은 골로새 교회에 침투한 이단들을 대적하고 반박하기 위하여 그리스도의 완전하심을 말하고 있다. 즉 하나님의 형상인 그리스도(1:15), 만물의 창조주(1:16), 만물보다 먼저 계신 분(1:17), 죽은 자 가운데서 먼저 부활하신 분(1:18), 하나님의 충만한 신성을 몸에 지닌 분(1:19, 2:9), 또한 하나님과 인간을 화해시키는 유일한 중보자(1:20-22)임을 강조하고 있다.

특기 사항

1) 바울이 방문한 적 없는 골로새 교회

골로새는 바울이 인근 지역인 에베소의 전도 때에 에바브라가 그 열매였던 것으로 추측된다. 그 전도는 강력하여서 "아시아에 사는 자는 유대인이나 헬라인이나 다 주의 말씀을 듣더라"(행 19:10)라고 하였다. 골로새 교회는 사도행전에 바울의 방문 기록이 없고 바울 자신이 "그리스도 예수 안에 너희의 믿음과...을 들음이요"(1:4)라든가, "내가 너희와 라오디게아에 있는 자들과 무릇 내 육신의 얼굴을 보지 못한 자들을 위하여"(2:1)라는 점에서 바울의 생애 중에 친히 골로새를 방문하지는 않은 것으로 보인다. 그리고 에바브라에 대하여 "성령 안에서 너희 사랑을 우리에게 고한 자니라"(1:8)라고 하여 그의 역할을 말해 준다.

2) 골로새 교회에 침투한 이단적인 요소들

① 유대교의 의식주의 - 할례(2:11, 3:11), 음식에 관한 규례, 절기(2:16-17) 등 율법적인 의식들을 중시하는 유대교적인 사상이 골로새 교회를 위협했다

② 거짓 철학 - 초기 영지주의(Gnostics)는 자신들의 체험(2:18)과 사람의 유전(2:8)에 근거하여 영적 지식(헬, 그노시스)을 내세우면서 교인들을 진리로부터 벗어나도록 유혹하였다. 그들은 스스로 영적 비밀을 깨달은 자로 자처하면서, 그리스도의 충만하신 신성과 주권을 부인하였다.

③ 금욕주의 - 거짓 교사들은 엄격한 규율을 육체에 가함으로써 육신의 욕망을 억눌러야 한다고 가르쳤다(2:21). 그들은 자신들의 몸을 괴롭게 하는 등 스스로 지어낸 방법으로 하나님을 숭배코자 했으며, 그렇게 함으로써 스스로 경건하고 겸손한 자인 체하였다(2:18, 23).

④ 천사 숭배 - '천사를 숭배'한다기보다 '천사의 숭배'에 참여한다는 말이다(2:18). 즉 거짓 교사들은 천사들이 하나님께 드리는 경배에 자신들도 참여한다는 뜻에서 천사들의 경배를 흉내 내고자 했다. 자신들은 천사와 직접 교통할 수 있으며, 하나님과 사람 사이에 중보자가 반드시 필요한 것은 아니라고 했다.

[오늘의 말씀] 빌립보서 1장~4장 : 그리스도 안에서의 기쁨 → 먼저 성경 읽기

(1장) 바울은 옥중에서도 빌립보 교인들을 생각하면 감사가 넘친다. 매임이 오히려 복음의 진보가 된다.
(2장) 그리스도 예수의 마음을 품을 것을 권면하며 파송한 에바브로디도를 돌려보내는 일을 설명한다.
(3장) 성도들의 생활과 목표에 대해 가르친다.
(4장) 빌립보 교인들의 도움에 대하여 바울은 하나님이 받으실 만한 향기로운 제물이라고 칭찬한다.

[말씀 묵상]

1. "나의 매임이 그리스도 안에서 온 시위대 안과 기타 모든 사람에게 나타났으니"(1:13)라는 바울의 고백은 당시 세계의 지배자였던 로마에 위대한 복음의 확산을 예고하는 것이다. 로마의 중심지인 시위대(왕을 호위하는 경호대) 안의 사람들에게 복음을 증거할 수 있게 되었으니 바울의 매임(옥에 갇힘)이 "도리어 복음의 진보"(1:12)가 되었다. 하나님은 악을 선으로 바꾸신다.
2. 빌립보 교회는 바울의 쓸 것을 여러 번 헌금해 준 믿음의 행실이 있는 교회다(4:14-22). 옥중에 있는 바울을 위하여 헌금을 모아 에바브로디도 편에 보냈고 그것을 받은 바울은 그들을 칭찬하였다. "너희에게 유익하도록 과실이 번성하기를…향기로운 제물이요 하나님을 기쁘시게 한 것…너희 모든 쓸 것을 채우시리라"(4:17-20) 하였다. 헌금 정신은 고린도후서 8-9장에서도 볼 수 있다.

[깊은 연구]

1. 그리스도 예수의 마음 (2:5-11)

"너희 안에 이 마음을 품으라 곧 그리스도 예수의 마음이니"(2:5)에 이어지는 6-11절은 '그리스도의 찬가'다. 이 찬가는 하나님의 아들이 천상의 영광을 버리고 인간 존재의 비천한 처지로 내려와서 십자가의 죽음이라는 극한의 낮은 자리에 이르기까지 걸어가신 삶의 길을 서술한다(6-10절). 또한 이 찬가는 그리스도가 걸어가신 이 길에 대한 하나님의 응답을 지적한다. 그것은 곧 그리스도를 모든 사람 위에 주님으로 높이심이다(9-11절).

그리스도는 자의로 피조물로서의 인간 존재의 한계를 취하시고 인간의 간고와 죽음을 떠맡으심으로써 이기심과 죄와 죽음의 세력을 꺾으셨으며(롬 5:12-19), 만유의 지배자가 되셨다. 이 주님께 그리스도인들은 굴복하게 되었다. 하나님께서 그리스도를 통하여 하신 일은 그리스도인들에게도 타당하다. 그리스도께서 걸으신 길은 그리스도인들의 삶의 근거, 힘, 모범이 되어야 하는 것이다(5절). 그리고 남을 위해 살아야 한다(5절). 6절의 '본체'와 7절의 '형체'는 단지 외적인 모습만 아니라 존재 양태를 표시한다.

■ 고대 빌립보 시의 원형극장
옥중에 있는 바울은 오히려 옥 밖의 빌립보 성도들을 향해 '기뻐하라'고 권면하였다(빌 4:4).

공부 빌립보서 1장~4장 : 그리스도 안에서의 기쁨

1. 그리스도 예수의 종 (　　　　)과 (　　　　　)는 그리스도 예수 안에서 (　　　　　)에 사는 모든 (　　　　)와 또는 (　　　　)들과 (　　　　)들에게 편지하노니(1:1).
2. 나의 (　　)이 그리스도 안에서 온 (　　　　) 안과 기타 모든 사람에게 나타났으니(1:13).
3. 무슨 방도로 하든지 전파되는 것은 (　　　　　)니 이로써 내가 기뻐하고 또한 기뻐하리라(1:18).
4. 우리는 누구의 마음을 품어야 하는가?(2:5) -
5. 예수님께서 하나님께 복종하시기를 어떻게 하기까지 하셨나?(2:8) -
6. 모든 일을 어떻게 해야 하나?(2:14) -
7. 바울은 에바브로디도를 어떤 사람으로 평하는가?(2:25) -

8. 바울은 이단자들에 대해 경계하면서 자신을 어떻게 소개하나?(3:1-8을 읽고 답은 5-6절에서) -
9. 우리의 시민권은 어디에 있는가?(3:20) -
10. (빌 4:4) -
11. 빌립보 교인들이 바울에게 쓸 것(선교비)을 준 것의 결과는?(4:14-20)
    1) 너희에게 유익하도록 ~　　　　2) 받으실 만한 ~
    3) 하나님을 ~　　　　4) 그 풍성한 대로 ~
12. 빌립보서에 '기쁨(기뻐)'이라는 단어가 몇 번이나 나오는지 전체를 읽고 답하세요. - (　　번)

▲▼△▽ -----≪첫 열매를 드리는 사람들≫----- ▽△▼▲

▷ 오래전 시골교회에 시무할 때에 이 집사님은 매년 봄, 처음 일한 품삯을 주의 종의 도서비라며 강단에 드렸다. 나로서는 개인적으로 쓸 수 없어서 교회 마이크스탠드를 사기도 했고 아동부 교사들에게 참고서적을 사 주기도 했다. 그 자녀들은 다 복을 받아 은혜롭게 산다.

▷ 서울로 간 전 집사님은 첫 열매 정신을 자녀들에게 심어 주어 큰딸이 대학을 졸업하고 취직하여 처음 받은 월급을 전액 첫 열매로 드렸다. 새내기로서 필요한 것들을 구입해야 하고 직장을 다니려면 용돈도 필요할 텐데 먼저 하나님 말씀을 삶에 적용했다.

▷ 특별 사역을 위해 부임한 윤 전도사님은 교회에서 받은 첫 사례비 전액을 헌금했다. 재정부에서 담임목사에게 보고를 했더니 학업 중에 있으므로 적절한 때 도서비라도 따로 드리도록 했다. 전도사님은 하나님께 드려서 영광이고, 교회는 은혜로 전도님께 드리므로 복이 되었다.

♧ ♧ ♧

이런 믿음은 귀하면서 그 자신들도 잘되는 것을 현실에서 본다. 목회에서 이런 저런 일들을 겪으며 성도들의 믿음에 은혜를 받는다. 남에게는 잘 하라고 하고 자신은 잘 못했던 것으로 이율배반적인 마음이 들지만 대신 현재의 삶이나 앞으로의 삶에서 더 헌신하고 싶다. 그대도 좋은 마음을 먹고 실천하면 복되어 하나님께 향기로운 제물이 될 것이다.

(빌립보서 4:18) 내게는 모든 것이 있고 또 풍부한지라 에바브로디도 편에 너희의 준 것을 받으므로 내가 풍족하니 이는 받으실 만한 향기로운 제물이요 하나님을 기쁘시게 한 것이라

신현주, 〈좌충우돌 예화〉 〈시시콜콜 예화〉, www.sbs66.net

[오늘의 말씀] 골로새서 1장~4장 : 그리스도의 복음을 지킴 → 먼저 성경 읽기

(1장) 그리스도인의 인격과 사역, 그리고 교회의 종으로서의 바울이 하는 일을 말한다.
(2장) 그리스도 안에서의 충만한 삶과 그리스도와 함께 죽고 사는 생활을 가르친다.
(3장) 옛 생활과 새 생활, 새 삶에서의 인간관계로서 부부, 자녀 문제를 다룬다.
(4장) 이어서 상전으로서의 처신을 말한다. 기도와 불신자들과 관계성에 대한 가르침을 주고 있다.

[말씀 묵상]

1. **에바브라**는 골로새 교회의 설립자이거나 담임목사였을 것이다. 그는 신실한 일꾼으로서 골로새 교인들을 '가르쳤고, 애써 기도하여 하나님의 모든 뜻 가운데서 완전하고 확신 있게 서기를 구하였다'(1:7, 4:12). 이처럼 하나님의 종은 양떼들을 위하여 가르치고 기도한다.
2. 주님은 겸손한 자에게 은혜를 베푸신다. "일부러 겸손"(2:18)해한다면 오히려 상을 빼앗긴다. 겸손을 꾸미는 유대주의자들은 외식(外飾)하는 자들이었지만 그대는 진짜 겸손한 자이어야 한다.
3. "하나님이 전도할 문을 우리에게 열어 주사 그리스도의 비밀을 말하게 하시기를 구하라"(4:3). 교회는 언제나 전도의 사명을 가지고 있으면서 결실이 없을 때는 스트레스를 받기도 한다. 전도의 압박은 인간적인 노력으로 해결되는 것이 아니므로 하나님께 "전도할 문"을 열어 달라고 매달리자.

[깊은 연구]

1. 골로새 교회에 침투한 이단적인 요소들

1) 유대교의 의식주의 - 할례(2:11, 3:11), 음식에 관한 규례, 절기(2:16-17) 등 율법적인 의식들을 중시하는 유대교적인 사상이 골로새 교회를 위협했다.

2) 거짓 철학 - 초기 영지주의(Gnostics)는 자신들의 체험(2:18)과 사람의 유전(2:8)에 근거하여 영적 지식(헬, 그노시스)을 내세우면서 교인들을 진리로부터 벗어나도록 유혹하였다. 그들은 스스로 영적 비밀을 깨달은 자로 자처하면서, 그리스도의 충만하신 신성과 주권을 부인하였다.

3) 금욕주의 - 거짓 교사들은 엄격한 규율을 육체에 가함으로써 육신의 욕망을 억눌러야 한다고 가르쳤다(2:21). 그들은 자신들의 몸을 괴롭게 하는 등 스스로 지어낸 방법으로 하나님을 숭배코자 했으며 스스로 경건하고 겸손한 자인 체하였다(2:18, 23).

4) 천사 숭배 - '천사를 숭배'한다기보다 '천사의 숭배'에 참여한다는 말이다(2:18). 즉 거짓 교사들은 천사들이 하나님께 드리는 경배에 자신들도 참여한다는 뜻에서 천사들의 경배를 흉내 내고자 했다. 자신들은 천사와 직접 교통할 수 있으며, 하나님과 사람 사이에 중보자가 반드시 필요한 것은 아니라고 했다.

■ 골로새 지방의 산야(山野)
골로새 교회는 에바브라에 의해 시작되었다(골 1:7). 골로새 교회는 율법주의와 영지주의의 도전을 받았다.

통독	257
확인	

공부 골로새서 1장~4장 : 그리스도의 복음을 지킴

1. 신실한 일꾼으로 골로새 교인들을 가르치고 위하여 애써 기도한 자는?(골 1:7, 4:12) -
2. 그가 우리를 (　　　　　)에서 건져 내사 그의 사랑의 (　　　　　)로 옮기셨으니 그 아들 안에서 우리가 구속(救贖) 곧 (　　　　)을 얻었도다(1:13-14).
3. 그의 (　　　　　)로 화평을 이루사...그로 말미암아 자기와 (　　　) 되기를 기뻐하심이라(1:20).
4. 내가 (　　　　　) 된 것은 하나님이 너희를 위하여 내게 주신 (　　　)을 따라 하나님의 말씀을 이루려 함이니라(1:25).
5. (2:　절) 그러므로 먹고 마시는 것과 (절기, 절제)나 월삭이나 (금식일, 안식일)을 인하여 누구든지 너희를 (반론, 폄론)하지 못하게 하라. / (　　) 안에서 틀린 단어 지우기
6. (2:　절) 너희가 세상의 초등 학문에서 그리스도와 함께 (살았거든, 죽었거든) 어찌하여 세상에 사는 것과 같이 (의문-儀文, 의심-疑心)에 순종하느냐. / (　　) 안에서 틀린 단어 지우기
7. 죽여야 할 "땅에 있는 지체"란 어떤 것인가?(3:5) -
8. 새사람은 어떤 자인가?(3:9-11을 읽고 답은 10절에서) -
9. (3:18) 아내들아 ~
10. (3:21) 아비들아 ~
11. (4:　절) 기도를 항상 힘쓰고 ~
12. (4:　절) 너희 말은 항상 ~
13. 바울의 편지는?(4:16) - 1) 받은 한 교회만 읽었다(　　), 2) 돌려가며 읽었다(　　)

▲▼△▽ -----≪개를 빌릴 수 있나요?≫----- ▽△▼▲

이한라 집사가 길에서 영구차 뒤에 또 다른 영구차가 가는 걸 봤다. 그리고 그 영구차를 따라 한 여인이 소복을 입고 개와 함께 걷고 있었다. 구경하던 이 집사는 호기심에 여인에게 다가가 물었다.
"이런 장례식을 본 적이 없네요. 대체 누구 장례식이죠?"
"내 남편이요. 내가 기르던 개가 남편을 공격해서 죽게 했어요."
이한라가 더 묻기를, "그러면 두 번째 영구차에는 누가 있나요?"
"우리 시어머니요. 남편을 살리려고 무모하게 도와주다가 그만..."
둘 사이에 침묵의 시간이 흐른 뒤, 이한라 집사가 결심을 한 듯 슬며시 미망인 여인에게 물었다.
"당신의 개를 빌릴 수 있나요?" 그 말에 여인은 단호하게 말했다.
"순서를 기다리세요. 예약이 많이 밀렸습니다."

♧ ♧ ♧

인생은 미운 정 고운 정 들며 사는 것이라는데, 서로 양보하며 인정하고 살다 보면 세월은 은혜롭게 흘러간다. 많은 사람이 '말이 안 통한다'고 아파한다. 비난하는 말, 시비하는 말, 책망하는 말을 누가 듣기 원하겠는가? 결혼했기에, 아이들 때문에, 불쌍해서, 대안이 없어서 그냥 사는가? 기왕 사는 것, 하나님과 사람 앞에 부끄럼 없도록 복종과 사랑의 원리를 잘 새겨 보라.

(골로새서 3:18-19) 아내들아 남편에게 복종하라 이는 주 안에서 마땅하니라 남편들아 아내를 사랑하며 괴롭게 하지 말라

신현주, 〈좌충우돌 예화〉 〈시시콜콜 예화〉, www.sbs66.net

〈데살로니가전서, 후서〉를 소개합니다

제목에 대한 해설

데살로니가인의 교회(1:1)에 보낸 서신이므로 〈데살로니가에 보낸 첫 번째(또는 두 번째) 편지〉, 〈데살로니가전서(후서)〉 등으로 불렸다.

저작에 대하여

데살로니가전, 후서는 같은 저자에 의해 기록되어 같은 교회에 보내졌으며 거의 같은 시기에 기록되었다.

저자: 바울과 실루아노와 디모데(살전, 후 1:1). 바울서신 중 〈고후, 빌, 골, 살전, 살후, 몬〉 등 6권의 발신인이 바울과 디모데로 되어 있다.

수신자: 데살로니가인의 교회(마게도냐의 수도).

기록 연대 및 장소: 주후 51-52년경 고린도에서 기록했다. 다만 후서는 전서 기록 후 몇 달의 간격이 있었을 것이다.

기록의 배경 및 특징

〈데살로니가전서〉

1) 바울의 제2차 전도여행 중에 빌립보 감옥에서 석방된 바울과 실라(행 16장)는 동역자 디모데와 함께 남쪽 지방을 통과해 데살로니가에 이르러 교회를 세웠다. 후에 자신들을 핍박하던 유대인들을 피해 아덴으로 가므로(행 17:1-15) 데살로니가에 있던 이방 종교에서 회심한 신자들은 외부의 도움 없이 박해에 직면하게 되었다.

2) 〈데살로니가전서〉는 '환난 중에 승리하는 교회의 모습'을 가졌으나 승리의 간증과 종말에 대한 잘못된 생각이 교인들 간에 만연해 있는 신앙적인 어려움이 있었다. 그래서 바울은 먼저 이들의 충성과 인내를 칭찬하며, 임박한 재림의 날을 고대하며 소망 중에 믿음의 선한 싸움을 독려하게 된다.

〈데살로니가후서〉

1) 첫 번째 서신에 나타난 격려의 메시지와 함께 그리스도의 재림과 재림을 대망하는 성도들이 생활 가운데 구현해야 할 성결한 삶을 기록한 데서 보다 진전된 형태로 나타난다.

2) 즉 〈데살로니가전서〉를 받고 그리스도께서 갑작스럽게 임하시리라는 말씀을 오해했던 사람들에게 바울은 그리스도의 재림에 관해 자세히 알려 주어야 할 필요를 느낀다. 그리스도가 재림한다면서 돌아다니며 일상생활에 충실하지 않고 들떠 있는 사람들에게 바울은 다시 오실 그리스도를 기다리는 건전한 태도를 가르친다.

3) 〈데살로니가후서〉 47절 중 18절이 '그리스도의 재림'에 관한 내용을 담고 있다.

특기 사항

1) 그리스도의 재림 신앙(살전 4:13-5:11)

예수님이 이 땅에 초림하셨을 때는 인간의 몸으로 초라하게 마구간에 오셨지만 장차 도래할 그리스도의 재림은 만왕의 왕으로서 영광 중에 오실 것이다(4:16). 재림의 시기는 아무도 모르지만(5:1), 성경은 그리스도 재림의 구체적인 시기보다는 재림을 예비하는 성도들의 자세에 더 초점을 모으고 있다(5:4-8). 곧 도래할 그리스도의 재림을 예비하는 성도로서의 거룩한 삶의 실천을 강조하고 있는 것이다(5:23).

2) 재림 전의 배도(背道)(살후 2:3-4)

데살로니가 교회에 "영으로나 혹 말로나 혹 우리에게서 받았다 하는 편지로나 주의 날이 이르렀다"(2:2)고 하면서 혼란스럽게 하는 자들이 있었다. 그러나 바울은 주님의 재림이 있기 전에 먼저 배도하는 일과 멸망의 아들(적그리스도)의 출현을 예고한다. 즉 적그리스도가 수많은 사람을 미혹하여 그들과 함께 그리스도를 대적하리라는 것이다(2:10-11, 딤후 4:3-4). 하나님은 이러한 반역자들의 횡포를 일시적으로 허용하지만 종말에 엄히 심판하실 것이다(2:6-8).

3) 일하기 싫어하거든 먹지도 말게 하라

살후 3:6-13에는 살전 4:11-12에서와 같이, 일을 하여 자기의 생계를 벌기를 거부하는 자들에 대한 경고가 나타나 있다. 이들은 극도로 긴장된 임박한 종말 기대로 말미암아 일을 하지 않았고, 심지어 일거리를 만드는 골치 아픈 사람들이었다. 바울은 자신의 처신을 모범으로 제시했다(살전 2:9, 고전 4:12, 9:3-17 참고).

〈디모데전서, 후서〉를 소개합니다

제목에 대한 해설

헬라어 제목은 '프로스 티모테온 알파(베타)'로서 〈디모데에게 (보낸) 첫 번째(두 번째) 편지〉라는 뜻으로 알파, 베타는 전서, 후서의 구분이다. 또는 교회는 〈디모데전(후)서〉라 하였다.

저작에 대하여

저자: 사도 바울(1:1). 현대 학자들 중에는 바울 사후에 다른 사람이 바울의 권위 있는 이름으로 썼다고 하는 이들도 있다.

수신자: 디모데(1:2). 바울서신 중 〈고후, 빌, 골, 살전, 살후, 몬〉 등 6권의 발신인이 바울과 디모데로 되어 있고 디모데서에서는 수신자이다.

연대 및 장소: 〈디모데전서〉의 기록 시기는 바울이 에베소에서 3년간 머물고 난 후(행 19:8-10, 20:31), 적어도 8년 경과된 때로서 대략 63-65년경 마게도냐에서 기록한 것으로 보인다. 한편 〈디모데후서〉는 66-67년경에 로마에서(1:15-17) 기록한 것으로 볼 수 있다.

본서의 배경 및 특징

〈디모데전서〉

1) 바울은 디모데에게 편지를 하여 에베소 교회를 잘 돌보라고 권면하였다(딤전 1:3-4). 당시 바울은 마게도냐에 있었던 것 같다. 그는 가까운 장래에 에베소를 방문할 수 없다는 것을 깨닫고(3:14-15), 본 서신을 기록하였다.

2) 본서의 목적으로 ① 거짓 교사들로 인해 악전고투하는 디모데를 격려하기 위하여, ② 디모데가 바울의 권위 아래 일하는 것을 교회들에게 보여 주기 위하여, ③ 교회 내의 제도화를 정비하기 위하여, ④ 교회 성도들 각 사람의 훈련을 위하여 등을 생각할 수 있다.

〈디모데후서〉

1) 〈디모데전서〉와 〈디도서〉는 바울의 에베소 체류 이후에 그의 마게도냐 활동 시기에 속하며(행 20:1-4), 〈디모데후서〉는 바울의 로마 수감 시기에 속한다(행 28:16, 30-31).

2) 디모데의 어머니는 유대인이고 아버지는 헬라인이었다. 디모데는 바울의 제2차 전도여행 중에 바울에게 발탁되었다(행 16:1-3, 딤후 1:5). 바울은 신생 교회 방문에 디모데를 자주 파송했다(데살로니가, 고린도, 빌립보).

특기 사항

1) 목회서신에 대하여

〈디모데전서〉, 〈디모데후서〉, 〈디도서〉, 이 세 권은 '목회서신'으로 교회의 치리와 목회자(디모데, 디도)가 갖추어야 할 지침들을 교훈하고 있다. 중세의 신학자 토마스 아퀴나스(1227-1274)는 "이 세 편지는 모두 교회에서 양을 치는 것에 관해 다루었다."라고 말하였다. 이것을 '목회서신'이라고 부르게 된 것은 18세기 초 이후다. 목회서신은 편지의 형식을 가지고 바울의 가장 친밀한 동역자 두 사람에게 보낸 것으로 〈디모데전서〉와 〈디도서〉에는 교회 조직에 관한 지시, 각 계층에 대한 보고, 거짓 교사들에 대한 논박과 교회의 제도 문제를 신학적 개념이나 인이니 문체에 있어서 동일하게 취급하고 있다. 반면에 〈디모데후서〉는 바울이 자기 제자에게 굳게 서서 이단과 싸우라고 한 권면을 수록하고 있다. 세 편지가 모두 수신자가 개인으로 되어 있지만 실제 개인적인 서신의 내용으로 된 것은 〈디모데후서〉뿐이다.

2) 현대의 선교에 적응하는 서신

디모데서를 잘 읽어 보면 요람기 교회의 형태를 엿볼 수 있는데 이것은 디모데서의 흥미 있는 점이다. 초기였던 이 시기에서 당시의 교회는 이교도라는 대해에 떠 있는 고도와도 같았다. 이교도적 배경을 지녔던 사람들이라서 자신들이 당초에 벗어났던 이교적인 기반으로 되돌아간다는 것은 쉬운 일이었다. 그들의 맑은 마음을 흐리게 하는 불온한 분위기가 그들을 뒤덮고 있었다. 현대의 선교사들이 선교에 있어서 새로운 교회에 이 목회서신이 가장 직접적인 호소를 준다는 경험을 말한다. 즉 인도나 아프리카나 중국 등 초기의 교회들에서 이 말씀의 재현이 이루어진다. 왜냐하면 이 서신에서는 성장 도상에 있는 교회들에서 야기되는 문제들을 손쉽게 엿볼 수 있기 때문이다.

[오늘의 말씀] 데살로니가전서 1장~5장 : 그리스도의 재림(격려) → 먼저 성경 읽기

(1장) 환난을 이긴 데살로니가 교인들에게 칭찬과 격려를 한다.
(2장) 바울의 소망이나 기쁨이나 자랑의 면류관은 데살로니가 교회였다.
(3장) 바울은 아덴에서 디모데를 데살로니가에 보냈다가 그가 기쁜 소식을 가져오므로 위로가 되었다.
(4-5장) 그리스도의 재림에 대한 바른 가르침과 깨어 근신할 것을 가르친다.

[말씀 묵상]

1. 바울은 데살로니가 교회에 대하여 "유모가 자기 자녀를 기름과 같이"(2:7) 하였으며, "아비가 자기 자녀에게 하듯"(2:11) 하여 보모의 심정으로 교인들을 대하였다. 오늘의 교회가 이러한 아름다운 관계를 갖도록 한다면 훨씬 더 발전을 할 것이고 분열의 아픔은 줄어들 것이다.
2. 데살로니가 교회의 환난에 대한 소식에 염려하던 바울은 디모데를 파송했고, 그가 돌아와서 데살로니가 교인들의 "믿음과 사랑의 기쁜 소식을" 전하여 주므로 큰 위로를 받았다(3:6). 주의 종들은 성도들에 대해 사랑의 염려를 하며 그들이 믿음 안에 있다는 소식으로 위로를 받는다.
3. 성도들이 기뻐하는 일은 쉽다. 그러나 항상 기뻐하기는 힘들다. 성도들이 기도하기는 쉽다. 그러나 쉬지 말고 기도하기는 힘들다. 성도들이 감사하기는 쉽다. 그러나 범사(凡事)에 감사하기는 힘들다. 그러나 **하나님의 뜻은 항상, 쉬지 말고, 범사에 잘 하는 것**이다(5:16-18).

[깊은 연구]

1. 그리스도의 재림 신앙에 대하여 (살전 4:13-5:11)

예수님이 이 땅에 초림하신 때는 인간의 몸으로 초라하게 마구간에 오셨지만 장차 도래할 그리스도의 재림은 만왕의 왕으로서 영광 중에 오실 것이다(4:16). 재림의 시기는 아무도 모르지만(5:1), 그리스도 재림의 구체적인 시기보다는 재림을 예비하는 성도들의 자세에 더 초점을 모으고 있다(5:4-8). 곧 도래할 그리스도의 재림을 예비하는 성도로서의 거룩한 삶의 실천을 강조하고 있는 것이다(5:23).

2. 인간에 대한 2분설과 3분설

인간은 **'영과 육'**으로 이루어졌다는 2분설이 히브리의 인간관이었으나, 신약에 이르러서 헬라적인 사고로 인해 3분설이 성행하여 인간은 **'영과 혼과 몸'**으로 이루어졌다고 말하게 되었다. 그러나 결국 한 인간을 말하는 것이며, 중요한 것은 "우리 주 예수 그리스도 강림하실 때에 흠 없게 보전되기를 원하노라"(5:23)라는 말씀처럼 사는 것이다.

■ 그리스 데살로니가의 중심지 전경
데살로니가 교회는 박해 가운데 세워졌다(살전 1:6, 행 17장). 사진은 오늘날 데살로니가 중심지의 화려한 모습이다.

통독	258
확인	

공부

데살로니가전서 1장~5장 : 그리스도의 재림(격려)

1. 바울이 데살로니가 교회의 무엇을 기억하고 있었나?(1:3, 고전 13:13의 세 단어와 동일)
   1) ( )의 역사 2) ( )의 수고 3) ( )의 인내
2. 바울은 데살로니가 교회에 복음을 무엇으로 전했나?(1:5) -
3. 복음을 받은 데살로니가 교인들의 변화는?(1:9-10)
   1) ( )을 버리고, 2) 사시고 참되신 하나님을 ( ), 3) 하늘로부터 ( )하심을 기다린다.
4. 바울은 데살로니가 교회에 대해 누구에게 하듯 했나?(2:7, 11) -
5. 데살로니가 교인들은 바울에게 말씀을 받을 때 어떻게 받았나?(2:13) -
6. 디모데의 데살로니가 방문 보고는 바울에게 위로가 되었나, 시험이 되었나?(3:1-10) -
7. 예수님 강림하실 때에 어떻게 하시기를 원하였나?(3:13) -
8. 하나님의 뜻은 무엇인가?(4:3) -
9. 형제 사랑은 누구의 가르침을 받아 사랑하는 것인가?(4:9) -
10. 자는 자들(죽은 자들)에 관하여 말하는 이유는?(4:13) -
11. 주께서 강림하실 때에 살아남은 자는 어떻게 되는가?(4:16-17)
    -
12. 주의 강림에 대비하는 자세는?(5:6) -
13. 하나님의 뜻은 어떻게 하는 것인가?(5:16-18) -
14. 주 예수 강림하실 때에 흠 없이 보전되어야 하는 것은?(5:23) -

▲▼△▽ -----≪무지한 그대의 뜻은?≫----- ▽△▼▲

▷ 매를 좋아하는 임금이 왕궁 안에서 애완용 매를 기르고 있었다. 새로 임명된 총리대신이 왕궁의 뜰을 거닐다가 임금님의 매를 보게 되었다. 그는 매를 본 적이 없으므로 그것이 못생긴 비둘기인줄 알았다. 총리대신은 새를 사랑하는 마음으로 가위를 가져다가 매의 발톱을 깎고 부리를 잘라 주었으며 깃털도 다듬어 주었다. "이제야 그런대로 볼 만하네. 왕궁의 사육사는 게으름을 피웠나보군!"

▷ 아들에 대해 기대가 큰 엄마는 아들이 의사가 되기를 원하였다. 그러나 아들은 문학을 좋아했기에 그것을 공부하고 싶었다. 자연과학과 인문과학은 서로 안 어울리는 만큼 엄마와 아들의 생각은 조화를 이루지 못했다. 어머니는 아들이 좋아하는 문학책들을 다 버렸고 과외를 시켜 공부에 몰두하게 했다. 모든 것이 차단되어 공부에 몰두하여 의사가 되었으나 늘 허전한 가슴을 채울 수는 없었다.

♧ ♧ ♧

총리대신은 "원 세상에 이렇게 못생긴 비둘기는 처음 보겠군! 몰골이 너무 흉측하여 그냥 둘 수가 없어." 하면서 저 잘났다고 가위를 들어서 자신이 원하는 대로 했지만 결과는 최악이었다.
엄마는 원하는 대로 아들을 의사로 만들어서 대견하다고 생각했지만 아들 자신의 인생은 늘 허전함으로 살았다. 결국 아들은 의사의 일을 포기하고 하고 싶은 일을 위해 늦깎이 공부를 한다.
내가 원하는 대로 만들려 하지 말고 원래의 모습을 찾게 해야 한다.

(데살로니가전서 1:5) 우리 복음이 말로만 너희에게 이른 것이 아니라 오직 능력과 성령과 큰 확신으로 된 것이니 우리가 너희 가운데서 너희를 위하여 어떠한 사람이 된 것은 너희 아는 바와 같으니라

신현주, 〈좌충우돌 예화〉 〈시시콜콜 예화〉, www.sbs66.net

[오늘의 말씀] 데살로니가후서 1장~3장 : 주의 날(설명) → 먼저 성경 읽기

(1장) 바울은 데살로니가 교인들의 믿음과 사랑과 인내를 칭찬하며 환난을 이기도록 격려한다.
(2장) 주의 날이 이르렀다고 동심(動心)하거나 두려워하지 말도록 권면하며 먼저 배도하는 일과 멸망의 아들(적그리스도)이 나타날 것을 말한다. 굳게 서서 바른 가르침을 받은 유전을 지킬 것을 권면한다.
(3장) 주의 날에 대한 오해로 현실 도피적인 사람들에게 일하면서 사는 규모 있는 생활을 권면한다.

[말씀 묵상]

1. 교회는 환난을 통하여 순결하게 된다. 이 환난을 받는 성도에게는 "안식으로 갚으시는 것이 하나님의 공의"(1:7)이시다. 그러나 "환난 받게 하는 자들에게는 환난으로 갚으시고...영원한 멸망의 형벌을 받으리로다"(1:6, 9) 하였다. 믿음으로 사는 그대에게 안식으로 갚으시기를 기도한다.
2. 거짓 것이 진실을 호도하는 세상에서 성도들은 미혹되지 말고 믿음에 굳게 서야 한다. 바울도 데살로니가 교회를 향하여 "...굳게 서서 말로나 우리 편지로 가르침을 받은 유전을 지키라"(2:15) 하였다. 당시 사람들이 바울의 말보다 거짓된 말에 더 미혹되는 자들이 있었다. 자신이 속한 교회에서 가르쳐 주는 하나님의 말씀을 소중히 여기고 흔들리지 않도록 해야 한다.
3. 바울같이 위대한 사도도 언제나 성도들에게 기도를 부탁하였다. "너희는 우리를 위하여 기도하기를..." 하며 기도의 중요성을 보여 주고 있다(3:1). 하물며 우리가 기도하지 않을 수 있으며, 성도들이 목회자를 위하여 기도하지 않을 수 있겠는가?

[깊은 연구]

1. 미혹하는 자들과 배교 (살후 2:1-12)

1) 데살로니가인들은 "주의 날이 이미 이르렀다" 하는 주장으로 인해 당혹에 빠졌다. 이들은 심지어 바울이 하지도 않은 말로 성도들을 미혹하지만, 바울은 "누가 아무렇게 하여도 너희가 미혹하지 말라"(2:1-3) 하고 경계를 말한다. 이 주장은 주의 날은 각자의 내면 속에서 이미 실현되었다(딤후 2:18 참고)고 생각하는 영지주의자들로부터 유래했거나 또는 재림이 바로 앞에 왔다는 광신적 종말론자들로부터 유래했을 것이다.

2) 데살로니가 교회에 "영으로나 혹 말로나 혹 우리에게서 받았다 하는 편지로나 주의 날이 이르렀다고"(2:2) 하면서 혼란스럽게 하는 자들이 있었다. 그러나 바울은 주님의 재림이 있기 전에 먼저 배도하는 일과 멸망의 아들(적그리스도)의 출현을 예고한다. 즉 적그리스도가 수많은 사람을 미혹하여 그들과 함께 그리스도를 대적하리라는 것이다(2:10-11, 딤후 4:3-4). 하나님은 이러한 반역자들의 횡포를 일시적으로 허용하지만 종말에 엄히 심판하실 것이다(2:6-8).

■ 오늘날까지도 부유한 도시인 아테네
바울은 데살로니가와 베뢰아에서 유대인들의 박해를 받은 후에 아덴(아테네)에 이르러 전도한다(행 17장).

공부 데살로니가후서 1장~3장 : 주의 날(설명)

1. (   )과 (   )와 (   )는 하나님 우리 아버지와 주 예수 그리스도 안에 있는 (   )에 편지하노니. - (1:   절)
2. 환난 받는 너희에게는 우리와 함께 (   )으로 갚으시는 것이 (   )시니 주 예수께서 저의 능력의 (   )들과 함께 하늘로부터 불꽃 중에 나타나실 때에. - (1:   절)
3. 우리도 항상 너희를 위하여 (   )은 우리 하나님이 너희를 (   )로 여기시고 모든 선을 기뻐함과 (   )를 능력으로 이루게 하시고. - (1:   절)
4. (2: - 절) 혹 영으로나 혹 말로나 ~
5. (2:   절) 우리가 항상 너희를 위하여 마땅히 하나님께 감사할 것은 ~
6. (2:   절) 형제들아 굳게 서서 ~
7. 우리를 위하여 기도해 달라는 내용은 무엇인가?(참고. 주의 말씀이 ~건지옵소서, 3:1-2)
   -
8. 바울이 본을 보여 준 것은 무엇인가?(3:7-9) -
9. 어떤 자에게 종용히 일하여 자기 양식을 먹으라 했나?(3:10-12) -
10. 갈라디아서 6장 9절과 비슷한 내용이 들어 있는 구절은?(3:6-15) - 데살로니가후서 3장 (절)
11. 순종치 않는 자라도 어떻게 권해야 하는가?(3:14-15) -

▲▼△▽ -----≪주의 날에 대하여(살후 2장)≫----- ▽△▼▲

1) 주의 날은 구약의 '여호와의 날'에 해당하며 이 날은 심판의 날로서 하나님께서 이스라엘의 적들에게 보복하시는 날이다(욜 1:15, 2:1, 3:14, 사 2:12, 13:9, 렘 30:7, 겔 13:5, 암 5:18). 신약에서의 주의 날은 그리스도께서 다시 오시는 때를 말한다.

2) 바울은 그리스도의 다시 오심을 '그 날'(고전 3:13, 롬 13:12, 살후 1:10), '그리스도의 날'(빌 1:10, 2:16), '우리 주 예수의 날'(고전 1:8, 고후 1:14) 등으로 표현했다. '주의 날'에 신자는 영광스러운 부활을 한다. 그러나 불신자들은 진노하시는 하나님 앞에서 심판을 받는다.

3) 데살로니가 교회는 그리스도께서 재림하실 시기에 대한 오해로 인해 많은 문제가 발생했으므로 바울은 '주의 날'이 임할 때 발생하게 될 징조를 알려 줌으로써 성도의 삶에 변화가 있게 했다. 곧 종말이 임박했다는 그릇된 가르침에 미혹되어 자신이 처해 있던 삶의 자리를 맹목적으로 이탈해서 남에게 의지하여 살던 사람들을 바로잡으며 교회의 교훈에 순종하지 않는 자들을 논박하기 위해 바울은 주의 날이 임하기에 앞서 배도하는 일과 불법의 사람이 나타나 진리를 왜곡하고 사람들을 미혹하는 일이 있을 것임을 밝히고 있는 것이다(살후 2:2-4, 단 9:27, 마 24:25, 계 11:7, 13장).

[오늘의 말씀] 디모데전서 1장~3장 : 직분을 맡기심 → 먼저 성경 읽기

바울이 디모데에게 교회와 직분에 대해 지시하고(1-3장), 디모데의 사역에 관해 지시를 한다(3-6장).
(1장) 다른 교훈을 가르치는 거짓 교사들에 대해 경고한다. 충성되이 여겨 직분을 맡기심에도 감사한다.
(2장) 공중예배에서의 규례를 말하는데 특히 남자와 여자로 구분하여 말한다("깊은 연구" 참고).
(3장) 감독과 집사의 자격에 대해 가르치고, 하나님의 집에서 행할 바를 가르친다.

[말씀 묵상]

1. 바울은 과거에 **"훼방자요 핍박자요 포행자"**(1:13)였으나 긍휼을 입은 것을 주께 감사한다. 그 대표적인 표현이 **"나를 충성되이 여겨 내게 직분을 맡기심이니"**(1:12-13)라는 말이다. 이는 실제 자격이 안 되는데도 하나님이 귀한 직분을 주셨다는 것이다. 그대는 직분에 감사하며 감당하려고 애를 쓰는가?
2. 바울은 디모데에게 하나님의 교회에 세움을 받을 **감독과 집사의 직분에 대한 자격**(3:1-13)을 말한다. 여기에서 보면 믿음보다는 현재 삶에서의 덕 문제를 여러 조건으로 제시했다. 믿음은 기본이고 성도는 세상에서 덕을 세우는 하나님의 사람이어야 한다. 〈통독 263일째 해설 참고〉

[깊은 연구]

1. 교회에서의 남자와 여자의 처신 (딤전 2:8-15)

1) 남자들에게는 '손을 들어 기도하라'고 간단히 권면한 반면 여자에 대해서는 현대에는 받아들이기 힘든 것으로 여겨지는 충격적인 말씀들을 하고 있으나 배경적인 이해가 필요하다. 당시에 교회 공동체는 영지주의자들에게 위협을 당하였는데, 그 집단에서 여자들은 주도적이며 선교적으로 공격적인 역할을 했다(12절, 5:13, 딤후 3:6). 그들은 성경 이외의 자료들이 증거하는 바와 같이 여자들은 성적 역할을 극복해야 한다는 견해를 대변했음이 분명하며 성관계와 혼인과 자녀 출산의 포기를 요구했다(4:3). 따라서 바울의 2장 11-15절은 이러한 주장에 대한 반응이다.

2) 본문에서 여자들은 순종해야 한다(11절, 엡 5:22). 여자들이 공식 석상에서 가르치려고 한다면 이는 남자(남편)를 지배하려는 처사이다(12절, 고전 14:34). 남자의 우위성은 고전 11:9에서와 같이 창조기사에 근거를 두었다(창 2:18, 그렇지만 1:27 참고). 여자를 멸시하는 것은 타락 사회로 근거를 댄다(창 3:6).

3) **"그 해산함으로 구원을 얻으리라"**(2:15)라는 말씀도 위의 배경에서 보아야 한다. 구원은 자신의 역사성과 그 결과에 대하여 거부하는 자세를 취함으로써가 아니라 그것들을 하나님의 선물로 긍정함으로써다(5:14, 딛 2:4). 그러니까 15절은 아이를 낳는 것을, 그리스도에 대한 믿음과 독립적으로 여자들을 위한 구원의 길이라고 서술하는 것이 아니라 이른바 영지주의적 구원의 길을 위하여 여자들이 그들의 자연적 규정을 거부하는 태도로부터 그것을 풀어 주는 것이다. 〈제2권 통독 176일째 참고〉

4) 따라서 이 전체 단락은 이단에 대한 규정이지 교회 안에서 여자의 역할을 모든 시대에 적용하도록 확정시키는 말씀이 아니다. 교회에서 거부되어야 하는 것은 여자로 하여금 여자가 되도록 하는 것을 막는 그러한 사랑, 구원론, 역할 규정들이다. 〈독일성서공회판, 《해설 관주 성경전서》, pp. 496-497 요약〉

통독	260
확인	

공부

디모데전서 1장~3장 : 직분을 맡기심

1. 디모데서의 발신 및 수신자는?(1:1-2) - (　　　　)이 (　　　　)에게 보낸 서신이다.
2. 디모데에게 '에베소에 머물라'고 한 이유는?(1:3-4) -
3. 경계의 목적은?(1:5) - 청결한 (　　)과 선한 (　　)과 거짓이 없는 (　　)으로 나는 사랑이다.
4. 바울이 주께 감사하는 이유는?(1:12-17) - 나를 (　　　)되이 여겨 내게 (　　　)을 맡기심.
5. 예수의 오심은?(1:15) - 예수께서 (　　　　　　)하시려고 세상에 임하셨다.
6. 모든 사람을 위하여 할 것은?(2:1-7을 읽고 답은 1절에서 네 단어로) -
7. 하나님이 원하시는 것은?(2:2-4) -
8. 하나님과 사람 사이의 중보는 누구신가?(2:5-6) -
9. 각처에서 남자들이 어떻게 해야 하나?(2:8) -
10. 여자들은 무엇으로 자기를 단장해야 하나?(2:9-15을 읽고 답은 9절에서) -
11. 당시에 여자의 가르치는 것과 남자를 주관하는 것에 대한 바울의 입장은?(2:12) -
12. 다음 말이 해당하는 대로 '감독', '집사', 둘 다 해당되면 '감, 집'이라 쓰세요(3장).

1) 선한 일을 사모한다 - 〔　　　　〕
2) 한 아내의 남편이어야 - 〔　　　　〕
3) 단정하고 일구이언을 하지 아니하고 - 〔　　　　〕
4) 술을 즐기거나 인 박이지 아니하고 - 〔　　　　〕
5) 깨끗한 양심에 믿음의 비밀을 가진 자 - 〔　　　　〕
6) 책망할 것이 없으며 - 〔　　　　〕
7) 자기 집을 잘 다스리는 자 - 〔　　　　〕
8) 구타하지 아니하며 관용하며 - 〔　　　　〕
9) 돈을 사랑치 아니하며 - 〔　　　　〕
10) 외인에게서도 선한 증거를 얻은 자 - 〔　　　　〕

▲▼△▽ -----≪기름 탱크와 방광의 반비례≫----- ▽△▼▲

휴가를 통하여 그대는 쉼을 얻는가? 휴가를 준비할 때부터 기대는 크겠지만 결코 쉼을 얻지 못한다.
잔뜩 긴장한 김백두 집사는 출발하는 날 아침 일찍 가족들을 깨운다. 아이들을 일렬로 세워 놓고 마치 훈련 조교처럼 큰 소리로 명령을 발한다. "자! 잘 들어라. 빨리 차 안에 각자의 짐을 넣고 떠날 준비를 해라. 너희가 일단 차에 올라탔을 때 두 가지는 분명하다.
첫째, 차량의 기름 탱크가 가득 차 있을 것이다. 둘째, 너희의 방광에 오줌은 비어 있을 것이다. 나는 계속 운전할 것이다. 그러면 두 가지가 분명해질 것이다.
기름 탱크는 비워질 것이고, 너희의 방광은 오줌으로 가득 찰 것이다. 만약 기름 탱크가 바닥나기 전에 방광이 오줌으로 차지 않는다면, 하나님이 너희에게 자비를 베풀어 주신 것임을 알아라!"

♧ ♧ ♧

"열심히 일한 당신, 떠나라"라는 카피는 일하는 사람들을 인정하며 쉴 수 있는 권한을 부여하는 의미 있는 것으로 받아들여진다. 휴가는 쉼이 되는가? 휴가를 다녀온 후에 피곤에 지친 자신을 보게 된다. 필자는 30대까지 낚시를 즐겼으나 낚시 후의 피곤함이 일의 연속성에 문제가 있음을 알고 낚시를 비롯한 모든 취미를 포기하고 집필에 엉덩이뼈가 뭉개진다. 쉼이 다음 일을 위한 준비가 되어야 하는데 오히려 방해가 된다면 더 소중한 일을 위하여 포기하는 용기도 필요하다.

(디모데전서 1:3-4) 내가 마게도냐로 갈 때에 너를 권하여 에베소에 머물라 한 것은 어떤 사람들을 명하여 다른 교훈을 가르치지 말며 신화와 끝없는 족보에 착념치 말게 하려 함이라

신현주, 〈좌충우돌 예화〉 〈시시콜콜 예화〉, www.sbs66.net

[오늘의 말씀] 디모데전서 4장~6장 : 교회를 다스림 → 먼저 성경 읽기

〈디모데전서〉에서는 바울이 그의 믿음의 아들 디모데에게 간절하게 권면하는 것을 보게 된다.
(4장) 혼인과 식물을 폐하는 잘못된 경건과 참된 경건이 무엇인지를 말씀한다.
(5장) 남녀 성도들을 대하는 태도와 과부에 대한 가르침을 주고, 교회 공동체의 장로들에 대해 말씀한다.
(6장) 종들에게 그리고 디모데와 모든 성도에게 권면을 한다.

[말씀 묵상]

1. "육체의 연습은 약간의 유익이 있으나..."(4:8)에서 육체의 연습은 체육 훈련을 뜻하는 것이 아니라 3절에 말한 "혼인을 금하고 식물을 폐하라"는 금욕 수행을 뜻한다. 이에 대하여 경건, 즉 믿음과 사랑 안에서 하나님과 함께하는 삶을 연마하는 것은 더 유용하고 좋은 훈련이다. 그러기에 바울은 "경건에 이르기를 연습하라"(4:7)고 권면한다. 운동선수가 꾸준한 연습을 통하여 좋은 경기를 할 수 있듯이 경건한 사람이 되는 것도 예수 안에서 꾸준한 자기 훈련을 통하여 된다.
2. 바울은 "내가 이를 때까지 읽는 것과 권하는 것과 가르치는 것에 착념하라"(4:13) 하였다. 이것은 어느 시대나 해야 할 교회의 기본 과정인 하나님의 말씀을 읽기, 권하기, 가르치기이다. 오늘 그대가 이 교재의 안내를 따라 성경을 읽으며 공부를 하니 얼마나 감사한 일인가!

[깊은 연구]

1. 과부에 대한 가르침 (딤전 5:1-16)

1) 과부를 여러 가지로 구분하여 말하고 있다. 즉 ① 참과부: 자식이 없는 과부(5:3, 5, 16), ② 가족이 딸린 과부(5:4), ③ 일락을 좋아하는 과부(5:6), ④ 60이 넘은 과부(5:9), ⑤ 젊은 과부(5:11)이다. 이들 가운데 자녀가 있으면 그들이 돌보아야 하고, 친척이 있는 경우도 그렇다(5:4, 16). 그러나 가족이나 도와줄 친척이 없는 '참과부'의 경우에는 교회에서 돌보았다.

2) 조직화된 과부 단체에 가입하는 것은 아마도 재혼을 포기하는 것과 결부되어 있었을 것이다. '젊은 과부'에 있어서 그러한 결단은 비현실적이어서 받아들이지 말아야 한다(11절). 그들은 결혼하여 가정에서 과업을 감당해야 한다(14절). 그런데 고린도전서 7장 8-9, 39-40절에 제안한 조언에서 벗어난 규정들은 아마도 교회가 겪은 부정적 경험에서, 또한 이단으로 말미암은 위협과 관련이 있었을 것이다(13절).

2. 교회 공동체의 수장들에 대한 가르침 (딤전 5:17-22)

1) 목회서신(살전·후, 딤전·후, 딛)의 배경이 되는 교회 안에는 한 무리의 남자들이 교회를 다스리는 사람들로 나타나 있다. 이들은 유대교적이며 원시 기독교적 관례를 따라 '장로들'이라 일컬어졌다(행 14:23, 20:17, 특이하게도 이들은 나머지 바울서신에서는 언급되지 않는다).

2) 이들 가운데 "잘 다스리는 장로들"과 "말씀과 가르침에 수고하는 이들"을 구분하여 어떤 교단에서는 이를 '장로'와 '목사'로 구분하기도 하며, 감독을 후자에 속하는 것으로 해석하기도 한다. 교회의 직제는 시대의 흐름을 따라 자연스럽게 정착되었을 것이기에 한 부분을 가지고 전체를 말하기는 어렵다.

통독	261
확인	

공부 디모데전서 4장~6장 : 교회를 다스림

1. "혼인(婚姻)을 금하고 식물(食物)을 폐하라"는 가르침은 경건함으로 받을 일이다(4장). - (O, X)
2. 하나님의 말씀과 기도로 거룩하여진다(4장). - (O, X)
3. 망령되고 허탄한 신화를 따르며 경건에 이르기를 연습해야 한다(4장). - (O, X)
4. 바울은 디모데가 연소(年少)하였으나 믿는 자에게 본이 되라고 권면하였다(4장). - (O, X)
5. "읽는 것과 권하는 것과 가르치는 것에 착념하라"고 권면하였다(4장). - (O, X)
6. 다음 사람에게 누구에게 하듯 해야 하나?(5:1-3) {보기} 형제 / 자매 / 아비 / 어미 / 경대하라
   1) 늙은이: 2) 젊은이: 3) 늙은 여자:
   4) 젊은 여자: 5) 참과부(돌볼 자식 없는 과부):
7. 불신자보다 더 악한 자는?(5:8) -
8. 다음 사람에 대한 예우는?(5:17)
   1) 잘 다스리는 장로: 2) 말씀과 가르침에 수고하는 이:
9. '비위(脾胃: 위장병)와 자주 나는 병을 인하여 조금씩 쓰라'고 한 것은?(5:21-25) -
10. (6: 절) 우리가 먹을 것과 ~
11. (6: 절) 돈을 사랑함이 ~
12. (6: 절) 믿음의 선한 싸움을 ~
13. (6: 절) 선한 일을 행하고 ~
14. (6: 절) 디모데야 네게 부탁한 것을 ~

▲▼△▽ -----≪과욕을 부린 네 번째 빈대의 운명≫----- ▽△▼▲

빈대 4마리가 살았는데, 이들은 자기네 몸집이 너무 작고 약한 게 항상 불만이었다. 하루는 하나님께서 이들에게 소원을 물었다. 첫 번째 빈대가 "저는 힘이 약한데, 힘이 센 '소'가 되고 싶어요." 했다. 하나님이 "소가 되어라." 하시므로 힘센 소로 변했다. 두 번째 빈대가 "저는 하늘을 나는 '새'가 되고 싶어요." 했다. 하나님이 "새가 되어라." 하시므로 빈대가 새로 변해 하늘을 날았다. 세 번째 빈대가 "저는 늘 음식을 뒤져 배불리 먹는 '쥐'가 되고 싶어요." 했다. 하나님이 "쥐가 되어라." 하시므로 빈대가 쥐로 변했다.

네 번째 빈대가 보니 소원대로 모두 되었으므로 큰 욕심을 내어 말했다. "저는 소처럼 힘도 강하고, 새처럼 하늘도 날고, 쥐처럼 배불리도 먹게 해 주세요." 하나님이 "그래, 네 소원대로 '소새쥐'가 되어라." 했다. 네 번째 빈대는 먹음직스런 소세지(소시지)가 되고 말았다.

♧ ♧ ♧

빈대는 동물이므로 움직일 수 있었으나 소세지(소시지)는 무생물체이므로 움직이지도 못하니 전보다 못하였다. 빈대도 낯짝이 있지! 과욕으로 있는 것마저 잃어버린다. 동화에 나온 황금알을 낳는 오리의 배를 가른 어리석은 사람처럼 말이다. 있는 것으로 족할 줄 아는 소박함도 복이다.
작은 것에 행복해하는 자세가 필요한데, 이는 선천적으로 타고난 것에 후천적인 성장 과정의 배경이 삶에 영향을 미칠 것이다. 모든 것을 움켜쥐려는 듯 태어났다가 손을 펼치고 죽지 않는가?

(디모데전서 6:7-8) 우리가 세상에 아무것도 가지고 온 것이 없으매 또한 아무것도 가지고 가지 못하리니 우리가 먹을 것과 입을 것이 있은즉 족한 줄로 알 것이니라

신현주, 〈좌충우돌 예화〉 〈시시콜콜 예화〉, www.sbs66.net

[오늘의 말씀] 디모데후서 1장~4장 : 믿음을 전파함 → 먼저 성경 읽기

바울은 이 서신을 쓰면서 죽음이 임박했음을 느낀다. 박해 중에도 에베소에서 교회를 돌보는 믿음의 아들 디모데에게 마지막 서신을 보낸다.

(1장) 디모데의 참된 믿음을 격려하고 계속해서 복음의 능력 위에 굳게 설 것을 권면한다.

(2장) 그리고 복음을 다른 사람들에게도 부탁하여 진리가 드러나도록 명령한다.

(3장) 바울은 헛된 종교나 거짓된 교리에 사람들이 미혹될 것을 말한다.

(4장) 하나님의 사람으로서의 직무를 말하고 여러 사람을 언급하며 다양한 평가를 한다.

[말씀 묵상]

1. 주의 일꾼은 주를 위하여 사는 자다. "오직 하나님의 능력을 좇아 복음과 함께 고난을 받으라"(1:8) 하였고, "네가 그리스도 예수의 좋은 군사로 나와 함께 고난을 받을지니"(2:3)라 하였다. 주를 위해 사는 자는 영광보다 고난이 많을 수 있다. 한국 교회는 영광만 추구하지 고난에 동참하는 자세가 부족하다. 주를 위한 고난을 감사했던 신앙의 선조들의 믿음을 배워서 고난에 대처해야 한다.
2. 성경은 "교훈과 책망과 바르게 함과 의로 교육하기에 유익"(3:16)한 하나님의 말씀이다. 그런데 현대 교회에서 교인들을 책망하며 바르게 하려고 하는가? 오히려 비위 맞추기에 급급한 현실이다. 이러한 지도자도 문제지만, 책망과 바르게 함을 위한 말씀을 거부하는 교인들도 문제다. 책망 한 마디에 열 마디를 붙여 온 교우들에게 광고하는 교인들이 얼마나 많은가?
3. 바울은 디모데에게 "너는 말씀을 전파하라"(4:2)고 권면하였다. 여기에는 세 가지 원리가 있다. 1) 때를 얻든지 못 얻든지, 2) 항상, 3) 힘쓰라는 것이다. 어느 누구나 이 원리를 따른다면 전도 못 한다는 핑계는 할 수 없을 것이다. 이 달이, 이 해가 가기 전에 말씀을 전파하여 결실을 얻기를!

[깊은 연구]

1. '관제와 같이 부음이 되었다' 는의미 (딤후 4:6-7)

1) "부음이 되고"로 번역된 말은 제사용어로서 제물 위에 포도주를 관제(灌祭=전제=drink offering)로 붓는 것을 의미한다(민 15:1-10). 바울은 잃어버린 바 된 자를 그리스도께 인도하는 자신의 사역을 하나님께 대한 제물로 생각했으며(롬 15:16, 빌 2:17), 또한 자기 자신이 이제 임박한 죽음으로써 그러한 희생을 완성할 것이라 생각하고 있었다.

2) '떠남'이란 말은 '천막을 걷는', '막사를 철거하는', '닻을 푸는'을 의미한다. 4장 17절의 증거는 다니엘 6장 16-23절에서 다니엘이 사자 굴속에서 구원받은 일과 대조될 것이다.

■ 로마의 부유한 여인들의 몸단장
로마 부유층의 두 여인이 몸종들로부터 몸에 기름을 바르며 좋은 옷을 입고 있다. 로마의 벽화이다(딤전 2:9-10).

통독	262
확인	

공부 디모데후서 1장~4장 : 믿음을 전파함

1. 바울은 어떻게 그리스도 예수의 사도가 되었는가?(1:1) -
2. 디모데의 믿음은 어디로부터 이어져 왔는가?(1:5) -
3. 하나님이 우리에게 주신 마음은?(1:7) -
4. 바울은 복음을 위하여 무엇으로 세우심을 입었나?(1:11) -
5. 오네시보로는 바울을 어떻게 도왔나?(1:15-18) -
6. 복음을 전달하는 4세대는?(2:1-2) - 바울 → (　　　　) → 충성된 사람들 → (　　　　)
7. 사역자의 비유는?(2:3-7) - 1) 좋은 (　　　), 2) (　　　)하는 자, 3) 수고하는 (　　　)
8. 복음을 인하여 바울은 죄인과 같이 매임을 받았으나 매이지 않는 것은?(2:9) -
9. 후메내오와 빌레도가 진리에 대하여 그릇된 것은?(2:14-19) - (　　　　)이 이미 지나갔다 함.
10. 주인의 쓰심에 합당한 그릇은?(2:21) - 자기를 (　　　　) 하면 모든 (　　　)에 예비함이 된다.
11. 말세에 고통하는 때에 사람들의 모습을 몇 가지로 말했나?(3:1-5) -
12. 핍박은 누구에게 오는가?(3:12) -
13. 성경은 무엇에 이르는 지혜가 있게 하는가?(3:15) -
14. 때를 얻든지 못 얻든지 항상 힘써야 할 것은?(4:2) -
15. 바울의 순교를 예고하는 4장 6절을 쓰세요. -
16. 해를 많이 보인 알렉산더는 무엇을 심히 대적했나?(4:15) -
17. 주께서 바울 곁에 서서 강건케 하심은 바울을 무엇 하게 하려 하심인가?(4:17) -

▲▼△▽ -----≪성경책 한 권에 대한 애착≫----- ▽△▼▲

러시아의 로제라는 성도는 서방 세계로부터 30권의 성경책을 손에 넣게 되었다. 그는 6천km(1만 5천리)나 떨어진 시베리아에 있는 성도들에게 전해 주기 위해 죽을 각오를 하고 성경을 지고 머나먼 길을 떠났다. 목적지에 도착하여 거기에 모인 약 30여 명의 형제들에게 묻는다. "사랑하는 형제님들, 여러분은 성경책을 갖고 싶어하며 기도하고 계십니까?" 그들이 대답했다. "예, 기도해 왔습니다. 나는 20년간 기도해 왔습니다." "나는 30년간 기도해 왔습니다." 로제가 다시 물었다. "하나님이 여러분에게 주시리라고 믿고 기도하고 계십니까?" "예, 물론 그렇습니다. 하나님은 살아 계신 분이기에 분명히 주십니다." 로제가 "여러분의 믿음대로 되기를 바랍니다." 하고 성경책을 꺼내어 놓았다. 그들은 눈을 크게 뜨고 가만히 성경을 바라보았다. 로제가 성경책을 한 사람 한 사람에게 전해 주자 성경책을 두 손으로 감싸고 다리를 후들후들 떨며 전원이 무릎을 꿇고 눈물의 기도를 드렸다.

♧ ♧ ♧

로제라는 러시아의 성도가 쓴 〈시베리아의 불꽃〉이란 글에서 소련이 자유화되기 전까지 성도들은 가혹한 핍박 중에도 얼마나 주님을 사랑했는지를 말해 준다. 성경을 사랑하고 남에게 전하고 싶은 마음에서 소련 정보국원인 KGB 요원들의 눈을 피하기 위해 성경을 뜯어서 겉옷의 속에 여기저기 기워서 다니곤 했다. 우리는 성경책을 너무 많이 가지고 있어서 오히려 읽지를 않는다.

(디모데후서 3:15) 네가 어려서부터 성경을 알았나니 성경은 능히 너로 하여금 그리스도 예수 안에 있는 믿음으로 말미암아 구원에 이르는 지혜가 있게 하느니라

신현주, 〈좌충우돌 예화〉 〈시시콜콜 예화〉, www.sbs66.net

〈디도서〉를 소개합니다

제목에 대한 해설

헬라어 제목은 '프로스 티톤'으로 '디도에게'라는 뜻이다. 그러므로 자연히 〈디도에게 보낸 편지〉 또는 〈디도서〉라 불렸다.

저작에 대하여

저자: 사도 바울(1:1)이라는 데는 초대 교부들부터 오늘에 이르기까지 무리가 없다. 그러나 현대 학자들 중에는 목회서신(딤전, 딤후, 디도)에 나타난 바울의 행적이 사도행전과 일치하지 않는 점과, 사용된 언어와 문체가 바울의 다른 서신들과 상이하며 영지주의에 대한 반박이 바울 시대와 맞지 않다는 등의 이유로 후대의 다른 인물이 바울의 이름으로 기록했다고 하는 이들도 있다.

수신자: "나의 참 아들 디도에게 편지하노니"(1:4) 한 것으로 보아 그 수신자는 디도이다.

디도는 이방인 그리스도인으로 사도행전에 전혀 나타나지 않는다. 갈라디아서 2장 1-3절에 의하면 바울이 예루살렘 회의에 디도를 동반했고, 거기서 디도에게 할례를 받게 하라는 요구를 막아 낸다. 그는 고린도 교회와 바울 사이의 부조화를 해결하였고, 의연금 모금 성과를 올렸으며(고후 2:13, 7:6-7, 13 이하), 그 사명을 수행한 후에 다시 바울의 선구자로서 〈고린도후서〉를 가지고 마게도냐에서 고린도로 갔다(고후 8:6, 16 이하, 12:18). 디모데후서 4장 10절에 의하면 디도는 로마에서 바울과 함께 있다가 달마디아로 여행한 것으로 보인다.

연대 및 장소: 바울이 로마 옥에서 나온 후에 부도덕한 그레데의 여러 도시에서 복음을 전한 것으로 추정한다. 바울이 디도를 그레데에 남겨놓고 교회 조직하는 일을 마무리 짓게 했다(1:5). 이 편지는 교법사 세나와 및 아볼로 편에 전달한 것으로 보이는데(3:13), 그들이 고린도에서 사역하였다는 사실(행 19:1, 고전 2:12, 3:4-6, 4:6, 16:12)과 바울이 본서를 기록할 당시에는 아직 니고볼리에 당도하지 않았다는 점(3:12) 등으로 보아 고린도에 있던 주후 63년경에 기록한 것으로 추정된다.

본서의 특징

본서는 디모데서와 어휘, 문체, 사상, 시대적 배경 등이 비슷하지만 또 다른 특색이 있다.

① 바울은 본서에서만 자신을 "하나님의 종"이라고 언급했다(1:1). 다른 서신에서는 "예수 그리스도의 종"이라 했다. ② 이방인 저술가의 글귀를 인용하고 있다(1:12). 본서 외에 이방인 저술가의 글귀 인용은 사도행전 17장 28절, 고린도전서 15장 33절에서 뿐이다. ③ 12절에 나온 그레데인에 대한 언급은 주전 600년경 그레데 성 출신인 에피메니데스의 "신탁에 관하여"란 6행시에서 인용한 것이다. 고대에 그레데인, 길리기아인, 갑바도기아인은 악명이 높았다. 특히 그레데인은 거짓말로 유명하여 "그레데인처럼 말한다"의 헬라어 '크레티조'는 '거짓말하다'라는 뜻을 가질 정도다.

특기 사항

1) 교회의 직제가 형성된 시대

디모데와 디도가 바울로부터 교회 확립을 위하여 받은 사항 중에 중요한 것은 '직제 문제'다. 장로들, 감독들(딤전 3:1 이하, 5:17 이하, 딛 1:5 이하)은 안수를 받고 취임한 자들이며, 집사들과 과부들(딤전 3:8, 5:9 이하)도 있었다. 예언자에 관해서는 약간 언급하는 정도다(딤전 1:18, 4:14).

2) 바울의 생애 마지막(사도행전 이후)

① 이태(2년)를 로마에 있으면서 증거의 삶을 살았던 바울(행 28:30-31)의 그 후의 생애는 정확히 알 수가 없다. ② 로마 옥중에 있으면서 옥중서신(에베소서, 빌립보서, 골로새서, 빌레몬서)을 기록했고, ③ 66년경 네로의 박해로 순교했다고 보면, 63년경 석방과 로마의 재수감 사이에 3-4년의 공백이 있게 된다. ④ 전승 및 여러 상황으로 보면, 석방 후에 전도를 위하여 서반아(스페인)로 갔다가 헬라를 방문했고 그레데 및 에베소에 이르러, 다시 드로아를 거쳐 마게도냐에 건너가 니고볼리에서 한겨울을 지난 자취가 있다(딤전 1:3, 딤후 4:13, 딛 1:5, 3:12). ⑤ 64년 7월 로마의 대화재 때에 네로의 박해로 다시 로마에 잡혀와서 66년경 베드로의 순교를 전후하여 바울도 순교한 것으로 본다.

〈빌레몬서〉를 소개합니다

제목에 대한 해설

〈빌레몬에게 보낸 편지〉, 또는 〈빌레몬서〉로 불렸는데, 바울의 서신은 모두 교회에 보낸 것이고 본서만이 개인에게 보낸 사신(私信)이다. 물론 〈디모데서〉와 〈디도서〉도 개인의 이름으로 되어 있지만 실제의 내용은 사신(私信)이 아닌 공적인 의미를 갖는다.

저작에 대하여

저자: 바울이라는 데 이견이 없다. 초대교회 시대의 마르시온의 바울서신 목록에도 본서가 들어 있다.

수신자: 빌레몬이라는 부유한 성도에게 보낸 바울의 편지로서 바울이 빌레몬을 개인적으로 알고 있었는지는 알 수 없다(몬 1:5, 골 1:4).

연대 및 장소: 〈빌레몬서〉는 〈골로새서〉와 함께 두기고에 의해서 전달되었다고 볼 때, 〈골로새서〉와 같은 연대의 서신으로 단정하여 주후 56-58년, 또는 58-60년으로 볼 수 있다.

바울이 로마 옥중에서 기록하였다. 바울의 옥중서신은 〈에베소서〉, 〈빌립보서〉, 〈골로새서〉 그리고 본서 〈빌레몬서〉다.

본서를 읽기 위한 해설

〈빌레몬서〉는 빌레몬이라는 부유한 신도에게 보낸 바울의 편지다. 빌레몬의 종 오네시모가 주인의 재산을 도둑질해 가지고 달아났다(15-16절). 빌레몬은 그의 누이 압비아와 그리고 아킵보라는 사람과 자기 집에 모이는 교회와 함께(2절) 골로새에서 살았다(골 4:9에 의하면 오네시모를 가리켜 '너희 중에 한 사람', 즉 골로새 사람이라고 불렀다). 달아났던 오네시모는 무슨 이유인지 모르지만 감금되어 있는 바울을 만났다. 빌레몬의 집에 있을 때 바울의 말을 들었는지는 알지 못하며, 또 오네시모가 체포되어 감옥에서 바울을 만났는지도 모른다.

어쨌든 오네시모는 바울의 전도를 받고 회개했으며(10절), 바울과 밀접한 사이가 되었다(12-13, 16-17절). 바울은 만약 바울이 오네시모를 그냥 돌려보냈다면 오네시모는 주인에게 심한 벌을 면할 수 없었을 것이다. 바울은 사도의 권위를 가지고 빌레몬에게 명령을 할 수도 있지만(8-9, 14, 21절) 그렇게 하지 않았다. 오네시모를 형제로 영접해 달라고 부탁하며 자신의 선교 조력자로 쓸 수 있도록 해 달라고 요청했다.

오네시모가 이그나시우스의 글에 나오는 에베소의 감독 오네시모와 동일인이라고 보는 것(Goodspeed, Knox, Harrison, Moule)은 타당성 있는 추측이다. 〈더 많은 정보는 빌레몬서 "깊은 연구"를 보라〉

특기 사항

1) 빌레몬서의 가치

바울서신들은 대체로 심오한 교리가 들어 있는 신학적인 서신들이 많다. 그러나 본서는 이런 모습은 나타나지 않고 오히려 정이 넘치는 사도의 모습으로 등장한다. 그래서 빌레몬에게 오네시모에 대한 선처를 부탁한 것이다. 여기서 인간 바울이 그리스도의 사랑을 어떻게 아름답게 실천하는지를 보여 준다.

2) 바울의 노예에 대한 자세

독자들은 바울이 이 편지 속에서 노예제도 전반에 걸쳐서 언급하지 않은 것을 의문시한다. 왜 이 기회를 통하여 고대 사회에 형성되어 있는 노예제도를 공격하지 않느냐고 비판을 한다. 노예제도는 고대 사회에 있어서 필요 불가결한 요소였으며 사회 전체가 그것을 기초로 형성되었으므로 바울이 그것을 인정한 것이 당시로서는 당연한 것이었는지도 모른다.

실제로 기독교가 노예를 선동하여 해방을 위한 폭동을 일으켰다면 틀림없이 잔인하게 진압되었을 것이고, 그 결과 기독교는 혁명적이며 망국적인 종교로 낙인이 찍혔을 것이다. 그러므로 바울은 오히려 노예들에게 피해를 주기보다는 발효소가 작용될 때까지 세상을 기다리지 않으면 안 되었을 것이다.

3) 바울의 소원

바울은 이 서신을 오네시모를 통해 빌레몬에게 보낸다. 오네시모는 헬라어로 '유익하다'는 뜻이다. 오네시모가 전에는 무익한 자였으나 이제 그는 유익한 자가 되었다. 빌레몬은 그를 잠시 동안 잃었던 것이지만 참으로 그것은 영원히 그를 얻기 위함이었을 것이다. 빌레몬은 그를 노예가 아닌 형제로 맞아야 했다. 오네시모는 믿음 안에서 바울의 아들이기에 바울을 영접하듯 오네시모를 영접해야 하는 것이다.

[오늘의 말씀] 디도서 1장~3장 : 믿음을 실천함 → 먼저 성경 읽기

(1장) 바울은 거짓된 가르침이 있는 그레데에서 복음사역을 하는 디도에게 목회지침을 전한다.
(2장) 교회의 질서 확립, 거짓 가르침의 배격, 하나님의 은혜를 말한다.
(3장) 세상 안에서 그리스도인의 사도의 대리인으로서의 강력한 권한 행사 등을 언급한다.

[말씀 묵상]

1. "오직 너는 바른 교훈에 합한 것을 말하여"(2:1)에서 '바른 교훈'이란 목회서신(딤전·후, 딛)에서는 불순물이 섞이지 않은 바울의 유산에 충실한 교회의 설교, 실천, 질서를 지칭한다(딤전 6:3, 딤후 1:13, 4:3, 딛 1:9, 13, 2:1, 2, 8 참고). 어떤 교훈을 받느냐에 따라 천국과 지옥으로 갈라진다.
2. 구원은 인간의 행위로 인한 것이 아니라 하나님의 은혜다. "우리를 구원하시되 우리의 행한바 의로운 행위로 말미암지 아니하고 오직 그의 긍휼하심을 좇아 중생의 씻음과 성령의 새롭게 하심으로 하셨나니"(3:5)라는 말씀처럼 우리는 은혜를 입었으므로 은혜에 보답하는 삶을 살아야 한다.

[깊은 연구]

1. <디모데서>와 <디도서>의 유사성과 상이성

1) 목회하고 있던 개인에게 보내졌다.

2) 어휘, 문체, 사상, 시대적 배경이 비슷하다.

3) 이와 다른 특색이 <디도서>에 있다. - ① 바울이 본서에서만 자신을 "하나님의 종"이라고 언급했다(1:1). 바울의 다른 서신에서는 "예수 그리스도의 종"이라 했다. ② 이방인 저술가의 글귀를 인용하고 있다(1:12). 본서 외에 이방인 저술가의 글귀 인용은 사도행전 17장 28절, 고린도전서 15장 33절에서 뿐이다.

2. 이방인 저술가의 글귀 인용 (딛 1:12)

1장 12절에 나온 그레데인에 대한 말은 주전 600년경 그레데 성 출신인 에피메니데스의 <신탁에 관하여>란 6행시에서 인용한 것이다. 고대 사회에서 그레데인, 길리기아인, 갑바도기아인은 아주 악명이 높았다. 그 중에서 그레데인은 거짓말로 유명했다. 심지어 "그레데인처럼 말한다"의 헬라어 '크레티조'는 '거짓말하다'라는 뜻을 가지고 있을 정도다.

	자 질	감독	집사	관련성구
1	책망할 것이 없음	■	■	딤전 3:2,10, 딛 1:6-7
2	한 아내의 남편 됨	■	■	딤전 3:2,12,딛 1:6
3	절 제 함	■		딤전 3:2, 딛 1:8
4	근 신 함	■		딤전 3:2, 딛 1:8
5	아담함, 단정함	■	■	딤전 3:2,8, 딛 1:7
6	나그네를 대접함	■		딤전 3:2, 딛 1:8
7	가르치기를 잘함	■	■	딤전 3:2,5:17,딛 1:9
8	술을 즐기지 않음	■	■	딤전 3:3,8, 딛 1:7
9	구타하지 않음	■		딤전 3:3, 딛 1:7
10	관 용 함	■		딤전 3:3
11	다투지 않음	■		딤전 3:3, 딛 1:7
12	돈을 사랑치 않음	■		딤전 3:3
13	자기 집을 잘 다스림	■	■	딤전 3:4, 12
14	새로 입교한 자는 불가	■		딤전 3:6
15	외인에게도 선한 증거 얻음	■		딤전 3:7
16	더러운 이를 탐하지 않음	■	■	딤전 3:8, 딛 1:7
17	깨끗한 양심		■	딤전 3:9
18	믿음의 비밀을 가짐		■	딤전 3:9
19	일구이언하지 않음		■	딤전 3:8
20	믿는 자녀를 둠	■	■	딤전 3:4,12,딛 1:6
21	고집대로 행치 않음	■		딛 1:7
22	급히 분내지 않음	■		딛 1:7
23	선을 좋아함	■		딛 1:8
24	의로우며 거룩함	■		딛 1:8

■ 감독과 집사의 자세(딤전 3장, 딛 1장)

바울은 직분을 받는 자들이 교리적인 면보다는 불신 사회 속에서 좋은 평판을 받는 것이나 인간성에 더 중요한 관심을 보인다. 아마도 믿음은 기본적인 것이기에 별도로 언급하지 않은 듯하다.

통독	263
확인	

공부 디도서 1장~3장 : 믿음을 실천함

1. 바울이 사도 된 것에 대한 근거를 쓰세요(1:1-4을 읽고 답은 1-2절에서, 참고. 하나님의 ~인함이라). -
2. 바울이 디도에게 말한 장로의 자격은?(1:5-6) -
3. 감독의 자격은 디도서 1장 (- 절)에 나왔고, 디모데전서 (장) 2-7절에도 나왔다.
4. 헛된 말을 하며 속이는 자 가운데 특별히 심한 자들은?(1:10-16) -
5. 그레데인에 대한 어떤 선지자가 말한 세 가지 별명은?(1:12) -
6. 그레데인들을 '엄히 꾸짖으라'는 이유는?(1:13-14) -
7. 절제하며 경건하며 근신하며 믿음과 사랑과 인내함에 ( ) 하고. - (2: 절)
8. 행실이 거룩하며 참소치 말며 많은 술의 종이 되지 말며 선한 것을 ( )들이 되고. - (2: 절)
9. 교훈의 부패치 아니함과 경건함과 책망할 것이 없는 ( )을 하게 하라. - (2: - 절)
10. 거스려 말하지 말며 떼어먹지 말고 오직 ( )을 다하게 하라. - (2: - 절)
11. 이것을 말하고 권면하며 모든 ( )하여 누구에게든지 업신여김을 받지 말라. - (2: 절)
12. 〈( ) 안에서 틀린 것 =로 지우기, 12-14문〉 - 우리도 전에는 (어려운, 어리석은) 자요 순종치 아니한 자요 (속은, 속인) 자요 각색 (정욕, 정열)과 (향락, 행락)에 종노릇한 자요. - (3: 절)
13. 우리를 (구제, 구원)하시되 우리의 행한바 의로운 (선행, 행위)로 말미암지 아니하고 오직 그의 긍휼하심을 좇아 (영생, 중생)의 씻음과 (성령, 성품)의 새롭게 하심으로 하셨나니. - (3: 절)
14. (이단, 불의)에 속한 사람을 한두 번 (접대, 훈계)한 후에 멀리하라. - (3: 절)

▲▼△▽ -----≪그래도 믿을 사람은 그리스도인≫----- ▽△▼▲

경포해수욕장, 태양이 이글거리는 가운데 한 여인이 시원한 바람을 맞으며 더위를 잊고 있었다. 그때 한 소년이 해수욕을 하기 위해 바다로 향하고 있었는데, 소년은 수영복을 입고, 한 손에는 수건을 들고 있었다. 주변을 둘러보던 소년은 그녀에게 다가와서 느닷없이 질문을 했다.

"혹시 교회에 다니세요? 예수님 믿으세요?" 여인은 놀랐지만 태연하게 대답했다. "그런데 왜?" 소년은 계속해서 "그러면 혹시 교회학교에서 교사로 가르치시나요?"라고 물었고, 여인은 '그렇다'고 대답했다. 소년은 또 물었다. "그러면 매일 성경도 읽고 기도도 하세요?" 여인은 호기심이 가득한 얼굴을 하고 '그렇다'고 대답하며 소년의 다음 말을 기다렸다. 그러자 소년이 여인에게 말했다.

"그러면 제가 수영하는 동안 이 500원 좀 맡아 주실래요?"

♧ ♧ ♧

이 어린 소년은 정직하고 분명한 모습으로 여인에게 질문하였는데, 그 목적은 이 여인이 신뢰할 만한 사람인지를 알아내기 위해서였다. 바리새인들은 정직하지 못하고 거짓된 모습으로 질문을 할 뿐 아니라, 그 목적에 있어서도 예수님을 신뢰하기 위함이 아닌 예수님을 공격하기 위한 질문을 하였다. 디도가 사역을 하던 때에 바울 사도는 이단에 대한 경계를 말하면서 그레데인에 대한 지적을 하고 있다. 그리스도인은 착한 행실로 하나님께 영광을 돌리게 해야 한다(마 5:16).

(디도서 1:12-13) 그레데인 중에 어떤 선지자가 말하되 그레데인들은 항상 거짓말장이며 악한 짐승이며 배만 위하는 게으름장이라 하니 이 증거가 참되도다 그러므로 네가 저희를 엄히 꾸짖으라

신현주, 〈좌충우돌 예화〉 〈시시콜콜 예화〉, www.sbs66.net

[오늘의 말씀] 빌레몬서 1장 : 형제를 용서함 → 먼저 성경 읽기

1. 〈빌레몬서〉는 빌레몬이라는 부유한 신도에게 보낸 바울의 편지다. 빌레몬의 종 오네시모가 주인의 재산을 도둑질해 가지고 달아났다(15-16절). 빌레몬은 압비아(아내이거나 누이인 듯) 그리고 아킵보(골 4:17에 의하면 직분자이다)라는 사람과 자기 집에 모이는 교회와 함께(2절) 골로새에서 살았다(골 4:9에 의하면 오네시모를 가리켜 '너희 중에 한 사람', 즉 골로새 사람이라고 불렀다).
2. 달아났던 오네시모는 무슨 이유인지 모르지만 감금되어 있는 바울을 만났다. 빌레몬의 집에 있을 때 바울의 말을 들었는지는 모르며, 또는 오네시모가 체포되어 감옥에서 바울을 만났는지도 모른다. 어쨌든 오네시모는 바울의 전도를 듣고 회개했으며(10절), 바울과 밀접한 사이가 되었다(12-13, 16-17절).

[말씀 묵상]

1. 고대 사회에서 종(노예)은 주인의 소유물로서 생사여탈을 주장할 수 있었다. 빌레몬의 종이었으나 도망쳤다가 바울을 만나 변화된 오네시모를 주인에게 돌려보내며 바울은 빌레몬에게 **"저가 전에는 네게 무익하였으나 이제는 나와 네게 유익하므로"**(1:11) 하였고, 그를 종이 아닌 **"사랑받는 형제"**(1:16)로 받도록 권면하였다. 나는 유익한 자인가? 누구나 형제로 대하는 자세가 있는가?
2. 바울은 무엇보다도 복음 전파를 위하여 오네시모를 자기 곁에 두기를 원했다. 그러나 법적으로 오네시모는 빌레몬의 사람인 것을 알기에 그를 자기 주인에게로 돌려보낸다. 만약 바울이 오네시모를 그냥 돌려보냈다면 오네시모는 주인에게 심한 벌을 면할 수 없었을 것이다. 바울은 사도의 권위를 가지고 빌레몬에게 명령을 할 수도 있지만(8-9, 14, 21절) 그렇게 하지 않았다. 오네시모를 형제로 영접해 달라고 부탁하며 자신의 선교 조력자로 쓸 수 있도록 해 달라고 요청한다. **"오 형제여!"**(20절)라고 부르는 대목에서는 바울의 뜨거운 사랑을 더욱 느끼게 된다.

[깊은 연구]

1. 오네시모는 에베소 감독이 되었다고 본다.

바울이 오네시모를 그의 주인인 빌레몬에게 보내는 본문의 사건 후 약 50년의 세월이 흘렀다. 위대한 그리스도교 순교자의 한 사람인 이그나티우스(Ignatius)는 처형당하기 위하여 안디옥 교회로부터 로마로 연행되었다. 그 도중에 그는 지금까지도 남아 있는 편지를 소아시아의 여러 교회 앞으로 띄운다. 서머나에 머물 때에 그는 에베소 교회에 편지를 썼는데 그 편지의 첫 장에서 그들의 감독에 대하여 높이 평가하고 있다. 그런데 그 감독의 이름이 무엇이었는가?

그것은 '오네시모'인 것이다. 그리고 이그나티우스도 바울처럼 똑같은 결말을 쓰고 있다. 그는 명실상부하게 그리스도에게 유익한 이름인 오네시모인 것이다. 도망자인 노예였던 오네시모가 후년에 와서 에베소의 고명한 감독인 오네시모가 된 것이 틀림이 없다 하겠다.

■ 옥중의 바울 사도
바울은 로마 옥중에서 4권의 서신(엡, 빌, 골, 몬)을 기록하여 교회에 보냈다. 사진은 영화의 한 장면.

통독	264
확인	

공부 빌레몬서 1장 : 형제를 용서함

◇ 다음 묻는 말에 답하세요(1장).

1. 바울은 자신의 갇힘은 '누구를 위하여'라고 했나?(1절) -
2. 빌레몬서의 수신자는?(1-3절) -
3. 1) 바울이 빌레몬에게 돌려보내는 사람은?(8-12절) -
   2) 바울이 오네시모를 빌레몬에게 돌려보내는 이유는?(11-12절)
   -
4. 바울이 오네시모에 대하여 빌레몬에게 요청하는 것은?(16-18절)
   1) 종과 같이 아니하고 ~
   2) 영접하기를 ~
   3) 불의를 하였거나 네게 진 것이 있거든 ~
5. 빌레몬서 1장 20절을 쓰세요. -

6. 바울과 함께 빌레몬에게 문안하는 자들(이름)은?(23-24절)
   -
7. 빌레몬서 1장 25절을 쓰세요. -

▲▼△▽ -----≪내적 변화가 없으면 도로묵 인생≫----- ▽△▼▲

미용박람회가 열려 저마다 자사 제품의 우수성을 입증하기 위해서 다양한 홍보 전략과 이벤트를 선보였다. 한 회사에서는 제품의 우수성을 위해 실제 행려인을 모델로 세웠다. 머리는 헝클어져 있고, 수염은 온 얼굴을 덮었으며, 피부는 거칠었고, 옷도 남루하기 짝이 없었다.

무대 위에서 이발이 시작되어, 이 행려인에게 자사 샴푸로 머리를 감기고, 면도도 깨끗이 하고 얼굴을 마사지했다. 그리고 자사의 목욕 용품을 이용해서 무대 뒤에서 샤워를 하고, 자사의 로션과 향수로 멋을 내고, 새롭게 준비된 옷을 차려입혔다. 불과 1시간 만에 변화된 이 행려인의 모습은 잘 나가는 직장인처럼 보였다. 완전히 새로운 사람으로 변화되었고 관객들은 박수를 치며 환호했다. 다음날 이 행사를 주관하였던 홍보부 직원이 그 행려인을 다시 찾았을 때 그는 여전히 길거리에서 술 취한 모습으로 자고 있었다.

♧ ♧ ♧

회사에서 제공한 옷은 그의 몸에는 없었고, 머리는 다시 헝클어져 있었으며, 몸은 땅바닥에서 굴러 흙이 묻은 모습이었다. 외모의 변화는 있었지만, 생명력을 주는 내적인 변화는 결코 일어나지 않았기에 다시 과거로 돌아가고 말았다. 하나님은 우리의 바른 변화를 기대하신다. 분별력이 흐려진 이 시대에 무익했던 우리가 유익한 사람으로 변화되는 길은 오직 예수님 안에서만 가능하다.

(빌레몬서 1:11-12) 저가 전에는 네게 무익하였으나 이제는 나와 네게 유익하므로 네게 저를 돌려보내노니 저는 내 심복이라

신현주, 〈좌충우돌 예화〉 〈시시콜콜 예화〉, www.sbs66.net

[오늘의 말씀] 갈라디아서~빌레몬서 복습 → 먼저 성경 읽기, 단숨에...

〈1〉 서신서 개요

신약성경에서 서신은 두 가지다. 하나는 '바울서신'이며 또 다른 하나는 '공동서신'으로 아래와 같이 더 세분한다. 책 이름을 한번 써 보면 기억과 이해에 도움이 될 것이다.

가) 바울서신 [13권(히브리서 포함 14권): 4가지로 분류한다] / 수신자가 책 이름

(1) 교리서신 - (로　　　　　), (고　　　　　), (고　　　　　), (갈　　　　　)
(2) 옥중서신 - (에　　　　　), (빌　　　　　), (골　　　　　), (빌　　　　　)
(3) 일반서신 - (데　　　　　), (데　　　　　), (히　　　　　: 작자 미상)
(4) 목회서신 - (디　　　　　), (디　　　　　), (디　　　　　)

나) 공동서신 (7권: 공동 수신하는 회람용) / 발신자(저자)의 이름이 책 이름

(야　　　　　), (베　　　　　), (베　　　　　),
(요　　　　　), (요　　　　　), (요　　　　　), (유　　　　　)

〈2〉 갈라디아서, 옥중서신(에베소서, 빌립보서, 골로새서, 빌레몬서)

1. 우리가 너희에게 전한 복음 외에 다른 복음을 전하면 (　　　　)를 받을지어다(갈 1:8-9).
2. 사람이 의롭게 되는 것은...오직 (　　　　　　　　　) 말미암는 줄 아는 고로...(갈 2:16).
3. 너희가 (　　　　)를 삼가 지키니 내가 너희를 위하여 수고한 것이 헛될까 두려워하노라(갈 4:10-11).
4. 갈 5:22-23 -

5. 갈 6:17 -
6. '옥중서신'은 어느 책을 말하는가?(위의 소제목 참고) -
7. 만물을 그 발아래 (　　　)하게 하시고 그를 만물 위에 (　　　　　)로 주셨느니라(엡 1:22).
8. 이제부터 너희가 (　　　)도 아니요 (　　　)도 아니요 오직 성도들과 (　　　　　)이요 하나님의 (　　　　　)이라(엡 2:19).
9. 그가 혹은 (　　　　)로, 혹은 (　　　　)로, 혹은 (　　　　　)로, 혹은 (　　　　　)로 주셨으니(엡 4:11).
10. 구습을 좇는 (　　　　)을 벗어 버리고...거룩함으로 지으심을 받은 (　　　　)을 입으라(엡 4:22-24).
11. (　　　) 취하지 말라 이는 방탕한 것이니 오직 (　　　　　　)을 받으라(엡 5:18).
12. 빌 1:6 -

13. 너희 안에 이 마음을 품으라 곧 ( )이니(빌 2:5).
14. 내 주 ( )이 가장 고상함을 인함이라(빌 3:8).
15. 빌 4:4 -
16. 그리스도의 신실한 일꾼으로 골로새 교인들을 가르치고 위하여 애써 기도한 자는?(골 1:7, 4:12) -
17. 하나님의 아들 안에서 우리가 얻은 것은?(골 1:14) -
18. 그리스도인은 무엇으로 인해 폄론(깎아 내림)하지 못하는가?(골 2:16)-
19. 아킵보에게 부탁한 것은?(골 4:17) -
20. 빌레몬서 1장 11절의 다음 표현은 누구를 나타내나?(몬 1:11)
 1) 저: 2) 네: 3) 나:

〈3〉 데살로니가전서, 데살로니가후서, 목회서신(디모데전서, 디모데후서, 디도서)

1. 바울은 데살로니가 교회에 복음을 무엇으로 전했나?(살전 1:5) -
2. 바울은 데살로니가 교회에 대해 누구에게 하듯 했나?(살전 2:7, 11) -
3. 디모데의 데살로니가 방문 보고는 바울에게 위로가 되었나, 시험이 되었나?(살전 3:1-10) -
4. 살전 4:13-18은 잠자는 자에 대한 것인가, 주의 재림에 대한 것인가? -
5. 주 예수 강림하실 때에 흠 없이 보전되어야 하는 것은?(살전 5:23) -
6. 환난 받게 하는 자들에게는 ( )으로 갚으시고 환난 받는 너희에게는 우리와 함께 ( )으로 갚으시는 것이 ( )시니...(살후 1:6-7).
7. 주의 날 이전에 먼저 어떤 일이 있게 되는가?(살후 2:3) -
8. 바울은 아무에게도 누를 끼치지 않으려고 어떻게 했는가?(살후 3:7-8) -

9. 바울이 감사하는 이유는?(딤전 1:12) -
10. 하나님은 무엇을 원하시는가?(딤전 2:4) -
11. 감독의 자격은 디모데전서 3장 (- 절)에, 집사의 자격은 (- 절)에 기록되었다.
12. 다음 사람에게는 누구에게 하듯 해야 하나?(딤전 5:1-2)
 1) 늙은이 - 2) 젊은이 - 3) 늙은 여자 - 4) 젊은 여자 -
13. 일만 악의 뿌리는?(딤전 6:10) -
14. 오직 하나님의 ( )을 좇아 복음과 함께 ( )을 받으라(딤후 1:8).
15. 복음의 4세대(딤후 2:2). - 바울 → ( ) → ( ) → 다른 사람들
16. 말세의 고통하는 때의 악을 몇 가지로 말했나?(딤후 3:1-5) -
17. 성경은 어떤 역할을 하나?(딤후 3:15) -
18. 너는 ( )하라 때를 얻든지 못 얻든지 ( ) 힘쓰라(딤후 4:2).
19. 장로의 자격은?(딛 1:5-6) -

20. 디도서 2장은 디모데전서 몇 장과 유사한 부분이 많은가? -
21. 이단에 속한 자에 대한 태도는?(딛 3:10) -

〈시 감상〉

무엇일까요?

詩人 신 현 주

채워도 채워도
채워지지 않는
밑 빠진 독

마음을 한껏 흔들어 놓고
모른 척하는
슬픈 외로움

예약 없이 왔다가
슬며시 떠나 버리는
야속한 나그네

멀리 가면 끌어당기고
가까이 오면 밀어내는
장난꾸러기 말굽자석

멀어졌다 싶으면
한순간 달려와 제자리 찾는
고무줄놀이

맞닿았는가 싶어 다가가면
더 멀리 떨어져 있는
허상 같은 무지개

머리로는 쿨하게를 외치며
가슴은 뜨거움으로 터지는
다중 인격

못 찾을 줄 알면서도 찾아 헤매는
아무도 알 수 없는
행복한 미로

그대 이름은
누구나 알면서도 하지는 못하는
사랑

*시인 신현주는 남양주영락교회(용천노회) 담임목사이다. 장로회신학대학교에서 신학석사(구약학)를, 미국 코헨대학교에서 신학박사(구약학) 학위를 받았다. 한국문인협회 회원으로 〈꿈꾸는 것 같았습니다〉(시집), 〈성경통독 이백주간〉, 〈예화철학〉외 다수의 저서가 있다. www.sbs66.net

〈히브리서〉를 소개합니다

제목에 대한 해설

헬라어 표제는 '프로스 에브라이우스'로서 '히브리 인들에게'라는 뜻이다. 따라서 〈히브리 사람에게 보낸 편지〉 또는 〈히브리서〉로 불렸다.

저작에 대하여

저자: 단정하기는 어렵다. 다만 디모데(13:23)와 개인적인 관계가 있는 인물이라고 추측할 뿐이다. 특히 바울을 선두로 바나바, 아볼로, 누가, 디모데, 빌립 등이 추정되기도 한다.

수신자: 유대 그리스도인들을 위한 서신으로 알려졌다. 그것은 하나님의 새 계약과 예수 그리스도의 제사장직과 그의 우월성을 증언하기 위하여 구약성경을 많이 인용했기 때문이다.

연대 및 장소: 성전 제사 제도가 살아 있을 때이며 (13:10-14, 9:1-12), 예루살렘 성전의 비극(70년)에 대한 이야기가 없는 것으로 보아 65-70년경으로 본다. 다른 견해로는 클레멘트1서(96년)에 인용된 것으로 보아 하한선은 96년이며, 디모데가 생존해 있을 때이며, 1차 박해 시대는 끝났고 2차 박해 시대(도미티안, 81-96년)로 본다면 약 80-90년경으로도 추정한다.

저작 장소로는 로마, 애굽, 에베소, 안디옥 등이 거론된다.

특징 및 기록 목적

1) 〈히브리서〉는 유창한 헬라어로 되어 있는 논설 형식의 서간문으로, 한글 번역은 정독을 해야 문장을 이해할 수 있다. 여러 번역들과 함께 반복해서 읽으며 성령의 조명을 사모하라.

2) 본서는 유대교에 대한 기독교와 그리스도의 우월성(기독론, Christology)을 말하고 있다.

① 그리스도는 구약이 말하는 모든 사람과 그 당시의 제도들보다 더 위대함을 나타내고 있다. ② 예수님이 구약의 모든 희망과 약속을 성취하신 분임을 나타내 보이고 있다. ③ 유대교로 돌아가려는 독자들에게 그리스도에 대한 신앙을 고수토록 격려한다.

3) 본서는 구약성경을 많이 인용하고 있다(직접, 간접으로 약 80곳 인용, 특히 율법서는 51회나 인용). 구약성경을 인용할 때에 몇 곳 외에는 그가 인용한 성경의 인간으로서의 저자를 도외시했다. '하나님이 말씀하시기를'이라는 말을 사용하지 않으면서도 일반적으로 자기가 인용한 구절을 하나님께서 하신 말씀으로 돌린다(참고. 2:11-12, 3:17, 10:5 이하 등). 이는 구약성경의 저자가 하나님이심을 강조하는 것이다.

특기 사항

1) 천사에 대하여(1:4-14)

하나님의 아들 예수 그리스도는 천사보다 뛰어나심을 말하고 있다. 천사는 피조된 영적 존재며, 그의 주된 속성은 힘과 지혜인 것이다(삼하 14:20, 시103:20, 104:4). 천사는 헤아릴 수 없을 만큼 많다(마 26:53, 히 12:22, 계 5:11, 시 68:17). 힘은 상상할 수 없을 만큼 강하고(왕하 19:35), 그들의 위치는 하나님 보좌 가까이에 있다(계 5:11, 7:11). 그럴지라도 그리스도의 신분과 지위는 그보다 훨씬 더 높음을 히브리서 1장 4절 이하에서 말하고 있다. 몇 가지를 비교해 보면 다음과 같다.

① 천사는 소식을 전하는 자. - 예수는 하나님의 아들(1:4-5). ② 천사는 경배자. - 예수는 경배를 받으시는 분(1:6). ③ 천사는 피조물. - 예수는 창조자(1:7-12). ④ 천사는 구원을 위해 섬기는 자. - 예수는 구원의 창조자(1:13-14). ⑤ 천사는 다가올 세상의 복종자. - 예수는 다가올 세상의 지배자(2:5-16).

2) 예수 그리스도는 대제사장(5장)

히브리서는 예수님을 인간 대제사장보다 뛰어난 분으로 소개하고 있다. "멜기세덱의 반차를 좇은 대제사장"이라 하였다(5:10).

종교개혁자 마르틴 루터는 '만인제사장론'을 말하여 신자의 제사장적인 직무를 강조했다. 성도는 그리스도의 몸의 한 지체로서 다른 사람을 위하여 기도하며(딤전 2:1), 다른 사람들을 하나님께로 인도하며(벧전 2:11-12), 기르고, 다른 사람들에게 예배의 참된 의미를 가르쳐 주는 제사장의 일을 담당하며(벧전 2:9), 뛰어나신 대제사장 예수 그리스도를 섬기는 것이다.

[오늘의 말씀] 히브리서 1장~3장 : 모세보다 뛰어난 그리스도 → 먼저 성경 읽기

(1장) 그리스도는 유대인들이 하나님 다음으로 생각하는 천사보다 뛰어나시다.
(2장) 성육신하신 그리스도는 죽음의 고난으로 높아지셨다.
(3장) 그리스도는 모세보다 뛰어나시다. 모세 시대 사람들이 불신앙 때문에 약속의 땅을 얻지 못하였다.

[말씀 묵상]

1. "우리가 이같이 큰 구원을 등한히 여기면 어찌 피하리요"(2:3) 하였다. **'큰 구원'**이 그리스도의 삶과 죽음, 부활과 재림 등을 증거하는 것이라면 여기에 상대적으로 **'작은 구원'**은 예수 믿으면 부자 되고 병 낫고 자식문제 해결된다는 식의 세상 삶에 중심을 둔 구원일 것이다. 부자 못 돼도, 병 못 고쳐도 예수님은 믿어야 한다. 큰 구원을 소중히 여기는 복음의 역군으로서 살아야 한다.
2. "사도시며 대제사장이신 예수를 깊이 생각하라"(3:1) 하는 요청을 받고 있다. 나는 이 요청에 얼마나 응답하고 사는가? 세상은 많이 생각하고 예수님은 조금 생각하는 삶은 아닌가? "그의 권위와 그의 위엄과 그의 거룩하심과 그의 고난과 부활과 승천과 간구하심을 생각하라. 우리가 사랑하는 친구에 대해서도 많이 생각했지만 주 예수 같은 친구가 어디 있을까?"(Albert Barnes, 《Notes to the Hebrews》, p.73)

[깊은 연구]

1. 천사에 대하여 (1:4-14)

하나님의 아들 예수 그리스도는 천사보다 뛰어나심을 말하고 있다. 천사는 피조된 영적 존재며, 그의 주된 속성은 힘과 지혜인 것이다(삼하 14:20, 시 103:20, 104:4). 천사는 헤아릴 수 없을 만큼 많다(마 26:53, 히 12:22, 계 5:11, 시 68:17). 힘은 상상할 수 없을 만큼 강하고(왕하 19:35), 그들의 위치는 하나님 보좌 가까이에 있다(계 5:11, 7:11). 그렇지라도 그리스도의 신분과 지위는 그보다 더 높음을 히브리서 1장 4절 이하에서 말하고 있다. 몇 가지를 비교해 보면 다음과 같다.

1) 천사는 소식을 전하는 자 - 예수는 하나님의 아들(1:4-5)
2) 천사는 경배자 - 예수는 경배를 받으시는 분(1:6)
3) 천사는 피조물 - 예수는 창조자(1:7-12)
4) 천사는 구원을 위해 섬기는 자 - 예수는 구원의 창조자(1:13-14)
5) 천사는 다가올 세상의 복종자 - 예수는 다가올 세상의 지배자(2:5-16)

■ 나팔 부는 천사의 모습
예수 그리스도는 천사보다 뛰어나다(히 1장). 천사의 모습은 상상할 수 있을 뿐이지 실제는 알 수 없다. 이 사진은 춘천의 에티오피아 한국전 참전 기념비에 조각된 것이다.

공부 히브리서 1장~3장 : 모세보다 뛰어난 그리스도

1. 다음 예수 그리스도에 관해 ( )를 채워 말이 되게 하세요(1장).
 1) 옛적에 선지자로 말씀하신 하나님이 모든 날 마지막에 ( )로 우리에게 말씀하심,
 2) 만유의 ( )로 세우심, 3) 모든 ( )를 지으심, 4) 하나님의 영광의 ( ),
 5) 하나님의 본체의 ( ), 6) ( )을 붙드심, 7) 죄를 ( )하는 일 하심,
 8) ( )의 우편에 앉으심, 9) ( )보다 뛰어남, 10) 모든 ( )가 경배함,
 11) 보좌가 ( )함, 12) 주는 ( )할 것임, 13) 주는 ( )하여 연대가 다함이 없음
2. 다음 천사에 관한 말 중에 맞는 것에는 O표, 틀린 것에는 X표 하세요(1장).
 1) 천사는 그리스도보다 뛰어남 ( ), 2) 모든 천사가 그리스도께 경배하라 하심 ( ),
 3) 천사들을 바람으로 삼으심 ( ), 4) 구원 얻을 후사들을 섬기라고 보내심 ( )
3. 큰 구원을 등한히 여기지 말라. 이 구원은 주로 말씀했고 들은 자들이 확증했다. - (2: 절)
4. 그리스도는 사망의 세력을 잡은 자, 곧 마귀를 없이 하신다. - (2: 절)
5. 그리스도 자신이 시험을 받아 고난을 당해 보셨기에 시험받는 자들을 도우신다. - (2: 절)
6. 다음 말에서 예수에 관한 것에는 '예수'라 쓰고 모세에 관한 것에는 '모세'라 쓰세요(3장).
 1) 믿는 도리의 사도시며 대제사장 ( ), 2) 하나님의 온 집에서 사환으로 충성 ( ),
 3) 하나님의 온 집을 맡은 아들로 충성 ( ), 4) 모세보다 더욱 영광을 받을 만하다 ( )
7. 너희가 그의 음성을 듣거든...너희 마음을 ( ) 하지 말라. - (3: - 절)
8. 시작할 때에 확실한 것을 끝까지 ( ) 잡으면 그리스도와 함께 ( ) 자가 되리라. - (3: 절)

▲▼△▽ -----≪바로 보고 바로 말하기≫----- ▽△▼▲

한문을 가르치는 스승이 제자를 데리고 도봉산 길을 가다가 나무 밑에 앉아서 잠시 휴식을 취했다. 스승은 눈을 지그시 감으며 한 말씀하신다. "심조불산에 호보연자로구나."

제자는 스승의 말씀을 이해할 수 없었다. "스승님! 지금 하신 말씀은 어느 분의 말씀입니까?"

스승이 한참 동안 뜸을 들이다가 "장시울서이다."라고 하신다.

제자가 다시 물었다. "말씀의 뜻은 무엇이며 말씀하신 분은 어떤 분입니까?"

스승은 "저기를 봐라." 하며 손가락으로 산허리에 세워져 있는 입간판을 가리켰다. 거기에는 다음과 같이 쓰여 있었다. "산불조심", "자연보호" 그 밑에 "서울시장"

그것을 거꾸로 읽은 것이다. 제자가, "그거야 참~ '당식락영의 개찌부두순' 생각이 나옵니다~"

이 말은 '영락식당의 순두부찌개 생각이 나옵니다'라는 뜻이라나! 그 스승에 그 제자일세!

♧ ♧ ♧

히브리 원전을 연구하면, 예언자들의 '언어유희'를 만나게 된다. 유사한 발음의 단어를 통하여 서로 반대되는 말을 역설적으로 하는 예언자들의 위트가 있다. 우리가 신앙의 삶에서 바르게 말하지 못하면 오해를 당하여 어려움을 겪기도 한다. 초등학교 교과서 "듣기", "말하기"라는 책 이름처럼, 여기에 "생각하기", "보기"를 첨가해서 깊이 생각하고 적용하면 그대의 인생은 더 빛날 것이다.

(히브리서 3:1) 그러므로 함께 하늘의 부르심을 입은 거룩한 형제들아 우리의 믿는 도리의 사도시며 대제사장이신 예수를 깊이 생각하라

신현주, 〈좌충우돌 예화〉 〈시시콜콜 예화〉, www.sbs66.net

[오늘의 말씀] 히브리서 4장~6장 : 대제사장이신 그리스도 → 먼저 성경 읽기

(4장) 그리스도는 여호수아보다 뛰어나시다. 대제사장이신 예수를 통해 안식에 들어갈 확신이 필요하다.
(5장) 그리스도는 레위인 아론 계통의 대제사장의 역할 뿐 아니라 멜기세덱의 반차를 좇는 대제사장이시다.
(6장) 예수를 사랑하는 자는 그리스도의 도의 초보를 버리고 완전한 데로 나아가 믿음의 소망을 굳게 한다.

[말씀 묵상]

1. 나를 보자. 젖이나 먹는 신자인지, 단단한 것을 먹을 수 있는 신자인지?(5:11-14) 오랜 신앙의 연륜에 걸맞지 않게 기초적인 교리에만 머물러 있고 신령한 은혜, 심오한 영적인 차원으로 나아가지 못하는 신자들이 많다. 젖이나 먹는 어린아이처럼 자기만 알고, 제 중심에다가 옹고집까지 있다면 염려스럽지 않은가? 좀 더 고귀한 신앙 인격을 소유하기 위해 기도하며 실천해야 한다.
2. "다시 새롭게 하여 회개케 할 수 없나니"(6:6). 실제로 거듭난 체험을 한 자는 결코 타락할 수 없다는 것이 성경의 가르침이다(요 6:38-40, 롬 8:30-40, 살후 3:3). 그렇다면 본 절에서 언급하고 있는 자들은 교회 가운데 알곡과 함께 섞여 있는 가라지 신자다. 그들은 잠시나마 은혜 가운데 사는 것처럼 삶을 가장하지만 결국은 배도자가 되고 만다.
3. "하나님이 거짓말을 하실 수 없는…두 가지 변치 못할 사실"(6:18)은 하나님께서 아브라함과 그의 후손에게 하신 약속이고 그 약속에 대하여 자신의 이름을 걸고 하신 맹세다. 즉 하나님은 계약자이시며 보증인이시다. 그러므로 우리는 예수 안에서 크나큰 위안을 받기에 바울은 '우리를 우리 주 그리스도 예수 안에 있는 하나님의 사랑에서 끊을 수 없다'고 외치고 있다(롬 8:39).

[깊은 연구]

1. 4:14-16은 두 가지 권면을 내포하고 있다. (14절은 히브리서의 핵심구절)

1) "그러므로…우리가 믿는 도리를 굳게 잡을지어다"(4:14).
2) "그러므로…은혜의 보좌 앞에 담대히 나아갈 것이니라"(4:16).

2. 예수 그리스도는 대제사장 (히 3-5장)

종교개혁자 마르틴 루터는 '만인제사장론'으로 신자의 제사장적인 직무를 강조했다. 성도는 그리스도의 몸의 한 지체로서 다른 사람을 위하여 기도하며(딤전 2:1), 다른 사람들을 하나님께로 인도하며(벧전 2:11-12), 기르고, 다른 사람들에게 예배의 참된 의미를 가르쳐 주는 제사장의 일을 담당하며(벧전 2:9), 뛰어나신 대제사장 예수 그리스도를 섬기는 것이다. 인간 제사장(아론 계열)은 사람들 가운데 취한 자이므로 자신도 연약에 싸여 있다. 그러나 예수님은 멜기세덱의 반차를 따른 영원한 제사장이다(5장).

3. 멜기세덱의 제사장직 (히 6:20-7:3)

멜기세덱은 창 14:17-20과 시 110편에서 찾아볼 수 있다. '멜기'는 왕(王)이라는 뜻이고, '세덱'은 의(義)라는 뜻이다(비교, 히 7:2). 그는 '살렘 왕'이라고 했는데, '살렘'은 예루살렘을 가리키는 말이다.

공부 히브리서 4장~6장 : 대제사장이신 그리스도

1. 복음 전함을 먼저 받은 자(유대인)들이 왜 안식에 들어가지(유익되지) 못했는가?(4:1-2) -
2. 본문 7절의 다윗의 글은 시편 어디에서 인용한 것인가?(4장) - 시편 95편 - 절
3. 하나님의 말씀은 어떠한가?(4:12) -
4. 우리에게 있는 대제사장(예수님)은 어떤 분인가?(4장)
   1) 우리 ( )함을 체휼, 2) ( )을 받은 자, 3) ( )는 없으심
5. 긍휼하심을 받고 때를 따라 돕는 은혜를 얻기 위하여 어떻게 해야 하는가?(4:16) -
6. 다음 설명이 누구의 대제사장직에 해당하는지 쓰세요(5장). {보기} 아론 / 그리스도
   1) (절) 하나님께 속한 일에 사람을 위하여 예물과 속죄하는 제사를 드림. -
   2) (절) 존귀를 스스로 취하지 못하고 하나님의 부르심을 입은 자. -
   3) (절) 스스로 영광을 취하심이 아니고, 말씀하신 이가 너는 내 아들이라 하심. -
   4) (절) 영원한 멜기세덱의 반차를 좇는 제사장. -
   5) (절) 육체에 계실 때에 구원하실 이에게 통곡과 눈물로 간구와 소원을 올림. -
   6) (- 절) 받으신 고난으로 순종을 배워서 순종하는 자에게 구원의 근원이 되심. -
7. 그리스도 도의 초보를 버리고 완전한 데 나아가야 하는데, 도의 초보는 무엇인가?(6:1-3)
   1) 2) 3)
   4) 5) 6)
8. 예수님은 무엇이 되어 우리를 위하여 휘장 안으로 들어가셨나?(6:19-20) -

▲▼△▽ -----≪암 전문가 아내의 장례식≫----- ▽△▼▲

종합병원 치료방사선과에 암치료 디자인을 하는 김백두 박사가 있다. 그는 인터넷에서도 쉽게 검색되는 능력 있는 암전문의사이다. 그런데 3년 전 그의 아내가 위암 판정을 받아 세브란스 병원 등에서 세 차례에 걸친 최고의 수술과 치료를 받다가 50세가 되면서 세상을 떠났다.

아내와 함께 국립의료원 장례식장으로 갔더니 입구에 즐비한 화환들이 눈에 들어왔다. 그 조화(弔花)에는 '세브란스병원 암센타', '국립의료원 치료방사선과', 'OO 종양학회', 'OO 의과대학 동문회', '국립암센타', '한국제약협회' 등 한국의 이름 있는 의료단체들이 보낸 것이 수십을 헤아렸다.

이런 모순이 있는가? 각종 단체들, 특히 암이나 종양이라는 리본에 새겨진 글씨를 보면서 최고의 전문가들이 결국 하나님 앞에, 인간의 한계에 백기를 든 모습으로 느껴졌다.

인간은 결국 하나님 앞으로 가게 되는데 그것을 확인하는 기회였다.

♧ ♧ ♧

인생은 제한된 삶을 살면서 그것을 인지하지 못하고 오늘을 산다. 암전문가 아내가 암에 걸리고, 성서연구가 아내가 이단에 빠지고, 청소년상담자 자녀가 불량배가 되고, 가정사역자가 이혼을 하고, 검사가 범죄자가 되어 화제가 되는 것이 인생의 한 단면이다. 인간은 제한적이므로 영원한 하나님, 변치 않으시는 하나님을 믿고 의지한다. 히브리서 기자는 제사장의 연약을 언급했다.

(히브리서 5:1-2) 대제사장마다 사람 가운데서 취한 자이므로...저가 무식하고 미혹한 자를 능히 용납할 수 있는 것은 자기도 연약에 싸여 있음이니라

신현주, 〈좌충우돌 예화〉 〈시시콜콜 예화〉, www.sbs66.net

[오늘의 말씀] 히브리서 7장~10장 : 새 언약의 제사장 → 먼저 성경 읽기

(7장) 멜기세덱의 반차를 좇은 대제사장 예수 그리스도는 우리를 위하여 단번에 속죄 제사를 드렸다.
(8장) 모세를 통해 이스라엘에 주어졌던 옛 언약이 이제는 그리스도를 통해 새 언약으로 바뀌었다.
(9장) 그는 자기 피로 영원한 속죄를 이루사 단번에 성소에 들어가셨다.
(10장) 그리스도는 우리의 죄를 속하기 위하여 영원한 제사를 드리시므로 우리는 그 피를 힘입어 성소에 들어갈 담력을 얻었다.

[말씀 묵상]

1. 믿음의 격려를 많이 하고 있는 10장을 통하여 다음과 같은 질문들을 자신에게 할 수 있다. 나에게 대제사장 예수 그리스도가 계신가?(21절) 나는 하나님께 가까이 가서 살고 있는가?(22절) 나는 하나님의 보좌에 들어갈 확신이 있는가?(19절) 나는 소망의 확신을 든든히 붙잡고 있는가?(23, 35절) 나는 배교에 관한 하나님의 경고를 기억하고 있는가?(26-31절) 나는 짐짓 범하는 죄에 대해 나의 영혼을 보호하고 있는가?(31절) 나는 과거의 영적 승리를 생각하고 있는가?(32절) 나는 영혼을 보호하는 믿음을 소유한 자임을 세상에 보여 주고 있는가?(39절)

[깊은 연구]

1. <히브리서>의 구조(아래 도표)

1) 히브리서의 앞이 교리적인 부분이라면 뒤는 실천적인 부분이다. 서신들은 대부분 이런 구조를 갖는다. 10장 19절에서부터 실천적인 말씀으로서 선행으로 살아갈 것을 촉구하고 있다(10:24). 믿음에 관한 위대한 본을 보인 11장에 이어 13장까지는 모든 그리스도인이 본받아야 할 다양한 믿음의 행위들을 강조한다.
2) 다음 구절을 마음에 새기자(히 13:20-21). "평강의 하나님이 모든 선한 일에 너희를 온전케 하사 자기 뜻을 행하게 하시고 그 앞에 즐거운 것을 예수 그리스도로 말미암아 우리 속에 이루시기를 원하노라."
3) 히브리서를 통하여 대제사장이신 예수 그리스도가 우리에게 계심을 볼 수 있었다. 예수님은 천사보다, 모세보다, 여호수아보다, 아론보다 뛰어나신 분이므로 우리는 그 안에서 담력을 얻었다. 그로 인하여 삶을 통한 제사가 필요함을 말씀하고 있다.

히브리서의 구조를 다음의 도표로 살펴보며 다시 한 번 히브리서 전체를 읽도록 하자.

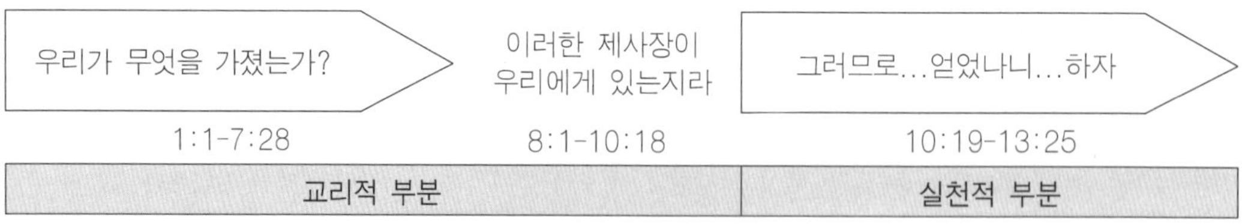

◇ 히브리서의 구조 ◇

통독	268
확인	

공부 히브리서 7장~10장 : 새 언약의 제사장

1. 다음 중 틀린 단어에 밑줄을 긋고 바르게 고치세요(7장).
   1) 멜기세덱에 관한 신약의 기록은 창세기 14장 17-20절과 시편 110편에 나온다. →
   2) 멜기세덱은 하나님의 아들과 방불하여 필요시에 제사장으로 있다. →
   3) 예수는 더 좋은 언약의 직분이 되셨다. →
   4) 율법은 장점을 가진 사람들을 제사장으로 세웠다. →
2. 이러한 (　　　　)이 우리에게 있는 것이라 그가 (　　　)에서 위엄의 (　　　　　)에 앉으셨으니 (　　　)와 참장막에 부리는 자라(8장).
3. 저희가 섬기는 것은 (　　　　)에 있는 것의 (　　　　)과 그림자이다(8장).
4. 볼지어다 날이 이르리니 내가 이스라엘 집과 (　　　) 집으로 (　　　　)을 세우리라(8장).
5. (9:　절) 사면을 금으로 싼 언약궤가 있고 ~
6. (9:　절) 오직 자기 피로 ~
7. (9:　절) 한 번 죽는 것은 사람에게 정하신 것이요 ~
8. 율법은 장차 오는 좋은 일의 그림자인가, 참형상인가?(10:1) -
9. 예수 그리스도의 몸을 단번에 드리심으로 우리가 얻은 것은?(10:10) -
10. 원수 갚는 것은 누구에게 있다 하였나?(10:30, 신 32:35) -
11. 10장 38절의 "오직 나의 의인은 믿음으로 말미암아 살리라"는 구약 하박국 (2:　)의 인용으로 신약 로마서 (1:　)과 갈라디아서 (3:　)에서도 인용한 말씀이다.

▲▼△▽ -----≪진짜를 무시하는 기록된 문자≫----- ▽△▼▲

중국 정나라 때 한 남자가 신발가게에 왔다. 주머니를 뒤적이던 남자는 자기 발 치수를 적은 종이쪽지를 집에 두고 온 사실을 알고 몹시 당황해했다. 그 남자는 신발가게 주인에게 정중히 말했다.

"신발 치수를 적은 쪽지를 가져오지 않아서 그것을 가져오겠습니다."

그 남자는 집으로 돌아가 한참 만에 쪽지를 가지고 헐레벌떡 돌아왔다. 하지만 날이 저물어 신발가게는 이미 문을 닫은 뒤였다. 그 사실을 안 친구가 물었다.

"아니, 자네 신을 산다면서, 자네 발이 있는데 종이쪽지가 왜 필요한가?"

그러자 남자가 당연하다는 듯 대답했다.

"발보다야 기록된 숫자가 더 정확하지!"

♧ ♧ ♧

기록이라는 것에 현혹되면 스스로 속기 마련이어서, '신문에 났다더라', '잡지에서 어떻게 말했다더라' 하며 답인 듯 내놓는다. 교정을 처음 보는 사람들은 초고를 인쇄해 준 것이 다 맞는 것처럼 착각을 하여 오자나 탈자, 얽힌 글들을 찾아내지 못한다. 펜을 악하게 휘두르는 자들로 인해 독자들은 거짓을 진실인 양 받아들이는 문제가 이 땅에 오래도록 계속되고 국민들을 오도(誤導)해 왔다. 그대여, 기록되었다고 문자에 속지 말라. '사실'보다 앞서는 문자나 문서는 없다.

(히브리서 8:13) 새 언약이라 말씀하셨으매 첫 것은 낡아지게 하신 것이니 낡아지고 쇠하는 것은 없어져 가는 것이니라

신현주, 〈좌충우돌 예화〉 〈시시콜콜 예화〉, www.sbs66.net

[오늘의 말씀] 히브리서 11장~13장 : 믿음을 굳세게 → 먼저 성경 읽기

(11장) 우리는 믿음의 삶을 산 선진들처럼 믿음으로 살아야 하며,
(12장) 믿음의 주요, 온전케 하시는 이인 예수를 바라보아야 한다.
(13장) 또한 하나님을 기쁘시게 하는 삶을 통한 제사를 드려야 한다.

[말씀 묵상]

1. 1) 흔히 **'믿음장'**으로 일컬어지는 11장은 첫 절에서 **"믿음은 바라는 것들의 실상이요 보지 못하는 것들의 증거니..."**라고 말씀하고 있다. 그렇다. 나는 무엇을 바라는가? 문제는 그것을 이루기 위한 믿음이 있는가에 있다. 하나님은 믿음의 분량대로 주신다(롬 12:3). 믿음은 없고 바라기만 하는 것은 헛된 망상에 빠지지만 진정 믿음의 사람은 오늘을 살면서 내일의 실상을 볼 수 있다.
   2) 11장은 믿음의 영웅들을 칭찬하기 위하여 쓰인 것이 아니다. 이들이 신실하시며 믿음에 대하여 보상하시는 하나님에게 견고하게 뿌리박은 신앙을 소유하고 있음을 보여 주기 위함이다. 기록된 믿음의 선진들이 모두 완벽하지는 않지만 중요한 것은 하나님께 믿음의 뿌리를 내리고 있다는 것이다.
2. 삶의 경주를 위하여 12장에서 다음 세 가지를 특별히 발견할 수 있다. 1) **인내를 갖자**(1절), 2) **징계를 달게 받자**(11절), 3) **화평함과 거룩함을 좇자**(14절). 이것을 통하여 **"믿음의 주요 온전케 하시는 이인 예수를 바라보는"**(12:2) 것이다.
3. 나는 나를 인도하는 주의 사역자들에게 순종하고 복종하며, 즐거움으로 일하도록(13:17) 하고 있는지? 냉정히 자신에게 물어보라.

[깊은 연구]

1. "보다 뛰어난", "더 나은"의 말씀들

〈히브리서〉에서는 예수님을 '보다 뛰어난'으로 표현한 말씀이 많이 나온다. '뛰어난', '존귀한'이라는 표현으로 한 번씩 나오는데 실제 본문의 여러 곳에서 의미상 이 말이 여러 번 나온다. 이 말이 뛰어난, 존귀한, 나은, 위대한, 우월한 등 다양하게 표현되어 있다, 이런 좋은 용어 모두를 가지고 예수를 수식함은 그 이름이 어느 무엇보다 고귀하기 때문이다. 〈다음 "특별문제"를 풀어 보라〉

2. 특별문제 - 다음 성구에 나온 '더 좋은(나은)' 것을 보기에서 골라 쓰세요.

{보기} 더 나은 본향 / 더 좋은 부활 / 더 좋은 제물 / 더 좋은 언약의 보증 / 더 좋은 피(더 낫게 말하는 뿌린 피) / 더 좋은 것(축복) / 더 나은 제사 / 더 낫고 영구한 산업 / 더 좋은 소망 / 더 좋은 약속

1) 7:19 -	2) 7:22 -	3) 8:6 -	4) 9:23 -
5) 10:34 -	6) 11:4 -	7) 11:16 -	8) 11:35 -
9) 11:40 -	10) 12:24 -		

공부 히브리서 11장~13장 : 믿음을 굳세게

1. 다음은 누구에 관한 말씀인지 그 이름을 쓰세요(11장).
   1) (절) 죽음을 보지 않고 옮기웠으며 하나님을 기쁘시게 하는 자라 하는 증거를 받았다. -
   2) (절) 보지 못하는 일에 경고하심을 받아 방주를 예비하여 의의 후사가 되었다. -
   3) (절) 하나님이 능히 죽은 자 가운데서 다시 살리실 줄로 생각했다. -
   4) (절) 이스라엘 자손들의 떠날 것을 말하고, 자기 해골을 위하여 명하였다. -
   5) (절) 하나님의 백성과 함께 고난 받기를 잠시 죄악의 낙을 누리는 것보다 더 좋아했다. -
2. (   )의 주요 또 (   ) 하시는 이인 (   )를 바라보자. - (12:   절)
3. 주의 (   )을 경히 여기지 말며 그에게 (   )을 받을 때에 낙심하지 말라. - (12: - 절)
4. 모든 사람으로 더불어 (   )과 (   )을 좇으라. - (12:   절)
5. 우리가 진동치 못할 나라를 받았은즉 (   )를 받자 이로 말미암아 (   )과 (   )으로 하나님을 기쁘시게 (   ) 우리 하나님은 (   )이심이니라. - (12:   절)
6. "부지중에 천사들을 대접한 이들"은 누구를 말하나?(13:1-2, 창 18:1-15, 19:1-3) -
7. 영원토록 동일하신 분은 누구인가?(13:8) -
8. 예수님은 성문 밖에서 왜 고난을 받으셨나?(13:12) -
9. 하나님이 기뻐하시는 제사는 어떤 것인가?(13:16) -
10. 너희를 인도하는 자들에게 대할 태노는?(13:17) -
11. 평강의 하나님이 하신 일은?(13:20) -

▲▼△▽ -----≪마라톤 중에 오줌이 마려우면≫----- ▽△▼▲

마라톤은 42.195km의 긴 레이스로서 중간에 화장실에 가고 싶은 일이 생긴다 해도 이상한 일이 아니다. 정말로 그런 상황이 벌어지면 참고 계속 뛰어야 할까, 실격을 각오하고 화장실로 가야 할까? 마라톤 경기 중의 생리 현상은 규정상 심판의 허가하에 화장실에 다녀와도 무방하다. 일을 마친 후 심판의 허가를 얻은 시점부터 경기를 재개하면 실격 처리되지 않는다.

이런 상황에서 우승까지 바란다면 욕심이 과한 것 아니냐고 하겠지만, 실제로 우승한 사람이 있다. 주인공은 1970년대 미국에서 활약한 올림픽 메달리스트, 프랭크 쇼터이다. 그는 1973년 일본 비와코 마라톤대회에 참가하여 달리다가 갑작스런 통증을 느끼고 화장실로 내달았다. 물론 심판의 허가를 얻었으며, 무사히 일을 마치고 돌아와서 우승 테이프까지 끊었다는 믿기 힘든 사건이다.

♧ ♧ ♧

마라톤 중에 오줌도 마렵듯, 인생에서 이런 저런 일들이 걸림이 되어 상황을 힘들게 해도 이겨내고 인생에서 승리를 해야 한다. 지금 그대에게 걸림이 되는 것으로 인해 '무엇 때문에'라고 말하고 있으며 실제 어려움을 겪는다 해도 그것을 이기도록 힘써야 한다. 예수님은 십자가를 부끄러워하지 않으시고 온 인류의 구원을 위하여 십자가를 지시고 '다 이루셨다'고 선언하셨다.
일어서라. 그대여! 어려움은 누구에게나 온다는 것을 기억하라.

(히브리서 12:2) 믿음의 주요 또 온전케 하시는 이인 예수를 바라보자 저는 그 앞에 있는 즐거움을 위하여 십자가를 참으사 부끄러움을 개의치 아니하시더니 하나님 보좌 우편에 앉으셨느니라

신현주, 〈좌충우돌 예화〉〈시시콜콜 예화〉, www.sbs66.net

〈야고보서〉를 소개합니다

제목에 대한 해설

공동서신(아래의 "특기 사항" 참고)은 발신자(저자)의 이름이 책 이름으로 되었다.

본서의 헬라어 제목은 '아이코프 에피스톨레'로서 〈야고보의 편지〉 또는 〈야고보서〉로 불렸다.

저작에 대하여

저자: '하나님과 주 예수 그리스도의 종 야고보'라 하였다(1:1, 막 6:3, 행 12:17). 신약성경에 야고보는 다섯 사람이 나오며 그 중에 예수님의 동생 야고보가 유력하다. 그는 부활 직후에 개종한 사람이지만(고전 15:7) 그 후 곧 잘 알려진 지도자가 되었다(행 12:17, 21:18, 갈 2:12). 그는 베드로와 요한과 함께 초대 '교회의 기둥'(갈 2:9)과 같은 중요한 지도자였다. 예루살렘 종교회의 때도 새로운 법령(행 15:20)을 제안하기도 했다.

수신자: "흩어져 있는 열두 지파"(1:1)라고 했는데, 수신자가 누구며 어디를 목표로 했는지 애매하다. 유대 지역보다는 팔레스틴 밖에 사는 유대인으로 추측되며 전체 내용으로 보아 순유대인만은 아니다. 이 지상 어디든지 흩어져 사는 모든 그리스도인을 위한 기록이라 할 수 있다.

연대 및 장소: 야고보의 생애 말년(62년에 순교)으로 본다. 또는 1세기 말엽으로 보는 경우도 있다.

기록 장소는 '수리아'나 '로마'라는 설이 있다.

본서의 특징 및 메시지

1. 행위를 강조

"믿음으로 의롭다 함"을 얻는 가르침이 부정되어(2:14-26) 종교개혁자 마르틴 루터는 이 서신을 '지푸라기 서신'이라고 평가절하했다. 예수의 속죄적 죽음과 그의 부활에 대한 것을 찾아볼 수 없는 서신이기에 그리스도인들이 들어야 할 최초의 성경은 아니며, 오히려 구원의 도리를 깨달은 성도들이 믿음의 완성을 구체적 행위로 실천함을 가르쳐 주는 서신으로 받을 수 있다(2:22, 26).

2. 야고보서의 특징

1) 유대교적 윤리관과 기독교적 윤리관을 연결시켜 주고 있다. 2) 유대교의 지혜문학과 헬레니즘의 윤리 사상을 다각도로 활용하고 있다. 3) 문장 구조가 극히 단순하고 헬라어를 뛰어나게 구사하고 있다.

3. 야고보서의 메시지

1) 세 번이나 가난한 사람들을 옹호하면서 부자들을 공박한다(1:9-11, 2:5-12, 5:1-6). 야고보의 이러한 청빈 사상은 예수님의 가르침과 맥이 통한다.

2) 저자는 신자들이 교리는 배운 것으로 전제하고 그 믿음에 상응하는 생활을 강조한다. 즉 행함이 없는 믿음을 혐오한다(2:14-26).

3) 야고보는 혀의 잘못된 사용에 대한 경고를 한다(3:1-12). 이러한 경고성의 메시지는 구약의 예언자들과도 같고 예수님께서 행하신 산상설교(마 5-7장)의 사상과도 같다.

특기 사항

1) 공동서신에 대하여

바울서신과 히브리서(저자 미상)를 제외한 7 서신 ① 야고보서, ② 베드로전서, ③ 베드로후서, ④ 요한일서, ⑤ 요한이서, ⑥ 요한삼서, ⑦ 유다서를 '공동서신' 또는 '일반서신'이라고도 한다. 책 이름은 발신자 이름에서 기인했으며, 수신자는 공동으로 읽는 회람용(回覽用)으로 여러 교회가 돌려가며 읽었다.

'공동서신'이라는 말은 최초 동방교회 반(反)몬타니우스파에 속하는 아폴로니우스가 몬타니우스파인 데미슨을 공박하기 위하여 197년 요한1서에 대해서 처음 붙인 칭호이다. 차츰 한 권씩 추가되어 유세비우스가 현재의 일곱 권을 경전으로 인정하였다.

7이라는 완전 숫자를 가지게 된 것은 다행이다. 요한계시록에도 소아시아의 7교회로 보내는 편지가 있고, 바울도 7교회(로마, 고린도, 갈라디아, 에베소, 빌립보, 골로새, 데살로니가)로 서신을 보냈는데, 그 숫자는 7×2=14서신으로 간주한다(히브리서를 포함해서). 그러므로 공동서신 7책은 성경으로서의 완전성을 확립시켜 주는 숫자라 하겠다.

〈베드로전서, 후서〉를 소개합니다

제목에 대한 해설

일반서신에 속하며 저자의 이름과 보낸 순서에 따라 첫 번째 서신은 〈베드로전서〉, 두 번째 서신은 〈베드로후서〉로 불렸다.

저작에 대하여

저자: 〈베드로전서〉는 베드로 사도가 실루아노를 통하여 기록(1:1, 5:1, 12)하였다. 〈베드로후서〉도 사도 베드로(1:1)가 저자이며, 그는 예수의 영광스런 변모를 목격했다(1:16-18). 베드로후서 3장 1절에 본서를 '둘째 편지'라 하므로 베드로전서도 자신의 글임을 밝힌다. 그러나 언어와 주제는 〈베드로전서〉와 차이가 있다. 현대 학자들은 〈베드로후서〉는 베드로 자신이 아니라 후대의 가명문서〔假名文書, 베드로의 유훈(遺訓)에 사도적 권위를 부여하기 위하여 베드로의 이름을 서두에 붙였다〕로 보며, 정경(Canon)에 들어온 신약의 문서들 가운데 최후의 것이다. 그러나 전통적으로는 사도 베드로의 글로 알려져 있다.

베드로는 그의 형세 안드레와 함께 어촌 벳새다 출신이며 예수님이 그를 부를 때에 그들은 갈릴리 호수 북단의 가버나움에 살고 있었다. 베드로는 그의 형제 안드레를 통해 예수님을 만났다(요 1:40-42).

연대 및 장소: 〈베드로전서〉는 네로 황제가 로마에서 그리스도인들을 박해(64년)한 이후에 기록된 것으로 추측된다(벧전 5:13의 "바벨론에 있는 교회"는 '로마교회'를 가리키는 말이다). 또는 이보다 후대인 도미티안 황제가 소아시아에서 박해를 시작한 시기(96년)에 기록했다고도 본다.

〈베드로후서〉는 저작 장소나 수신처를 언급하지 않고 있다. 내용으로 보아 유다서와 밀접한 관계가 있으며 베드로전서와의 관계성으로 보아 저작 장소를 '로마'라고도 하고, 내용으로 보아 당시 재림을 부정하는 가현주의(假現主義)가 성행한 '애굽'으로 보는 이도 있으나 모두 추측일 뿐이다.

특기 사항

1) 전승을 주로 사용한 베드로전서

문헌상의 직접적인 인용보다 주로 전승을 사용한 것으로 보인다.

1) 〈베드로전서〉는 〈로마서〉 및 〈에베소서〉와 상통하는 점들이 있다. - 1:14=롬 12:2 / 1:22=롬 12:9-10 / 2:5=롬 12:1 / 1:14-18, 4:2-3=엡 4:17 / 5:3, 2:1=엡 4:25, 32 / 3:1=엡 5:22 / 5:8-9=엡 6:11-13 등

2) 〈베드로전서〉는 〈야고보서〉와 〈히브리서〉와도 비슷한 점이 많이 보인다. - 1:6-7=약 1:2-3 / 1:23-2:2=약 1:18-22 / 5:5-6=약 4:6, 10 / 5:9=약 4:7 / 1:17, 2:11=히 11:13 / 1:2=히 12:24 / 3:18=히 9:28 / 3:9=히 12:17 / 4:14=히 13:13 등

3) 〈베드로전서〉는 공관복음서의 기초를 이룬 초대 교회의 전승을 잘 알고 있었다. - 예수님의 말씀, 용어, 사상 등을 알고 있었던 것으로 여겨진다. 그러나 예수님의 말씀을 직접 인용하지 않은 것으로 보아 주로 구전(口傳) 전승을 사용한 것 같다.

2) 소망의 서신인 베드로전서

베드로 사도는 그들에게 소망을 주고 있다(1:3, 13, 21, 3:15). 당시 그리스도인들은 주변의 이교도들로부터 적대와 멸시를 당하고 있었다. 그리스도인들의 처신의 방향인 '나그네 됨'이라는 개념이 자신들은 누구이며 당시 상황을 설명해 준다(1:1, 17, 2:11). 본서에는 위대한 사도 바울과 베드로의 유산이 있다. 그들은 그리스도를 전했고 이미 그 당시에는 '그리스도인'(4:16)이라는 이름으로 고난을 당하고 있었다.

〈베드로전서〉 분해. ① 소망 가운데 삶(1:1-2:10), ② 세상에서 취할 모범적인 태도(2:11-4:11), ③ 고난 가운데에서 믿음을 입증함(4:12-5:14).

3) 재림에 확신을 강조한 베드로후서

〈베드로후서〉는 그 기록 목적이 3장 1-4절에 나타난다. 그리스도의 재림설을 비웃으며 조롱하는 자들이 나타나서 미혹하므로, 신자들에게 예언자들의 말씀과 사도들의 가르침을 상기시켜 그리스도의 재림에 대한 확신을 심어 주기 위하여 기록했다. 그리스도의 재림은 하나의 학설이 아니라 그리스도인의 확실한 소망이므로 오늘날에도 그 소망이 약해져서는 안 된다.

〈베드로후서〉 분해. ① 그리스도교의 소망에 대한 보증(1장), ② 거짓 선생들의 투쟁(2장), ③ 예수님의 재림과 새 창조의 확실성(3장).

[오늘의 말씀] 야고보서 1장~5장 : 역사하는 믿음 → 먼저 성경 읽기

(1장) 믿음의 특성을 시련과 시험의 관점에서 설명한다.
(2장) 의롭다 함을 얻는 것은 믿음으로만 아니라 행함을 강조하므로 행함 없는 믿음을 죽은 것이라 말한다.
(3장) 가장 다스리기 어려운 혀(말)에 대한 교훈을 주고 있다.
(4장) 세상과 벗 되고자 하는 자는 하나님과 원수가 됨을 지적하였다.
(5장) 악한 부자들의 가난한 자에 대한 학대를 경고하고, 인내와 기도에 대한 가르침을 주고 있다.

[말씀 묵상]

1. “시험을 만나거든 온전히 기쁘게 여기라”(1:2), “시험을 참는 자는 복이 있도다”(1:12) 등 시험에 관한 교훈은 오늘의 현실에 바로 적용되는 말씀들이다. 시험을 좋아할 사람은 없으나 그 결과를 내다보며 시험이 복의 통로가 됨을 알고 승리하는 믿음이 되어야 한다.
2. 가난한 자들에게 관심을 보인 본서는 이러한 가르침도 주고 있다. “만일 형제나 자매가 헐벗고 일용할 양식이 없는데...그에게...더웁게 하라 배부르게 하라 하며 그 몸에 쓸 것을 주지 아니하면 무슨 이익이 있으리요”(2:15-16)라며 행함 없는 믿음의 무가치성을 지적한다. 야고보의 가르침은 ‘믿음은 구원’이라는 공식에만 얽매인 한국 교회의 삶의 실천에 좋은 교훈이 되고 있다. 양과 염소의 비유(마 25:31-46)에서도 얼마나 믿음의 행위를 강조했나?

[깊은 연구]

1. 행위의 서신, 명령의 서신

“믿음으로 의롭다 함”을 얻는 가르침이 부정되어(2:14-26) 종교개혁자 마르틴 루터는 ‘지푸라기 서신’이라고 평가절하했다(212쪽, 〈야고보서〉 해설 참고). 〈야고보서〉처럼 윤리적인 행함이 강조되는 서신은 없다. 총 5장 98절로 구성된 〈야고보서〉 전체에 사용된 명령형 동사는 모두 50회로 거의 두 절에 한 번 꼴로 명령형 동사가 권고적으로 사용된 셈이다.

2. 〈야고보서〉의 메시지

1) 세 번이나 가난한 사람들을 옹호하면서 부자들을 공박한다(1:9-11, 2:5-12, 5:1-6). 야고보의 이러한 청빈 사상은 예수님의 가르침과 맥이 통한다.

2) 저자는 신자들이 교리는 배운 것으로 전제하고 그 믿음에 상응하는 생활을 강조한다. 즉 행함이 없는 믿음을 혐오한다(2:14-26).

3) 혀의 잘못된 사용에 대해 경고한다(3:1-12). 이러한 경고성 메시지는 구약의 예언자들과도 같고 예수님께서 행하신 산상설교(마 7:1-5)의 사상과도 같다.

■ 예루살렘 ‘통곡의 벽’에서의 기도
“믿음의 기도는 병든 자를 구원하리니”(약 5:15)라 하였다. 예루살렘 성전 통곡의 벽에 손을 대고 기도하는 한 유대인의 모습이 진지하다.

통독	270
확인	

공부 야고보서 1장~5장 : 역사하는 믿음

1. 공동서신 책 이름 외우기(야고보서~유다서). - (1) 외웠음, (2) 외우는 중임, (3) 안 외울 것임
1) 2) 3) 4) 5) 6) 7)
2. ( )는 복이 있도다 이것에 옳다 인정하심을 받은 후에...약속하신 ( ) 을 얻을 것임이니라 사람이 시험을 받을 때에 ( ) 하지 말지니...(1:12-13).
3. 하나님 아버지 앞에서 정결하고 더러움이 없는 경건은 어떤 것인가?(1:27)
-
4. 믿음이 그의 ( )과 함께 일하고 행함으로 ( ) 되었느니라(2:22).
5. 행함으로도 의롭다 함을 얻는다는 증거로 세운 두 사람은?(2:23-26) -
6. 3장 2절의 '말'은 ( )이며, 3절의 '말'은 ( )이다.
{보기} 1) 타는 말(馬) / 2) 입의 말(言)
7. 오직 위로부터 난 지혜는?(3:17) -
8. 마귀를 ( )하라 그리하면 너희를 피하리라 하나님을 ( )하라 그리하면 너희를 가까이하시리라(4:7-8).
9. 너희 생명이 무엇이뇨 ( )니라(4:14).
10. 형제들아 ( )하시기까지 길이 참으라...형제들아 서로 ( )하지 말라(5:7, 9).
11. 다음 사람들은 어떻게 해야 하는가?(5:13-14) - 1) 고난당하는 자:
2) 즐거워하는 자: 3) 병든 자:

▲▼△▽ -----≪만날 재난이라면 수용해야≫----- ▽△▼▲

유복자를 데리고 구멍가게를 하는 젊은 부인이 점심을 대접하겠다고 했다. 김백두 목사 부부가 심방을 갔더니 가게에 딸린 작은 방에는 아기가 자고 있었고 오줌을 쌌는지 방바닥에는 물기가 있었다. 그 옆에는 아기가 가지고 놀던 것으로 보이는 밥풀이 붙은 주걱이 있기에 아내가 집어서 전기밥통 옆에 두었다. 부인은 상에 반찬을 차려 들여왔고, 그 주걱으로 밥을 푸는 것이 아닌가? 아내는 맛이 있다고 먹는데, 김 목사는 기도만 해 주고 배가 아프다며 핑계를 대고 밥을 끝내 먹지 못했다.

며칠 후 그 부인이 감주(식혜)를 한 주전자 가져왔는데, 아주 시원하였고 맛이 있어서 두 잔을 연거푸 마셨다. "감주를 담글 줄 아세요?" 했다가 그 부인의 말에 속이 느글거렸다.

"아, 목사님께서 배가 아프셔서 식사를 못하고 가셨기에, 밥도 많이 남고 해서 식혜를 했지요."

♧ ♧ ♧

같은 밥을 아내는 잘 먹는데, 남편이 잘 못 먹는 것은 성향(또는 비위)의 문제이지만, 그럼에도 당시에 수용해야만 했다. 그렇지 못한 결과 결국 감주를 배불리 먹었으나 달콤한 것이 아니라 속을 더 느글거리게 하는 것이 되었다.

사람은 현재에 부딪쳐야 하는 문제를 회피하면, 나중에 더 큰 문제로 다가와서 결국 그 문제로 고생을 하게 된다. 그대, 지금 문제가 있다면 회피하지 말고 정면으로 나가라!

(야고보서 1:2-3) 내 형제들아 너희가 여러 가지 시험을 만나거든 온전히 기쁘게 여기라 이는 너희 믿음의 시련이 인내를 만들어 내는 줄 너희가 앎이라

신현주, 〈좌충우돌 예화〉〈시시콜콜 예화〉, www.sbs66.net

[오늘의 말씀] 베드로전서 1장~5장 : 고난 중의 인내 → 먼저 성경 읽기

(1:1-2:10) 베드로 사도는 소망 가운데 삶과
(2:11-4:11) 세상에서 취할 성도들의 모범적인 태도에 대하여
(4:12-5:14) 그리고 고난 가운데서 믿음을 입증하는 방법에 대하여 증거하고 있다.

[말씀 묵상]

1. "망령된 행실에서 구속된 것은 은이나 금 같이 없어질 것으로 한 것이 아니요...그리스도의 보배로운 피로 한 것이니라"(1:18-19) 하였다. 이 간증의 찬송인 189장을 불러 보라. 특히 2절을!
2. 성경은 사랑을 가르친다. 예수님이 그러하셨고, 그의 제자들도 같은 가르침을 준다. 베드로 사도는 "마음으로 뜨겁게 피차 사랑하라"(1:22) 하였고, "무엇보다도 열심으로 서로 사랑할지니 사랑은 허다한 죄를 덮느니라"(4:8) 하였다. 그대가 정말로 사랑하는 성도가 되기 위하여 기도하라.

[깊은 연구]

1. 본문 이해를 위하여 (벧전 3:18-20, 4:6)

3:18-20 "옥에 있는 영들에게 전파하시니라", 4:6 "죽은 자들에게도 복음이 전파되었으니"

어려운 이 본문을 이해하기 위해서는 두 본문을 동시에 보아야 한다. 3장 18절의 종결은 옛 제의적 문형처럼 보인다(딤전 3:16). 그리스도는 육신으로는 썩어 없어질 죽임을 당하셨다. 그러나 영으로는, 부활하시는 하나님의 권능에 따라 살아나시게 되었다. 3장 19-20절은 성경에 한 번 나온다. 그리스도의 재림 전에 죽은 사람들은 옥에 갇혀 있듯이 죽음 안에 갇혀 있다는 사상을 전제한다. 그러나 그리스도는 이 죽음의 세계로 내려가셨으며 노아 시대의 불순종한 사람들에게 말씀을 전하셨다(4:6은 노아 시대의 불순종한 사람만을 말하는 것이 아님을 보여 준다). 그리스도는 죽음에 완전히 버려진 것처럼 보이는 자들에게도 역시 복음을 대면시키시고(전파하시고) 그들에게 생명을 열어 주셨다.

2. 〈베드로전서〉의 특징 - 문헌상의 인용보다 주로 전승을 사용한 것으로 보인다.

1) 〈베드로전서〉는 〈로마서〉 및 〈에베소서〉와 상통하는 점들이 있다.

1:14=롬 12:2 / 1:22=롬 12:9-10 / 2:5=롬 12:1 / 1:14-18, 4:2-3=엡 4:17 / 5:3, 2:1=엡 4:25, 32 / 3:1=엡 5:22 / 5:8-9=엡 6:11-13 등

2) 〈베드로전서〉는 〈야고보서〉와 〈히브리서〉와도 비슷한 점이 많이 보인다.

1:6-7=약 1:2-3 / 1:23-2:2=약 1:18-22 / 5:5-6=약 4:6, 10 / 5:9=약 4:7 / 1:17, 2:11=히 11:13 / 1:2=히 12:24 / 3:18=히 9:28 / 3:9=히 12:17 / 4:14=히 13:13 등

3) 공관복음서의 기초를 이룬 초대교회의 전승을 잘 알고 있었다.

〈베드로전서〉의 저자는 예수님의 말씀, 용어, 사상 등을 알고 있었던 것으로 여겨진다. 그러나 예수님의 말씀을 직접 인용하지 않은 것으로 보아 주로 구전(口傳) 전승을 사용한 것 같다.

통독	271
확인	

공부

베드로전서 1장~5장 : 고난 중의 인내

1. 〈베드로전서〉의 수신자인 '흩어진 나그네'는 영적으로 어떤 자들인가?(1:1-2)
   -
2. 믿음의 결국은 무엇인가?(1:9) -
3. 부르신 자처럼 모든 행실이 어떠해야 하는가?(1:15) -
4. 거듭난 것은 무엇으로 된 것인가?(1:23) -
5. (2:　절) 오직 너희는 택하신 족속이요 ~

6. (2:　절) 친히 나무에 달려 그 몸으로 ~

7. 남편에게 순복하면 그 결과는?(3:1) -
8. 성도는 무엇을 예비해야 하나?(3:15) -
9. 세례는 무슨 표가 된다고 했나?(3:21) -
10. 죽은 자들에게도 복음이 전파된 이유는?(4:6) -
11. 무엇을 즐거워하라 했나?(4:13) -
12. 양 무리를 칠 때(주의 교회를 돌볼 때)의 자세를 쓰세요(5:1-5을 읽고 답은 2-3절에서).
    -
13. '겸손한 자에게 은혜 주신다', '마귀 대적하라'와 유사한 말씀은?(5:5-10) - 야고보서 (____장 6-8절)

▲▼△▽ -----≪개목사, 사람목사≫----- ▽△▼▲

김백두 목사 부부가 값비싼 영국산 강아지를 사서 방안에서 길렀다. 함께 먹고 데리고 자며 입맛이 없어 보이면 맛있는 비스켓도, 쇠고기도 사서 먹였다. 그러던 어느 날, 개의 눈이 충혈되고 밥도 먹지 않으므로 병원엘 데려갔더니 콜레라란다. 예방주사 접종을 잊고 있었던 것이다.

개를 병원에 입원시켜 놓고 아침저녁으로 가서 개를 품에 안고 기도했으나 죽고 말았다. 교회로 돌아와 한없이 울다가 이한라 사모에게 '더 좋은 개를 사 주겠다'며 달래어 교회를 나오려는데 하나님의 음성이 들렸다. "너는 영양이 부족한 내 양들에게 쇠고기 한 근이라도 사 먹인 적이 있느냐?" "없습니다." "너는 내 양들이 아플 때에 눈물로 기도한 적이 있느냐?" "없습니다." "너는 너의 교인들이 죽었을 때 얼마나 울었느냐?" "조금 운 경우도 있습니다." 하나님께서 말씀하시자 그는 고꾸라졌다.

"너는 개목사니라."

♧ ♧ ♧

목사 부부는 회개했고, 개 사려던 돈은 구제헌금으로 냈다. 결국 그는 개목사에서 사람목사로 인정을 받았다. 얼마나 많은 경우에 하나님의 사역보다 다른 곳에 더 정열을 쏟아서 마음과 물질을 허비하고 있는가? 회개할 일이다. 스트레스 해소한답시고 엉뚱한 데 시간을 허비하고, 헌금한 돈에서 받은 사례비로 하나님이 원치 않는 곳에 쓰고 있지는 않나? 청지기로서의 자세가 필요하다.

(베드로전서 5:2) 너희 중에 있는 하나님의 양 무리를 치되 부득이함으로 하지 말고 오직 하나님의 뜻을 좇아 자원함으로 하며 더러운 이를 위하여 하지 말고 오직 즐거운 뜻으로 하며

신현주, 〈좌충우돌 예화〉 〈시시콜콜 예화〉, www.sbs66.net

[오늘의 말씀] 베드로후서 1장~3장 : 거룩한 성도 → 먼저 성경 읽기

(1장) 은혜와 진리 안에서의 성장과 그리스도교의 소망에 대한 보증을 말한다.
(2장) 거짓 선생들에 대한 자세한 특징을 말하므로 미혹에 빠지지 않게 한다.
(3장) 미래에 나타날 일들을 예언한다. 즉 예수님의 재림과 새 창조의 확실성을 보여 준다.

[말씀 묵상]

1. "세상에서 썩어질 것을 피하여 신의 성품에 참예하는 자가 되게 하려 하셨으니"(1:4). 이 얼마나 놀라운 은혜인가? 행복, 불멸과 같은 신의 성품에 참예하는 그리스도인은 정욕 때문에 얽매여 있던 세상의 썩어질 것에서 먼저 해방되어야 한다.
2. 예언에 대한 경솔함을 경계하여 "경(經)의 모든 예언은 사사로이 풀 것이 아니니"(1:20)라고 하였다. 대부분의 이단 사설은 성경을 잘못 해석한 데서 비롯하였다. 성경은 "성령의 감동하심을 입은 사람들이 하나님께 받아 말한 것"(1:21)이므로 하나님의 성령의 조명 아래서만 성경을 바르게 볼 수 있다. 눈을 열어 하나님의 기이한 법을 볼 수 있어야 한다(시 119:18).
3. 소돔과 고모라의 멸망은 창세기 19장의 기록이다. "소돔과 고모라 성을 멸망하기로 정하여 재가 되게 하사...고통하는 의로운 롯을 건지셨으니"(2:6-7)라는 기록에서 보면 소돔과 고모라의 멸망은 이해가 가지만, 롯을 "의로운 롯"이라는 데는 구약의 사건만으로는 알 수가 없다. "주께서 자기 백성을 아신다"(딤후 2:19) 하셨으니 구원의 결정권은 하나님께 있음을 더욱 분명하게 보여 준다.

[깊은 연구]

1. 현재 세계에 대한 하나님의 심판 (벧후 3:7-12)

핵무기의 폭발로 세계는 결국 멸망할 것인가?

40년대 세대는 1945년 8월, 히로시마에서의 가공할 만한 파괴를 묘사한 신문 1면의 믿을 수 없는 첫 제목을 여전히 기억하고 있다. 그때 최초의 원자폭탄이 정체를 드러냈고 세계는 핵무기 시대로 접어들었다. 성경을 믿는 그리스도인들은 그때 〈베드로후서〉 3장 10절의 위대한 예언을 생각해 냈던 것을 기억한다.

"주의 날이 도적같이 오리니 그날에는 하늘이 큰 소리로 떠나가고 체질이 뜨거운 불에 풀어지고 땅과 그 중에 있는 모든 일이 드러나리로다." 그렇다. 세상은 원자폭탄의 폭발로 이루어질 대격변의 파괴를 마침내 실제적으로 경험할 것이다. 위의 구절에서 '체질'(elements)로 번역된 말의 헬라어는 사실상 물질의 기본 단위를 의미한다. 그것은 현대의 화학 원소에 대한 과학적 개념과 상응한다. '풀어진'(melt)으로 옮겨진 말은 '산산조각이 나다'를 의미한다. '떠나가다'(pass away)란 구절은 '멸절되다'를 의미하는 것이 아니라 오히려 '시야에서 사라지다'를 나타낸다. '하늘'은 별이 아니라 '창공' 혹은 '공중'이다. 결국 '큰 소리'와 '뜨거운 불'은 본질적으로 핵폭발과 관련이 있다.

그러므로 베드로의 예언은 최후의 대격변을 묘사하고 있다. 그때는 지구 자체가 그 대기와 함께 거대한 핵연쇄 반응을 경험하며 가공할 핵무기의 폭발로 멸망할 것이다.

성경에 그러한 놀라운 예언이 존재한다는 것은 영감론에 대한 증거다. 물질이 에너지로 전환될 수 있다는 과학적 발견은 20세기 과학의 위대한 승리 가운데 하나다. 핵분열이 '뜨거운 불'을 낳는다는 이 평범한 예언은 1,900년 동안 성경에 간직되어 있었다. 〈Henry Morris / 창조연구소: Institute for Creation Research 소장, 《윌밍턴 성경연구》 신약편, p. 549〉

통독	272
확인	

공부 베드로후서 1장~3장 : 거룩한 성도

1. 그 보배롭고 지극히 (   )을 우리에게 주사 이 약속으로 말미암아 너희로 정욕을 인하여 세상에서 썩어질 것을 피하여 (   )가 되게 하려 하셨으니. - (1:   절)
2. 더욱 힘써 믿음 → (   ) → 지식 → 절제 → (   ) → (   ) → 형제 우애 → (   )을 공급하라. - (1: - 절)
3. 먼저 알 것은 경(經: 성경)의 모든 (   ) 예언은 언제든지 사람의 뜻으로 낸 것이 아니요 오직 성령의 감동하심을 입은 사람들이 (   )임이니라. - (1: - 절)
4. 거짓 선생들은 무엇을 하는 자들인가?(2:1) -

5. 멸망 중에도 구원받은 예로 든 두 사람은?(2:4-8) - 의를 전파하는 (   ), 의로운 (   )
6. 거짓 선생들을 비유한 두 가지는?(2:17) -
7. 이 둘째 편지(베드로후서)를 써서 보내는 이유는?(3:1-2, 참고. 너희 진실한 마음을~ 기억하게 하려 함이라) -
8. 말세에 기롱하는 자들이 무엇이라고 말하는가?(3:3-4) -
9. 처음 세상은 물로 멸망하였으나 이제는 무엇을 위하여 심판과 멸망의 날까지 보존하여 두시는가?(3:5-7) -
10. 주의 약속은 더딘 것이 아니라 무엇인가?(3:9) -
11. 우리는 무엇에서 자라가야 하는가?(3:14-18을 읽고 답은 18절에서) -

▲▼△▽ -----≪외국에서 온 보약≫----- ▽△▼▲

은퇴하신 김백두 집사님은 30년 전의 즐거운 추억이 있다.

사위가 중동에 건설기술자로 갔다가 돌아오면서 진귀한 것들을 가져왔다. 여러 가지 선물을 내놓고 새로 마련된 자기 집으로 돌아갔는데, 선물 중에 깡통에 들어 있는 것이 뭔지를 몰랐다. 알 수 없는 꼬부랑 글씨와 김이 모락모락 나는 컵이 그려져 있는데, 색은 진한 갈색이고... 찍어 먹어도 보다가 한참 만에 아들이 "보약인가 봐요." 했다. 맛도 쌉쌀한 게 보약인 것이 분명하여 탕기에 물을 붓고 몇 숟갈 퍼 넣어 끓여서 한 그릇씩 나누어 마시는데, 써서 먹기가 힘들었다. 다음날 아침 모두들 잠을 못 잤다며 약효가 나는 것인가 보다 했다. 얼마 후 딸과 사위가 왔기에 보약에 대해 물었다.

"아버님, 그것은 보약이 아니고, 서양 사람들이 마시는 커피라는 겁니다."

♧ ♧ ♧

분명히 알 때까지 기다려야 했다. 분명히 커피 캔에는 설명이 나와 있겠지만, 커피가 뭔지도 모르던 시대, 외국어를 모르는 입장에서 무모하게 행동한 것이다.

이처럼 우리가 하나님의 말씀에 대하여 추측성의 해석을 하면 커피를 보약으로 아는 사람과 다를 것이 무엇인가? 언제나 영적인 지혜를 가지고 바른 해석을 하기 위해서는 성령의 조명을 위한 기도와 끊임없는 연구가 필요하다. 성경을 억지로 풀면 안 된다.

(베드로후서 3:16) 또 그 모든 편지에도 이런 일에 관하여 말하였으되 그 중에 알기 어려운 것이 더러 있으니 무식한 자들과 굳세지 못한 자들이 다른 성경과 같이 그것도 억지로 풀다가 스스로 멸망에 이르느니라

신현주, 〈좌충우돌 예화〉〈시시콜콜 예화〉, www.sbs66.net

[오늘의 말씀] 히브리서~베드로후서 복습 → 먼저 성경 읽기, 단숨에...

〈참고〉 책 이름 외우기

1. 공동서신 7권의 책 이름을 쓰세요(참고. 야고보서~유다서).

1) 2) 3) 4)

5) 6) 7)

1. 〈히브리서〉. 유대교에 대한 기독교와 그리스도의 우월성, 공동서신 아님

1. 하나님은 누구를 통해 말씀하셨나?(1:1) - 1) 옛적: 2) 모든 날 마지막:
2. 예수는 누구보다 뛰어나다고 했나?(1:4-14) -
3. 예수는 누구보다 더 영광을 받을 만한가?(3:3) -
4. 하나님의 말씀은 어떤 역할을 하나?(4:12을 쓰세요) -

5. 그리스도 도(道)의 초보를 다시 닦지 말아야 할 것들은?(6:1-2) -

6. 예수께서 ( )의 반차를 좇아 영원히 ( )이 되어 우리를 위하여 들어가셨느니라(6:20).
7. 히브리서 7장에서 다음 말이 나온 절은?
   1) 더 좋은 소망 - (절), 2) 더 좋은 언약 - (절)
8. 볼지어다 날이 이르리니 내가 이스라엘 집과 유다 집으로 ( )을 세우리라(8:8).
9. 율법을 좇아 거의 모든 물건이 ( ) 정결케 되나니 ( )이 없은즉 사함이 없느니라(9:22).
10. 믿음으로 살았던 사람들을 소개한 11장에 나온 사람들의 이름을 쓰세요(17명). -

11. 믿음의 주요 또 온전케 하시는 이인 ( ) 저는 그 앞에 있는 즐거움을 위하여...(12:2).
12. 모든 사람으로 더불어 ( )을 좇으라 이것이 없이는 아무도 ( )를 보지 못하리라(12:14).
13. 돈을 ( ) 있는 바를 족한 줄로 알라(13:5).
14. 너희를 인도하는 자들에게 ( )하라 저희는 너희 ( )을 위하여...(13:17).

2. 〈야고보서〉. 행위로 완전해지는 믿음

1. ( )는 복이 있도다 이것에 옳다 인정하심을 받은 후에...약속하신 ( )을 얻을 것임이니라 사람이 시험을 받을 때에 ( ) 하지 말지니...(1:12-13).

통독	273
확인	

2. 하나님 아버지 앞에서 정결하고 더러움이 없는 경건은?(1:27) -
3. 믿음이 그의 (　　　)과 함께 일하고 행함으로 (　　　　　　　　) 되었느니라(2:22).
4. 행함으로도 의롭다 함을 얻는다는 증거로 세운 두 사람은?(2:23-26) -
5. 3장 2절의 '말'은 (　　　)이며, 3절의 '말'은 (　　　)이다. {보기} 1) 타는 말(馬) / 2) 입의 말(言)
6. 오직 위로부터 난 지혜는?(3:17) -
7. 마귀를 (　　　)하라 그리하면 너희를 피하리라 하나님을 (　　　)하라 그리하면 너희를 가까이 하시리라(4:7-8).
8. 너희 생명이 무엇이뇨 (　　　　　　　　　　　　)니라(4:14).
9. 형제들아 (　　　　　)하시기까지 길이 참으라...형제들아 서로 (　　　)하지 말라(5:7, 9).
10. 다음 사람들은 어떻게 해야 하는가?(5:13-14)
    1) 고난당하는 자:　　　　　　　　　2) 즐거워하는 자:
    3) 병든 자:

3. 〈베드로전서〉. 박해받는 성도들을 위로하고 격려

1. 1:7 -
2. 1:23 -
3. 2:9 -
4. 3:10-11 -
5. 4:7 -
6. 4:13 -
7. 5:6-7 -

4. 〈베드로후서〉. 거짓 교훈의 유혹에 빠지지 않는 참지식

1. 주의 약속은 우리가 세상에서 썩어질 것을 피하고 무엇에 참예하는 자가 되게 하는가?(1:4) -
2. 무엇에 더욱 힘쓰면 실족치 않게 되는가?(1:10) -
3. 예언은 무엇인가?(1:21) -
4. 너희 중에도 (　　　　　)들이 있으리라 저희는 (　　　　　　)을 가만히 끌어들여 자기들을 사신 (　　　　　)하고 임박한 멸망을 스스로 취하는 자들이라(2:1).
5. 말세에 기롱하는 자들이 하는 말은?(3:3-4) -
6. 우리는 그의 약속대로 의의 거하는바 (　　　　　　　　　)을 바라보도다(3:13).
7. 성경을 억지로 풀다가는 어떻게 되는가?(3:16) -

성경통독365일 3 해답집

<성경통독365일③> 해답집

통독 182일째 〈욥기 1-3장〉

1. 순전하고 정직하여 하나님을 경외하며 악에서 떠난 자 / 2. 1) 남자(아들)가 일곱, 여자(딸)가 셋, 2) 양이 칠천, 약대가 삼천, 소가 오백 겨리, 암나귀가 오백, 종도 많았다 / 3. 혹시 내 아들들이 죄를 범하여 마음으로 하나님을 배반할까 하여 / 4. 주의 손을 펴서 그의 모든 소유물을 치소서 그리하시면 정녕 대면하여 주를 욕하리이다 / 5. 1)-나), 2)-다), 3)-가), 4)-라) / 6. 내가 모태에서 적신이 나왔사온즉 또한 적신이 그리로 돌아가올지라 주신 자도 여호와시요 취하신 자도 여호와시오니 여호와의 이름이 찬송을 받으실지니이다 하고 범죄치 아니함 / 7. 생명은 해하지 말지니라 / 8. 욥을 쳐서 그 발바닥에서 정수리까지 악창이 나게 한지라 / 9. 1) 당신이 그래도 자기의 순전을 굳게 지키느뇨 하나님을 욕하고 죽으라고 했다, 2) 그대의 말이 어리석은 여자 중 하나의 말과 같도다 우리가 하나님께 복을 받았은즉 재앙도 받지 아니하겠느뇨 / 10. 데만 사람 엘리바스, 수아 사람 빌닷, 나아마 사람 소발 / 11. 생일, 1절 / 12. 소요, 평강, 17절 / 13. 탄식, 물, 24절

통독 183일째 〈욥기 4-7장〉

1. 2) / 2. (욥 4:7) 생각하여 보라~ 죄 없이 망한 자가 누구인가 정직한 자의 끊어짐이 어디 있는가 / 3. 엘리바스가 욥에게 / 4. 고난 / 5. 하나님께 징계 받는 자에게는 복이 있기 때문에 / 6. 4) 호 6:1-2. (참고. 신 32:39도 유사성이 있다) / 7. 3), 5) / 8. 거룩하신 이의 말씀을 거역지 아니하였음이니라 / 9. 3) / 10. 자신(욥)의 일이 의로우므로 / 11. (욥 7:5) 내 살에는~ 구더기와 흙 조각이 의복처럼 입혔고 내 가죽은 합창되었다가 터지는구나 / 12. (욥 7:6) 나의 날은~ 베틀의 북보다 빠르니 소망 없이 보내는구나 / 13. (욥 7:19) 주께서 내게서~ 눈을 돌이키지 아니하시며 나의 침 삼킬 동안도 나를 놓지 아니하시기를 어느 때까지 하시리이까

통독 184일째 〈욥기 8-10장〉

1. 수아, 심판, 공의, 1, 3절 / 2. 하나님, 빌고, 정직, 형통, 미약, 창대, 5-7절 / 3. 왕골(갈대), 거미줄, 식물 / 4. 3절, O / 5. 11절, O / 6. 16절, X / 7. 22절, X / 8. 32절, O / 9. -나)-b) / 10. -다)-a) / 11. -가)-c) / 12. -마)-d) / 13.-라)-e)

통독 185일째 〈욥기 11-14장〉

1. (욥 11:6) 너는 알라~ 하나님의 벌하심이 네 죄보다 경하니라 / 2. (욥 11:7) 네가 하나님의 오묘를~ 어찌 능히 측량하며 전능자를 어찌 능히 온전히 알겠느냐 / 3. (욥 11:14) 네 손에 죄악이 있거든~ 멀리 버리라 불의로 네 장막에 거하지 못하게 하라 / 4. (=로 지울 것) 지혜가, 말, 3절 / 5. 영, 혼, 말, 10절 / 6. 지식이, 명예가, 12절 / 7. 잠잠하고 잠잠하라 / 8. 1) 날리는 낙엽, 마른 검불, 2) 썩은 물건, 좀 먹은 의복 / 9. 1) 꽃, 그림자, 2) 나무, 사람, 소멸, 3) 다시 살리이까, 4) 산, 소망

통독 186일째 〈욥기 15-17장〉

1. 네(욥의) 입이라 네 입술이 너를 쳐서 증거하느니라 / 2. (욥 15:10) 우리 중에는 머리가 세기도 하고 연로하기도 하여 네 부친보다 나이 많은 자가 있느니라 / 4. 악인 / 5. 엘리바스, 욥 / 6. 말, 번뇌케 하는 안위자, 2절 / 7. 주께서, 증거, 8절 / 8. 포학, 기도, 17절 / 9. 친구, 하나님, 하나님, 이웃, 변백, 20-21절 / 10. 1)-다)-a), 2)-가)-b), 3)-라)-c), 4)-나)-d)

통독 187일째 〈욥기 18-21장〉

1. 짐승 / 2. 1) 그물, 2) 얽는 줄, 3) 창애, 4) 동일 줄, 5) 함정 / 3. 아들도 없고 손자도 없을 것이다 / 4. 2절, 욥의 친구들 / 5. 9절, 하나님 / 6. 13절, 형제들 / 7. 17절, 아내 / 8. 18절, 어린아이들 / 9. 21절, 나의 친구야 / 10. (욥 20:5) 악인의 이기는~ 자랑도 잠시요 사곡한 자의 즐거움도 잠간이니라 / 11. (욥 20:27) 하늘이 그의 죄악을~ 드러낼 것이요 땅이 일어나 그를 칠 것인즉 / 12. 악인이 살고 수를 누리고 세력이 강하냐 / 13. 우리를 떠나소서 우리가 주의 도리를 알기에 즐겨하지 아니하나이다

전능자가 누구기에 우리가 섬기며 우리가 그에게 기도한들 무슨 이익을 얻으랴 / 14. 1) 23-24절: 죽도록 기운이 충실하여 평강하며 안일하고 그 그릇에는 젖이 가득하며 그 골수는 윤택하였다, 2) 25절: 죽도록 마음에 고통하고 복을 맛보지 못하였다

통독 188일째 <욥기 22-24장>

1. 1) 까닭 없이 형제의 물건을 볼모 잡으며, 2) 헐벗은 자의 의복을 벗기며, 3) 갈한 자에게 물을 마시우지 아니하며, 4) 주린 자에게 식물을 주지 아니하였다, 5) 과부를 공수로 돌아가게 하며, 6) 고아의 팔을 꺾었다 / 2. 욥 / 3. 악인 / 4. 화목, 복 / 5. 높아지리라, 겸손한 / 6. 하나님께서 욥에게 대답하시는 말씀 / 7. 정금 / 8. 그(하나님)의 입술의 명령을 어기지 아니하고 일정한 음식보다 그 입의 말씀을 귀히 여겼다 / 9. 1) 시골(농촌), 2) 성읍(도시) / 10. 1) 6계명, 2) 8계명, 3) 7계명, 4) 8계명, 10계명

통독 189일째 <욥기 25-27장>

1. 권능, 화평, 2절 / 2. 날, 벌, 빌레, 구더기, 5-6절 / 3. 1) 참 잘 도왔구나, 2) 참 잘 가르쳤구나, 3) 참 잘 나타내었구나, 4) 네게서 나왔느냐 / 4. 1) ~그 밑의 구름이 찢어지지 아니하느니라, 2) ~우리가 그에게 대하여 들은 것도 심히 세미한 소리뿐이니라 그 큰 권능의 우뢰야 누가 능히 측량하랴 / 5. (=로 지울 것) 1) 2절, 베푸신, 즐겁게, 2) 4절, 정의, 궤변, 3) 5절, 순종함 / 6. 1) - 나), 2) - 가), 3) - 다), 4) - 바), 5) - 마), 6) - 라)

통독 190일째 <욥기 28-31장>

1. 지혜와 명철 / 2. 지혜와 명철 / 3. 주를 경외함이 곧 지혜요 악을 떠남이 명철이라 / 4. 1) 숨으며, 2) 일어나서 서며, 3) 말을 참고 입을 가리우며, 4) 소리를 금했다. / 5. 1) 건졌음, 2) 욥으로 인하여 기뻐 노래하였었다, 3) 눈도 되고 발도 됐다, 4) 아비가 되어 주었다 / 6. 1) 1-8절, (욥 30:1) 이제는 나보다 젊은 자들이 나를 기롱하는구나, 2) 9-15절, (욥 30:9) 이제는 내가 그들의 노래가 되며 그들의 조롱거리가 되었고, 3) 16-31절, (욥 30:16) 이제는 내 마음이 내 속에서 녹으니 환난 날이 나를 잡음이라 / 7. 1) 자신, 2) 이웃, 3) 하나님, 4) 마지막 항의

통독 191일째 <욥기 32-34장>

1. 람 족속 부스 사람 바라겔의 아들 / 2. 1) 욥이 하나님보다 자기가 의롭다 함이요, 2) 그들이 능히 대답지는 못하여도 욥을 정죄함이요(註: 욥에게 적절한 대답을 못 해 주면서도 정죄는 했기에 엘리후가 노를 발했다는 말) / 3. 1) 연소하므로, 2) 욥의 친구들이 할 말을 하도록 보고 귀를 기울였다(註: 변론이 끝날 때까지 다 듣고 싶었고 변론의 내용을 다 파악하고 싶었기 때문이다) / 4. 아첨 / 5. 1절, 31절, 말 / 6. 일반, 흙으로, 6절 / 7. 병상의 고통, 뼈가 늘 쑤심, 멸하는 자, 19절, 22절 / 8. 기도, 은혜, 즐거이, 회복, 26절 / 9. 어느 사람이 욥과 같으랴 욥이 훼방하기를 물마시듯 하며 악한 일을 하는 자들과 사귀며 악인과 함께 다니면서 이르기를 사람이 하나님을 기뻐하나 무익하다 하는구나(7-9절) / 10. 단정코 악을 행치 아니하시며 불의를 행치 아니하신다 / 11. 1) 비루하다, 2) 악하다, 3) 외모로 취치 아니하신다, 4)가난한 자보다 더 생각하지 아니하신다 / 12. 사람의 길을 주목, 사람의 모든 걸음을 감찰 / 13. 내가 징계를 받았사오니 다시는 범죄치 아니하겠나이다 나의 깨닫지 못하는 것을 내게 가르치소서 내가 악을 행하였으면 다시는 아니하겠나이다

통독 192일째 <욥기 35-37장>

1. 욥 / 2. 엘리후 / 3. 엘리후 / 4. 욥 / 5. (욥 36:6) 악인을 살려 두지 않으시며~ 고난 받는 자를 위하여 신원하시며 / 6. (욥 36:11) 그들이 청종하여 섬기면~ 형통히 날을 보내며 즐거이 해를 지낼 것이요 / 7. (욥 36:16) 하나님이 너를 곤고함에서 이끌어 내사~ 좁지 않고 넓은 곳으로 옮기려 하셨은즉 무릇 네 상에 차린 것은 살진 것이 되었으리라 / 8. (욥 36:24) 너는 하나님의 하신 일~ 찬송하기를 잊지 말지니라 인생이 그 일을 노래하였느니라 / 9. 천지 → 천하, 번개불로서 → 번개빛으로 / 10. 궁금 → 궁구, 맹세 → 명령, 번성함으로 → 번개 빛으로 / 11. 궁궐 → 궁창, 사람 → 바람

통독 193일째 <욥기 38-39장>

1. 땅의 기초, (욥 38:4) 내가 땅의 기초를~ 놓을 때에 네가 어디 있었느냐 네가 깨달아 알았거든 말할지니라 / 2. 바다 통치, (욥 38:8) 바닷물이 태에서~ 나옴 같이 넘쳐흐를 때에 문으로 그것을 막은 자가 누구냐 / 3. 날, 새벽, (욥 38:12) 네가 나던 날부터~ 아침을 명하였었느냐 새벽으로 그 처소를 알게 하여 / 4. 깊은 물 밑, (욥 38:16) 네가 바다 근원에~ 들어갔었느냐 깊은 물밑으로 걸어 다녔었느냐 / 5. 광명과 흑암, (욥 38:19) 광명의 처소는~ 어느 길로 가며 흑암의 처소는 어디냐 / 6. 기상, (욥 38:25) 누가 폭우를 위하여~ 길을 내었으며 우뢰의 번개 길을 내었으며 / 7. 천체, (욥 38:31) 네가 묘성을 매어~ 떨기 되게 하겠느냐 삼성의 띠를 풀겠느냐 / 8. 구름 번개, (욥 38:34) 네 소리를 구름에~ 올려 큰 물로 네게 덮이게 하겠느냐 / 9. 암사자-다) / 10. 까마귀-가) / 11. 산염소・암사슴-나) / 12. 들나귀-마) / 13. 들소-라) / 14. 타조-바) / 15. 말-아) / 16. 매・독수리-사)

통독 194일째 <욥기 40-42장>

1. 1) 2절, 전능자, 변론하는 자, 여호와, 2) 4절, 미천, 입, 욥, 3) 12절, 교만한, 악인, 여호와 / 2. 1) (욥 40:15) 이제 소같이~ 풀을 먹는 하마를 볼지어다 내가 너를 지은 것같이 그것도 지었느니라, 2) (욥 40:19) 그것은 하나님의 창조물~ 중에 으뜸이라 그것을 지은 자가 칼을 주었고, 3) (욥 40:24) 그것이 정신 차리고 있을 때에~ 누가 능히 잡을 수 있겠으며 갈고리로 그 코를 뀔 수 있겠느냐 / 3. (=로 지울 것, 나머지는 O) 식품, 묶을, 6절 / 4. 등불, 입김, 19-20절 / 5. 높게, 적, 34절 / 6. 칼, 창, 작살, 살, 철, 놋, 물매 돌, 몽둥이 / 7. 주께 대하여 귀로 듣기만 하였삽더니 이제는 눈으로 주를 뵈옵나이다 / 8. 기도 / 9. 그 전 소유보다 갑절이나 되었다 / 10. 일곱, 셋, 여미마, 긋시아, 게렌합북

통독 195일째 <욥기 복습>

〈1〉 1. 1) 우스 땅, 2) 순전하고 정직하여 하나님을 경외하며 악에서 떠난 자, 3) 남자(아들)가 일곱, 여자(딸)가 셋, 4) 양이 칠천, 약대가 삼천, 소가 오백 겨리, 암나귀가 오백, 종도 많았다 / 2. 사단 / 3. 내가 모태에서 적신이 나왔사온즉 또한 적신이 그리로 돌아가올지라 주신 자도 여호와시요 취하신 자도 여호와시오니 여호와의 이름이 찬송을 받으실지니이다 하고 범죄치 아니함 / 4. 발바닥에서 정수리까지 악창이 나게 함 / 5. 데만 사람 엘리바스, 수아 사람 빌닷, 나아마 사람 소발

〈2〉 6. 생일 / 7. 죄 없이 망한 자, 정직한 자의 끊어짐 / 8. 의롭겠느냐, 성결하겠느냐 / 9. 고난을 위하여 / 10. 징계받는 자, 경책 / 11. 너희는 고아를 제비 뽑으며 너희 벗을 매매할 자로구나 / 12. 내 살에는 구더기와 흙 조각이 의복처럼 입혔고 내 가죽은 합창되었다가 터진다 / 13. (욥 8:7) 네 시작은 미약하였으나 네 나중은 심히 창대하리라 / 14. 천 마디에 한 마디도 대답하지 못한다 / 15. 흙, 젖 / 16. 내 도는 정결하고 나는 주의 목전에 깨끗하다 / 17. 죄악 / 18. 혼, 영, 손 / 19. 잠잠하고 잠잠하라 / 20. 죽으면, 살리이까, 참고 / 21. 10절 / 22 하나님 / 23. ~내 눈은 하나님을 향하여 눈물을 흘리고 / 24. 21절 / 25. (욥 19:25-26) 나의 이 가죽, 이것이 썩은 후에 내가 육체 밖에서 하나님을 보리라 내가 친히 그를 보리니 내 눈으로 그를 보기를 외인처럼 하지 않을 것이라 내 마음이 초급하구나 / 26. 죄악, 자손, 몸, 깨닫게 / 27. 일반이라 / 28. 화목하고 평안하라 / 29. 단련, 정금 / 30. 의롭다, 깨끗하다 / 31. 불의, 궤휼, 4절 / 32. 20절, 28절 / 33. 소망을 삼고, 너는 내 의뢰하는 바라

〈3〉 34. 1) 하나님보다 자기를 의롭다 함이요, 2) 능히 대답지는 못하여도 욥을 정죄함이라 / 35. 기도, 은혜, 즐거이 보게, 회복 / 36. 헛된 부르짖음, 전능자 / 37. 찬송하기를, 노래 / 38. 경외하고, 지혜롭다

〈4〉 39. 하나님 / 40. (욥 40:4-5) 나는 미천하오니 무엇이라 주께 대답하리이까 손으로 내 입을 가릴 뿐이로소이다 내가 한두 번 말하였사온즉 다시는 더하지도 아니하겠고 대답지도 아니하겠나이다 / 41. 하마, 악어 / 42. 내가 주께 대하여 귀로 듣기만 하였삽더니 이제는 눈으로 주를 뵈옵나이다 / 43. 기도 / 44. 복, 더하게, 일곱, 셋, 140년, 사대

통독 196일째 <시편 1-6편>

1. 의인 / 2. 의인 / 3. 의인 / 4. 의인 / 5. 악인 / 6. 악인 / 7. 마 3:17, 행 13:33, 히 1:5, 5:5 / 8. 복 / 9. 방패, 영광, 머리를 드시는 자 / 10. 천만인, 두려워 / 11. 여호와, 복 / 12. (시 4:5) 의의 제사를 드리고~ 여호와를 의뢰할지어다 / 13. (시 4:7) 주께서 내 마음에 두신~ 기쁨은 저희의 곡식과 새 포도주의 풍성할 때보다 더하니이다 / 14. (시 4:8) 내가 평안히~ 눕고 자기도 하리니 나를 안전히 거하게 하시는 이는 오직 여호와시니이다 / 15. 1) / 16. 2) / 17. 1) / 18. (시 6:2) 여호와여 내가 수척하였사오니 긍휼히 여기소서 여호와여 나의 뼈가 떨리오니 나를 고치소서 / 19. (시 6:4) 여호와여 돌아와 나의 영혼을 건지시며 주의 인자하심을 인하여 나를 구원하소서 / 20. (시 6:9) 여호와께서 내 간구를 들으셨음이여 여호와께서 내 기도를 받으시리로다

통독 197일째 <시편 7-12편>

1. 1) 행하였거나, 2) 죄악이 있거나, 3) 악으로 갚았거나, 4) 무고히 빼앗았거든 / 2. 마음이 정직한 자를 구원하시는 하나님께 있도다 / 3. 삼사, 찬양 / 4. 하늘, 달, 별들 / 5. 사람 / 6. O, 9:2 / 7. X, 9:4, 부당하게→ 의롭게 / 8. O, 9:9 / 9. 악인, 6절 / 10. 악인, 11절 / 11. 의인, 12절 / 12 (시 11:4) 여호와께서 그 성전에~ 계시니 여호와의 보좌는 하늘에 있음이여 그 눈이 인생을 통촉하시고 그 안목이 저희를 감찰하시도다 / 13. (시 11:7) 여호와는 의로우사~ 의로운 일을 좋아 하시나니 정직한 자는 그 얼굴을 뵈오리로다 / 14. 1) 경건한 자가 끊어지며, 2) 충실한 자가 인생 중에 없어지도소이다, 3) 이웃에게 각기 거짓을 말함이여 / 15. 아첨하는 입술과 자랑하는 혀 / 16. 흙 도가니에 일곱 번 단련한 은

통독 198일째 <시편 13-18편>

1. 1) 내가 사망의 잠을 잘까 하오며, 2) 원수가 이르기를 내가 저를 이기었다 할까 하오며, 3) 내가 요동될 때에 나의 대적들이 기뻐할까 / 2. 찬송, 후대 / 3. 어리석은 자, 없다, 1절 / 4. 포로, 야곱, 이스라엘, 7절 / 5. 1) 행함, 2) 일삼음, 3) 진실을 말함, 4) 참소치 아니함, 5) 훼방치 아니함, 6) 행악지 아니함, 7) 망령된 자 멸시, 8) 해로울지라도 변치 아니함, 9) 대금치 아니함, 10) 뇌물을 받고 해치 아니함 / 6. (시 16:7) 나를 훈계하신~ 여호와를 송축할지라 밤마다 내 심장이 나를 교훈하도다 / 7. (시 16:11) 주께서 생명의 길로~ 내게 보이시리니 주의 앞에는 기쁨이 충만하고 주의 우편에는 영원한 즐거움이 있나이다 / 8. 들으소서, 주의하소서, 기울이소서, 살피소서. / 9. 내 마음을 시험하시고 밤에 나를 권고하시며 나를 감찰하셨으나 / 10. 1) 눈동자같이 지키심, 2) 주의 날개 그늘 아래 감추심 / 11. 1) 주의 재물로 배를 채우심을 입고, 2) 자녀로 만족하고, 3) 남은 산업을 그 어린 아이들에게 유전하는 자 / 12. 반석, 요새, 건지시는 자, 하나님, 피할 바위, 방패, 구원의 뿔, 산성, 2절 / 13. 왕, 기름 부음 받은 자, 50절

통독 199일째 <시편 19-24편>

1. 1) 자연이 하나님을 찬양, 2) 여호와의 율법의 말씀, 3) 말씀을 지킴으로 상 / 2. (시 20:2) 성소에서 너를~ 도와주시고 시온에서 너를 붙드시며 / 3. (시 20:4) 네 마음의 소원대로~ 허락하시고 네 모든 도모를 이루시기를 원하노라 / 4. (시 20:7) 혹은 병거 혹은 말을 의지하나~ 우리는 여호와 우리 하나님의 이름을 자랑하리로다 / 5. 1절, 주의 힘, 주의 구원. / 6. 13절, 노래하고 칭송 / 7. 1) 1절, 마 27:46, 2) 8절, 마 27:43, 3) 18절, 막 15:24 / 8. 암송하세요 / 9. 땅과 거기 충만한 것과 세계와 그 중에 거하는 자 / 10. 손이 깨끗, 마음 청결, 뜻을 허탄한데 두지 않음, 거짓 맹세치 아니함 / 11. 강하고 능한 여호와시요 전쟁에 능한 여호와

통독 200일째 <시편 25-30편>

1. 도, 길, 4절 / 2. 긍휼하심, 영원, 6절 / 3. 1절, 11절 / 4. 주의 계신 집과 주의 영광이 거하는 곳을 사랑 / 5. 1) 빛, 2) 구원, 3) 능력 / 6. ~ 여호와의 집에 거하여 여호와의 아름다움을 앙망하며 그 전에서 사모하게 하실 것 / 7. ~ 강하고 담대하며 여호와를 바랄지어다 / 8. 시 28:2(손을 들고, 또는 펴고 하늘을 향하여 기도) / 9. 화평 / 10. 내 마음이 기뻐하며 내 노래로 저를 찬송하리로다 / 11. (시 29:2) 여호와의 이름에~ 합당한 영광을 돌리며 거룩한 옷을 입고 여호와께 경배할지어다 / 12. (시 29:11) 여호와께서 자기 백성에게~ 힘을 주심이여 여호와께

서 자기 백성에게 평강의 복을 주시리로다 / 13. 7번(3, 4, 4, 5, 7, 8, 9절) / 14. 1) 10번(1, 2, 3, 4, 7, 8, 8, 10, 10, 12절), 2) 2번(2, 12절), 3) 13번(1, 1, 2, 3, 4, 7, 7, 8, 9, 9, 11, 12, 12절), 4). 2번(4, 12절), 5) 3번(4, 9, 12절)

통독 201일째 <시편 31-36편>

1. (시 31:3) 주는 나의 반석과 산성이시니~ 그러므로 주의 이름을 인하여 나를 인도하시고 지도하소서 / 2. (시 31:15) 내 시대가~ 주의 손에 있사오니 내 원수와 핍박하는 자의 손에서 나를 건지소서 / 3. 허물, 죄, 복, 1절 / 4. 토설치, 신음, 쇠하였도다, 3절 / 5. 많은 슬픔, 인자하심, 10절 / 6. 찬송 / 7. 여호와의 말씀 / 8. (시 33:12) 여호와로 자기 하나님을 삼은 나라 곧 하나님의 기업으로 빼신 바 된 백성 / 9. 혀를 악에서 금하며 입술을 궤사한 말에서 금한다 / 10. 마음이 상한 자, 중심에 통회하는 자 / 11. 시 34:20 / 12. 여호와를 즐거워함, 기뻐 / 13. 내 기도가 내 품으로 / 14. 주의 의, 찬송 / 15. 자기 죄악이 드러나지 아니하고 미워함을 받지도 아니하리다 / 16. 주의 날개 그늘 아래 / 17. 주께 있다

통독 202일째 <시편 37-41편>

1. (시 37:4) 여호와를 기뻐하라~ 저가 네 마음의 소원을 이루어 주시리로다 / 2. (시 37:25) 내가 어려서부터~ 늙기까지 의인이 버림을 당하거나 그 자손이 걸식함을 보지 못하였도다 / 3. (시 37:34) 여호와를 바라고 그 도를~ 지키라 그리하면 너를 들어 땅을 차지하게 하실 것이라 악인이 끊어질 때에 네가 목도하리로다 / 4. (O표 할 것, 나머지는 =로 지움) 살, 주, 2절 / 5 죄악, 죄, 18절 / 6. 악, 선, 선, 20절 / 7. 행위를 조심하고 혀로 범죄치 않으려고 / 8. 나의 연약함을 알게 하소서 / 9. 건강을 회복 / 10. 기적, 생각 / 11. 주의 뜻, 심중 / 12. 가난하고 궁핍, 생각 / 13. (시 41:3) 여호와께서 쇠약한 '병상'에서 저를 붙드시고 저의 병중 그 자리를 다 고쳐 펴시나이다 / 14. (시 41:5) 나의 원수가 내게 대하여 '악담'하기를 저가 어느 때에나 죽고 그 이름이 언제나 멸망할꼬 하며 / 15. (시 41:9) 나의 신뢰하는바 내 떡을 먹던 나의 가까운 친구도 나를 '대적'하여 그 발꿈치를 들었나이다 / 16 (시 41:13) 여호와 이스라엘의 하나님을 영원부터 영원까지 찬송할지로다 아멘 아멘

통독 203일째 <시편 42-46편>

1. 42:5, 42:11, 43:5, 내 영혼아 네가 어찌하여 낙망하여 어찌하여 내 속에서 불안하여 하는고 너는 하나님을 바라라 그 얼굴의 도우심을 인하여 오히려 찬송하리로다 / 2. 사슴이 시냇물을 찾기에 갈급함 / 3. 전에 성일을 지키는 무리와 동행하며 기쁨과 찬송의 소리를 발하며 저희를 하나님의 집으로 인도하였더니 이제 이 일을 생각하고 내 마음이 상했다 / 4. 42:9 / 5. 하나님의 단, 극락의 하나님 / 6. 3절, X / 7. 5절, X / 8. 17절, O / 9. 22절 / 10. (시 45:2) 왕은 인생보다~ 아름다워 은혜를 입술에 머금으니 그러므로 하나님이 왕에게 영영히 복을 주시도다 / 11. (시 45:7) 왕이 정의를 사랑하고~ 악을 미워하시니 그러므로 하나님 곧 왕의 하나님이 즐거움의 기름으로 왕에게 부어 왕의 동류보다 승하게 하셨나이다 / 12. (시 45:16) 왕의 아들들이~ 왕의 열조를 계승할 것이라 왕이 저희로 온 세계의 군왕을 삼으리로다 / 13. 땅이 변하든지 산이 흔들려 바다 가운데 빠지든지 바닷물이 흉용하고 뛰놀든지 그것이 넘침으로 산이 요동할지라도 두려워하지 않는다 / 14. ① 하나님이 성중에 거하시므로, ② 새벽 / 15. 땅 끝까지 전쟁을 쉬게 하심이여 활을 꺾고 창을 끊으며 수레를 불사르심

통독 204일째 <시편 47-51편>

1. 1) 4번, 2, 3, 5, 9절, 2) 6번, 5, 6, 7, 8, 8, 9절, 3) 5번, 6, 6, 6, 6, 7, 4) 2번, 6, 7절 / 2. 터가 높고 아름다워 온 세계가 즐거워함이여 / 3. 주의 전 가운데서 / 4. 죽을 때까지 / 5. 지혜 있는 자, 우준하고 무지한 자, 재물 / 6. 영접, 음부의 권세 / 7. 존귀, 멸망하는 짐승 / 8. 1)-나), 5절, 2)-가), 8절, 3)-다), 15절 / 9. 다윗, 밧세바, 나단 / 10. 죄과, 씻기시며, 제하소서 / 11. 정한 마음, 정직한 영 / 12. 주여, 열어, 찬송, 전파

통독 205일째 <시편 52-56편>

1. 1) 강포한 자, 2) 간사한 혀, 3) 의인(나) / 2. 14편 / 3. (시 53:4) 죄악을 행하는 자는 무지하뇨 저희가 떡 먹듯이 '내 백성'을 먹으면서 하나님을 부르지 아니하는도다 / 4. (시 53:6) '시온'에서 이스라엘을 구원하여 줄 자 누구인고 하나님이 그 백성의

포로된 것을 돌이키실 때에 야곱이 즐거워하며 이스라엘이 기뻐하리로다 / 5. 주의 이름, 주의 힘 / 6. 나를 돕는 자 / 7. 모든 환난, 원수가 보응받는 것 / 8. 1) 20절, 2) 4절, 3) 8절, 4) 3절, 5) 10절, 6) 13절, 7) 21절, 8) 17절, 9) 23절 / 9. (시 56:8) 나의 유리함을 주께서 계수하셨으니 나의 눈물을 주의 병에 담으소서 이것이 주의 책에 기록되지 아니하였나이까 / 10. (시 56:12) 하나님이여 내가 주께 서원함이 있사온즉 내가 감사제를 주께 드리리니 / 11. 6번, 3, 4, 4, 10, 10, 11절

통독 206일째 <시편 57-61편>

1. 1) 4번, 1, 5, 7, 11절, 2) 2번, 1, 6절, 3) 1번, 8절, 4) 11번, 1, 1, 5, 5, 9, 9, 9, 10, 10, 11, 11절 / 2. 1) 입에서 이를 꺾으소서, 2) 젊은 사자의 어금니를 꺾어 내시며, 3) 급히 흐르는 물 같이 사라지게 하시며, 4) 겨누는 살이 꺾임 같게 하시며, 5) 소멸하여 가는 달팽이 같게 하시며, 6) 만기되지 못하여 출생한 자가 일광을 보지 못함 같게 하소서 / 3. 악인의 보복 당함을 보고 기뻐함이여, 그 발을 악인의 피에 씻으리로다 / 4. 일이니 치려 하는 자, 사악을 행하는 자, 피 흘리기를 즐기는 자 / 5. 개처럼 / 6. 산성, 환난 날에 피난처, 힘, 긍휼히 여기시는 분 / 7. 버려, 분노, 회복시키소서, 1절 / 8. 길르앗, 므낫세, 에브라임, 유다, 모압, 에돔, 7-8절 / 9.(시 61:2) 내 마음이~ 눌릴 때에 땅 끝에서부터 주께 부르짖으오리니 나보다 높은 바위에 나를 인도하소서 / 10. (시 61:4) 내가 영원히~ 주의 장막에 거하며 내가 주의 날개 밑에 피하리이다(셀라) / 11. (시 61:8) 그리하시면~ 내가 주의 이름을 영원히 찬양하며 매일 나의 서원을 이행하리이다

통독 207일째 <시편 62-66편>

1. (=로 지울 것) 저주, 축복 / 2. 영광, 구원 / 3. 허물, 제물 / 4. 1) 주를 갈망하며, 2) 주를 앙모하나이다, 3) 주를 바라보았나이다, 4) 주를 찬양할 것이라, 5) 내 손을 들리이다, 6) 나를 붙드시거니와 / 5. 3절, X / 6. 10절, O / 7. 1)-다)-a), 2)-가)- b, 3)-나)-c) / 8. 1) 홍해, 2) 요단강 / 9. 내 입술이 발한 것이요 내 환난 때에 내 입이 말한 것이므로 / 10. 저(하나님)가 내 기도를 물리치지 아니하시고 그 인자하심을 거두지 아니하셨으므로 찬송한다

통독 208일째 <시편 67-72편>

1. 복: 3번(1, 6, 7절), 찬송: 4번(3, 3, 5, 5절) / 2. 1절 / 3. 고아의 아버지, 과부의 재판장, 5절 / 4. 하나님, 시내산 성소, 17절 / 5. 힘과 능, 찬송, 35절 / 6. 1) 요 15:25, 2) 요 2:17, 3) 롬 15:3, 4) 마 27:34 / 7. 1) 수치와 무안을 당케 하시며, 2) 물러가 욕을 받게 하소서, 3) 자기 수치를 인하여 물러가게 하소서, 4) 주를 인하여 기뻐하고 즐거워하게 하시며 / 8. (시 71:6) 내가 모태에서부터~ 주의 붙드신 바 되었으며 내 어미 배에서 주의 취하여 내신 바 되었사오니 나는 항상 주를 찬송하리이다 / 9. (시 71:18) 내가 늙어 백수가 될 때에도~ 나를 버리지 마시며 내가 주의 힘을 후대에 전하고 주의 능을 장래 모든 사람에게 전하기까지 나를 버리지 마소서 / 10. (시 71:23) 내가 주를 찬양할 때에~ 내 입술이 기뻐 외치며 주께서 구속하신 내 영혼이 즐거워하리이다 / 11. 주의 백성을 의로 판단하며 주의 가난한 자를 공의로 판단 / 12. 다시스와 섬의 왕들이 공세를, 스바와 시바 왕들이 예물을 드린다 / 13. 솔로몬, 다윗

통독 209일째 <시편 73-78편>

1. 의인, 2-3절 / 2. 악인, 9절 / 3. 의인, 17절 / 4. 1) 주의 치시는 양, 2) 주의 기업의 지파, 3) 주의 회중, 4) 주의 거하신 시온산 / 5. 바벨론의 느부사라단 / 6. 주의 가난한 자의 목숨 / 7. (시 75:5) 너희 뿔을~ 높이 들지 말며 교만한 목으로 말하지 말지어다 / 8. (시 75:10) 악인의 뿔을~ 다 베고 의인의 뿔은 높이 들리로다 / 9. 살렘, 시온 / 10. 서원, 예물 / 11. (시 77:2) 나의 환난 날에 내가 주를 찾았으며 밤에는 내 손을 들고 거두지 아니하였으며 내 영혼이 위로 받기를 거절하였도다 / 12. (시 77:20) 주의 백성을 무리 양 같이 모세와 아론의 손으로 인도하셨나이다 / 13. 역사시 / 14. 홍해 / 15. 40년 / 16. 애굽

통독 210일째 <시편 79-84편>

1. 주의 이름의 영광을 위하여 / 2. 주의 백성, 곧 주의 기르시는 양 / 3. 3절, 7절, 19절 / 4. 포도나무 / 5. 1) (시 81:2) '시'를 읊으며 소고를 치고 아름다운 수금에 비파를 아우를지어다, 2) (시 81:10) 나는 너를 애굽 땅에서 인도하여 낸 여호와 네 하나님이

니 네 '입'을 넓게 열라 내가 채우리라, 3) (시 81:13) 내 백성이 나를 청종하며 이스라엘이 내 '도' 행하기를 원하노라 / 6. 하나님 / 7. 1) 판단하며, 2) 공의를 베풀지며, 3) 구원하여 악인들의 손에서 건질지니라 / 8. 범인(凡人)같이 죽는다 / 9. 침묵치, 잠잠치, 고요치, 1절 / 10. 에돔, 이스마엘인, 모압, 하갈인, 그발, 암몬, 아말렉, 블레셋, 두로, 앗수르 / 11. 여호와, 지존자, 18절 / 12. 4, 5, 12절 / 13. (시 84:10) 주의 궁정에서 한 날이 다른 곳에서 천 날보다 나은즉 악인의 장막에 거함보다 내 하나님 문지기로 있는 것이 좋사오니

통독 211일째 <시편 85-89편>

1. 야곱의 포로된 자 / 2. 화평 / 3. 긍휼과 진리, 의와 화평 / 4. (시 86:1) 나는 곤고하고 궁핍하오니~ 귀를 기울여 내게 응답하소서 / 5. (시 86:10) 대저 주는 광대하사~ 기사를 행하시오니 주만 하나님이시니이다 / 6. 시온 / 7. 1) (시 87:4) 내가 라합과 바벨론을 나를 아는 자 중에 있다 말하리라 보라 블레셋과 두로와 구스여 이도 거기서 '났다' 하리로다, 2) (시 87:5) 시온에 대하여 말하기를 이 사람, 저 사람이 거기서 '났나니' 지존자가 친히 시온을 세우리라 하리로다, 3) (시 87:6) 여호와께서 민족들을 등록하실 때에는 그 수를 세시며 이 사람이 거기서 '났다' 하시리로다(셀라) / 8. 주야로, 매일 / 9. ① 10절: 주께서 사망한 자에게 기사를 보이시겠나이까, ② 10절: 유혼이 일어나 주를 찬송하리이까, ③ 11절: 주의 인자하심을 무덤에서 주의 성실하심을 멸망 중에서 선포할 수 있으리이까, ④ 12절: 흑암 중에서 주의 기사와 잊음의 땅에서 주의 의를 알 수 있으리이까, ⑤ 14절: 여호와여 어찌하여 나의 영혼을 버리시며 어찌하여 주의 얼굴을 숨기시나이까 / 10. 언약, 다윗, 자손, 위, 3-4절 / 11. 아버지, 하나님, 구원의 바위, 26절 / 12. 단촉한지, 인생, 허무, 47절

통독 212일째 <시편 1, 2, 3권 복습>

〈제1권〉

1. 1-41편, 다윗 / 2. 여호와, 망하리로다 / 3. 2, 16, 22, 24편 / 4. 1) 음성을 높임, 2) 잠시 쉼(또는 묵상) / 5. 악장(樂長), 지휘자 / 6. 안전히, 여호와 / 7. 사람, 인자, 권고 / 8. 나의 주시오니, 나의 복이 없다 / 9. 구원, 교만한 눈 / 10. 46절, 24절 / 11. 암송 / 12. 여호와는 나의 빛이요 나의 구원이시니 내가 누구를 두려워하리요 여호와는 내 생명의 능력이시니 내가 누구를 무서워하리요 / 13. 사함, 가리움, 복 / 14. 여호와, 찬송, 마땅히 / 15. 여호와로 자기 하나님을 삼은 나라 곧 하나님의 기업으로 빼신바 된 백성은 복이 있도다 / 16. 주의 의, 주를 찬송 / 17. 기도, 부르짖음, 눈물 흘릴 / 18. (시41:13) 여호와 이스라엘의 하나님을 영원부터 영원까지 찬송할지로다 아멘 아멘

〈제2권〉

19. 42:5, 42:11, 43:5 / 20. 1) / 21. 새벽에 도우심 / 22. 내가 너를 건지리니, 네가 나를 영화롭게 하리로다 / 23. 다윗이 밧세바와 동침한 후 선지자 나단이 저에게 온 때에 / 24. 재물의 풍부함을 의지 / 25. 동류, 동무, 친우 / 26. 나의 눈물 / 27. 1) 꼭 이행해야 한다 / 28. 믿는다 / 29. 내 마음에 죄악을 품으면 / 30. 3번 / 31. 노래로 여호와의 이름을 찬송하며 감사함으로 하나님을 광대하시다 하는 것 / 32. 모태에서부터 주의 붙드신 바 되었으며 내 어미 배에서 주의 취하여 내신 바 되었으므로 / 33. 솔로몬, 127편

〈제3권〉

34. 악인의 형통함을 보고 / 35. 주의 기업의 지파로 삼으신 주의 회중, 주의 거하신 시온산 / 36. 재판장(악인은 낮추시고 의인은 높이신다) / 37. 살렘, 시온, 2절 / 38. 역사시 / 39. 주의 이름의 영광을 위하여 / 40. 3절, 7절, 19절 / 41. 포도나무 / 42. 넓게 열라, 10절 / 43. 하나님 / 44. 2) 성전을 사모하는 기도 / 45. 4절, 5절, 12절 / 46. 화평 / 47. 주는 긍휼히 여기시며 은혜를 베푸시며 노하기를 더디 하시며 인자와 진실이 풍성하신 하나님 / 48. 시온 / 49. 10절, 10절, 11절, 12절, 14절 / 50. 나의 아버지, 나의 하나님, 나의 구원의 바위

통독 213일째 <시편 90-94편>

1. (O표 할 것) 모세의 기도 / 2. 짧다, 5, 6, 9, 10절 등 / 3. 수고와 슬픔, 10절 / 4. 기쁘게, 15절 / 5. 1) O, 2) X, 3) O, 4) X, 5) O, 6) O, 7) X, 8) O / 6. 1) 악인, 2) 의인, 3) 의인, 4) 악인, 5). 의인, 6) 의인 / 7. 통치, 권위, 요동치

/ 8. 보좌, 견고히, 영원 / 9. 증거, 거룩함, 영구 / 10. 여호와 / 11. 악인 / 12. 주

통독 214일째 <시편 95-100편>

1. (시 95:1) 오라 우리가 여호와께 노래하며 우리 구원의 '반석'을 향하여 즐거이 부르자 / 2. (시 95:6) 오라 우리가 굽혀 경배하며 우리를 지으신 여호와 앞에 '무릎'을 꿇자 / 3. (시 95:7) 대저 저는 우리 하나님이시요 우리는 그의 기르시는 백성이며 그 손의 '양'이라 너희가 오늘날 그 음성 듣기를 원하노라 / 4. (시 96:2) 여호와께 노래하여 그 이름을 송축하며 그 구원을 날마다 '선파' 할지어다 / 5. (시 96:8) 여호와의 이름에 합당한 영광을 그에게 돌릴지어다 예물을 가지고 그 궁정에 들어갈지어다 / 6. (시 97:7) 조각 신상을~ 섬기며 허무한 것으로 자긍하는 자는 다 수치를 당할 것이라 너희 신들아 여호와께 경배할지어다 / 7. (시 97:12) 의인이여~ 너희는 여호와로 인하여 기뻐하며 그 거룩한 기념에 감사할지어다 / 8. (시 98:1) 새 노래로~ 여호와께 찬송하라 대저 기이한 일을 행하사 그 오른손과 거룩한 팔로 자기를 위하여 구원을 베푸셨도다 / 9. (시 98:4) 온 땅이여~ 여호와께 즐거이 소리할지어다 소리를 발하여 즐거이 노래하며 찬송할지어다 / 10. (시 99:1) 여호와께서 통치~ 하시니 만민이 떨 것이요 여호와께서 그룹 사이에 좌정 하시니 땅이 요동할 것이로다 / 11. (시 99:6) 그 제사장 중에는~ 모세와 아론이요 그 이름을 부르는 자 중에는 사무엘이라 저희가 여호와께 간구하매 응답하셨도다 / 12. (시 100:3) 여호와가 우리 하나님이신 줄~ 너희는 알지어다 그는 우리를 지으신 자시요 우리는 그의 것이니 그의 백성이요 그의 기르시는 양이로다

통독 215일째 <시편 101-106편>

1. 3절, 배도자들의 행위 / 2. 5절, 그윽히 허는 자 / 3. 6절, 충성된 자 / 4. 7절, 거짓말하는 자 / 5. 1)-다)-a), 2)-나)-b), 3)-가)-c) / 6. 7번 / 7. 죄과 / 8. 진토, 풀, 꽃 / 9. 빛, 하늘, 물, 구름, 바람, 땅, 바다, 산, 골짜기, 샘, 들, 공중, 풀, 채소, 식물, 나무, 백향목, 달 / 10. 들나귀, 새, 학, 산양, 사자, 악어 / 11. 1) 아브라함, 이삭, 야곱, 2) 요셉, 3) 모세, 아론 / 12. 언약

〈역사시 배경 사건 찾기〉

1. 출 14장 / 2. 민 11장 / 3. 만 16장 / 4. 출 32장 / 5. 민 13-14장 / 6. 민 25, 51장 / 7. 민 20장 / 8. 신 20:16-18, 삿 1:26-36 / 9. 배신 - 심판 - 회개 - 구원

통독 216일째 <시편 107-112편>

1. 1) 여행자의 비유, 2) 포로의 비유, 3) 병자의 비유, 4) 항해자의 비유 / 2. 6절, 13절, 19절, 28절 / 3. 7-11절, 다윗이 사울을~ 피하여 굴에 있던 때에 / 4. 5-12절, 다윗이~ 아람 나하라임과 아람소바와 싸우는 중에 요압이 돌아와 에돔을 염곡에서 쳐서 일만 이천 인을 죽인 때에 / 5. (시 109:4) 나는 사랑하나~ 저희는 도리어 나를 대적하니 나는 기도할 뿐이라 / 6. (시 109:26) 여호와 나의 하나님이여~ 나를 도우시며 주의 인자하심을 좇아 나를 구원하소서 / 7. (시 109:28) 저희는 저주하여도~ 주는 내게 복을 주소서 저희는 일어날 때에 수치를 당할지라도 주의 종은 즐거워하리이다 / 8. 주의 권능의 홀, 다스리소서 / 9. 멜기세덱의 반차, 영원한 제사장 / 10. 1) (시 111:5) 여호와께서 자기를 '경외'하는 자에게 양식을 주시며 그 '언약'을 영원히 기억하시리로다, 2) (시 111:10) 여호와를 '경외'함이 곧 '지혜'의 근본이라 그 계명을 지키는 자는 다 좋은 지각이 있나니 여호와를 찬송함이 영원히 있으리로다, 3) (시 112:2) 그 '후손'이 땅에서 '강성'함이여 정직자의 후대가 복이 있으리로다, 4) (시 112:9) 저가 '재물'을 흩어 '빈궁'한 자에게 주었으니 그 의가 영원히 있고 그 뿔이 영화로이 들리리로다

통독 217일째 <시편 113-118편>

1. 8절, 5절 / 2. 출애굽 사건을 찬양 / 3. 전에, 후에 / 4. 인자, 진실, 115:1 / 5. 우상, 수공물, 115:4-7 / 6. 이름, 환난과 슬픔, 116:3-4 / 7. 인자하심, 진실하심, 117:2 / 8. 찬송, 구원, 118:14 / 9. 마 21:42, 막 12:10-11, 눅 20:17, 벧전 2:7 / 10. 113편, 115편, 116편, 117편 / 11. 117편, 119편

통독 218일째 <시편 119편>

1. 1) 여호와의 법, 2) 여호와의 증거, 3) 주의

도, 4) 주의 법도, 5) 주의 율례, 6) 주의 계명, 7) 주의 판단, 8) 주의 율례 / 2. 주의 말씀 / 3. 주의 법의 기이한 것 / 4. 주의 법도, 주의 기사, 27절 / 5. 주의 율례, 끝까지, 33절 / 6. 주의 계명, 주의 율례, 48절 / 7. 나그네 된 집에서 / 8. 내 행위를 생각하고 주의 증거로 내 발을 돌이켰사오며 주의 계명을 지키기에 신속히 하고 지체치 아니하였나이다 / 9. 주의 말씀을 지킴, 주의 율례를 배우게 됨 / 10. 넘어짐 / 11. 마음, 열렬, 주의 안위 / 12. 주의 성실 / 13. 원수, 스승, 노인 / 14. 꿀 / 15. 등, 빛 / 16. 127절. 그러므로 내가 주의 계명을 금 곧 '정금'보다 더 사랑하나이다 / 17. 131절. 내가 주의 계명을 사모하므로 입을 열고 '헐떡'였나이다 / 18. 140절. 주의 말씀이 심히 '정미'하므로 주의 종이 이를 사랑하나이다 / 19-22. 마음에 드는 구절 쓰기

통독 219일째 <시편 120-126편>

1. 거짓된 입술과 궤사한 혀에서 / 2. 장사의 날카로운 살과 로뎀 나무 숯불 / 3. 싸우려 한다 / 4. 천지를 지으신 여호와에게서로다 / 5. 네 우편에서 네 그늘이 / 6. 지금부터 영원까지 / 7. (시 122:2) 예루살렘아~ 우리 발이 네 성문 안에 섰도다 / 8. (시 122:3) 예루살렘아~ 너는 조밀한 성읍과 같이 건설되었도다 / 9. (시 122:6) 예루살렘을 위하여~ 평안을 구하라 예루살렘을 사랑하는 자는 형통하리로다 / 10. 종의 눈이 그 상전의 손을, 여종의 눈이 그 주모의 손을 바람같이 / 11. 심한 멸시가 우리에게 넘치기에 / 12. X / 13. O / 14. 의뢰하는 자, 요동치 / 15. 선인, 정직한 자 / 16. 여호와께서 시온의 포로를 돌리실 때에 / 17. 정녕 기쁨으로 그 단을 가지고 돌아오리로다

통독 220일째 <시편 127-133편>

1. 1절 ~ 세우는 자의 수고가 헛되며 / 2. 2절, ~헛되도다 / 3. 3절, ~ 여호와의 주신 기업이요, ~ 그의 상급이로다 / 4. 여호와 없는 자의 수고는 헛되며, 여호와를 경외하는 자는 그 수고한 대로 먹는다 / 5. 1) 결실한 포도나무, 2) 어린 감람나무 / 6. 1) 시온, 2) 예루살렘의 복 / 7. 악인의 줄을 끊으셨다 / 8. 수치를 당하여 물러갈지어다 / 9. 깊은 데서, 1절 / 10. 바랄지어다, 인자하심, 구속, 7절 / 11. 2) / 12. 젖 뗀 아이가 그 어미 품에 있음 같게 / 13. (O표 할 것) 권능의 궤, 평안, 8절 / 14. 제사장, 성도, 16절 / 15. 형제가 연합하여 동거함 / 16. 영생

통독 221일째 <시편 134-139편>

1. 성소를 향하여 손을 들고 여호와를 송축 / 2. 시온에서 복을 주심 / 3. 야곱 곧 이스라엘을 자기의 특별한 소유로 택하셨음 / 4. 입이 있어도 말하지 못하며 눈이 있어도 보지 못하며 귀가 있어도 듣지 못하며 그 입에는 아무 기식도 없다 / 5. (시 136:5) 지혜로 하늘을 지으신 이에게~ 감사하라 그 인자하심이 영원함이로다 / 6. (시 136:13) 홍해를 가르신 이에게~ 감사하라 그 인자하심이 영원함이로다 / 7. (시 136:25) 모든 육체에게 식물을 주신 이에게~ 감사하라 그 인자하심이 영원함이로다 / 8. 바벨론 사람들이 시온의 노래 중 하나를 노래하라 하므로 / 9. 1) 내 오른손이 재주를 잊을지로다. 2) 내 혀가 내 입천장에 붙을지로다 / 10. 바벨론에 의하여 예루살렘이 멸망하던 날 / 11. 낮은 자를 하감하시며, 교만한 자를 아신다 / 12. 주의 손으로 지으신 것 / 13. 앉고 일어섬, 생각, 길, 눕는 것, 모든 행위, 혀의 말 / 14. 하늘, 음부, 바다 끝 / 15. 나를 영원한 길로 인도하소서

통독 222일째 <시편 140-145편>

1. 1) 해하기를 꾀하고 싸우기 위하여 매일 모임, 2) 혀가 날카롭게 하니 그 입술 아래는 독사의 독이 있다, 3) 의인의 걸음을 밀치려 한다, 4) 올무와 줄을 놓으며 그물을 치며 함정을 둠 / 2. 8-11절 / 3. 3절 / 4. 8절 / 5.-6. 142편에서 마음에 드는 구절 쓰기 / 7. 주, 주를 사모, 6절 / 8. 아침, 말씀, 의뢰함, 8절 / 9. 롬 3:20, 갈 2:16 / 10. 인자, 요새, 산성, 건지시는 자, 방패, 피난처, 내 백성을 내게 복종케 하는 자 / 11. 헛것 같고 그의 날은 지나가는 그림자 같다 / 12. 여호와를 자기 하나님으로 삼는 백성 / 13. (시 145:1) 왕이신 나의 하나님이여~ 내가 주를 높이고 영원히 주의 이름을 송축하리이다 / 14. (시 145:10) 여호와여 주의 지으신~ 모든 것이 주께 감사하며 주의 성도가 주를 송축하리이다 / 15. (시 145:21) 내 입이 여호와의~ 영예를 말하며 모든 육체가 그의 성호를 영영히 송축할지로다

통독 223일째 <시편 146-150편>

1. 1) 공의로 판단, 2) 식물을 주시는 자, 3) 눈을 여시며, 4) 일으키시며, 5) 사랑하시며, 6) 보호하시며, 7) 붙드시고 / 2. 예루살렘을 세우시며 이스라엘의 흩어진 자를 모으시며 상심한 자를 고치시며 저희 상처를 싸매시는도다 / 3. 자기를 경외하는 자, 그 인자하심을 바라는 자 / 4. 1) 양털, 2) 재, 3) 떡 부스러기 / 5. 1) 해, 달, 광명한 별, 하늘, 물, 바다, 불, 우박, 눈, 안개, 광풍, 산, 과목, 백향목, 2) 짐승, 모든 가축, 기는 것, 나는 새, 3) 모든 사자(使者), 모든 군대, 세상의 왕, 모든 백성, 방백, 모든 사사, 청춘남자, 처녀, 노인, 아이들, 모든 성도 / 6. (O 표 할 것) 지으신, 시온의 자민, 왕 / 7. 백성, 겸손한 / 8. 하나님의 능하신 행동을 인하여 / 9. 나팔, 비파, 수금, 소고, 현악, 퉁소, 제금 / 10. 10번

통독 224일째 <시편 4, 5권 복습>

〈제4권〉

1. 작자 미상 / 2. 모세 / 3. (시 90:15) 우리를 곤고케 하신~ 날수대로와 우리의 화를 당한 연수대로 기쁘게 하소서 / 4. 사랑, 이름 / 5. 증거하심, 거룩함 / 6. 생각, 위안, 즐겁게 / 7. 1) O, 2) X, 3) O / 8. 하나님이시요, 백성, 양 / 9. (시 96:9) 아름답고 거룩한 것으로 여호와께 경배할지어다 온 땅이여 그 앞에서 떨지어다 / 10. (시 97:12) 의인이여 너희는 여호와로 인하여 기뻐하며 그 거룩한 기념에 감사할지어다 / 11. (시 98:4) 온 땅이여 여호와께 즐거이 소리할지어다 소리를 발하여 즐거이 노래하며 찬송할지어다 / 12. (시 99:1) 여호와께서 통치하시니 만민이 떨 것이요 여호와께서 그룹 사이에 좌정하시니 땅이 요동할 것이로다 / 13. (시 100:4) 감사함으로 그 문에 들어가며 찬송함으로 그 궁정에 들어가서 그에게 감사하며 그 이름을 송축할지어다 / 14. 충성된 자, 완전한 길에 행하는 자 / 15. 빈궁한 자의 기도, 기도 / 16. 모든 죄악, 모든 병, 파멸에서 구속, 관, 좋은 것 / 17. 포도주, 기름, 양식 / 18. 출애굽 / 19. 역사시 / 20. X, O

〈제5권〉

21. 사모하는 영혼, 주린 영혼 / 22. (시 108:2) 비파야 수금아~ 깰지어다 내가 새벽을 깨우리로다 / 23. 기도할 뿐이다 / 24. 새벽 이슬 / 25. 잠언 / 26. 그 의가 영원히 있고 그 뿔이 영화로이 들리리로다 / 27. 할렐루야, 유월절 / 28. 시 113:7-8 / 29. 1) 이스라엘, 2) 아론의 집, 3) 여호와를 경외하는 너희 / 30. 내 영혼을 사망에서, 내 눈을 눈물에서, 내 발을 넘어짐에서 건지셨나이다 / 31. (시 117:2) 우리에게 향하신~ 여호와의 인자하심이 크고 진실하심이 영원함이로다 할렐루야 / 32. 117편, 119편 / 33. 내 발에 등, 내 길에 빛 / 34. 1) 이합체시, 2) 9, 10, 25, 34, 37, 111, 112, 119, 145편 / 35. 성전에 올라가는 노래 / 36. 싸우려 한다 / 37. 평안을 구하라, 형통 / 38. 종의 눈이 그 상전의 손을, 여종의 눈이 그 주모의 손을 바람같이 / 39. 시온산이 요동치 아니하고 영원히 있음 같도다 / 40. (시 126:1) 여호와께서 시온의 포로를 돌리실 때에~ 우리가 꿈꾸는 것 같았도다 / 41. 가정적인 노래 / 42. 여호와 없는 자의 수고는 헛되며, 여호와를 경외하는 자는 그 수고한 대로 먹는다 / 43. 밭가는 자가 내 등에 갈아 그 고랑을 길게 지었도다 / 44. 젖 뗀 아이가 그 어미 품에 있음 같게 / 45. 보배로운 기름, 이슬 / 46. 천지를 지으신 여호와 / 47. 야곱 곧 이스라엘 / 48. 세어 보세요 / 49. 저주시 / 50. 1) / 51. 주의 손이 인도하시며 주의 오른손이 붙드신다 / 52. 입 앞에 파숫군, 입술의 문 / 53. 나는 심히 비천하니이다 / 54. 2절 / 55. 간구하는 모든 자, 진실하게 간구하는 모든 자 / 56. 1) 할렐루야, 2) 여호와를 찬양하라 / 57. 붙드시고, 엎드러뜨리는도다 / 58. 모든 사자, 모든 군대, 해와 달, 광명한 별, 하늘의 하늘, 하늘 위에 있는 물 / 59. 즐거워하며, 기쁨으로 / 60. 호흡이 있는 자마다 여호와를 찬양할지어다 할렐루야

통독 225일째 <잠언 1-3장>

1. 다윗의 아들 이스라엘 왕 솔로몬 / 2. 이는 지혜와 훈계를 알게 하며 명철의 말씀을 깨닫게 하며 / 3. 지혜롭게, 의롭게, 공평하게, 정직하게 / 4. 여호와를 경외하는 것 / 5. 악한 자가 너를 꾈지라도 좇지 말라(10), 그들과 함께 길에 다니지 말라(15), 네 발을 금하여 그 길을 밟지 말라(15) / 6. 너희(교훈을 멸시하는 자)의 두려움이 광풍같이 임하겠고 너희의 재앙이 폭풍같이 이르겠고 너희에게 근심과 슬픔이 임한다 / 7. 안연히 살며 재앙의 두려움이 없이 평안하리라 / 8. 4-5절, 은, 보배, 여호와, 하나님 / 9. 16절, 음녀, 이방계집 / 10. 21절, 정직한 자, 완전한 자 /

11. 나의 법을 잊어버리지 말고 네 마음으로 나의 명령을 지키라 / 12. 마음을 다하여 여호와를 의뢰하고 네 명철을 의지하지 말라 / 13. 네 재물과 소산물의 처음 익은 열매로 여호와를 공경하라 / 14. 지혜를 얻고 명철을 얻은 자 / 15. 완전한 지혜와 근신을 지키고 이것들로 네 눈앞에서 떠나지 않게 하라

통독 226일째 <잠언 4-6장>

1. 1)-다), 2)-가), 3)-나), 4)-라), 5)-사), 6)- 아), 7)-마), 8)-바) / 2. 1) 쑥 → 꿀, 꿀 → 쑥, 2) 문에는 가까이 가되 들어가지는 말라 → 문에도 가까이 가지 말라, 3) 나누게 → 복되게, 4) 굽게 → 평탄케 / 3. 2) / 4. 개미 / 5. 1) 교만한 눈, 2) 거짓된 혀, 3) 무죄한 자의 피를 흘리는 손, 4) 악한 계교를 꾀하는 마음, 5) 빨리 악으로 달려가는 발, 6) 거짓을 말하는 망령된 증인, 7) 형제를 이간하는 자 / 6. 네 아비의 명령, 네 어미의 법 / 7. 칠배, 간음

통독 227일째 <잠언 7-9장>

1. 너를 지켜서 음녀에게, 말로 호리는 이방 계집에게 빠지지 않게 하기 위하여 / 2. 14-20절 / 3. 1) 소가 푸주로 가는 것 같고, 2) 새가 빨리 그물로 들어가되 그 생명을 잃어버릴 줄을 알지 못함과 일반이라 / 4. 많은 사람을 상하여 엎드러지게 하였나니 그에게 죽은 자가 허다하다 / 5. (잠 8:5) 어리석은 자들아~ 너희는 명철할지니라 미련한 자들아 너희는 마음이 밝을지니라 너희는 들을지어다 / 6. (잠 8:10) 너희가 은을 받지 말고~ 나의 훈계를 받으며 정금보다 지식을 얻으라 / 7. (잠 8:13) 여호와를 경외하는 것은~ 악을 미워하는 것이라 나는 교만과 거만과 악한 행실과 패역한 입을 미워하느니라 / 8. (잠 8:27) 그가 하늘을 지으시며~ 궁창으로 해면에 두르실 때에 내가 거기 있었고 / 9. (잠 8:35) 대저 나를 얻는 자는~ 생명을 얻고 여호와께 은총을 얻을 것임이니라 / 10. -2)-나) / 11. -1)-가) / 12. -4)-라) / 13. -5)-다) / 14. -3)-마)

통독 228일째 <잠언 10-12장>

1. 1) 의인, 2) 악인, 3) 악인, 4) 악인, 5) 의인, 6) 악인, 7) 의인, 8) 의인 / 2. (O표 할 것) 저울, 추, 1절 / 3. 구원, 대신, 8절 / 4. 한담, 누설하나, 신실, 13절 / 5. 존영, 재물, 16절 / 6. 구제하여도, 아껴도, 구제, 풍족, 24-25절 / 7. O, 1절 / 8. X, 4절 / 9. X, 12절 / 10. O, 16절 / 11. X, 19절

통독 229일째 <잠언 13-15장>

1. (잠 13:3) 입을 지키는 자는~ 그 생명을 보전하나 입술을 크게 벌리는 자에게는 멸망이 오느니라 / 2. (잠 13:7) 스스로 부한 체하여도~ 아무것도 없는 자가 있고 스스로 가난한 체하여도 재물이 많은 자가 있느니라 / 3. (잠 13:13) 말씀을 멸시하는 자는~ 패망을 이루고 계명을 두려워하는 자는 상을 얻느니라 / 4. (잠 13:19) 소원을 성취하면~ 마음에 달아도 미련한 자는 악에서 떠나기를 싫어 하느니라 / 5. (잠 13:24) 초달을 차마~ 못하는 자는 그 자식을 미워함이라 자식을 사랑하는 자는 근실히 징계하느니라 / 6. 그 집을 세우되, 자기 손으로 그것을 헌다 / 7. 망하겠고, 흥한다 / 8. 그릇 가는 것, 인자와 진리가 있다 / 9. 그를 지으신 이를 멸시하는 자, 주를 존경하는 자 / 10. 나라를 영화롭게 하고, 백성을 욕되게 한다 / 11. 유순한 대답, 과격한 말 / 12. 악인과 선인을 감찰 / 13. 정직한 자의 기도 / 14. 여호와를 경외하는 것 / 15. 겸손은 존귀의 앞잡이

통독 230일째 <잠언 16-18장>

1. 1절, ③ / 2. 9절, ② / 3. 18절, ② / 4. 24절, ③ / 5. 32절, ② / 6. 3절, 은과 금을 → 마음을 / 7. 5절, 부모를 → 주를 / 8. 6절, 영화요 → 면류관이요, 면류관이니라 → 영화니라 / 9. 22절, 뼈에 양약이니라 → 뼈로 마르게 하느니라 / 10. 28절, 자꾸 말하면 → 잠잠하면 / 11. (잠 18:5) 악인을 두호하는 것과 '재판'할 때에 의인을 억울하게 하는 것이 선하지 아니하니라 / 12. (잠 18:14) 사람의 '심령'은 그 병을 능히 이기려니와 심령이 상하면 그것을 누가 일으키겠느냐 / 13. (잠 18:19) 노엽게 한 형제와 '화목'하기가 견고한 성을 취하기보다 어려운즉 이러한 다툼은 산성 문빗장 같으니라 / 14. (잠 18:21) 죽고 사는 것이 '혀의 권세'에 달렸나니 혀를 쓰기 좋아하는 자는 그 열매를 먹으리라

통독 231일째 <잠언 19-21장>

1. 그릇하느니라 / 2. 자기 영혼을 사랑 / 3. 여호와께로서 말미암는다 / 4. 여호와께 꾸이는 것이니 그 선행을 갚아 주신다 / 5. 소망이 있기 때문이다 / 6. 권고를 들으며 훈계를 받는다 / 7. 부끄러움을 끼치며 능욕을 부르는 자식이니라 / 8. (O표 할 것) 거만케, 떠들게, 1절 / 9. 행하는, 후손, 복, 7절 / 10. 속이고, 모래, 17절 / 11. 악, 여호와, 22절 / 12. 힘, 백발, 29절 / 13. 2절, 심령을 감찰하시느니라 / 14. 6절, 속이는 말로 재물을 구하는 것 / 15. 9절, 다투는 여인과 함께 사는 것 / 16. 15절, 의인: 즐거움, 죄인: 패망 / 17. 23절, 입과 혀를 지키는 자

통독 232일째 <잠언 22-25장>

1. 6절, 15절 / 2. 13절 / 3. 7절, 9절, 16절 / 4. 24절 / 5. 1, 2, 3, 6, 7, 8절 / 6. 20, 21, 29, 30, 31, 32, 33, 34, 35절 / 7. 13, 14절 / 8. 1) 1절, 원하라 → 원하지 말지어다, 2) 8절, 사기한 자 → 사특한 자, 3) 26절, 글로 답변함은 → 말로 대답함은 / 9. 삼천 잠언 / 10. 1) 솔로몬, 2) 히스기야의 신하들 / 11. 1)-나), 2)-나), 3)-가)

통독 233일째 <잠언 26-29장>

1. 적당하다 → 적당하지 아니하다, 1절 / 2. 이루어진다 → 이루어지지 않는다, 2절 / 3. 다 믿어야 한다 → 믿지 말 것도 있다(註: 그 마음에 일곱 가지 가증한 것이 있음이라), 25절 / 4. (잠 27:1) 내일 일을 자랑~ 하지 말라 하루 동안에 무슨 일이 날는지 네가 알 수 없음이니라 / 5. (잠 27:17) 철이 철을 날카롭게~ 하는 것 같이 사람이 그 친구의 얼굴을 빛나게 하느니라 / 6. (잠 27:23) 네 양떼의 형편을~ 부지런히 살피며 네 소떼에 마음을 두라 / 7. 5절, -나) / 8. 9절, -다) / 9. 20절, -가) / 10. 27절, -라) / 11. 2절, 백성이 즐거워함, 백성이 탄식함 / 12. 18절, 백성이 방자히 행함, 복이 있음 / 13. 25절, 올무에 걸리게 됨, 안전함

통독 234일째 <잠언 30-31장>

1. 아굴의 잠언, 이디엘, 우갈 / 2. 짐승, 총명 / 3. 허탄, 거짓말, 가난, 부, 필요한 양식 / 4. 1) 음부(陰府), 2) 아이 배지 못하는 태, 3) 물로 채울 수 없는 땅, 4) 족하다 하지 아니하는 불 / 5. 1) 개미, 2) 사반, 3) 메뚜기, 4) 도마뱀 / 6. 르므엘의 어머니가 르므엘 왕에게 / 7. 힘을 여자들에게 쓰지 말라, 왕들을 멸망시키는 일을 행치 말라 / 8. 1) O, 2) X, 3) O, 4) O / 9. 입을 열어 공의로 재판하여 간곤한 자와 궁핍한 자를 신원할지니라 / 10. 1) O, 2) X, 3) O, 4) X, 5) O, 6) X, 7) O, 8) O, 9) O

통독 235일째 <잠언 복습>

〈1〉 1. (잠 1:1) 다윗의 아들 이스라엘 왕 솔로몬의 잠언이라 / 2. 지혜롭게, 의롭게, 공평하게, 정직하게 / 3. 여호와를 경외하는 것 / 4. 지혜 / 5. 마음을 다하여 여호와를 의뢰하고 네 명철을 의지하지 말라 / 6. 생명의 근원이 마음에서 남으로 / 7. 아내 사랑 / 8. 1) 교만한 눈, 2) 거짓된 혀, 3) 무죄한 자의 피를 흘리는 손, 4) 악한 계교를 꾀하는 마음, 5) 빨리 악으로 달려가는 발, 6) 거짓을 말하는 망령된 증인, 7) 형제를 이간하는 자 / 9. 음녀에 대한 경계 / 10. 훈계와 지식 / 11. 책망하는 자를 사랑한다 / 12. 도적질한 물과 몰래 먹는 떡

〈2〉 13. 마음이 지혜로운 자, 입이 미련한 자 / 14. 삼가지, 돼지 코 / 15. 불의의 이(利), 뿌리, 결실 / 16. 다툼, 권면 / 17. 지혜로운 여인, 미련한 여인 / 18. 유순한 대답, 과격한 말 / 19. 자기의 길을 계획, 걸음을 인도하는 자 / 20. 제비, 일을 작정 / 21. 사랑을 구하는 자, 친한 벗을 이간하는 자 / 22. 혀의 권세, 열매 / 23. 불쌍히 여기는 것, 선행 / 24. 한담하는 자, 입술을 벌린 자 / 25. 재물, 영광, 생명

〈3〉 26. 지혜 있는 자 / 27. 죄인의 형통 / 28. 술 / 29. 빈궁이 강도같이 오며 곤핍이 군사같이 이르리라

〈4〉 30. 이것도 솔로몬의 잠언이요 유다 왕 히스기야의 신하들의 편집한 것이니라 / 31. 경우에 합당한 말 / 32. 마음에 일곱 가지 가증한 것이 있음 / 33. 하루 동안에 무슨 일이 날는지 네가 알 수 없음이니라 / 34. 죄를 숨기는 자: 형통치 못함, 죄를 자복하고 버리는 자: 불쌍히 여김을 받음 / 35. 백성이 방자히 행한다

〈5〉 36. 짐승, 총명 / 37. 개미, 사반, 메뚜기, 도마뱀 / 38. 법, 공의 / 39. 이합체시 / 40. 간곤한 자, 궁핍한 자 / 41. 1) 솔로몬, 2) 지혜, 3) 솔로몬, 아굴, 4) 르무엘왕, 5) 현숙한 / 42. 31장, 12번

통독 236일째 <전도서 1-3장>

1. 예루살렘, 전도자, 1절 / 2. 5번 / 3. 눈, 귀, 8절 / 4. 지혜, 번뇌, 근심, 18절 / 5. 1) 이미 있던 것이 후에 다시 있겠고 이미 한 일을 후에 다시 할지라 해 아래는 새 것이 없나니, 2) 보라 내가 새 일을 행하리니 이제 나타낼 것이라 / 6. 내 손으로 한 모든 일과 수고한 모든 수고가 다 헛되어 바람을 잡으려는 것이며 해 아래서 무익한 것이로다(11절) / 7. 일반이다(16절) / 8. 마음으로 실망케 하였다(20절) / 9. 사람이 먹고 마시며 수고하는 가운데 심령으로 낙을 누리게 하는 것보다 나은 것이 없나니 이것도 본즉 하나님의 손에서 나는 것이로다 / 10. 1) O, 2) O, 3) X, 4) O / 11. 1) O, 2) O, 3) X, 4) O / 12. 1) O, 2) O, 3) O, 4) X

통독 237일째 <전도서 4-6장>

1. 학대 자 → 출생하지 않은 자 / 2. 보람이 있다 → 헛되어 바람을 잡으려는 것 / 3. 불편하다 → 따뜻하다 / 4. 받을 줄 아는 → 받을 줄 모르는 / 5. (전 5:2) 하나님 앞에서~ 함부로 입을 열지 말며 급한 마음으로 말을 내지 말라 하나님은 하늘에 계시고 너는 땅에 있음이니라 그런즉 마땅히 말을 적게 할 것이라 / 6. (전 5:4) 네가 하나님께 서원하였거든~ 갚기를 더디게 말라 하나님은 우매자를 기뻐하지 아니하시나니 서원한 것을 갚으라 / 7. (전 5:7) 꿈이 많으면~ 헛된 것이 많고 말이 많아도 그러하니 오직 너는 하나님을 경외할지니라 / 8. (전 5:10) 은을 사랑하는 자는~ 은으로 만족함이 없고 풍부를 사랑하는 자는 소득으로 만족함이 없나니 이것도 헛되도다 / 9. (전 5:19) 어떤 사람에게든지~ 하나님이 재물과 부요를 주사 능히 누리게 하시며 분복을 받아 수고함으로 즐거워하게 하신 것은 하나님의 선물이라 / 10. 2절 / 11. 6절 / 12. 7절 / 13. 9절 / 14. 11절

통독 238일째 <전도서 7-9장>

1. 초상집, 연락하는 집 / 2. 기뻐하라, 생각하라 / 3. 아주 없다 / 4. 정직하게 지으셨다, 많은 꾀를 낸 것이다 / 5. 1절, X / 6. 8절, X / 7. 12절, O / 8. 17절, O / 9.-다) / 10.-나) / 11.-가) / 12.-마) / 13.- 라)

통독 239일째 <전도서 10-12장>

1. 폐단, 우매자, 부자, 5-6절 / 2. 장래 일, 신후사, 14절 / 3. (전 11:1) 너는 네 식물을~ 물 위에 던지라 여러 날 후에 도로 찾으리라 / 4. (전 11:9) 네 청년의 날을~ 마음에 기뻐하여 마음에 원하는 길과 네 눈이 보는 대로 좇아 행하라 그러나 하나님이 이 모든 일로 인하여 너를 심판하실 줄 알라 / 5. 교재 해설 참고 / 6. 하나님을 경외하고 그 명령을 지킬지어다 이것이 사람의 본분이니라

통독 240일째 <아가 1-3장>

1. 3) / 2. 네 사랑 / 3. 내 어미의 아들들(註: 이복 오빠들인 듯)이 나를 노하여 포도원지기를 삼았으므로 / 4. 몰약 향낭 / 5. 비둘기 / 6. (O표 할 것) 백합화 / 7. 사과나무 / 8. 사랑하므로 / 9. 1) 비가 그쳤다, 2) 꽃이 피었다, 3) 포도나무 꽃이 피었다 / 10. 작은 여우를 잡으라 / 11. 1) 침상, 2) 성중으로 돌아다니며, 거리에서나 큰길에서나 / 12. 솔로몬의 연(수레) / 13. 레바논 나무로 자기의 연을 만들었는데 그 기둥은 은이요 바닥은 금이요 자리는 자색 담이라 / 14. 면류관

통독 241일째 <아가 4-6장>

1. 1) 비둘기, 2) 길르앗 산기슭에 누운 무리 염소, 3) 목욕장에서 나온 털 깎인 암양, 쌍태를 낳은 양, 4) 홍색 실, 5) 어여쁘고, 6) 석류 한 쪽, 7) 일천 망대, 용사의 모든 방패가 달린 망대, 8) 백합화 가운데 꼴을 먹은 쌍태 노루 새끼 / 2. 꿀 방울, 꿀과 젖 / 3. 잠근 동산, 덮은 우물, 봉한 샘 / 4. 북풍아, 향기 / 5. 1) 나의 누이, 2) 나의 사랑, 3) 나의 비둘기, 4) 나의 완전한 자 / 6. 라오디게아 교회 / 7. 읽고 비교해 보세요 / 8. 속하였고, 속하였다, 3절 / 9.1) 1절, 5절, 2) 2절, 6절, 3) 3절, 7절 / 10. 육십, 팔십, 무수, 비둘기, 하나뿐, 칭찬, 8-9절 / 11. 술람미 여자야, 13절

통독 242일째 〈아가 7-8장〉

1. 1) 공교한 장색의 만든 구슬꿰미, 2) 가득 부은 둥근 잔 같고, 3) 백합화로 두른 밀단 같다, 4) 상아 망대 같다, 5) 종려나무 같다, 6)사과 냄새 같다, 7) ① 암사슴의 상태 새끼, ② 종려나무 열매 송이, ③ 포도 송이 / 2. 1) 포도 움이 돋았는지, 2) 꽃술이 퍼졌는지, 3) 석류꽃이 피었는지 / 3 동침, 잇사갈 / 4. (아 8:2-3) 나는 향기로운 술~ 곧 석류즙으로 네게 마시웠겠고 너는 왼손으론 내 머리에 베게 하고 오른손으론 나를 안았었으리라 / 5. (아 8:6) 사랑은 죽음 같이 강하고~ 투기는 음부같이 잔혹하며 불같이 일어나니 그 기세가 여호와의 불과 같으니라 / 6. (아 8:7) 이 사랑은 많은 물이~ 꺼치지 못하겠고 홍수라도 엄몰하지 못하나니 사람이 그 온 가산을 다 주고 사랑과 바꾸려 할지라도 오히려 멸시를 받으리라 / 7. (아 8:10) 나는 성벽이요~ 나의 유방은 망대 같으니 그러므로 나는 그의 보기에 화평을 얻은 자 같구나 / 8. (아 8:11) 솔로몬이 바알하몬에~ 포도원이 있어 지키는 자들에게 맡겨두고 그들로 각기 그 실과를 인하여서 은 일천을 바치게 하였구나 / 9. (아 8:14) 나의 사랑하는 자야~ 너는 빨리 달리라 향기로운 산들에서 노루와도 같고 어린 사슴과도 같아여라

통독 243일째 〈전도서, 아가 복습〉

〈전도서〉

1. 예루살렘, 전도자, 1절 / 2. 5번 / 3. 지혜, 번뇌, 근심, 18절 / 4. (전 1:9) 이미 있던 것이 후에 다시 있겠고 이미 한 일을 후에 다시 할지라 해 아래는 새 것이 없나니, (사 43:19) 보라 내가 새 일을 행하리니 이제 나타낼 것이라 너희가 그것을 알지 못하겠느냐, {비교} 전도서에는 새 것이 없다고 했으나 이사야는 하나님께서 새 일을 행하신다 하였다 / 5. 내 손으로 한 모든 일과 수고한 모든 수고가 다 헛되어 바람을 잡으려는 것이며 해 아래서 무익한 것이로다 / 6. 사람이 먹고 마시며 수고하는 가운데서 심령으로 낙을 누리게 하는 것 / 7. 1) X, 2) O, 3) O / 8. 출생하지 않은 자 / 9. 가난하여도 지혜로운 소년 / 10. (전 5:4) 네가 하나님께 서원하였거든~ 갚기를 더디게 말라 하나님은 우매자를 기뻐하지 아니하시나니 서원한 것을 갚으라 / 11. (전 5:7) 꿈이 많으면~ 헛된 것이 많고 말이 많아도 그러하니 오직 너는 하나님을 경외할지니라 / 12. (전 5:10) 은을 사랑하는 자는~ 은으로 만족함이 없고 풍부를 사랑하는 자는 소득으로 만족함이 없나니 이것도 헛되도다 / 13. 2절 / 14. 11절 / 15. 지혜자의 마음은 초상집, 우매자의 마음은 연락(宴樂)하는 집 / 16. 하나님이 사람을 정직하게 지으셨으나 사람은 많은 꾀를 낸 것 / 17. 지혜, 광채 / 18. 하나님을 경외하여 그 앞에서 경외하는 자 / 19. 소망 / 20. 헛된 날, 아내와 함께 즐겁게 / 21. 10절 / 22. 14절 / 23. (전 11:1) 너는 네 식물을~ 물 위에 던지라 여러 날 후에 도로 찾으리라 / 24. (전 11:9) 네 청년의 날을~ 마음에 기뻐하여 마음에 원하는 길과 네 눈이 보는대로 좇아 행하라 그러나 하나님이 이 모든 일로 인하여 너를 심판하실 줄 알라 / 25. 1) 3절: 힘 있는 자들이 구부러질 것이며- 어깨, 허리, 다리의 굽어지는 현상, 2) 4절: 길거리 문들이 닫혀질 것이며- 청각(聽覺)이 쇠퇴해진 상태이다, 3) 5절: 살구나무가 꽃이 필 것이며- 백발이 된 노인의 모습이다 / 26. 하나님을 경외하고 그 명령을 지키는 것

〈아가〉

1. 1) 남녀(신랑・신부), 2) 그리스도 / 2. 솔로몬, 술람미 / 3. 아가(雅歌)- 아름다운 노래, 노래 중의 노래 / 4. 내 어미의 아들들이 나를 노하여 포도원 지기를 삼았음이라(아마도 이복 오라비들인듯) / 5. 사랑하므로 / 6. 포도원을 허는 작은 여우를 잡으라 / 7. 내 마음에 사랑하는 자, 마음에 사랑하는 자 / 8. 솔로몬 왕, 면류관 / 9. 누이, 신부, 마음, 한 번 보는 것, 구슬 한 꿰미 / 10. 잠근 동산이요 덮은 우물이요 봉한 샘 / 11. 나의 누이, 나의 사랑, 나의 비둘기, 나의 완전한 자 / 12. 라오디게아 교회(계 3:20) / 13. 사랑하므로 / 14. 1) 4:1, 6:5, 2) 4:2, 6:6, 3) 4:3, 6:7 / 15. 육십, 팔십, 무수, 비둘기, 하나뿐, 칭찬, 8-9절 / 16. 술람미 여자야, 13절 / 17. 나오지 않는다 / 18. 1) 암사슴의 상태 새끼, 2) 종려나무 열매 송이, 3) 포도송이 / 19. 1) 포도 움이 돋았는지, 2) 꽃술이 퍼졌는지, 3) 석류꽃이 피었는지 / 20. 동침, 잇사갈 / 21. (아 8:6) 사랑은 죽음같이~ 강하고 투기는 음부같이 잔혹하며 불같이 일어나니 그 기세가 여호와의 불과 같으니라 / 22. (아 8:7) 사람이 그 온 가산을 다 주고~ 사랑과 바꾸려 할지라도 오히려 멸시를 받으리라 / 23. (아 8:14) 나의 사랑하는 자야~ 너는 빨리 달리라 향기로운 산

들에서 노루와도 같고 어린 사슴과도 같아여라

통독 244일째 <누가복음 1-3장>

1. 각하로 그 배운 바의 확실함을 알게 하려 함이로라 / 2. 저가 주 앞에 큰 자가 되며 포도주나 소주를 마시지 아니하며 모태로부터 성령의 충만함을 입어 이스라엘 자손을 주 곧 저희 하나님께로 많이 돌아오게 하겠음이니라 / 3. 가브리엘, 좋은 소식을 전하여 네게 말하라고 보내심을 받음 / 4. 저가 큰 자가 되고 지극히 높으신 이의 아들이라 일컬을 것이요 주 하나님께서 그 조상 다윗의 위를 저에게 주시리니 영원히 야곱의 집에 왕 노릇 하실 것이며 그 나라가 무궁하리라 / 5. 1) 44절, 엘리사벳, 2) 48절, 마리아, 3) 69절, 사가랴 / 6. 1) 가이사 아구스도, 2) 요셉, 3) 마리아, 4) 천군 천사, 5) 목자, 6) 안나, 7) 예수 / 7. 1)-다), 2)-가), 3)-나), 4)-마), 5)-라), 6)-바), 7)-사), 8)-아), 9)-카), 10)-자), 11)-차), 12)-하), 13)-파), 14)-타)

통독 245일째 <누가복음 4-7장>

1. 1) 마귀의 시험, 2) 갈릴리 전도, 3) 나사렛에서의 배척, 4) 귀신들린 사람 고침, 5) 각색 병자 고침, 6) 다른 동네에서도 전도 / 2. 1) 4절, 고기, 예수 → 시몬 베드로, 2) 32절, 죄인, 예수 → 바리새인과 서기관, 3) 38절, 새부대, 예수 → 바리새인과 서기관 / 3. 안식일 / 4. 베드로(시몬), 안드레, 야고보, 요한, 빌립, 바돌로매, 마태, 도마, 알패오의 아들 야고보, 셀롯이라 하는 시몬, 야고보의 아들 유다, 가룟 유다 / 5. 1) 20, 마 5:3, 2) 31, 마 7:12, 3) 41, 마 7:3 / 6. 백부장 / 7. 하나님께 영광을 돌려 가로되 큰 선지자가 우리 가운데 일어나셨다 하고 또 하나님께서 자기 백성을 돌아보셨다 하더라 / 8. 너희가 가서 보고 들은 것을 요한에게 고하되 소경이 보며 앉은뱅이가 걸으며 문둥이가 깨끗함을 받으며 귀머거리가 들으며 죽은 자가 살아나며 가난한 자에게 복음이 전파된다 하라 / 9. 향유 담은 옥합을 가지고 와서 예수의 뒤로 그 발 곁에 서서 울며 눈물로 그 발을 적시고 자기 머리털로 씻고 그 발에 입 맞추고 향유를 부으니

통독 246일째 <누가복음 8-11장>

1. 막달라 마리아, 요안나, 수산나, 다른 여자 / 2. 착하고 좋은 마음으로 말씀을 듣고 지키어 인내로 결실하는 자 / 3. 하나님의 말씀을 듣고 행하는 이 사람들이라 / 4. 집으로 돌아가 하나님이 네게 어떻게 큰 일 행하신 것을 일일이 고하라 / 5. 예수의 뒤로 와서 그 옷가에 손을 대니 혈루증이 즉시 그쳤더라 / 6. 2절, 전파, 고치게 / 7. 16절, 다섯, 두, 축사 / 8. 20절, 하나님의 그리스도 / 9. 22절, 고난, 죽임, 살아나야 / 10. 먼저 말하되 이 집이 평안할지어다 하라 / 11. 네 대답이 옳도다 이를 행하라 그러면 살리라 / 12. 사마리아인 / 13. 주의 발아래 앉아 말씀을 듣는 일(39절) / 14. 아버지여, 나라 / 15. 하나님, 하나님의 나라 / 16. 십일조, 공의, 사랑 / 17. 선지자의 피, 아벨, 사가랴

통독 247일째 <누가복음 12-15장>

1. (=로 지울 것) 숨은 것 / 2. 받으리라 / 3. 재물 / 4. 예배, 임자 / 5. (눅 13:8) 주인이여~ 금년에도 그대로 두소서 내가 두루 파고 거름을 주리니 / 6. (눅 13:16) 십팔 년 동안~ 사단에게 매인 바 된 이 아브라함의 딸을 안식일에 이 매임에서 푸는 것이 합당치 아니하냐 / 7. (눅 13:34) 예루살렘아~ 예루살렘아 선지자들을 죽이고 네게 파송된 자들을 돌로 치는 자여 암탉이 제 새끼를 날개 아래 모음 같이 내가 너희의 자녀를 모으려 한 일이 몇 번이냐 그러나 너희가 원치 아니하였도다 / 8. 안식일에 병 고쳐 주는 것의 합당함 / 9. 갚을 것이 없는 고로 네게 복이 되리니 이는 의인들의 부활 시에 네가 갚음을 받겠음이니라 / 10. 길과 산울 가로 나가서 사람을 강권하여 데려다가 내 집을 채우라 / 11. (눅 14:27) 누구든지 자기 십자가를 지고 나를 좇지 않는 자도 능히 나의 제자가 되지 못하리라 (눅 14:33) 누구든지 자기의 모든 소유를 버리지 아니하면 능히 내 제자가 되지 못하리라 / 12. 1) 3-7절, -다), 2) 8-10절, -나), 3) 11-32절, -가, 라)

통독 248일째 <누가복음 16-18장>

1. (=로 지울 것) 셈 / 2. 율법 / 3. 나사로 / 4. 진실 / 5. 하루 일곱 번이라도 네게 죄를 얻고 일곱 번 네게 돌아와 내가 회개하노라 하거든 너는 용서하

라 / 6. 믿음을 더 하소서 / 7. 우리는 무익한 종이라 우리의 하여야 할 일을 한 것 뿐이라 / 8. 사마리아인 / 9. 하나님의 나라는 너희 안에 있느니라 / 10. 하나는 데려감을 당하고 하나는 버려둠을 당할 것이라 / 11. 1) 3절, 과부, 2) 13절, 세리, 3) 17절, 예수, 4) 18절, 관원, 5) 31-32절, 예수, 6) 39절, 소경

통독 249일째 <누가복음 19-21장>

1. 내 소유의 절반을 가난한 자들에게 주겠사오며 만일 뉘 것을 토색한 일이 있으면 사 배나 갚겠나이다 / 2. 잃어버린 자를 찾아 구원하려 함이니라 / 3. 무릇 있는 자는 받겠고 없는 자는 그 있는 것도 빼앗기리라 / 4. 주께서 쓰시겠다 / 5. 우시며 말씀 / 6. 내 집은 기도하는 집이 되리라 / 7. 1) 2절, 권세, 대제사장과 서기관과 장로, 2) 14절, 죽이고, 농부들, 3) 25절, 하나님의 것, 예수, 4) 38절, 산 자의 하나님, 예수 / 8. 1) 헌금을 많이 → 생활비 전부를, 2) 좇아야 한다 → 좇지 말라, 3) 회복 → 멸망, 4) 불수레를 → 구름을, 5) 도적같이 → 덫과 같이

통독 250일째 <누가복음 22-24장>

1. 사단 / 2. 이것은 너희를 위하는 내 몸이라 너희가 이를 행하여 나를 기념하라 이 잔은 내 피로 세운 새 언약이니 곧 너희를 위하여 붓는 것이라 / 3. 주의 말씀, 곧 닭 울기 전에 네가 세 번 나를 부인하리라는 말씀이 생각나서 / 4. 네가 그리스도여든 우리에게 말하라 네가 하나님의 아들이냐 / 5. 1) 백성을 미혹하고, 2) 가이사에게 세 바치는 것을 금하며, 3) 자칭 왕 그리스도라 / 6. 십자가에 못 박게 하소서 / 7. 행악자 중 하나 / 8. 1) 이사야 61:1-2, 2) 말라기 3:1, 3) 이사야 56:7, 4) 시편 31:5 / 9. 공회의원으로 선하고 의로운 사람 / 10. 안식 후 첫날, 무덤. / 11. 눈이 가리워져서, 눈이 밝아져 / 12. 말씀, 성경을 풀어 주실 때 / 13. 만져 보라, 있느니라 / 14. 예루살렘, 성전, 찬송

통독 251일째 <누가복음 복습>

1. 자세히, 데오빌로, 확실함 / 2. (세례) 요한 / 3. 천사 가브리엘이 마리아에게 / 4. (세례) 요한 / 5. 다윗의 동네 베들레헴 / 6. 영광, 평화 / 7. 안나 / 8. 열두 살, 예루살렘 성전 / 9. 너는 내 사랑하는 아들이라 내가 너를 기뻐하노라 / 10. 삼십 세쯤 / 11. 사십 일, 마귀 / 12. 이사야, 예수님 / 13. 하나님의 나라 복음을 전하는 일 / 14. 사람, 시몬(베드로) / 15. 말씀, 병도 나음 / 16. 의인, 죄인 / 17. 베드로(시몬), 안드레, 야고보, 요한, 빌립, 바돌로메, 마태, 도마, 알패오의 아들 야고보, 세롯이라 하는 시몬, 야고보의 아들 유다, 가룟 유다 / 18. 산상보훈 / 19. 22절 / 20. 1) 세례 요한, 2) 인자(예수) / 21. 착하고 좋은 마음으로 말씀을 듣고 지키어 인내로 결실하는 자 / 22. 열두 해를 혈루증 앓던 여인 / 23. 하나님의 그리스도시니이다 / 24. 자기를 부인하고 날마다 제 십자가를 지고 좇을 것 / 25. 이름이 하늘에 기록된 것 / 26. 주의 발아래 앉아 말씀 듣는 것 / 27. 하나님의 손을 힘입어 귀신을 쫓아내는 것 / 28. 이것(공의, 사랑)도 행하고 저것(십일조)도 버리지 말아야 / 29. 영혼아 여러 해 쓸 물건을 많이 쌓아 두었으니 평안히 쉬고 먹고 마시고 즐거워하자 / 30. 생각지 않은 때에 인자가 오시기 때문 / 31. 겨자씨 한 알, 누룩 / 32. 헤롯이 당신을 죽이고자 하나이다 / 33. 강권, 내 집을 채우라 / 34. 하늘에서는 회개할 것 없는 의인 아흔아홉을 인하여 기뻐하는 것보다 더하리라 / 35. 귀함을 받지 않는다 / 36. 너희 안 / 37. 기도, 낙망 / 38. 잃어버린 자, 구원하려 / 39. 기도하는 집, 강도의 굴혈 / 40. 사두개인 / 41. 구름을 타고, 오는 것 / 42. 가룟인, 사단 / 43. 내 몸, 피로 세우는 새 언약 / 44. 땅에 떨어지는 핏방울 / 45. 1) 백성을 미혹, 2) 가이사에게 세 바치는 것을 금함, 3) 자칭 왕 그리스도 / 46. 34절, 43절, 46절 / 47. 십자가, 제삼일, 살아나야 / 48. 말씀, 성경, 마음 / 49. 구운 생선 한 토막 / 50. 기쁨, 성전, 찬송

통독 252일째 <갈라디아서 1-3장>

1. 오직 예수 그리스도와 및 죽은 자 가운데서 그리스도를 살리신 하나님 아버지로 말미암아 / 2. 저주를 받을지어다 / 3. 예수 그리스도의 계시 / 4. 그 아들(예수)을 이방에 전하기 위하여 / 5. 아라비아, 예루살렘, 수리아, 길리기아 / 6. X / 7. X / 8. O / 9. X / 10. X / 11. O / 12. 듣고 믿음으로 / 13. 복 / 14. 믿음으로 / 15. 믿음으로 인도하는 몽학선생 / 16. 유대인이나 헬라인이나, 종이나 자주자나, 남자나 여자 없이 다

통독 253일째 <갈라디아서 4-6장>

1. - 가)-c) / 2. -라)-d) / 3. -나)-a) / 4. -다)-b) / 5. (갈 5:6) 그리스도 예수 안에서는~ 할례나 무할례가 효력이 없되 사랑으로써 역사하는 믿음 뿐이니라 / 6. (갈 5:13) 너희가 자유를 위하여~ 부르심을 입었으나 그러나 그 자유로 육체의 기회를 삼지 말고 오직 사랑으로 서로 종노릇하라 / 7. (갈 5:19-21) 육체의 일은 현저하니~ 곧 음행과 더러운 것과 호색과 우상 숭배와 술수와 원수를 맺는 것과 분쟁과 시기와 분냄과 당 짓는 것과 분리함과 이단과 투기와 술 취함과 방탕함과 또 그와 같은 것들이라 전에 너희에게 경계한 것 같이 경계하노니 이런 일을 하는 자들은 하나님의 나라를 유업으로 받지 못할 것이요 / 8.(갈 5:22-23) 오직 성령의 열매는~ 사랑과 희락과 화평과 오래 참음과 자비와 양선과 충성과 온유와 절제니 이같은 것을 금지할 법이 없느니라 / 9. (=로 지울 것) 내어 쫓고 / 10. 썩어진 것 / 11. 어려운 / 12. 있으니 / 13. 모습

통독 254일째 <에베소서 1-3장>

1. 바울이 에베소에 있는 성도들과 그리스도 예수 안의 신실한 자들에게 / 2. 1) 하나님, 2) 그리스도, 3) 성령 / 3. 6절, 12절, 14절 / 4. 교회의 머리, 22절 / 5. 그 큰 사랑을 인하여 허물로 죽은 우리를 그리스도 예수와 함께 살리셨고 / 6. 믿음으로 말미암아 구원을 얻었다 / 7. 선한 일을 위하여 / 8. 그리스도 예수 안에서 그리스도의 피로 가까워졌다 / 9. (엡 3:6) 이방인들이 복음으로 말미암아~ 그리스도 예수 안에서 함께 후사가 되고 함께 지체가 되고 함께 약속에 참예하는 자가 됨이라 / 10. (엡 3:8) 모든 성도 중에 지극히 작은 자보다~ 더 작은 나에게 이 은혜를 주신 것은 측량할 수 없는 그리스도의 풍성을 이방인에게 전하게 하시고 / 11. (엡 3:17-18) 믿음으로 말미암아 그리스도께서~ 너희 마음에 계시게 하옵시고 너희가 사랑 가운데서 뿌리가 박히고 터가 굳어져서 능히 모든 성도와 함께 지식에 넘치는 그리스도의 사랑을 알아 / 12. (엡 3:19) 그 넓이와 길이와 높이와 깊이가 어떠함을 깨달아 하나님의 모든 충만하신 것으로 너희에게 충만하게 하시기를 구하노라

통독 255일째 <에베소서 4-6장>

1. 몸, 성령, 소망, 주, 믿음, 세례, 하나님 / 2. 1) 사도, 2) 선지자, 3) 복음 전하는 자, 4) 목사, 5) 교사 / 3. 1) 성도를 온전케, 2) 봉사의 일을 하게, 3) 그리스도의 몸을 세우려 / 4. 옛 사람을 벗어 버리고 새사람을 입으라 / 5. 성령을 근심하게 하지 말라 / 6. 사랑, 사랑, 5:2 / 7. 어두움, 주 안에서 빛, 5:8 / 8. 술, 성령의 충만, 5:18 / 9. 아내들이여, 주께 하듯, 5:22 / 10. 남편들아, 교회를 사랑, 자신을 주심, 5:25 / 11. 자녀들아, 주안에서 순종, 6:1 / 12. 아비들아, 주의 교양과 훈계, 6:4 / 13. 종들아, 그리스도께 하듯, 6:5 / 14. 궤계, 하나님의 전신갑주, 6:11

통독 256일째 <빌립보서 1-4장>

1. 바울, 디모데, 빌립보, 성도, 감독, 집사 / 2. 매임, 시위대 / 3. 그리스도 / 4. 그리스도 예수의 마음 / 5. 죽기까지 복종 / 6. 원망과 시비가 없이 / 7. 나의 형제요 함께 수고하고 함께 군사된 자요 너희 사자로 나의 쓸 것을 돕는 자 / 8. 팔일 만에 할례를 받고 이스라엘의 족속이요 베냐민의 지파요 히브리인 중의 히브리인이요 율법으로는 바리새인이요 열심으로는 교회를 핍박하고 율법의 의로는 흠이 없는 자 / 9. 하늘 / 10. (빌 4:4) 주 안에서 항상 기뻐하라 내가 다시 말하노니 기뻐하라 / 11. 1) ~ 과실이 번성하기를 구함이라, 2) ~ 향기로운 제물이요, 3) ~ 기쁘시게 한 것이라, 4) ~ 너희 모든 쓸 것을 채우시리라 / 12. 18번

통독 257일째 <골로새서 1-4장>

1. 에바브라 / 2. 흑암의 권세, 아들의 나라, 죄사함 / 3. 십자가의 피, 화목케 / 4. 교회 일꾼, 경륜 / 5. (=로 지울 것) 16절, 절제, 금식일, 반론 / 6. 20절, 살았거든, 의심 / 7. 음란, 부정, 사욕, 악한 정욕, 탐심(우상 숭배) / 8. 자기를 창조하신 자의 형상을 좇아 지식에까지 새롭게 하심을 받는 자 / 9. (골 3:18) 아내들아~ 남편에게 복종하라 이는 주 안에서 마땅하니라 / 10. (골 3:21) 아비들아~ 너희 자녀를 격노케 말지니 낙심할까 함이라 / 11. (골 4:2) 기도를 항상 힘쓰고~ 기도에 감사함으로 깨어 있으라 / 12. (골 4:6) 너희 말은 항상~ 은혜 가운데서

소금으로 고르게 함 같이 하라 그리하면 각 사람에게 마땅히 대답할 것을 알리라 / 13. 2)

통독 258일째 <살전 1-5장>

1. 믿음, 사랑, 소망 / 2. 능력과 성령과 큰 확신으로 / 3. 1) 우상, 2) 섬기며, 3) 강림 / 4. 유모가 자기 자녀를 기름과 같이, 아비가 자기 자녀에게 하듯 / 5. 사람의 말로 아니하고 하나님의 말씀으로 받음이니 / 6. 위로가 되었다 / 7. 거룩함에 흠이 없게 하시기를 / 8. 너희의 거룩함(음란을 버리고 각각 거룩함과 존귀함으로 자기의 아내 취할 줄을 알고 하나님을 모르는 이방인과 같이 색욕을 좇지 말고 이 일에 분수를 넘어서 형제를 해하지 말라) / 9. 친히 하나님의 가르치심을 받음 / 10. 소망 없는 다른 이와 같이 슬퍼하지 않게 하려 함이라 / 11. 우리 살아남은 자도 저희와 함께 구름 속으로 끌어 올려 공중에서 주를 영접하게 하시리니 그리하여 우리가 항상 주와 함께 있으리라 / 12. 다른 이들과 같이 자지 말고 오직 깨어 근신할지라 / 13. 항상 기뻐하라, 쉬지 말고 기도하라, 범사에 감사하라 / 14. 영과 혼과 몸

통독 259일째 <살후 1-3장>

1. 바울, 실루아노, 디모데, 데살로니가인의 교회, 1절 / 2. 안식, 하나님의 공의, 천사, 7절 / 3. 기도함, 그 부르심에 합당한 자, 믿음의 역사, 11절 / 4. (살후 2:2) 혹 영으로나 혹 말로나~ 혹 우리에게서 받았다 하는 편지로나 주의 날이 이르렀다고 쉬 동심하거나 두려워하거나 하지 아니할 그것이라 / 5. (살후 2:13) 우리가 항상 너희를 위하여 마땅히 하나님께 감사할 것은~ 하나님이 처음부터 너희를 택하사 성령의 거룩하게 하심과 진리를 믿음으로 구원을 얻게 하심이니 / 6. (살후 2:15) 형제들아 굳게 서서~ 말로나 우리 편지로 가르침을 받은 유전을 지키라 / 7. 주의 말씀이 너희 가운데서와 같이 달음질하여 영광스럽게 되고 또한 우리를 무리하고 악한 사람들에게서 건지옵소서 / 8. 규모 없이 행하지 아니하며 누구에게서든지 양식을 값없이 먹지 않고 오직 수고하고 애써 주야로 일함 / 9. 규모 없이 행하여 도무지 일하지 아니하고 일만 만드는 자 / 10. 13절 / 11. 원수같이 대하지 말고 형제같이 권하라

통독 260일째 <딤전 1-3장>

1. 바울, 디모데 / 2. 어떤 사람들을 명하여 다른 교훈을 가르치지 말며 신화와 끝없는 족보에 착념치 말게 하려 함 / 3. 마음, 양심, 믿음 / 4. 충성, 직분 / 5. 죄인을 구원 / 6. 간구, 기도, 도고, 감사 / 7. 모든 사람이 구원을 받으며 진리를 아는 데 이르기를 원하시느니라 / 8. 사람이신 그리스도 예수 / 9. 분노와 다툼이 없이 거룩한 손을 들어 기도 / 10. 아담한 옷, 염치와 정절 / 11. 허락지 아니하노니 오직 종용할지니라 / 12. 1) 감독, 2) 감, 집, 3) 집사, 4) 감, 집, 5) 집사, 6) 감, 집, 7) 감, 집, 8) 감독, 9) 감독, 10) 감독

통독 261일째 <딤전 4-6장>

1. X / 2. O / 3. X / 4. O / 5. O / 6. 1) 아비, 2) 형제, 3) 어미, 4) 자매, 5) 경대하라 / 7. 자기 친족 특히 자기 가족을 돌아보지 아니하면 / 8. 1) 배나 존경, 2) (존경을) 더할 것 / 9. 포도주 / 10. (딤전 6:8) 우리가 먹을 것과~ 입을 것이 있은즉 족한 줄로 알 것이니라 / 11. (딤전 6:10) 돈을 사랑함이~ 일만 악의 뿌리가 되나니 이것을 사모하는 자들이 미혹을 받아 믿음에서 떠나 많은 근심으로써 자기를 찔렀도다 / 12. (딤전 6:12) 믿음의 선한 싸움을~ 싸우라 영생을 취하라 이를 위하여 네가 부르심을 입었고 많은 증인 앞에서 선한 증거를 증거하였도다 / 13. (딤전 6:18) 선한 일을 행하고~ 선한 사업에 부하고 나눠주기를 좋아하며 동정하는 자가 되게 하라 / 14. (딤전 6:20) 디모데야 네게 부탁한 것을~ 지키고 거짓되이 일컫는 지식의 망령되고 허한 말과 변론을 피하라

통독 262일째 <딤후 1-4장>

1. 하나님의 뜻으로 말미암아 그리스도 예수 안에 있는 생명의 약속대로 / 2. 외조모 로이스와 어머니 유니게 / 3. 능력과 사랑과 근신하는 마음 / 4. 반포자, 사도, 교사 / 5. 바울을 유쾌케 하고 바울의 사슬에 매인 것을 부끄러워 아니하여 로마에 있을 때에 바울을 부지런히 찾아 만났다 / 6. 디모데, 다른 사람들 / 7. 1) 군사, 2) 경기, 3) 농부 / 8. 하나님의 말씀 / 9. 부활 / 10. 깨끗하게, 선한 일 / 11. 19가지 / 12. 경건하게 살고자 하는 자 / 13. 구원에 이르는

지혜 / 14. 말씀을 전파하라 / 15. (딤후 4:6) 관제와 같이 벌써 내가 부음이 되고 나의 떠날 기약이 가까왔도다 / 16. 말을 심히 대적 / 17. 전도의 말씀이 온전히 전파되어 이방인으로 듣게 하려 하심

통독 263일째 <디도서 1-3장>

1. 하나님의 택하신 자들의 믿음과 경건함에 속한 진리의 지식과 영생의 소망을 인함 / 2. 책망할 것이 없고 한 아내의 남편이며 방탕하다 하는 비방이나 불순종하는 일이 없는 믿는 자녀를 둔 자 / 3. 7-9절, 3장 / 4. 할례당 / 5. 거짓말장이, 악한 짐승, 게으름장이 / 6. 믿음을 온전케 하고 유대인의 허탄한 이야기와 진리를 배반하는 사람들의 명령을 좇지 않게 하려 함 / 7. 온전케, 2절 / 8. 가르치는 자, 3절 / 9. 바른 말, 7-8절 / 10. 선한 충성, 9-10절 / 11. 권위로 책망, 15절 / 12. 어려운, 속인, 정열, 향락, 3절 / 13. 구제, 선행, 영생, 성품, 5절 / 14. 불의, 접대, 10절

통독 264일째 <빌레몬서 1장>

1. 그리스도 예수 / 2. 빌레몬과 및 자매 압비아와 및 우리와 군사된 아킵보와 네 집에 있는 교회 / 3. 1) 오네시모, 2) 전에는 무익하였으나 이제는 나와 네게 유익하므로 / 4. 1) 종에서 뛰어나 사랑받는 형제로, 2) 내게 하듯, 3) 내게로 회계하라 / 5. (몬 1:20) 오 형제여! 나로 주 안에서 너를 인하여 기쁨을 얻게 하고 내 마음이 그리스도 안에서 평안하게 하라 / 6. 에바브라, 마가, 아리스다고, 데마, 누가 / 7. (몬 1:25) 우리 주 예수 그리스도의 은혜가 너희 심령과 함께 할지어다

통독 265일째 <갈~딛 복습>

〈1〉 서신서 개요

가) 바울서신 - (1) 로마서, 고린도전서, 고린도후서, 갈라디아서 / (2) 에베소서, 빌립보서, 골로새서, 빌레몬서 / (3) 데살로니가전서, 데살로니가후서, 히브리서(작자 미상) / (4) 디모데전서, 디모데후서, 디도서

나) 공동서신 - 야고보서, 베드로전서, 베드로후서, 요한일서, 요한이서, 요한삼서, 유다서

〈2〉 갈라디아서, 옥중서신(엡・빌・골・몬)

1. 저주 / 2. 예수 그리스도를 믿음으로 / 3. 날과 달과 절기와 해 / 4. 성경 참고 / 5. 성경 참고 / 6. 엡, 빌, 골, 몬 / 7. 복종, 교회의 머리 / 8. 외인, 손, 동일한 시민, 권속 / 9. 사도, 선지자, 복음 전하는 자, 목사와 교사 / 10. 옛 사람, 새사람 / 11. 술, 성령의 충만 / 12. 성경 참고 / 13. 그리스도 예수의 마음 / 14. 그리스도 예수를 아는 지식 / 15. 성경 참고 / 16. 에바브라 / 17. 구속 곧 죄사함 / 18. 먹고 마시는 것과 절기나 월삭, 안식일 / 19. 주 안에서 받은 직분을 삼가 이루라 / 20. 1) 오네시모, 2) 빌레몬, 3) 바울

〈3〉 살전후, 목회서신(딤전후, 디도)

1. 능력과 성령과 큰 확신으로 / 2. 유모가 자녀를 기름 같이, 아비가 자기 자녀에게 하듯 / 3. 위로(7절) / 4. 주의 재림 / 5. 영, 혼, 몸 / 6. 환난, 안식, 하나님의 공의 / 7. 배도하는 일이 있다 / 8. 규모 없이 행하지 아니하고, 양식을 값없이 먹지 아니했다 / 9. 나를 충성되이 여겨 내게 직분을 맡기심 / 10. 모든 사람이 구원을 받으며 진리를 아는 데 이르기를 원하심 / 11. 1-7절, 8-13절 / 12. 1) 아비, 2) 형제, 3) 어미, 4) 자매 / 13. 돈을 사랑함 / 14. 능력, 고난 / 15. 디모데, 충성된 사람들 / 16. 18가지 / 17. 그리스도 예수 안에 있는 믿음으로 구원에 이르는 지혜가 있게 함 / 18. 말씀을 전파, 항상 / 19. 책망할 것이 없고 한 아내의 남편이며 방탕하다 하는 비방이나 불순종하는 일이 없는 믿는 자녀를 둔 자 / 20. 딤전 5장 / 21. 한두 번 훈계한 후에 멀리하라

통독 266일째 <히브리서 1-3장>

1. 1) 아들, 2) 후사, 3) 세계, 4) 광채, 5) 형상, 6) 만물, 7) 정결케, 8) 위엄, 9) 천사, 10) 천사, 11) 영영, 12) 영존, 13) 여전 / 2. 1) X, 2) O, 3) O, 4) O / 3. 3절 / 4. 14절 / 5. 18절 / 6. 1) 예수, 2) 모세, 3) 예수, 4) 예수 / 7. 1) 강퍅케, 7-8절 / 8. 견고히, 참예한, 14절

통독 267일째 <히브리서 4-6장>

1. 듣는 자가 믿음을 화합지 아니함이라 / 2. 시 95:7-8 / 3. (히 4:12) 하나님의 말씀은 살았고 운

동력이 있어 죄우에 날선 어떤 검보다도 예리하여 혼과 영과 및 관절과 골수를 찔러 쪼개기까지 하며 또 마음의 생각과 뜻을 감찰하나니 / 4. 1) 연약, 2) 시험, 3) 죄 / 5. 은혜의 보좌 앞에 담대히 나아갈 것이니라 / 6. 1) 1절, 아론, 2) 4절, 아론, 3) 5절, 그리스도, 4) 6절, 그리스도, 5) 7절, 그리스도, 6) 8-9절, 그리스도 / 7. 1) 죽은 행실을 회개함, 2) 하나님께 대한 신앙, 3) 세례들, 4) 안수, 5) 죽은 자의 부활, 6) 영원한 심판에 관한 교훈 / 8. 영원한 대제사장

통독 268일째 <히브리서 7-10장>

1. 1) 신약 → 구약, 2) 필요시 → 항상, 3) 직분 → 보증, 4) 장점 → 약점 / 2. 대제사장, 하늘, 보좌 우편, 성소 / 3. 하늘, 모형 / 4. 유다, 새 언약 / 5. (히 9:4) 사면을 금으로 싼 언약궤가 있고~ 그 안에 만나를 담은 금항아리와 아론의 싹 난 지팡이와 언약의 비석들이 있고 / 6. (히 9:12) 오직 자기 피로~ 영원한 속죄를 이루사 단번에 성소에 들어가셨느니라 / 7. (히 9:27) 한번 죽는 것은 사람에게 정하신 것이요~ 그 후에는 심판이 있으리니 / 8. 그림자 / 9. 거룩함을 얻었다 / 10. 내게(하나님) / 11. 합 2:4, 롬 1:17, 갈 3:11

통독 269일째 <히브리서 11-13장>

[특별문제]

1. 더 좋은 소망 / 2. 더 좋은 언약의 보증 / 3. 더 좋은 약속 / 4. 더 좋은 제물 / 5. 더 낫고 영구한 산업 / 6. 더 나은 제사 / 7. 더 나은 본향 / 8. 더 좋은 부활 / 9. 더 좋은 것 / 10. 더 좋은 피

1. 1) 5절, 에녹, 2) 7절, 노아, 3) 19절, 아브라함, 4) 22절, 요셉, 5) 25절, 모세 / 2. 믿음, 온전케, 예수, 2절 / 3. 징계하심, 꾸지람, 5절 / 4. 화평함, 거룩함, 14절 / 5. 은혜, 경건함, 두려움, 섬길지니, 소멸하는 불, 28-29절 / 6. 아브라함, 롯 / 7. 예수 그리스도 / 8. 자기 피로 백성을 거룩하게 하려고 / 9. 선한 행함과 서로 나눠 주기 / 10. 순종하고 복종하라 / 11. 주 예수를 영원한 언약의 피로 죽은 자 가운데서 이끌어 내심

통독 270일째 <야고보서 1-5장>

1. 1) 야고보서, 2) 베드로전서, 3) 베드로후서, 4) 요한1서, 5) 요한2서, 6) 요한3서, 7) 유다서 / 2. 시험을 참는 자, 생명의 면류관, 내가 하나님께 시험을 받는다 / 3. 고아와 과부를 그 환난 중에 돌아보고 또 자기를 지켜 세속에 물들지 아니하는 이것이니라 / 4. 행함, 믿음이 온전케 / 5. 아브라함, 라합 / 6. 입의 말(言), 타는 말(馬) / 7. 첫째 성결하고 다음에 화평하고 관용하고 양순하며 긍휼과 선한 열매가 가득하고 편벽과 거짓이 없나니 / 8. 대적, 가까이 / 9. 너희는 잠간 보이다가 없어지는 안개 / 10. 주의 강림, 원망 / 11. 1) 기도할 것이요, 2) 찬송할지니라, 3) 교회의 장로들을 청하여(기도할지라)

통독 271일째 <베드로전서 1-5장>

1. 하나님 아버지의 미리 아심을 따라 성령의 거룩하게 하심으로 순종함과 예수 그리스도의 피 뿌림을 얻기 위하여 택하심을 입은 자들 / 2. 영혼의 구원을 받음 / 3. 거룩한 자 / 4. 썩지 아니할 씨로 된 것이니 하나님의 살아 있고 항상 있는 말씀으로 되었다 / 5. (벧전 2:9) 오직 너희는 택하신 족속이요~ 왕 같은 제사장들이요 거룩한 나라요 그의 소유된 백성이니 이는 너희를 어두운 데서 불러내어 그의 기이한 빛에 들어가게 하신 자의 아름다운 덕을 선전하게 하려 하심이라 / 6. (벧전 2:24) 친히 나무에 달려 그 몸으로~ 우리 죄를 담당하셨으니 이는 우리로 죄에 대하여 죽고 의에 대하여 살게 하려 하심이라 저가 채찍에 맞음으로 너희는 나음을 얻었나니 / 7. 혹 도를 순종치 않는 자라도 말로 말미암지 않고 그 아내의 행위로 말미암아 구원을 얻게 하려 함이니 / 8. 속에 있는 소망에 관하여 묻는 자들에게는 대답할 것을 항상 예비 / 9. 구원하는 표 / 10. 육체로는 사람처럼 심판을 받으나 영으로는 하나님처럼 살게 하려 함이니라 / 11. 그리스도의 고난에 참예하는 것 / 12. 부득이(不得已)함으로 하지 말고 오직 하나님의 뜻을 좇아 자원함으로 하며 더러운 이(利)를 위하여 하지 말고 오직 즐거운 뜻으로 하며 맡기운 자들에게 주장하는 자세를 하지 말고 오직 양 무리의 본이 되라 / 13. 약 4:6-8

통독 272일째 〈베드로후서 1-3장〉

1. 큰 약속, 신의 성품에 참예하는 자, 4절 / 2. 덕, 인내, 경건, 사랑, 5-7절 / 3. 예언은 사사로이 풀 것이 아니니, 하나님께 받아 말한 것, 20-21절 / 4. 멸망케 할 이단을 가만히 끌어들여 자기들을 사신 주를 부인하고 임박한 멸망을 스스로 취하는 자들 / 5. 노아, 롯 / 6. 물 없는 샘, 광풍에 밀려가는 안개 / 7. 너희 진실한 마음을 일깨워 생각하게 하여 곧 거룩한 선지자의 예언한 말씀과 주 되신 구주께서 너희의 사도들로 말미암아 명하신 것을 기억하게 하려 하노라 / 8. 주의 강림하신다는 약속이 어디 있느뇨 조상들이 잔 후로부터 만물이 처음 창조할 때와 같이 그냥 있다 / 9. 하늘과 땅은 그 동일한 말씀으로 불사르기 위하여 / 10. 너희를 위하여 오래 참으사 아무도 멸망치 않고 다 회개에 이르기를 원하신다 / 11. 우리 주 곧 구주 예수 그리스도의 은혜와 저를 아는 지식에서

통독 273일째 〈히~벧후 복습〉

〈공동서신 책 이름〉

1. 1) 야고보서, 2) 베드로전서, 3) 베드로후서, 4) 요한일서, 5) 요한이서, 6) 요한삼서, 7) 유다서

〈히브리서〉

1. 1) 선지자, 2) 아들(예수) / 2. 천사 / 3. 모세 / 4. (히 4:12) 하나님의 말씀은 살았고 운동력이 있어 좌우에 날선 어떤 검보다도 예리하여 혼과 영과 및 관절과 골수를 찔러 쪼개기까지 하며 또 마음의 생각과 뜻을 감찰하나니 / 5. 죽은 행실을 회개함과 하나님께 대한 신앙과 세례와 안수와 죽은 자의 부활과 영원한 심판에 관한 교훈 / 6. 멜기세덱, 대제사장 / 7. 19절, 22절 / 8. 새 언약 / 9. 피로써, 피흘림 / 10. 아벨, 가인, 에녹, 노아, 아브라함, 이삭, 야곱, 사라, 에서, 요셉, 모세, 바로, 기드온, 바락, 삼손, 입다, 다윗, 사무엘 / 11. 예수를 바라보자 / 12. 화평과 거룩함, 주 / 13. 사랑치 말고 / 14. 순종하고 복종, 영혼

〈야고보서〉

1. 시험을 참는 자, 생명의 면류관, 내가 하나님께 시험을 받는다 / 2. 고아와 과부를 그 환란 중에 돌아보고 또 자기를 지켜 세속에 물들지 아니하는 이것이니라 / 3. 행함, 믿음이 온전케 / 4. 아브라함, 라합 / 5. 입의 말(言), 타는 말(馬) / 6. 첫째 성결하고 다음에 화평하고 관용하고 양순하며 긍휼과 선한 열매가 가득하고 편벽과 거짓이 없나니 / 7. 대적, 가까이 / 8. 너희는 잠깐 보이다가 없어지는 안개 / 9. 주의 강림, 원망 / 10. 1) 기도할 것이요, 2) 찬송할지니라, 3) 교회의 장로들을 청하여(기도할지라)

〈베드로전서〉

1. (벧전 1:7) 너희 믿음의 시련이 불로 연단하여도 없어질 금보다 더 귀하여 예수 그리스도의 나타나실 때에 칭찬과 영광과 존귀를 얻게 하려 함이라 / 2. (벧전 1:23) 너희가 거듭난 것이 썩어질 씨로 된 것이 아니요 썩지 아니할 씨로 된 것이니 하나님의 살아있고 항상 있는 말씀으로 되었느니라 / 3. (벧전 2:9) 오직 너희는 택하신 족속이요 왕 같은 제사장들이요 거룩한 나라요 그의 소유된 백성이니 이는 너희를 어두운 데서 불러내어 그의 기이한 빛에 들어가게 하신 자의 아름다운 덕을 선전하게 하려 하심이라 / 4. (벧전 3:10-11) 그러므로 생명을 사랑하고 좋은 날 보기를 원하는 자는 혀를 금하여 악한 말을 그치며 그 입술로 궤휼을 말하지 말고 악에서 떠나 선을 행하고 화평을 구하여 이를 좇으라 / 5. (벧전 4:7) 만물의 마지막이 가까왔으니 그러므로 너희는 정신을 차리고 근신하여 기도하라 / 6. (벧전 4:13) 오직 너희가 그리스도의 고난에 참예하는 것으로 즐거워하라 이는 그의 영광을 나타내실 때에 너희로 즐거워하고 기뻐하게 하려 함이라 / 7. (벧전 5:6-7) 그러므로 하나님의 능하신 손 아래서 겸손하라 때가 되면 너희를 높이시리라 너희 염려를 다 주께 맡겨 버리라 이는 저가 너희를 권고하심이니라

〈베드로후서〉

1. 신의 성품 / 2. 부르심과 택하심을 바르게 하라 / 3. 사람의 뜻으로 낸 것이 아니요 오직 성령의 감동하심을 입은 사람들이 하나님께 받아 말한 것임이니라 / 4. 거짓 선생, 멸망케 할 이단, 주를 부인 / 5. 주의 강림하신다는 약속이 어디 있느뇨 조상들이 잔 후로부터 만물이 처음 창조할 때와 같이 그냥 있다 / 6. 새 하늘과 새 땅 / 7. 스스로 멸망에 이른다

세미나 및 교재 안내

교재 활용 세미나 및 신구약사(연대표) 저자 강의 신청

◘ 주일(수) 밤에는 교회 집회, 월(목) 낮에는 지역 목회자 세미나(무료)

＊가정에서 공부하여 교회에 제출하는 교육 목회적인 성경통독＊

주보 성경공부 실패의 대안, 교회 규모와 관계없이 쉬운 활용

〈성경통독 이백주간〉(4년 과정)

전4권, 깊은 성경통독
46배판 **(개역개정판)**

단행본(제1권 306쪽, 해답집 포함, 지도자용) - 서점 보급
바인더(제1권 280쪽, 해답집 없음, 교인 단체용) - 실로암에서 보급
본문 1권 교재 부록에 성서연대표 및 해설(신현주), 성서지도(이원희) 첨부

국내외 650여 교회 5만여 명이 사용하던 **〈주간성경공부(전5권)〉**(개역한글판)는
〈성경통독 이백주간(전4권)〉(개역개정판)으로 개정증보, 연차적

〈성경통독 365일〉(1년 통독)

전4권, 각권 3개월분
각권 240쪽 전후 **(개역한글판)**

성경통독 새벽기도회 활용, 전교인 매일 성경 읽기에 적합 (지도자 · 교인 공용)
성경 본문 해설 + 문제풀이 + 예화가 어우러진 재미있고 유익한 성경통독(46배판)
교회나 단체에서 저자 세미나를 원하면 상담, 〈개역개정판〉은 추이를 보아 출간

<성경통독 50일 돌파>

성경통독을 가장 빠르고 무식하게 도전하는 책

50일에 성경완독
46배판 **(개역개정판)**

♣ **단행본** : 매일 4쪽의 해설+2쪽의 문제(본문 384쪽+성서연대표)
♣ **모범해답은 홈페이지에 무료 공개** <교회 제출용 **'해답지'** 별매>

실로암 성서대지도(괘도) 성경공부의 동반자

국전지 16매(A4 용지 8배 크기) 괘도용, 6만 원을 5만 원으로 할인, 단체구입 특가
＊ 위성으로 스캔 받은 최고의 선명도와 정확도에 가격까지 파격적
＊ 성서지도 권위자 이원희 목사가 매킨토시로 직접 제작한 지도
구입 시 **<주간성경공부>**와 **<성서연대표>** 각 1부를 드림(1만원 상당) <송료 본사 부담>

＊ 성경통독학교 운영, 교재 구입 및 무료 세미나 상담 ＊
우체국 202218-01-001754 실로암성경학교/ 상담: 016-354-5554/ www.sbs66.net

개역한글판을 개역개정판으로 또는 개역개정판을 개역한글판으로 원하는 경우 500부가 되어야 제작을 할 수 있으며, 교회 독판용을 원할 시에도 교회 전용 교재로 제작해 드립니다.

실로암성경학교

실로암성경학교는
하나님의 말씀에 대하여 눈을 뜨게 도와줍니다.
실로암은 '보냄을 받았다'는 뜻으로서
기혼샘의 물이 '실로암 못'으로 보내졌으며
소경이 보냄 받고 '눈을 뜬 곳'입니다.
실로암성경학교의 〈주간성경공부〉 〈성경통독 오십일(주간)〉 〈성경통독 이백주간〉 및 〈성경통독 365일〉 〈성서대지도〉 〈성서연대표〉 등 각종 성경 연구 교재와 강의는
한국 교회 성도들의 심령에 시원한 생수가 되며
신령한 눈을 뜨게 하는 데 일익을 담당할 것입니다.

◘ * 감수 또는 추천 * <원문은 '성경통독 이백주간'이나 www.sbs66.net 참조>

* 신학자 *

강사문 박사 (구약학, 장로회신학대학교)
차준희 박사 (구약학, 한세대학교)
최재덕 박사 (신약학, 장로회신학대학교)
원용국 박사 (구약학, 안양대학교)
이 달 박사 (신약학, 한남대학교)

* 목회자 *

강상원 목사 (광주 새밝교회)
김형준 목사 (충남대학병원 원목)
박태희 목사 (성락성결교회)
곽전태 목사 (구로중앙감리교회)
박조준 목사 (갈보리교회)
최복규 목사 (한국중앙장로교회)

◘ * 저술 작업 *

대표저자 : 신현주 목사 / 실로암성경학교 대표, 남양주영락교회 담임목사
(장로회신학대학교 구약학 신학석사, 미 코헨대학교 구약학 신학박사)

전문저자 : 이원희 목사(포토바이블 대표, 성시지도 및 성지 자료 제공)
협력저자 : 조남용 · 신정임 목사(강릉 성덕장로교회, 책임교정)
유경준 목사(성내중앙감리교회, 책임교정)
성명희 목사(벧엘장로교회) · 전영섭 목사(대진감리교회)
정훈우 목사(희망장로교회) · 윤석진 선교사(용산그리스도교회)
박성은 목사(모세장로교회) · 서승아 전도사(이화여자대학교)
영동성서연구회 : 김광덕 목사(예닮장로교회) · 김기준 목사(한마음침례교회)
김형남 목사(전원침례교회) · 이귀성 목사(하평장로교회)
임용남 목사(동산감리교회) · 조민희 목사(소명성결교회)
최기성 목사(대산장로교회) · 황석영 목사(축복장로교회)

성경통독학교 운영 및 세미나 상담 (실로암성경학교)
016-354-5554 / www.sbs66.net

365 DIARY OF BIBLE READING ③
by Siloam Bible School
www.sbs66.net